이해하기 쉽게 만든 통계학 입문서! **개정판**

엑셀로 풀어보는 생활 속의 통계학

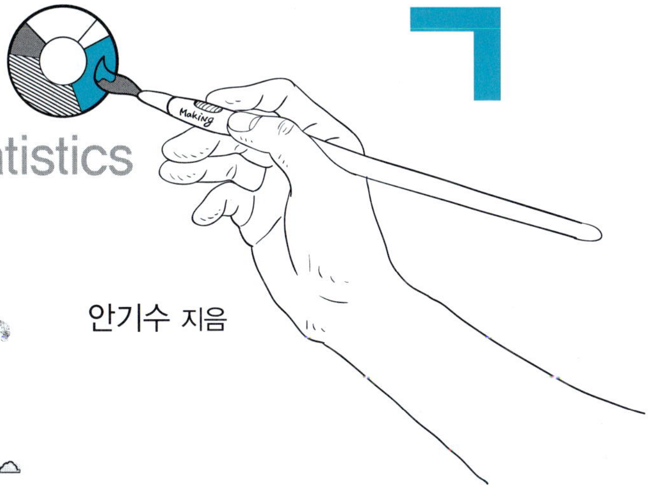

Statistics

안기수 지음

생능

저자 소개

안기수

성균관대학교 경상대학 통계학과 졸업
성균관대학교 대학원 통계학과 졸업(경제학 석사)
성균관대학교 대학원 통계학과 전산통계전공(경제학 박사)
현재 동남보건대학 세무회계학과 교수

저서
단계별로 설명한 C 프로그래밍(2000, 생능출판사)
응용 프로그래밍 개발을 위한 명품 C 언어 프로젝트(2010, 생능출판사)
명품 C 언어 프로그래밍(2013, 생능출판사)

엑셀로 풀어보는 **생활 속의 통계학**

초판발행 2014년 6월 16일
제2판3쇄 2025년 1월 13일

지은이 안기수
펴낸이 김승기, 김민정
펴낸곳 (주)생능 / **주소** 경기도 파주시 광인사길 143
출판사 등록일 2014년 1월 8일 / **신고번호** 제406-2014-000003호
대표전화 (031)955-0761 / **팩스** (031)955-0768
홈페이지 www.booksr.co.kr

책임편집 신성민 / **편집** 이종무, 최동진 / **디자인** 유준범, 노유안
마케팅 최복락, 김민수, 심수경, 차종필, 백수정, 송성환, 최태웅, 명하나
인쇄 · 제본 교보p&b

ISBN 979-11-86689-37-0 93310
정가 24,000원

머리말

우리는 자신의 생각이나 느낌을 다른 사람에게 전달하기 위해 언어를 포함한 여러 가지 표현 방법을 배워 왔습니다. 멋진 풍경에 대해서 누군가는 언어를 사용하여 수필이나 시로 표현하고, 예술가들은 그림이나 음악 또는 율동으로 표현합니다.

대부분의 학생들이 통계라는 단어에 대해서 어렵고 복잡하다는 선입견을 가지고 있습니다. 하지만 우리가 자신의 생각을 언어를 이용하여 나타내듯, 통계 역시 데이터가 가지고 있는 의미를 한눈에 알아보기 쉽게 나타내는 것에 불과합니다. 통계학은 이러한 통계를 기초로 하여 사회나 자연의 현상들을 정리하거나 분석하기 위한 수단을 연구하는 학문입니다.

현실 세계에서 우리는 의식적으로나 무의적으로 매일같이 방대한 데이터와 접하게 됩니다. 여행을 가거나 쇼핑을 하더라도 인터넷 상의 방대한 정보와 마주치게 되는 상황에서 비교와 선택이 필요하며, 기업이나 사업을 효율적으로 관리하고 운영해 나가기 위해서도 그동안 만들어낸 여러 지표나 데이터에 대한 분석이 필요할 것입니다. 의학이나 약학에서 신약을 개발하거나 임상시험을 할 경우에도 마찬가지이며, 이때 분석도구로 사용하는 통계학은 사회과학이나 자연과학의 모든 분야에서 널리 이용되는 학문입니다.

이 책은 통계학 입문자를 대상으로 통계학을 이해하거나 응용하는 데 있어서 기초적이고도 기본적인 내용의 이해를 돕기 위해 다양한 예제를 통해 설명하였고, 가급적 복잡하거나 어려운 수준의 내용은 선택적으로 진행할 수 있도록 하였으며, 한 학기용으로 사용할 수 있도록 구성하였습니다. 예제나 연습문제도 가능한 현실적인 데이터를 통해 통계에 쉽게 접근할 수 있도록 만들었습니다.

아무쪼록 이 책이 통계학 이해에 대한 선입견을 바꾸는 데 작은 도움이 되기를 희망합니다.

2021년 7월

안기수

이 책의 구성과 특징

이 책은 통계이론과 분석방법을 이해하기 쉽게 서술한 통계학 입문서입니다. 이 책에 포함된 예제들은 〈EXCEL 2010, 2016 공용〉을 이용하여 설명하였으며, 통계처리 프로그램인 PASW Statistics(이전 SPSS)의 결과도 함께 수록하여 EXCEL의 결과와 비교할 수 있도록 구성하였습니다.

구분	Chapter
책	**1장** 생활과 통계학
	2장 데이터가 가지고 있는 특성을 정리하여 그래프로 표현하기 **3장** 데이터의 특성을 대표적인 수치로 표현하기
	4장 어떤 사건이 일어날 가능성과 그 가능성을 도표나 그래프로 나타내기 **5장** 세상의 많은 현상들은 정규분포를 따른다
	6장 국물맛과 표본들의 분포
	7장 표본의 결과를 이용하여 모집단의 특성을 밝혀내자 **8장** 무죄인가 유죄인가를 판단하는 가설의 검정
	9장 모집단이 한 개인 경우의 통계적 추론 **10장** 두 개의 모집단에 대한 추론 **11장** 세 개 이상의 모집단 평균에 대한 추론(분산분석) **12장** 상관분석과 회귀분석 **13장** 카이제곱분석 **14장** 통계분석 프로젝트
보조자료 **(홈페이지 제공)**	**15장** 엑셀 팁 엑셀데이터

보조자료에는 첫째, 데이터 편집이나 시뮬레이션, 통계분석에 있어서 EXCEL을 활용할 수 있는 방법이 15장에 수록되어 있습니다. 둘째, 본문과 예제, 실습문제, 연습문제에서 사용하는 엑셀데이터가 수록되어 있습니다. 보조자료는 생능출판사 홈페이지(http://www.booksr.co.kr)에서 제공합니다.

이 책의 특징은 다음과 같습니다.

- 통계 개념을 쉽게 이해할 수 있도록 기본적으로 필요한 내용만으로 구성
- 통계이론의 추가적인 설명은 [참고]로 분류하여 선택적으로 진행 가능
- 통계 이론의 개념과 수식에 대해 가능한 그림이나 이미지를 통해서 설명
- 예제나 연습문제에서 다룬 데이터는 실생활에서 쉽게 접할 수 있는 데이터로 선별
- 예제 외에 실습 문제를 추가하여 자기주도적 학습이 가능하도록 구성
- 연습문제는 난이도별로 분류하여 정리하였고, [심화문제]를 추가
- EXCEL에 의한 분석결과 외에 PASW Statistics(이전 SPSS)의 분석결과를 포함하여 통계 패키지와의 결과 비교
- 주제별로 설문조사분석의 과정과 예시를 통해 학생들로 하여금 실제로 설문조사와 통계분석을 경험할 수 있도록 유도
- 데이터 편집이나 시뮬레이션, 통계분석응용에 있어서 EXCEL을 활용할 수 있는 방법들을 엑셀 팁을 통해 설명
- 본문을 포함하여 예제, 실습문제, 연습문제에서 사용하는 모든 데이터는 보조자료로 제공

CONTENTS

차례

01 생활과 통계학

02 데이터가 가지고 있는 특성을 정리하여 그래프로 표현하기

03 데이터의 특성을 대표적인 수치로 표현하기

04 어떤 사건이 일어날 가능성과 그 가능성을 도표나 그래프로 나타내기

15 엑셀 팁 〈보조자료〉

■ 부록

■ 찾아보기 · 380

예제 차례

참고 차례

chapter 01

생활과 통계학

통계란 어떤 현상을 종합적으로 한눈에 알아보기 쉽게 일정한 체계에 따라 숫자로 나타낸 것을 의미하며, 통계학은 통계로부터 의미 있는 정보를 추출하고 이를 토대로 불확실한 사실에 대해 합리적인 의사결정을 할 수 있게 하는 학문입니다.

chapter 01 생활과 통계학

1.1 생활에서의 예측과 전망

결과를 미리 알 수 있는 단순한 과학실험과는 달리 현재 관심을 두고 있는 문제와 미래의 결과에 대해 궁금해합니다.

[날씨]

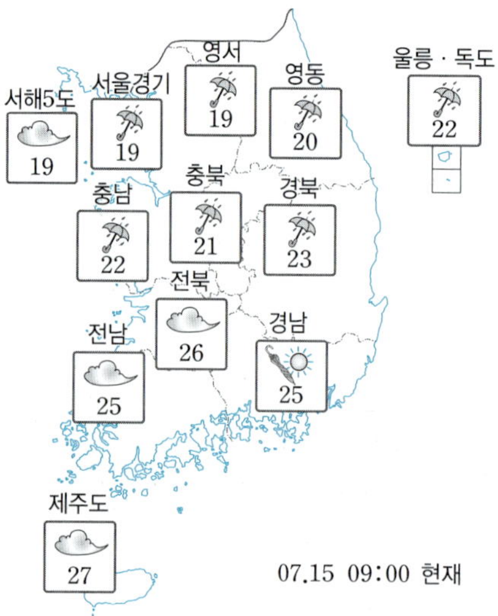

여름방학이 시작되는 다음 주 주말에 MT를 가려는데 그때 비가 올 것인가?

[투자]

내년의 투자처로 부동산을 선택하는 것이 유리한가?

[스포츠]

1사 2, 3루에 주자가 있는 상황에서 왼손투수를 상대로 어떤 전략을 선택할 것인가?

[정치]

대통령 후보 중에서 누가 당선될 것인가?

현재로서는 결과를 알 수 없지만 이러한 궁금증을 풀기 위해 우리는 각 분야의 전문가들이 예상하는 전망과 예측에 귀를 기울이게 됩니다.

기상분석가는 현재 장마전선이 오키나와 해상에서 일본 남쪽 해상에 형성되어 있으나 우리나라 북동쪽에 상층 기압능이 지속적으로 기압계 흐름을 저지하면서 장마전선이 북쪽으로 확장하지 못하고 있으므로 다음 주 주말까지 30도를 넘는 고온 현상이 지속될 것으로 전망하고 있다.

순위	선수명	팀명	타율	경기	타석	타수	득점	안타	2루타	3루타	홈런
1	최형우	KIA	0.354	140	600	522	93	185	37	1	28
2	손아섭	롯데	0.352	141	611	540	98	190	43	0	11
3	로하스	KT	0.349	142	628	550	116	192	39	1	47
4	박민우	NC	0.345	126	530	467	82	161	27	5	8
5	페르난데스	두산	0.340	144	668	586	104	199	20	0	21
6	이정후	키움	0.333	140	617	544	85	181	49	5	15
7	허경민	두산	0.332	117	487	437	70	145	25	1	7
8	김현수	LG	0.331	142	619	547	98	181	35	2	22

데이터를 참고로 현재 타자A 대신 대타로 쓸 선수B는 좌타자로서 타율은 0.283이지만 왼손 투수에 대한 타율은 4할 대를 유지하고 있고, 주자가 있는 경우의 타율은 더 높게 나타나고 있으므로 감독은 선수B의 대타작전이 점수를 낼 수 있는 최선의 방법이라고 생각하고 있다.

지난 네 번의 미국 대통령 선거의 당선자를 모두 맞췄던 구글(Google)은 2020년 대통령 당선자로 도널드 트럼프 대통령의 재선을 선택했으나, 대부분의 여론조사 결과는 바이든 후보의 당선을 예상하였다. 대선 후보가 확정된 이후 단어 검색량을 나타내는 구글 트렌드(Google Trend)의 검색량은 바이든 후보에 비해 트럼프 대통령이 최대 3배 차이로 압도적으로 많았지만, 미국 대통령 선거 사전투표 개표가 시작되고 나서 구글 트렌드의 분석결과, 민주당 후보인 조 바이든 후보에 대한 유권자들의 관심이 도널드 트럼프 대통령보다 더 높은 것으로 나타났다. 11월 3일 일반 유권자에 의한 투표 및 개표가 시작되었고, 2021년 1월 6일 조 바이든과 카멀라 해리스가 각각 대통령과 부통령 당선자로 정식 결정되었다.

1.2 통계와 통계학 그리고 의사결정

어떤 문제에 대해 예측과 전망을 하기 위해서 기본적으로 데이터가 필요합니다. 기간별 날씨를 예측하기 위해서는 우리나라 주변의 기상상태와 변화에 대한 데이터가, 스포츠에서 감독이 새로운 작전을 지시하기 위해서는 상대 팀의 전략과 선수들의 기량을 나타내는 데이터가 필요합니다. 그리고 선거결과를 예측하기 위해서는 여론조사 또는 설문조사 데이터를 이용할 것입니다. 수집한 데이터를 이용하여 예측과 전망을 하기 위해서는 우선 데이터가 가지고 있는 정보를 쉽게 파악할 수 있도록 나타내는 것이 필요한데 이를 통계라 합니다.

[데이터]

(단위: 천원, 시간, 명)

산 업	성별	3~5년 여 간				5~	
		월급여	연간특별급여	총근로시간	근로자수	월급여	연간특별급여
56 음식점 및 주점업	계	1,633	963	232.0	17,618	1,847	1,981
	남성	1,568	1,091	220.3	5,716	2,167	2,886
	여성	1,442	886	237.6	11,897	1,560	1,171
4 출판, 영상, 방송 통신 및 정보 서비스업	계	2,834	3,711	176.7	44,152	3,332	6,209
	남성	3,041	4,166	178.6	31,649	3,600	7,043
	여성	2,314	2,566	178.9	12,534	2,506	4,380
54 출판업	계	2,904	2,928	176.8	20,804	3,563	5,500
	남성	3,006	3,311	176.7	14,843	3,743	5,829
	여성	2,426	2,974	176.9	5,900	2,806	4,377
59 영상오디오 기록물 제작 및 배급업	계	2,560	1,339	186.7	3,215	2,911	3,330
	남성	2,544	1,305	186.2	2,015	3,109	3,931
	여성	2,077	1,377	187.4	1,200	2,416	1,830
60 방송업	계	2,680	6,748	188.3	3,154	2,976	10,221
	남성	2,794	7,322	188.7	2,384	3,157	11,363
	여성	2,383	4,972	184.8	770	2,363	6,811

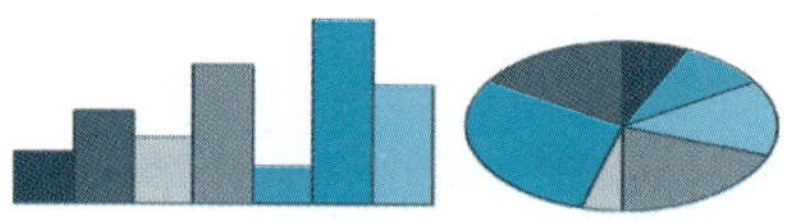

[통계]

> **통계**
> 일상생활이나 여러 가지 현상에 대한 자료를 한눈에 알아보기 쉽게 일정한 체계에 따라 숫자로 나타내는 것.

예측과 전망은 「미리 헤아려 짐작함」이라는 의미를 갖고 있습니다. 예측은 불과 1~2분 후에 일어날 사소한 사건에서부터 며칠 혹은 몇 년 후에 일어날 미래의 상황을 포함합니다. 예측에 있어서 객관적인 데이터보다 개인적인 경험과 직관적인 방법이 사용되기도 하지만 예측이란 미래의 불확실성을 줄이고 의사결정에 필요한 정보를 얻어 내는 것으로 볼 수 있습니다.

기업에 있어서 신제품 개발이나 대규모의 투자 등 중요한 의사결정을 내리기 전에 국내외 시장의 상황을 예측하는 것이 필요하며, 국가는 현재의 경제 위기를 벗어나기 위해 거시경제 정책의 우선순위를 어디에 둘 것인가를 판단해야 할 것입니다. 앞서의 문제에 대해서 전문가들의 전망과 예측을 토대로 다음과 같은 의사결정을 내릴 수 있습니다.

분야	문제	데이터	전망과 예측	판단(의사결정)
날씨	일정 확정	기상상태와 변화	다음 주말까지 30도를 넘는 고온 현상이 지속될 것으로 전망함.	과대표는 주말 MT 일정을 확정하여 학생들에게 통지한다.
스포츠	전략 선택	상대팀을 포함한 경기기록	여러 상황으로 볼 때 대타 작전이 성공할 가능성이 높다고 예상함.	감독은 대타 작전을 지시
투자	투자 결정	경기변동 상황	올해 부동산 경기가 나아지기 어렵다고 전망함.	경영자는 부동산보다는 다른 투자처를 물색
정치	선거 당선	여론조사	지지율이 오차범위 내에 드는 박빙의 승부가 예상됨.	각 후보자는 선거당선을 위해 상대방과 차별화되는 정책과 전략을 마련한다.

주어진 문제의 예측과 전망에 대해 합리적인 의사결정을 내리기 위한 여러 방법들이 사용될 수 있는데 그 중에서 통계학이 한 가지 방법으로 사용됩니다.

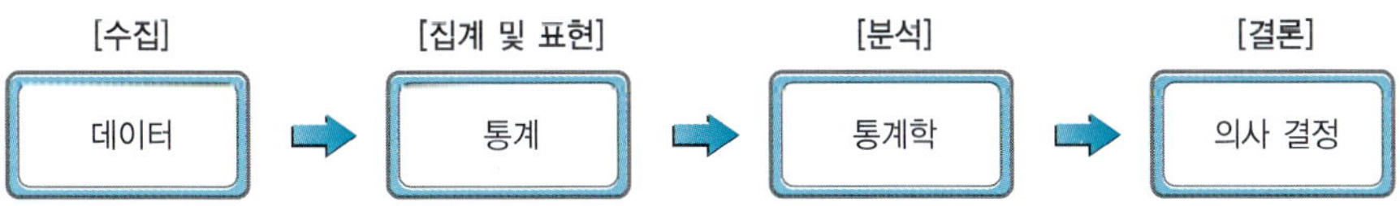

통계학

통계로부터 의미 있는 정보를 추출하고 이를 토대로 불확실한 사실에 대해 합리적인 의사결정을 할 수 있게 하는 학문

통계학은 제기된 문제로부터 합리적인 의사결정을 내리기 위해 다음과 같은 절차와 내용에 관심을 두고 있습니다.

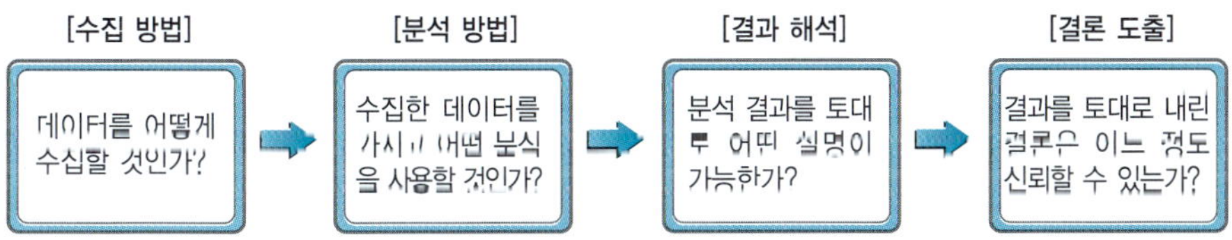

1.3 관심의 대상인 모집단과 표본

예를 들어 다음의 문제에 관심을 갖고 있다고 가정합니다.

❶ 다른 학생에 비해 월 생활비를 많이 쓰는 편인가?
❷ 현재 받는 아르바이트 급여는 다른 직종에 비해 덜 받는 것인가?
❸ 이번 대통령 선거에서 누가 당선될 것인가?

앞에서도 언급하였듯이 위와 같은 문제에 대해 합리적인 의사결정(결론)을 내리기 위해 기본이 되는 것은 그 분야의 데이터일 것입니다. 이때 각 문제에 대해 데이터를 얻기 위한 조사의 대상 전체는 다음과 같고 이를 모집단(population)이라 합니다.

모집단
통계적인 연구 또는 조사 대상이 되는 관측 가능한 개체로 된 집단 전체

문제(주제)	조사의 대상(모집단)
대학생의 월 평균 생활비	남녀 대학생 전체의 월 평균 생활비
아르바이트 평균 시급	아르바이트를 하고 있는 청소년 전체의 시급
대통령 선거의 당선자	유권자 전체의 후보 지지도

통계청에서 실시하는 인구총조사는 전 국민을 대상으로 하지만 시간과 비용이 너무 많이 소요되므로 5년마다 실시하고 있고, 이와 같이 일정의 사회집단 전체를 대상으로 하는 대규모의 전수조사를 센서스(census)라고 합니다. 2015년 인구총조사의 결과 전체 인구수는 51,779,203명으로 조사되었습니다.

우리나라의 남녀 대학생의 수는 그보다는 적지만 "대학생의 월 평균 생활비"를 조사하기 위해 모든 남녀 대학생을 조사한다는 것과 "대통령 선거의 당선자"를 미리 알아보기 위해 유권자 전체를 조사한다는 것은 시간과 비용을 고려할 경우 거의 불가능합니다.

따라서 모집단에서 추출한 일부분의 데이터만으로 모집단의 특성을 알아내고자 하는 연구와 방법이 필요할 것이며, 이것이 통계학의 역할입니다. 모집단으로부터 일부분의 데이터를 추출하는 과정을 표본추출(sampling)이라 하며 표본추출과정을 통해 얻은 데이터(또는 관찰값)를 표본(sample)이라 합니다. 표본추출에는 여러 가지 방법이 사용되지만 이 책에서는 생략하기로 합니다. 표본은 모집단의 부분집합입니다.

표본
모집단에서 선택된 모집단 구성단위의 일부

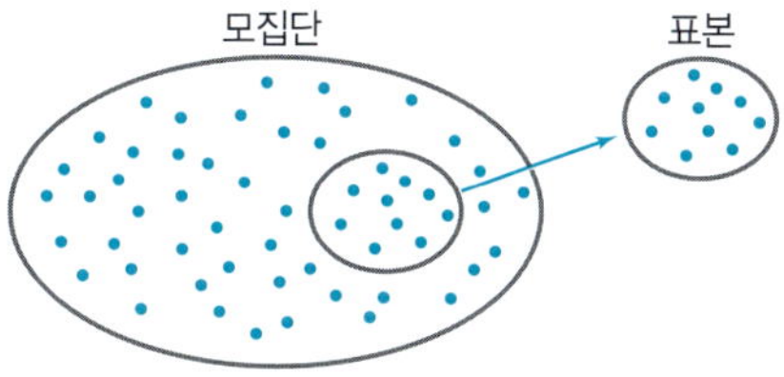

[그림 1-1] 모집단과 표본

1.4 기술통계학과 추측통계학

통계학은 크게 두 가지의 영역과 역할 즉, 기술통계학(descriptive statistics)과 추측통계학(inferential statistics)으로 구분할 수 있습니다.

[그림 1－1]과 같이 모집단으로부터 표본을 추출하고 나서 표본이 가지고 있는 정보를 쉽게 파악할 수 있도록 데이터를 정리하거나 요약하는 것이 필요한데 하나의 숫자로 또는 그래프의 형태로 표현하는 절차를 다루는 분야를 기술통계학이라 합니다.

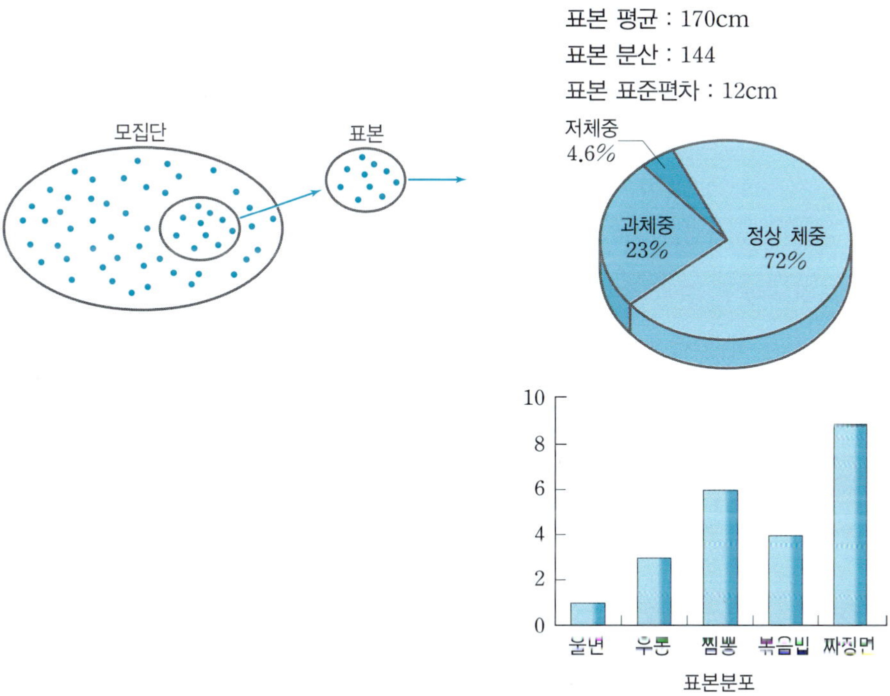

[그림 1-2] 기술통계학

대학생의 월 평균 생활비가 얼마인가를 알아보기 위해 남녀 대학생 전체를 모집단으로 하여 표본을 추출하였다고 가정합니다. 실제로 우리가 알고 싶은 것은 모집단의 월 생활비 평균이 될 것인데 이를 모수(parameter)라 합니다. 모수는 모집단의 특성을 나타내는 수치로 모집단의 평균, 모집단의 분산 그리고 모집단의 표준편차를 의미하며 모집단 전체를 조사하는 전수조사를 하지 않는 이상 모수는 알 수 없습니다.

모수
모집단의 특성을 나타내는 수치

모집단으로부터 표본을 추출했다면 알 수 있는 것은 오직 표본으로부터 얻은 표본의 평균, 표본의 분산이며 이를 표본 통계량(sample statistic 또는 statistic)이라 합니다. 모집단으로부터 추출한 표본의 표본 통계량으로 부터 모집단의 특성인 모수에 관해 통계적으로 추론하는 절차를 다루는 분야를 추측통계학(inferential statistics)이라 하며 통계학에 있어서 가장 핵심이 되는 분야입니다. 추론과정에서 모수를 잘 추정할 수 있는 방법과 절차를 사용해야 합니다.

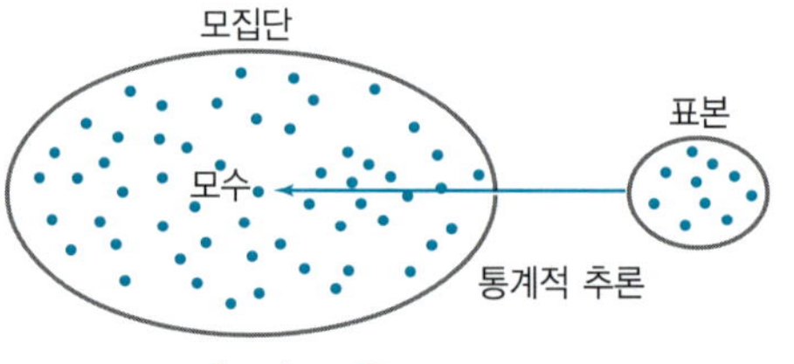

[그림 1-3] **통계적 추론**

그러나 추론에 사용한 표본은 모집단 전체가 아닌 모집단의 일부만을 사용한 것이므로 추론은 틀릴 수 있습니다. 따라서 추측통계학은 모수에 대한 추론을 얼마나 신뢰할 수 있는가 또는 추론으로부터 얻은 결론은 어느 정도 신뢰할 수 있는가 등을 포함합니다.

1.5 통계학의 응용분야

통계학은 사회전반에 걸친 현상 분석과 계획 및 정책수립을 위한 중요한 도구이며 지식정보화 사회에 있어서 정보의 수집, 분석과 해석 그리고 관리에 있어서 매우 중요한 역할을 하고 있습니다.

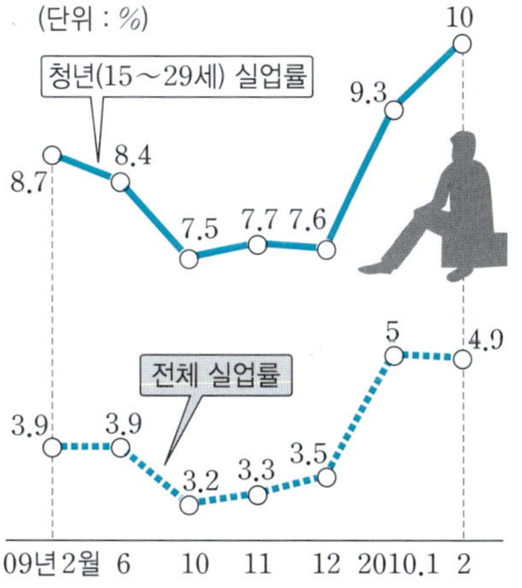

월마다 통계청에서 발표하는 실업률, 고용률, 물가지수 등의 경제지표들은 정부의 경제정책수립과 평가에 있어서 중요한 근거자료가 되며, 사회적 이슈가 되는 여론조사 결과들은 대중들의 의사표현을 근거로 정치가와 해당 분야 전문가들의 향후대책과 활동방향에 적지 않은 영향을 주게 됩니다.

4차 산업혁명과 더불어 디지털 환경 하의 문자, 음성 그리고 영상을 포함하는 방대한 양의 데이터인 빅데이터는 향후 국가와 기업의 패권을 결정할 중요한 원천을 제공할 것으로 예상하며, 이로부터 의미 있는 정보를 추출하기 위해 컴퓨터공학과, 전자공학 등의 IT 과학과 더불어 통계학이 중요한 역할을 하고 있습니다.

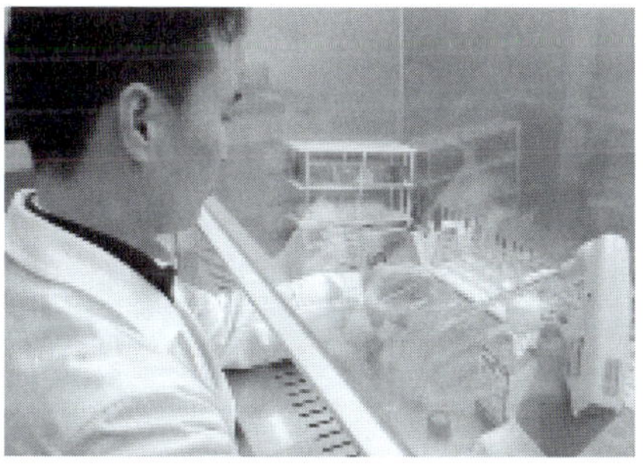

새로운 의학적 치료방법이 효과나 전염병과 바이러스에 대한 백신을 포함한 신약을 개발하기 위한 임상실험의 결과를 분석하고 평가하는 데 있어서 통계학은 중요한 역할을 하고 있습니다. 특히 생물통계학(biostatistics)은 생물학(biology)과 통계학(statistics)의 합성어로 생물학, 의학, 약학, 보건학 등의 분야에서 필요한 통계학의 이론을 응용하는 응용분야입니다.

각종 스포츠에 있어서도 선수들의 체질향상과 개선, 경기 분석과 전략 수립에 통계학이 응용되고 있다는 것은 잘 알고 있을 것입니다.

특히 세이버매트릭스(sabermetrics)는 야구를 통계학적으로 분석하는 방법론으로, 야구 네이터에 대한 통계적 분석을 통해 선수의 평가와 전략을 연구하는 분야입니다.

그 외에도 교통계획과 분석, 자원(에너지)탐사와 개발, 환경처리와 분석 그리고 교육방법의 평가 등 다양한 분야에서 통계학이 활용되고 있습니다.

참고 1 통계로 본 서울의 하루(2019년 기준)

출처 : 서울열린데이터광장(http://data.seoul.go.kr/)

참고 2 국가별 인스턴트 라면 소비량(2019년 기준)

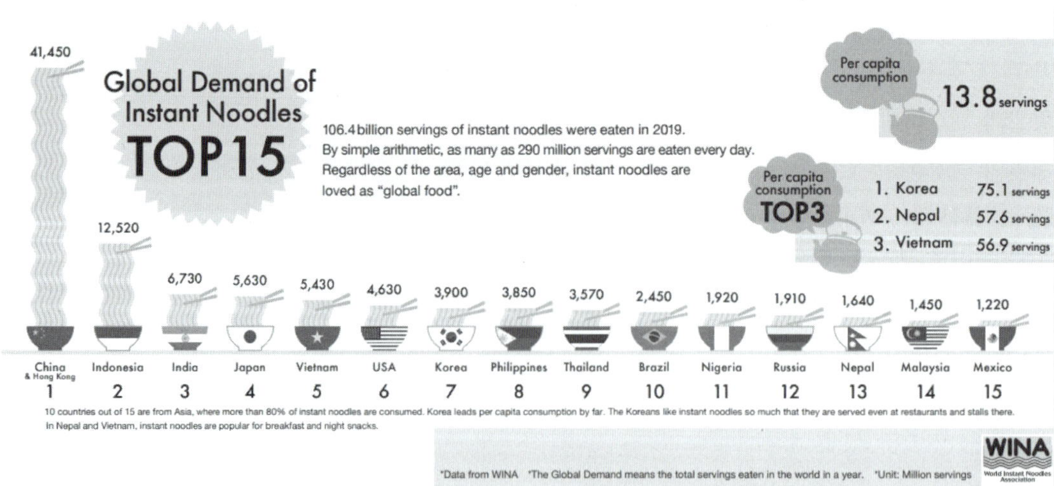

출처 : 세계라면협회(World Instant Noodle Association)

chapter 1 **연습 문제**

01 다음의 문장 중 괄호에 들어갈 적절한 단어를 보기에 골라 쓰시오.

보기
추측통계학　　기술통계학　　표본통계량　　검정통계량
통계　　모집단　　표본　　모수　　평균

① 어떤 현상을 종합적으로 한눈에 알아보기 쉽게 일정한 체계에 따라 숫자 또는 그림의 형태로 나타낸 것을 (　　　)라 한다.

② 통계적인 연구 또는 조사 대상이 되는 관측 가능한 개체로 된 집단 전체를 (　　　)이라 한다.

③ 모집단에서 선택된 모집단 구성단위의 일부를 (　　　)이라 하고 이는 모집단의 부분집합이다.

④ 표본을 추출하고 나서 표본이 가지고 있는 정보를 쉽게 파악할 수 있도록 데이터를 정리하거나 요약하는 것이 필요한데 하나의 숫자로 또는 그래프의 형태로 표현하는 절차를 다루는 분야를 (　　　)이라 한다.

⑤ 표본으로부터 얻어진 결과물로 표본 평균이나 표본 분산을 (　　　)이라 한다.

⑥ 모집단의 특성을 나타내는 수치를 (　　　)라 하며 모집단 평균과 모집단 분산 등이 이에 속한다.

⑦ 표본의 표본 통계량으로부터 모집단의 특성인 모수에 관해 통계적으로 추론하는 절차를 다루는 분야를 (　　　)이라 한다.

02 다음의 조사 중에서 전수조사가 <u>아닌</u> 것을 모두 고르시오.

① 여론조사
② 정기적으로 실시하는 A고등학교 학생들의 신체검사
③ 인구조사
④ 대입 수학능력시험 성적채점
⑤ 차량의 안전성 조사
⑥ 통계청에서 매월 발표하는 실업률조사

03 다음 중 표본조사와의 비교에서 전수조사의 장점으로 볼 수 없는 것을 모두 고르시오.

① 시간의 절약　　② 비용의 절감
③ 정확성과 높은 신뢰성　　④ 데이터 관리 및 처리의 용이성

04 다음 문제에 대해 모집단과 표본을 구분하시오.

① 자동차를 생산하는 H사는 최근에 생산한 하이브리드 차량의 연비를 조사하고자 한다.

② 라면을 생산하는 L사는 소비자의 선호가 제품의 맛에 의한 것인지 회사의 이름에 의한 것인지를 조사하고자 한다.

③ 방사선 치료가 암치료에 효과적인가를 알아보기 위해 A대학병원의 암환자 1620명 중 400명을 조사하고자 한다.

④ 여론조사 기관인 B사는 대통령 후보별 지지도를 조사하기 위해 유권자 3000명을 대상으로 조사하고자 한다.

⑤ D대학은 강의평가를 위해 모든 수강생을 대상으로 설문조사를 실시하고자 한다.

⑥ 12개의 지역별 사업장을 운영하고 있는 A기업은 판매량 실적이 가장 우수한 사업장에 대해 포상을 실시할 계획이다.

⑦ 기능성 음료 시장의 점유율을 파악하기 위해 일정규모를 갖추고 있는 판매점을 선정하여 제품별 판매량을 조사하고자 한다.

⑧ 직장인이 선호하는 점심메뉴를 알아보기 위해 남녀 직장인 1,500명을 대상으로 조사를 하고자 한다.

05 다음의 정보를 제공하는 인터넷 사이트를 찾아보시오.

① 우리나라 사람들은 1년에 영화를 몇 번이나 보는가?

② 프로야구 구단별 역대 관중현황

③ OECD 회원국의 청년실업률(15세~24세) 비교

④ 삼성전자와 LG전자의 작년도 4분기 재무제표 비교

⑤ 최근 10개월 간 소비자물가지수 상승률

⑥ 대학 계열별 취업률

⑦ 국가별 코로나 바이러스 확진자 수 증감 비교

06 통계학을 응용하는 학문분야에 대해서 조사하시오.

chapter 02

데이터가 가지고 있는 특성을 정리하여 그래프로 표현하기

데이터를 조사한다는 것은 데이터로부터 정보를 얻기 위한 것입니다. 조사한 데이터 자체만으로는 데이터가 가지고 있는 전체적인 윤곽과 특성을 쉽게 파악하기 힘들기 때문에 정리와 요약이 필요합니다.

chapter

02 데이터가 가지고 있는 특성을 정리하여 그래프로 표현하기

어떤 대상을 그림으로 그린다고 가정합시다. 그 대상이 인물이든 풍경이든 처음부터 상세한 부분을 완성시켜 나가는 것이 아니라 구도를 잡고 밑그림을 그리는 것으로 시작할 것입니다. 수집한 데이터에 대해서도 같은 방법으로 접근합니다.

다음의 데이터는 1985년부터 2021년까지 프로야구 선수 중 추신수를 제외한 상위 40명의 연봉을 조사(출처: 한국야구위원회, 2021년)한 데이터(보조자료: 2장\프로야구연봉데이터)입니다. 추신수 선수의 연봉(27억 원)은 다른 선수에 비해 너무 차이가 나기 때문에 프로야구선수 상위 연봉데이터에 포함시킬 경우 전체 데이터를 왜곡시키므로 제외하였습니다.

50	31	36	40	45	60	76	100	78	40
30	50	48	40	63	150	70	32	38	50
150	110	60	60	30	50	80	40	110	55
50	60	80	33	120	65	90	30	100	80

〈표 2-1〉 프로야구 선수들의 연봉 데이터(단위: 천만 원)

〈표 2−1〉의 데이터가 가지고 있는 전체적인 윤곽은 다음과 같이 표로 나타내거나 그래프로 표현합니다. 표를 이용하여 나타내는 방법으로 도수분포표(frequency distribution table)를 사용하고, 그래프로 표현하는 방법으로는 히스토그램(histogram), 막대그래프(bar chart) 그리고 꺾은선 그래프 등이 있습니다. 그래프로 표현하는 경우에는 데이터의 형태나 성격에 따라 적절한 방법을 선택합니다.

계급구간(단위: 천만 원)	도수
40 이하	12
41~60 이하	12
61~80 이하	8
81~100 이하	3
101~120 이하	3
121~140 이하	0
141~160 이하	2
계	40

〈표 2-2〉 도수분포표

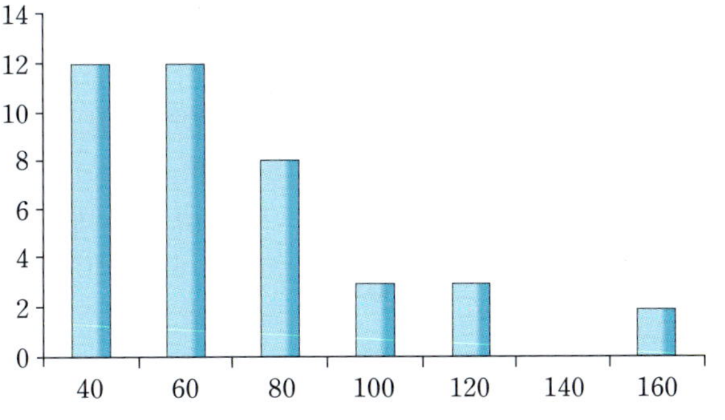

[그림 2-1] 히스토그램

참고 1 막대그래프와 히스토그램의 차이점

일반적으로는 혼용해서 사용하기도 하지만 크게 두 가지의 차이점이 있습니다. 첫 번째는 표현하고자 하는 데이터의 종류이고, 두 번째는 그리는 방법에 있습니다.

막대그래프는 왼쪽의 그림과 같이 범주(category)로 구분되는 데이터(예를 들어 종교의 형태, 직업의 형태)를 표현하는 데 사용하므로 막대로 표현하려는 범주의 순서는 의도에 따라 바뀔 수 있으며 막대 간에는 일정한 간격을 유지합니다. 반면에 히스토그램은 오른쪽의 그림과 같이 측정된 연속적인 값(예로 몸무게 또는 성적)으로 표시되는 데이터를 표현하는 데 사용하므로 막대그래프와 같이 막대의 순서를 임의적으로 바꿀 수 없으며, 막대 간의 간격 없이 표현합니다. 막대의 간격 없이 히스토그램을 작성하는 방법은 15.1절을 참고하기 바랍니다.

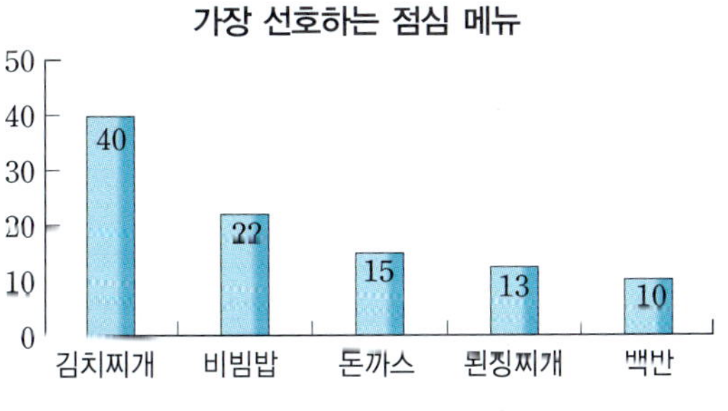

직장인 100명을 대상으로 조사한 가장 선호하는 점심 메뉴의 막대그래프

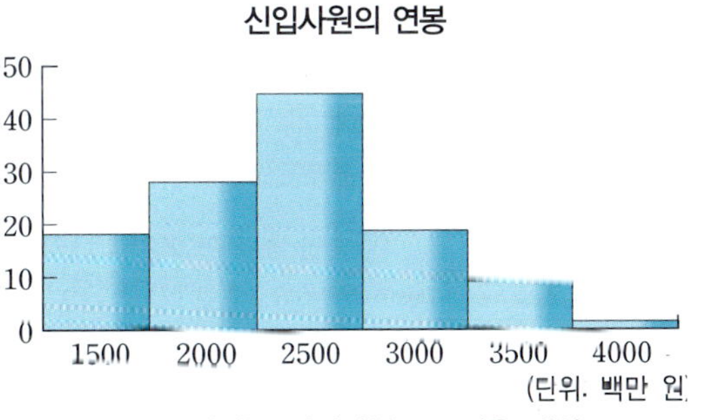

서비스업에 종사하는 신입사원 100명을 대상으로 조사한 연봉의 히스토그램

통계학에서 다루려는 데이터의 형태와 성격을 구분하는 이유는 그에 따라 분석 방법이 달라지기 때문입니다. 데이터의 형태와 척도에 대해서는 4장에서 자세히 설명하기로 하고 우선 데이터의 성격에 따라 표현할 그래프는 다음과 같습니다.

데이터의 성격	표현할 그래프
성적점수, 월 수입액, 연봉	히스토그램
직업별 구성 인원수, 만족도	막대그래프, 원그래프
주가변동, 물가변동	꺾은선 그래프

〈표 2-3〉 데이터의 성격과 그림 표현

데이터가 갖고 있는 전체적인 윤곽이나 모양을 분포(distribution)라 하며 이를 파악하는 기초적인 방법으로 도수분포표나 막대그래프를 사용합니다.

도수분포표나 막대그래프는 데이터의 분포를 파악하는 방법이지만 그 분포가 가지고 있는 성질 또는 특성을 한마디로 표현하기는 어렵습니다.

인물이나 사회를 풍자적으로 비평할 때 많이 하는 시사만평(editorial cartoon)은 어떤 사건의 양상이나 인물 행동의 특징을 만화를 통해 한마디로 요약하여 표현한 것이고, 사람의 얼굴이나 모습 등의 특징을 잡아 익살스럽게 표현한 캐리커처(caricature) 역시 모습의 특징을 잘 요약한 것이라 할 수 있습니다.

[시사 만평]

[오바마에 대한 캐리커처]

데이터의 요약은 데이터의 성질이나 특징을 대표적인 수치로 표현하는 방법으로, 요약의 대상으로 분포의 중심위치가 어디인가, 데이터들이 중심위치를 기준으로 얼마나 흩어져 있는가를 고려합니다.

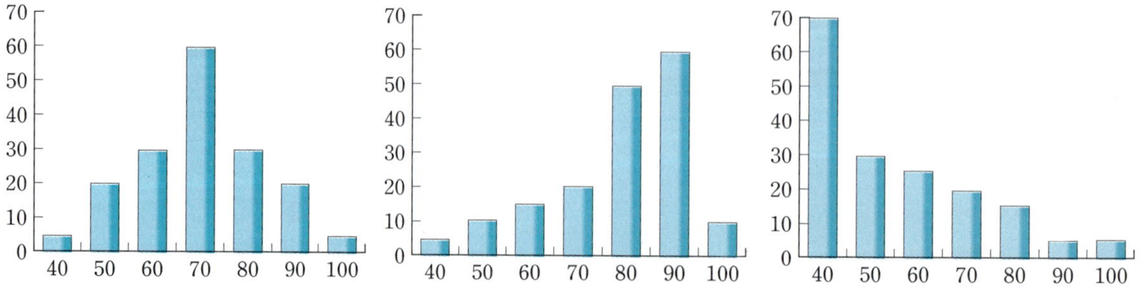

[히스토그램으로 표현한 다양한 분포의 모양]

2.1 도수분포표와 히스토그램

데이터를 정리하는 데 있어서 〈표 2－2〉와 같이 표의 형식으로 나타내는 방법을 도수분포표라 하고, 그림으로 나타내는 방법으로는 히스토그램과 막대그래프가 있습니다.

도수분포표나 히스토그램을 작성하기 위해서는 계급의 수와 계급의 간격을 결정해야 합니다. 히스토그램은 도수분포표를 기준으로 하여 작성하지만 계급의 수와 간격에 따라 히스토그램의 모양 즉, 분포의 모양이 달라지기 때문에([참고 2]) 적절한 기준을 마련하여 계산합니다.

참고 2 계급의 수와 간격을 달리하면 히스토그램의 모양이 달라진다?

다음의 히스토그램은 동일한 데이터에 대해서 계급의 수, 간격, 구간의 초깃값을 달리하여 작성한 것입니다. 데이터의 개수는 49개, 최댓값은 144, 최솟값은 98.5로 왼쪽의 그림은 이 절에서 설명하려는 기준을 적용하여 작성한 것이고, 오른쪽의 그림은 임의로 간격을 5로 하여 작성한 것입니다. 히스토그램을 작성할 경우 계급의 수, 간격, 구간의 초깃값을 다르게 하면 동일한 데이터라 하더라도 분포의 모양이 다르게 나타나므로 기준을 마련하여 계산하는 것입니다.

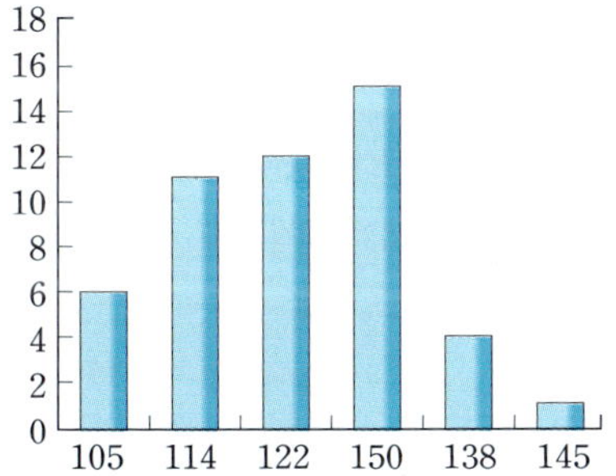

계급의 수	6
계급 간격	8
초기 구간	98～106

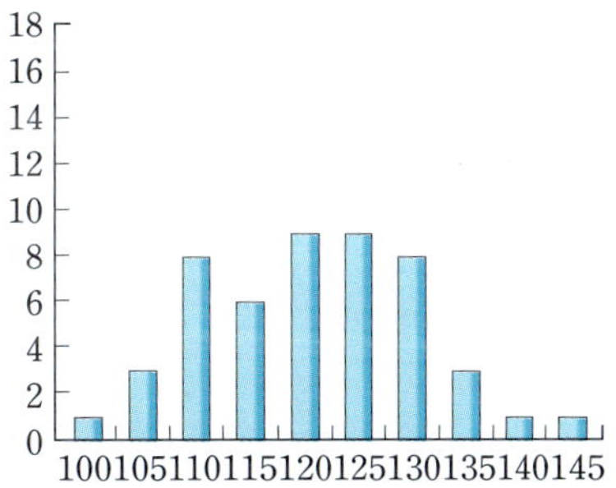

계급의 수	10
계급 간격	5
초기 구간	95～100

계급의 수

〈표 2－2〉의 경우 계급의 수는 7입니다. 계급의 수가 너무 많으면 데이터를 요약하기가 어려우며, 반대로 계급의 수가 너무 적으면 압축된 정보로 표현되어 분포의 모양을 파악하기가 어려워집니다. 계급의 수는 데이터의 성격에 따라 적절하게 결정하지만, 데이터의 개수가 n이고 계급의 수를 k라 한다면 $2^k \geq n$ 또는 $k \geq \sqrt{n}$을 만족하는 최소의 정수로 계산합니다.

⁘ 계급의 간격

각 계급의 간격은 모두 동일해야 하며 〈표 2-2〉의 경우 계급의 간격은 1억으로 하였습니다. 계급의 간격은 다음과 같은 식을 이용하지만 데이터의 성격(금액, 나이, 점수 등)에 따라 적절하게 결정하기도 합니다.

- **계급의 수**: $2^k \geq n$을 만족하는 최소의 정수
- **계급의 간격** $= \dfrac{\text{데이터의 최댓값} - \text{데이터의 최솟값}}{\text{계급의 수}}$

참고 3 **히스토그램에서 막대 수의 결정**

같은 자료라 사용하더라도 막대의 시작점(bin origin)과 막대의 폭(bin width)을 어떻게 결정하느냐에 따라 히스토그램의 모양이 달라집니다. 이 값들을 결정하는 방법은 Herbert Sturge(1926)에 의해 구체적으로 연구되었고, 표본수(n)에 따라 막대의 수를 결정하는 규칙을 다음과 같이 제안하였습니다.

$$\text{Sturge의 규칙: } k = 1 + \log_2 n$$

Sturge의 규칙은 통계학 개론이나 대부분의 통계 패키지에서 폭넓게 사용되고 있는 방법이지만 자료의 분포가 대칭적이지 못한 경우에는 추가적인 막대가 필요합니다.

계급의 수와 간격을 기준에 의해 계산하여 작성하는 방법은 [예제 2-1]에서 설명하기로 하고, 여기에서는 계급의 수는 7, 계급의 간격은 2억으로 결정했다고 가정합니다.

이 책에 있는 모든 예제에 대한 풀이를 진행하려면 엑셀에 [통계분석 도구]가 설치되어 있어야 합니다. [통계분석 도구]는 별도의 설치 CD 없이 엑셀 옵션의 추가 기능을 이용하여 설치할 수 있으며, 자세한 설치 방법은 15.10절(통계분석 도구의 설치 방법)을 참고하기 바랍니다.

2.1.1 도수분포표와 히스토그램의 작성

엑셀에서 도수분포표와 히스토그램을 작성하는 방법은 다음과 같이 진행합니다.

단계	내용
[단계 1]	데이터와 계급 구간 입력
[단계 2]	엑셀에서 [히스토그램] 선택
[단계 3]	[히스토그램] 대화상자에서 요구하는 값을 마우스로 입력

[단계 1] 데이터와 계급 구간 입력

앞서 〈표 2－1〉의 40개 데이터를 엑셀에 다음과 같이 입력(보조자료: 2장\프로야구연봉데이터)합니다. 40명의 연봉 데이터(단위: 천만 원)는 A열에 입력하고, C열에 입력한 것은 계급의 구간입니다. 셀 C4에 입력한 40의 의미는 40 이하(즉, 4억 이하)를 의미하고, 셀 C5의 60은 40 초과 60 이하를 의미합니다. 따라서 구간은 〈표 2－1〉에서 계급 구간의 오른쪽 값(각 구간의 최댓값)을 입력합니다.

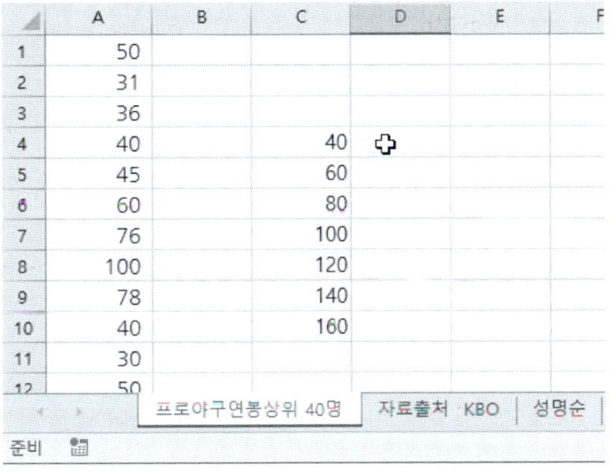

[그림 2-2] 프로야구연봉데이터와 계급 구간 입력

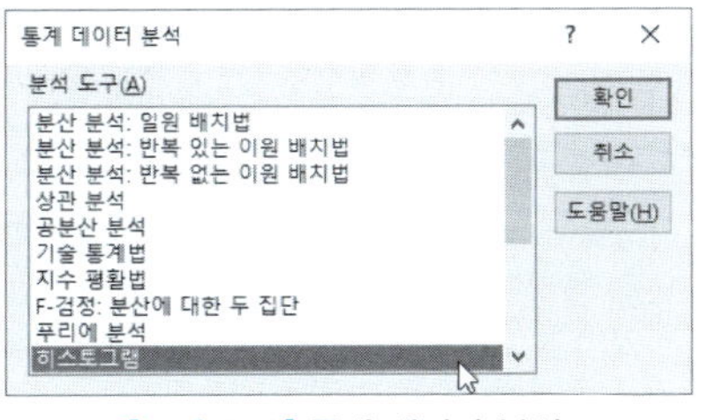

[그림 2-3] 통계 데이터 분석

[단계 2] [히스토그램] 선택

리본(메뉴) 탭에서 [데이터] 탭을 선택한 다음 [데이터 분석]을 선택하면 [그림 2－3]과 같이 [통계 데이터 분석] 대화상자가 나타납니다. [히스토그램]을 선택합니다.

[단계 3] 대화상자에서 요구하는 값을 마우스로 입력

[그림 2－4]와 같이 히스토그램 대화상자가 나타나면 입력할 내용과 입력 값은 〈표 2－4〉와 같습니다.

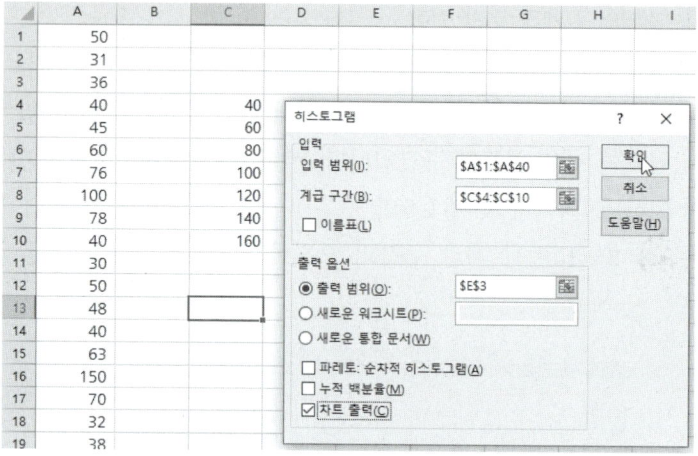

[그림 2-4] 히스토그램 대화상자

히스토그램 대화상자	의미와 입력 값
입력 범위	실제 데이터의 범위를 드래그하여 설정하는데 [그림 2−4]와 같이 절대참조 주소로 표현됩니다. 이 예에서는 범위 A1 : A40
계급 구간	계산된 계급 구간의 범위를 드래그하여 설정하는데 [그림 2−4]와 같이 절대참조 주소로 표현됩니다. 이 예에서는 7개의 구간을 나타내는 범위 C4 : C10
이름표	입력 범위의 첫 번째 셀에 데이터의 제목이 표시되어 있는지의 유무를 확인합니다. 이 예에서는 입력 범위의 첫 번째 셀 A1에 데이터의 제목이 없으므로 공백상태(☐)로 둡니다.
출력 범위	히스토그램의 결과를 출력할 적절한 위치(셀)를 결정합니다. 이 예에서는 셀 E2를 선택
파레토	파레토에 체크(☑)표시를 하면 빈도수에 대해 내림차순으로 정렬한 표를 출력하고 이에 따른 순차적 히스토그램을 출력합니다. 파레토는 범주로 구분되는 데이터에 대해서만 사용합니다.
누적 백분율	히스토그램에 누적 백분율 선을 추가하고, 누적 백분율의 결과를 표로 제공합니다.
차트 출력	차트 출력에 체크(☑)표시를 해야만 히스토그램을 출력합니다.

〈표 2-4〉 히스토그램 대화상자에서 입력 값

[단계 3]에서 출력 범위를 E2로 하였기에 결과는 셀 E2에 도수분포표와 히스토그램을 [그림 2−5]와 같이 출력합니다.

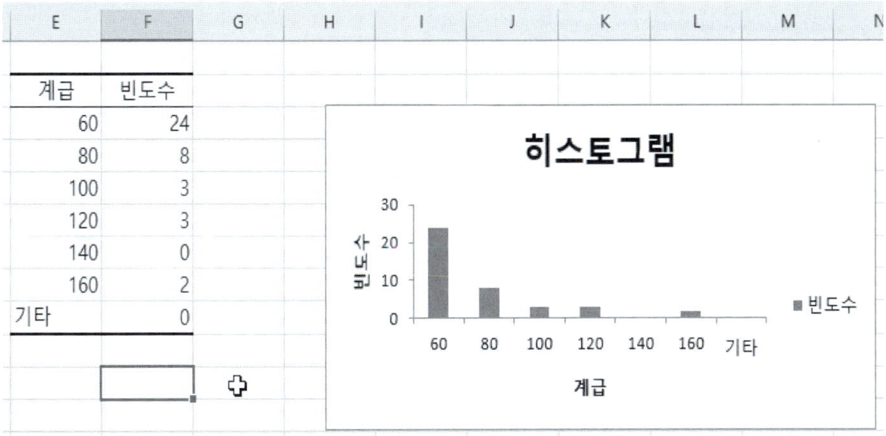

[그림 2-5] 완성한 도수분포표와 히스토그램

엑셀에서 [통계 데이터 분석]을 이용하여 도수분포표와 히스토그램을 작성하면 [그림 2−5]와 같이 '기타' 부분을 자동적으로 출력합니다. '기타'를 출력하는 이유는 사용자가 설정한 구간에 데이터가 존재하지 않을 경우를 대비한 것으로, 모든 데이터가 설정한 구간에 포함되어 있다면 '기타'의 빈도수는 0으로 표시되며 0이 아닌 경우는 계급 구간을 다시 설정해야 합니다. '기타'의 빈도수가 0으로 표시되었을 경우 히스토그램에서 '기타' 부분을 삭제하는 방법은 히스토그램의 데이터 범위를 조정하는 것으로 해결할 수 있으며 자세한 내용은 15.2절을 참고하기 바랍니다.

계급의 수와 간격을 계산하여 도수분포표와 히스토그램을 작성 — **예제 2-1**

다음 데이터(보조자료: 2장\1인당 커피소비량)는 1인당 연간 커피소비량(2020년 기준)이 제일 많은 25개국을 조사한 것입니다. 다음 항목 중 소비량에 대해 계급의 수와 간격을 계산한 다음 도수분포표와 히스토그램을 작성합니다.

단계	내용
[단계 1]	계급의 수 계산
[단계 2]	계급의 간격 계산
[단계 3]	초깃값 계산
[단계 4]	히스토그램 작성에 필요 값의 범위 입력
[단계 5]	기타 부분 삭제

[단계 1] 계급의 수

> **계급의 수**
> $2^k \geq n$을 만족하는 최소의 정수

데이터의 개수를 n, 계급의 수를 k라 할 때 $2^k \geq n$을 만족하는 최소의 정수로 계급의 수를 결정합니다. 데이터의 개수 n은 25이므로 $\log_2 25$ 또는 $\sqrt{25}$를 계산하면 [그림 2-6]과 같이 각각 4.6과 5로 계산됩니다. 따라서 계급의 수는 5로 정합니다.

[단계 2] 계급의 간격

> **계급의 간격**
> $= \frac{\text{데이터의 최댓값} - \text{데이터의 최솟값}}{\text{계급의 수}}$

최댓값과 최솟값은 각각 12와 4.2이고, 계급의 수는 5이므로 1.56으로 계산되지만 편의상 2로 결정합니다.

[단계 3] 초깃값 계산

첫 번째 구간은 최솟값(4.2)이 반드시 포함되어야 하므로 3 이상 5 이하로 정합니다. 그러나 엑셀에서는 각 구간의 최댓값만 입력하므로 셀 D5에 5만 입력했으며 이는 5 이하를 의미합니다. 셀 D11의 7은 두 번째 구간으로 5 초과 7 이하를 의미합니다. 히스토그램에서 사용할 계급 구간은 D10부터 D14까지입니다.

	A	B	C	D	E	F	G
1	1인당 커피소비량(단위 : Kg)						
2				구분			값
3	Finland	12.0		계급의 수 1	=LOG(25, 2)		4.643856
4	Norway	9.9		계급의 수 2	=SQRT(25)		5
5	Iceland	9.0		최대값	=MAX(B3:B27)		12.0
6	Denmark	8.7		최소값	=MIN(B3:B27)		4.2
7	Netherlands	8.4		구간의 간격	=(G5-G6)/5		1.559467
8	Sweden	8.2					
9	Switzerland	7.9					
10	Belgium	6.8		5			
11	Luxembourg	6.5		7			
12	Canada	6.5		9			
13	Bosnia	6.2		11			
14	Austria	6.1		13			
15	Italy	5.9					
16	Brazil	5.8					
17	Slovenia	5.8					
18	Germany	5.5					
19	Greece	5.4					

계급 구간
구간 $1 \leq 5$
$5 <$ 구간 $2 \leq 7$
$7 <$ 구간 $3 \leq 9$
$9 <$ 구간 $4 \leq 11$
$11 <$ 구간 $5 \leq 13$

[그림 2-6] 계급의 수, 간격, 구간 계산

[단계 4] 히스토그램 작성에 필요 값의 범위 입력

리본(메뉴) 탭에서 [데이터] 탭을 선택한 다음 [데이터 분석]을 선택하면 [그림 2-7]과 같이 [통계 데이터 분석] 대화상자가 나타납니다. [히스토그램]을 선택합니다. 히스토그램 대화상자에서 입력할 내용은 〈표 2-4〉를 참고하기 바랍니다. 입력 범위와 계급 구간의 범위는 실제 데이터의 범위를 드래그하여 설정하는데 [그림 2-7]과 같이 절대참조 주소로 표현됩니다. 히스토그램 대화상자에서 입력 범위(소비량 부분, B3:B27)와 계급 구간(5개의 구간, D10:D14)을 각각 마우스로 드래그하여 입력합니다. 출력 범위는 여백의 적절한 셀(F10)을 마우스로 선택합니다. 마지막 부분에 있는 차트 출력에 체크(☑)표시를 해야만 막대그래프를 출력합니다.

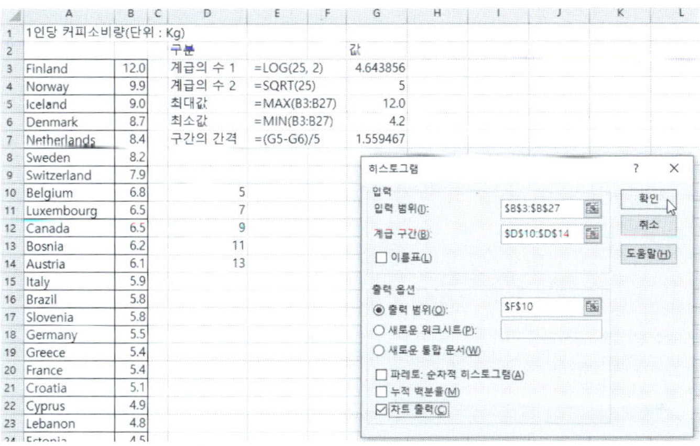

[그림 2-7] 히스토그램 대화상자

[단계 5] 기타 부분 삭제

기타부분을 범위에서 삭제(15.2절 참고)하면 완성된 히스토그램은 다음과 같습니다.

계급	빈도수
5	6
7	12
9	5
11	1
13	1
기타	0

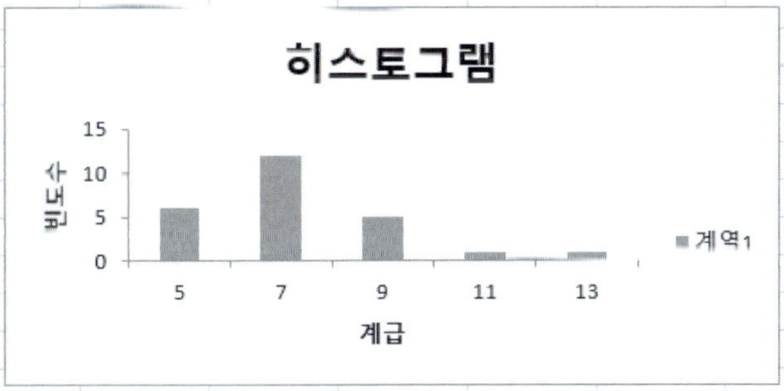

[실습문제]

1. 어느 회사의 휴가 데이터(보조자료: 2장\실습1 휴가비)를 이용하여 휴가 일수에 대해 도수분포표와 히스토그램을 작성하시오.
2. 어느 회사의 출장비 데이터(보조자료: 2장\실습2 출장비)를 이용하여 출장일수와 출장비에 대해 도수분포표를 작성하고, 히스토그램을 작성하시오.

2.2 막대그래프와 원그래프

막대그래프와 원그래프는 〈표 2-5〉와 같이 범주(category)로 구분되는 데이터, 예를 들어 종교의 형태, 직업의 형태를 표현하는 데 사용하므로 막대로 표현하려는 범주의 순서는 의도에 따라 바뀔 수 있으며 막대 간에는 일정한 간격을 유지합니다. 다음의 데이터는 직장인 100명을 대상으로 가장 선호하는 점심 메뉴를 조사한 것입니다.

막대그래프를 작성할 경우 〈표 2-5〉와 같이 빈도수에 대해 오름차순이나 내림차순으로 정렬하여 표시하는 것이 좋습니다.

선호하는 점심 메뉴	빈도 (명)
김치찌개	40
비빔밥	22
돈까스	15
된장찌개	13
백반	10

〈표 2-5〉 선호하는 점심 메뉴

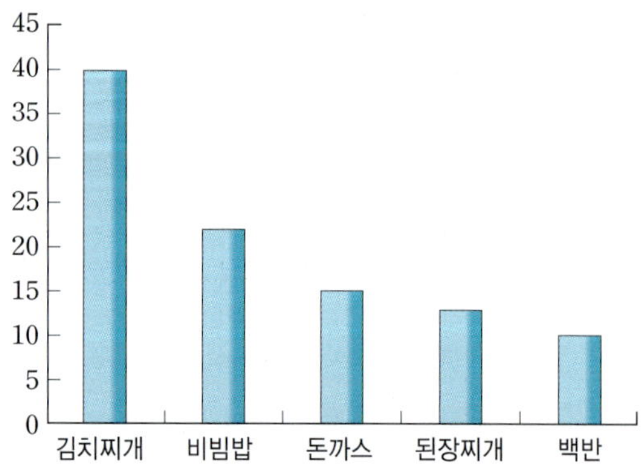

〈표 2-5〉에 대한 막대그래프

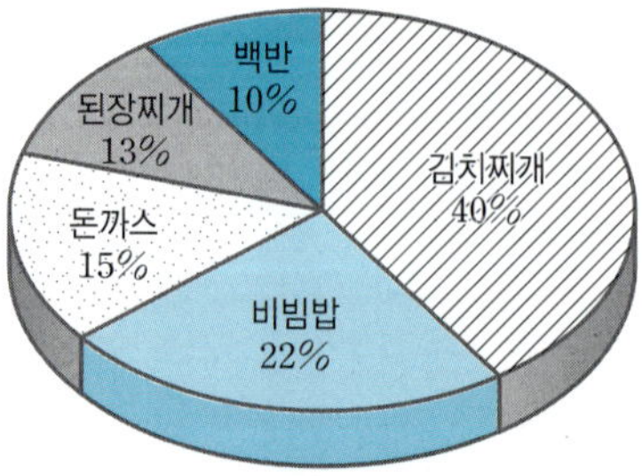

〈표 2-5〉에 대한 원그래프

2.2.1 막대그래프의 작성

막대그래프를 작성하는 방법은 다음과 같이 진행합니다.

단계	내용
[단계 1]	데이터의 입력
[단계 2]	데이터 범위 선택과 막대그래프 선택
[단계 3]	막대그래프의 크기 조절과 범례 삭제

[단계 1] 데이터의 입력

〈표 2-5〉의 데이터를 [그림 2-8]과 같이 입력합니다.

[그림 2-8] 데이터 입력

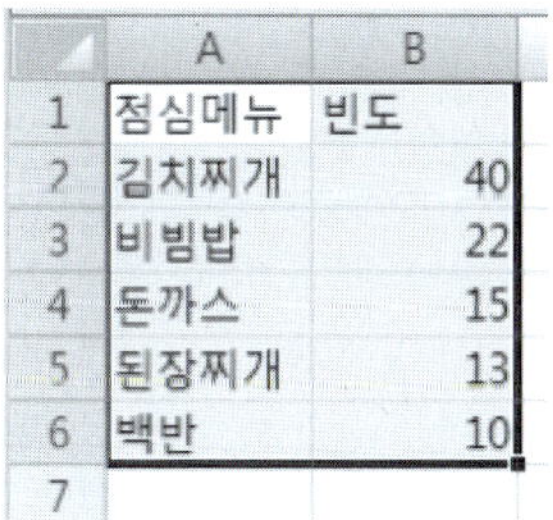

[그림 2-9] 데이터 선택

[단계 2] 데이터 범위 선택과 막대그래프 선택

막대그래프를 작성하기에 앞서 데이터의 범위를 [그림 2-9]와 같이 선택합니다. 이어서 [그림 2-10]과 같이 리본(메뉴) 탭에서 [삽입] 탭을 누르고 [차트]에서 [세로 막대형]을 선택한 다음 묶은 세로 막대형을 선택합니다.

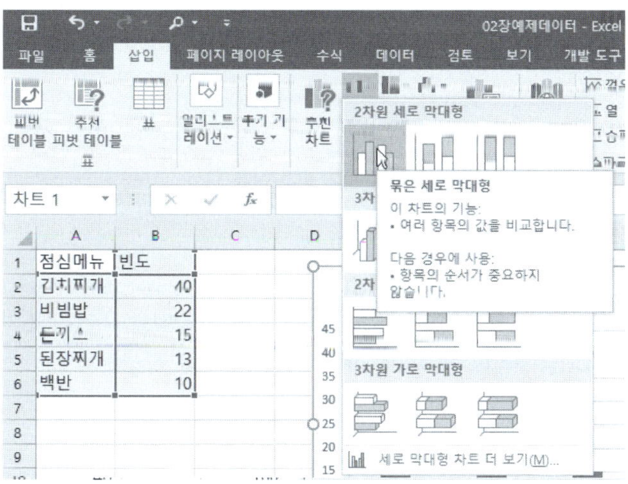

[그림 2-10] 메뉴 선택

[단계 3] 막대그래프의 크기 조절과 범례 삭제

[단계 2]의 결과로 [그림 2－11]과 같이 표시됩니다. 마우스를 이용하여 차트의 크기를 적절히 조절하고, 차트의 제목 부분(빈도)을 마우스로 클릭하면 제목을 수정할 수 있습니다. 경우에 따라 차트 오른쪽에 나타날 수 있는 빈도 부분은 큰 의미가 없으므로 마우스로 선택한 다음 [그림 2－12]와 같이 마우스 오른쪽 버튼을 눌러 삭제합니다.

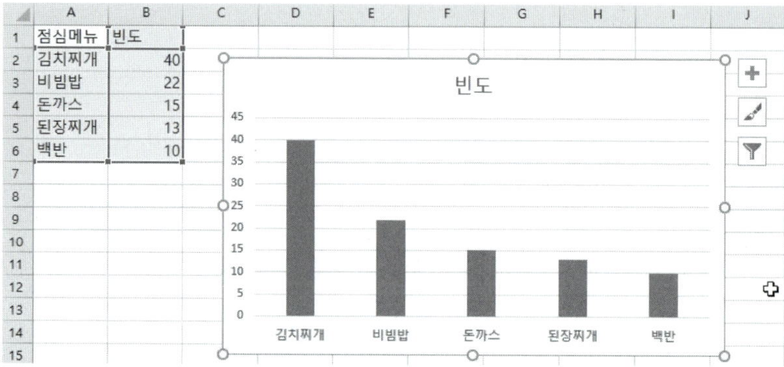

[그림 2-11] [단계 2]의 결과

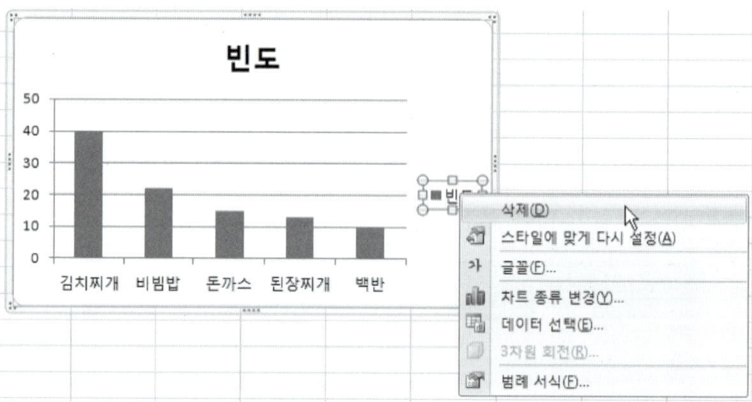

[그림 2-12] 범례 삭제

[실습문제]

3. 프로스포츠 데이터(보조자료: 2장\실습3 프로스포츠)를 이용하여 2020년도 프로스포츠 경기당 평균관중 수에 대해 막대그래프를 작성하시오.
4. 어느 기업의 영업부서별 실제 데이터(보조자료: 2장\실습4 영업부서)에 대해 막대그래프를 작성하시오.

2.2.2 원그래프의 작성

〈표 2－5〉에 대해서 원그래프를 작성하는 방법은 다음과 같이 진행합니다.

단계	내용
[단계 1]	데이터의 입력과 범위 선택
[단계 2]	3차원 원형 선택
[단계 3]	차트 레이아웃(또는 빠른 레이아웃) 선택

[단계 1] 데이터의 입력과 범위 선택

막대그래프를 작성하는 방법(단계 1)과 마찬가지로 데이터를 입력한 다음 그래프를 작성할 데이터의 범위를 선택(단계 2)합니다.

[단계 2] 3차원 원형 선택

리본(메뉴) 탭에서 [삽입] 탭을 누르고 [차트]에서 [그림 2－13]과 같이 [원형]을 선택한 다음 [3차원 원형]을 선택합니다. 결과는 [그림 2－14]와 같습니다.

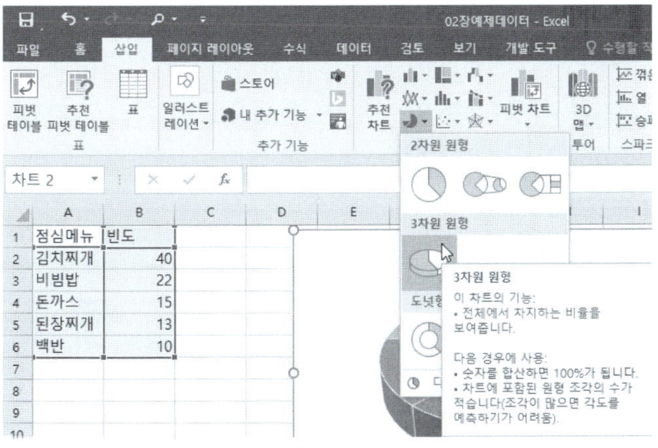

[그림 2-13] 3차원 원형 선택

참고 4 비오는 날이면 이런 메뉴의 검색이 증가해요

비오는 날에는 빗소리에 맞추어 전, 생선구이, 삼겹살처럼 지글지글 소리 나는 메뉴의 검색량이 증가해요(출처: 배민트렌드 2021, ㈜우아한형제들).

순위	메뉴	전월 대비 증가율
1	파전	166%
2	모듬전	86%
3	빈대떡	81%
4	대창	50%
5	생선구이	35%
6	삼겹살	8%

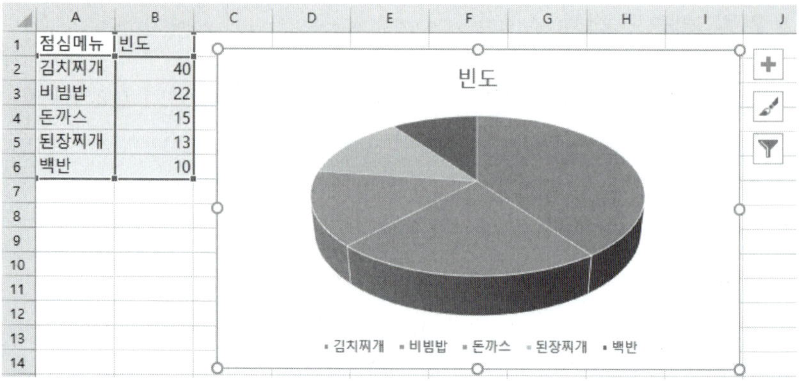

[그림 2-14] 3차원 원그래프

[단계 3] 차트 레이아웃 선택

[그림 2−14]의 경우 각 메뉴에 대한 비중은 어느 정도 파악할 수 있지만 좀 더 자세하게 표현하기 위해서 레이블을 추가합니다. 레이블의 추가는 [그림 2−15]와 같이 [빠른 레이아웃] 또는 [차트 레이아웃]에서 첫 번째 [레이아웃 1]을 선택합니다. 이어서 차트의 크기를 마우스로 조절하면 [그림 2−16]과 같이 퍼센트가 표시된 원그래프를 작성할 수 있고, 다른 방법으로는 [차트 스타일]을 이용하여 전체적인 모양이나 스타일을 선택할 수 있습니다.

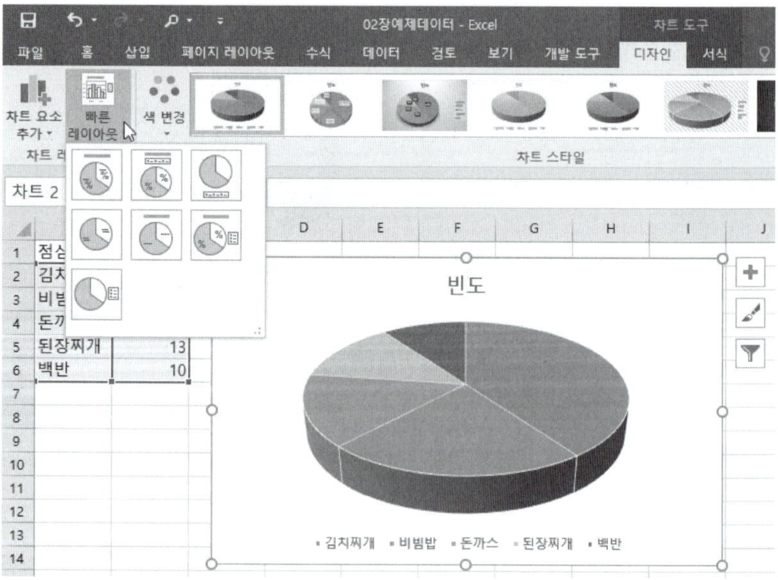

[그림 2-15] 차트 레이아웃에서 [레이아웃 1] 선택

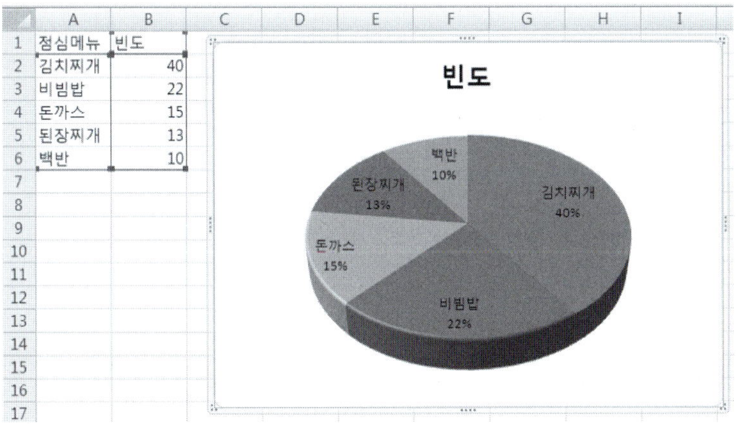

[그림 2-16] 퍼센트를 표시한 원그래프

[실습문제]

5. 작년도 프로스포츠 데이터를 조사하여 종목별 관중수에 대해 원그래프를 작성하시오.
6. 가입한 휴대전화의 통신사를 조사하여 원그래프를 작성하시오.

2.3 그 외의 그래프들

기타 그래프에서는 꺾은선 그래프와 줄기 잎 그림에 대해서 설명합니다.

2.3.1 꺾은선 그래프의 작성

시간의 경과에 따라 연속적으로 관측된 데이터에 대해 동일한 시간 간격으로 측정한 데이터를 시계열데이터라 합니다. 시계열데이터에는 물가, 실업률, 취업률 등이 포함되며 이러한 데이터를 그래프로 표현할 때 꺾은선 그래프를 이용하여 변화의 추이를 파악합니다. 다음 데이터(보조자료: 2장\짜장면 가격변화)는 1996년부터 2020년까지 생활물가지수를 반영하여 계산한 짜장면의 가격입니다.

연도	1996	1998	2000	2002	2004	2006	2008	2010	2012	2014	2016	2018	2020
금액	2220	2690	2630	2820	3210	3260	3840	3910	4240	4360	4640	4990	5240

〈표 2-5〉 짜장면의 가격 변화, 국가통계포털 생활물가지수 참고(단위: 원)

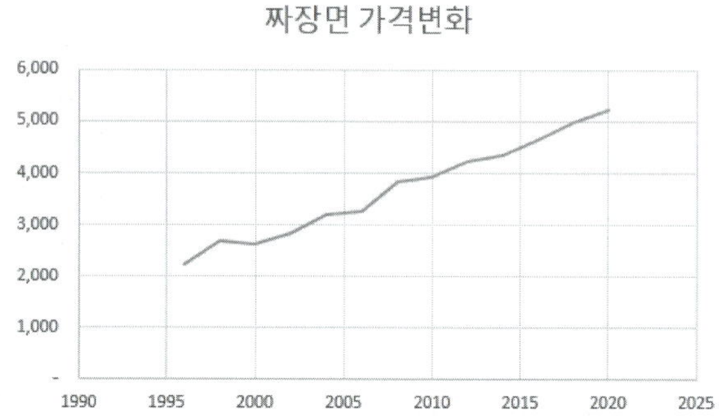

〈표 2-5〉에 대한 꺾은선 그래프

〈표 2－5〉에 대한 꺾은선 그래프의 작성은 다음의 단계로 진행합니다.

단계	내용
[단계 1]	데이터의 입력
[단계 2]	직선 표식이 있는 분산형 선택
[단계 3]	차트 스타일 선택

[단계 1] 데이터의 입력

[그림 2－17]의 왼쪽과 같이 데이터를 입력하고 마우스로 드래그하여 전체 범위를 선택합니다.

[단계 2] 직선 표식이 있는 분산형 선택

데이터가 선택된 상태에서 리본(메뉴) 탭의 [삽입] 탭을 누르고 [분산형]을 선택한 다음 [그림 2－17]과 같이 직선 표식이 있는 분산형을 선택합니다. 차트에 있는 [꺾은선형]을 선택할 경우 범례와 레이블을 다시 조정해야 하므로 [분산형]을 선택하는 것이 편리합니다. 결과는 [그림 2－18]과 같습니다.

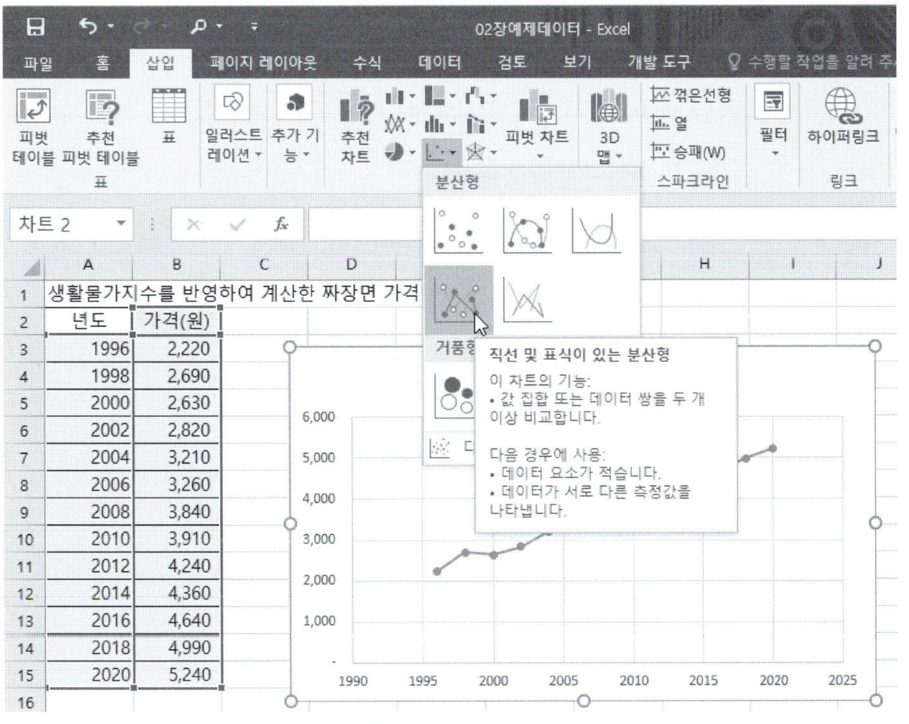

[그림 2-17] 데이터의 입력과 분산형 선택

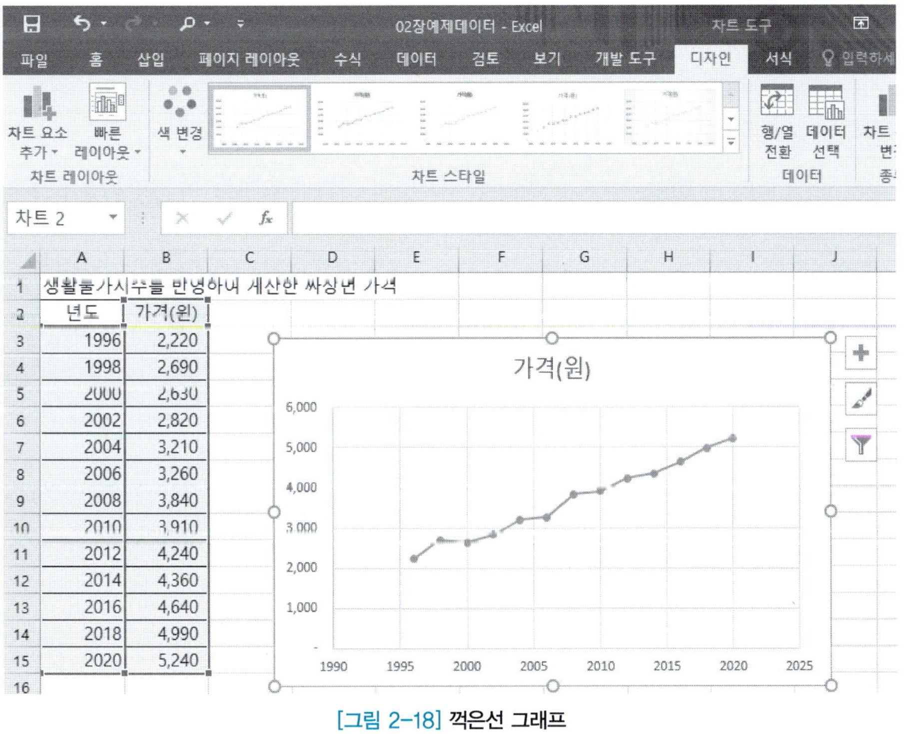

[그림 2-18] 꺽은선 그래프

[단계 3] 차트 레이아웃 선택

다양한 형태의 꺾은선 그래프로 변환하려면 [그림 2-19]와 같이 [차트 도구]의 [디자인]에서 [차트 스타일]을 선택합니다. 이 예에서는 스타일 12를 선택하였습니다.

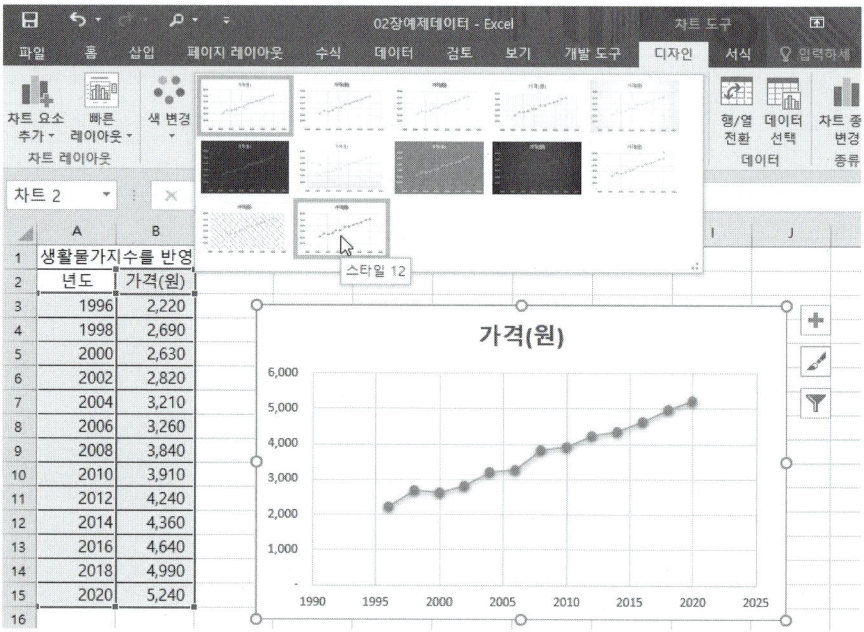

[그림 2-19] 레이아웃 선택

[실습문제]

7. 과거 10년간 프로스포츠 데이터를 조사하여 야구와 축구의 연도별 관중추이에 대해 꺾은선 그래프를 작성하시오.
8. 어느 서점의 분야별 발행부수 데이터(보조자료: 2장\실습8 발행부수)를 이용하여 두 개의 분야를 선택한 후 연도별 발행부수에 대해 꺾은선 그래프를 작성하시오.
9. 과거 10년간 강수량 데이터를 조사하여 여름 기간에 대한 연도별 추이를 꺾은선 그래프로 작성하시오.

2.3.2 줄기 잎 그림의 작성

줄기 잎 그림(stem and leaf plot)은 [그림 2−20]과 같이 데이터에 대해 줄기와 잎 부분으로 구분하여 도수분포표 특징과 히스토그램의 특징을 혼합한 형태의 도형입니다. [그림 2−20]에서 줄기 3은 범위 30∼39를 의미하며, 줄기 4는 범위 40∼49를 의미하므로 줄기 3에 대해 잎 6은 36을, 잎 7은 37을 나타냅니다. 따라서 줄기 3(범위 30∼39)에 총 10개의 데이터가 있으며 37은 5개가 있는 것을 알 수 있습니다. 줄기 잎 그림으로 표현하면 각 구간의 빈도수와 실제 데이터를 확인할 수 있는 장점이 있습니다.

	A	B	C	D
1	데이터		줄기	잎
2	44		3	6777778899
3	47		4	1124457
4	39		5	1
5	42			
6	44			
7	41			
8	37			
9	45			
10	38			
11	37			
12	37			
13	51			
14	37			
15	37			
16	41			
17	36			
18	38			
19	39			
20				

[그림 2-20] 줄기 잎 그림

참고 5 **엑셀에서 줄기 잎 그림 그리기**

엑셀에서 함수를 이용하여 줄기 잎 그림을 표현하는 방법은 엑셀 팁(tip)과 해법(solution)을 제공하고 있는 사이트 MrExcel(http://www.mrexcel.com)에서 Stem & Leaf Plots로 검색하여 참고하기 바랍니다.

단원 정리

데이터의 정리와 요약

데이터를 조사한다는 것은 데이터로부터 정보를 얻기 위함인데 조사한 데이터 자체만으로는 데이터가 가지고 있는 전체적인 윤곽과 특성을 쉽게 파악하기 힘들기 때문에 정리와 요약이 필요하다.

데이터의 정리

표를 이용하여 나타내는 방법으로 도수분포표(frequency distribution table)를 사용하고, 그래프로 표현하는 방법으로는 히스토그램(histogram), 막대그래프(bar chart) 등이 있다. 그래프로 표현하는 경우에는 데이터의 형태나 성격에 따라 적절한 방법을 선택한다.

데이터의 성격	표현할 그래프
성적 점수, 금액, 수량	히스토그램
직업별 구성 인원수, 만족도	막대그래프, 원그래프
주가변동, 물가변동	꺾은선 그래프

히스토그램

히스토그램을 작성하려면 먼저 계급의 수와 계급의 간격을 결정해야 한다.

❶ 계급의 수

계급의 수가 너무 많으면 데이터를 요약하기가 어려우며, 반대로 계급의 수가 너무 적으면 압축된 정보로 표현되어 분포의 모양을 파악하기가 어려워진다. 계급의 수는 데이터의 성격에 따라 적절하게 결정하지만, 데이터의 개수가 n이고 계급의 수를 k라 한다면 $2^k \geq n$ 또는 $k \geq \sqrt{n}$을 만족하는 최소의 정수로 계산한다.

❷ 계급의 간격

계급의 간격은 다음과 같은 식을 이용하지만 데이터의 성격(금액, 나이, 점수 등)에 따라 적절하게 결정한다.

- **계급의 수**: $2^k \geq n$을 만족하는 최소의 정수
- **계급의 간격** $= \dfrac{\text{데이터의 최댓값} - \text{데이터의 최솟값}}{\text{계급의 수}}$

히스토그램을 작성하려면 계급의 수, 계급의 간격, 그리고 초깃값을 계산한 다음 [통계 데이터 분석]에서 [히스토그램]을 선택하고 작성에 필요한 값을 입력하여 출력한다.

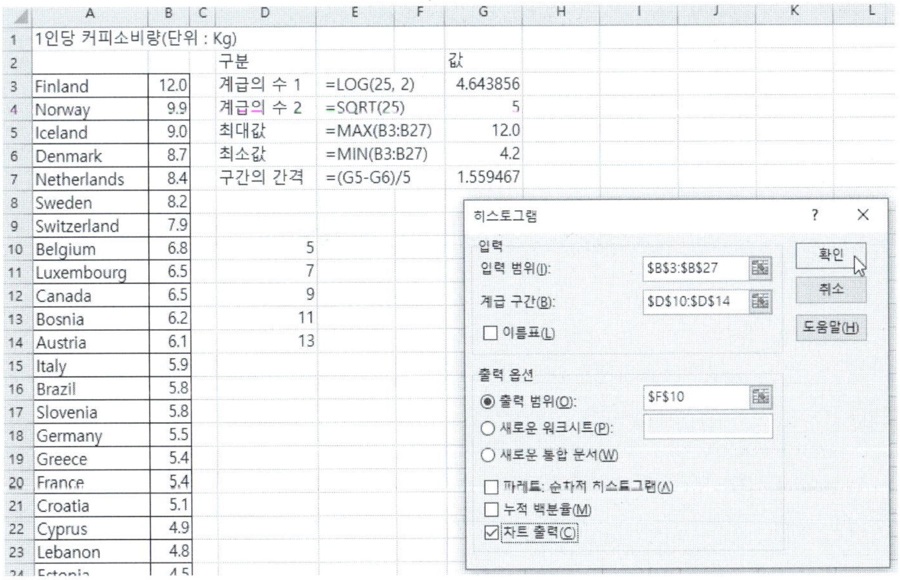

히스토그램 대화상자에서 입력 값

히스토그램 대화상자	의미와 입력 값
입력 범위	실제 데이터의 범위를 드래그하여 설정하는데 [그림 2−4]와 같이 절대참조 주소로 표현됩니다. 이 예에서는 범위 A1 : A40
계급 구간	계산된 계급 구간의 범위를 드래그하여 설정하는데 [그림 2−4]와 같이 절대참조 주소로 표현됩니다. 이 예에서는 7개의 구간을 나타내는 범위 C4 : C10
이름표	입력 범위의 첫 번째 셀에 데이터의 제목이 표시되어 있는지의 유무를 확인합니다. 이 예에서는 입력 범위의 첫 번째 셀 A1에 데이터의 제목이 없으므로 공백상태(☐)로 둡니다.
출력 범위	히스토그램의 결과를 출력할 적절한 위치(셀)를 결정합니다. 이 예에서는 셀 E2를 선택
차트 출력	차트 출력에 체크(☑)표시를 해야만 히스토그램을 출력합니다.

막대그래프를 작성하는 방법

단계	내용
[단계 1]	데이터의 입력
[단계 2]	데이터 범위 선택과 막대그래프 선택
[단계 3]	막대그래프의 크기 조절과 범례 삭제

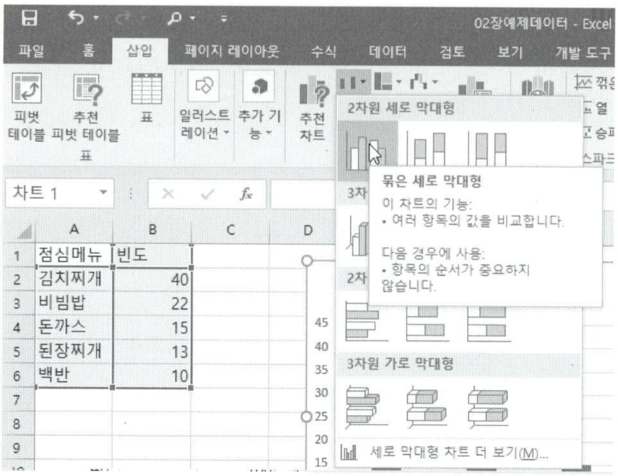

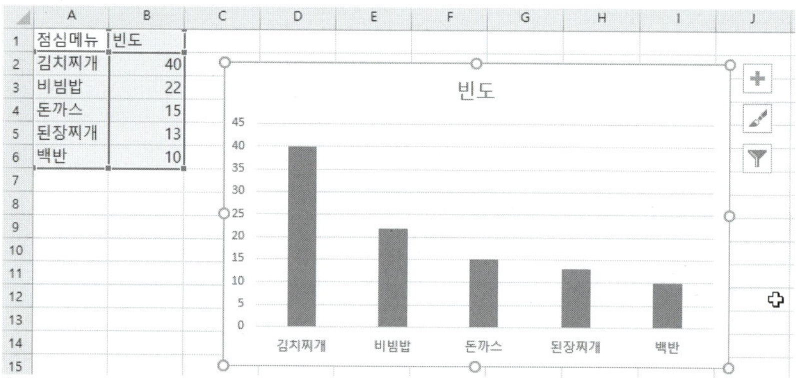

⁘ 원그래프를 작성하는 방법

단계	내용
[단계 1]	데이터의 입력과 범위 선택
[단계 2]	3차원 원형 선택
[단계 3]	차트 레이아웃(또는 빠른 레이아웃) 선택

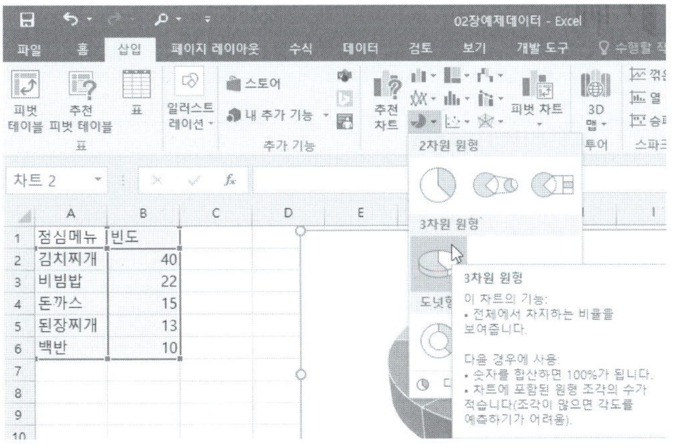

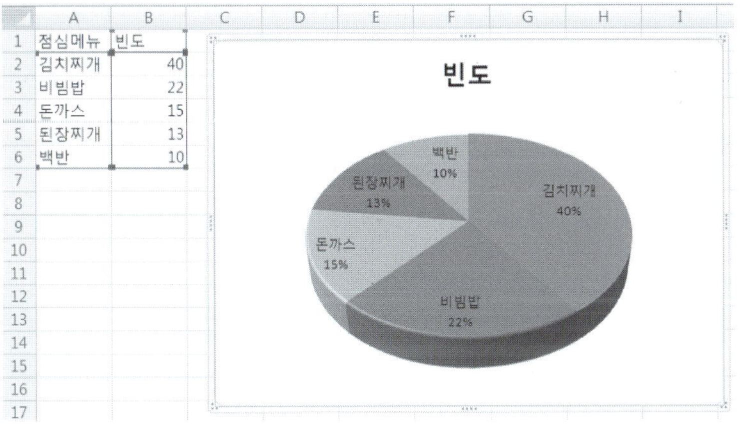

꺾은선 그래프의 작성

단계	내용
[단계 1]	데이터의 입력
[단계 2]	직선 표식이 있는 분산형 선택
[단계 3]	차트 레이아웃 선택

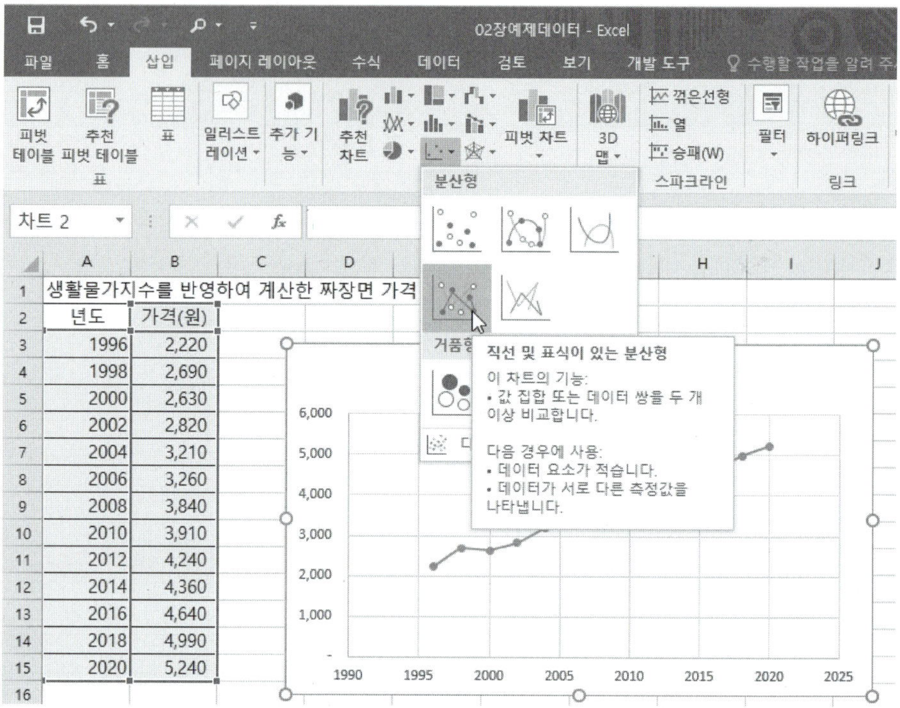

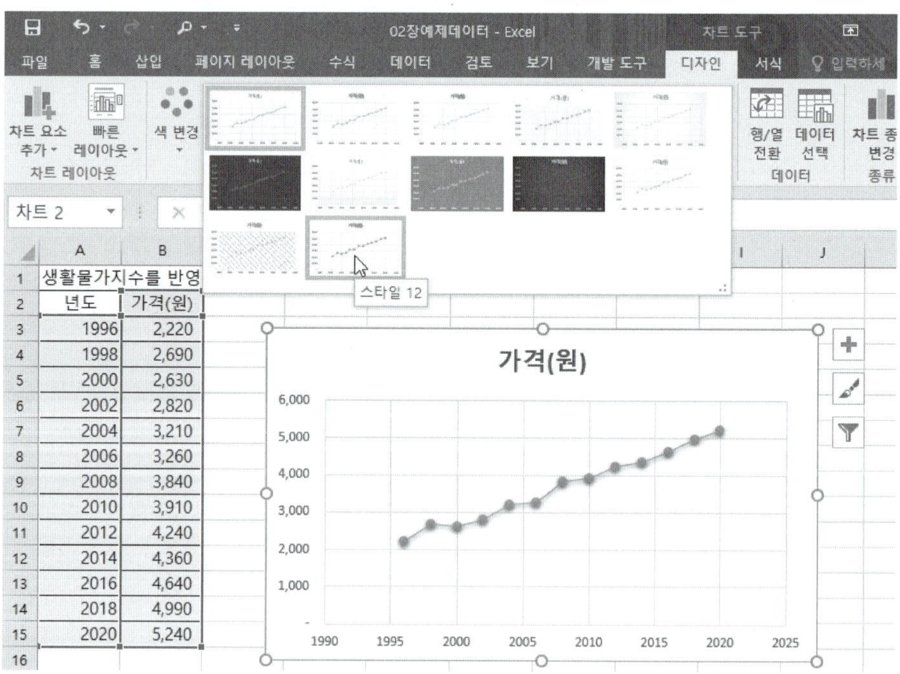

01 괄호 안에 들어갈 적절한 단어를 쓰시오.

① 데이터가 갖고 있는 전체적인 윤곽이나 모양을 (　　　)라 하며 이를 파악하는 기초적인 방법으로 표의 형식으로 나타내는 (　　　)나 그래프로 표시하는 방법으로는 (　　　), (　　　) 등이 있다.

② 도수분포표에서 계급의 수는 (　　　)을 만족하는 최소의 정수로 계산하고, 계급의 간격은 (　　　)로 계산한다.

③ [그림 2-1]의 히스토그램에서 막대 부분 면적을 모두 더하면 (　　　) 이(가) 된다.

④ 조사 대상을 수량화하기 위해 단위를 가지고 숫자를 부여한 것을 (　　　)라 한다.

02 조사한 데이터에 대해 최솟값이 150이고 최댓값이 181일 경우 계급의 수를 5로 하여 도수분포표를 작성한다면 계급의 간격은 몇으로 정하는 것이 좋은가?

03 다음의 도수분포표를 통해 알 수 없는 값은?

계급	도수
150-159	5
160-169	10
170-179	10
180-189	5
계	30

① 데이터 개수　　② 최솟값
③ 상대도수　　④ 계급의 수
⑤ 누적도수　　⑥ 범위

04 다음은 어느 회사의 전 사원 30명에 대한 근무연수(단위: 년)를 나타낸 것이다. 이 데이터(보조자료: 2장\연습문제4)에 대해 5개(또는 6개)의 계급으로 나누어 도수분포표를 작성하시오.

2	5	2	3	7	10	12	8	2	5
3	4	5	5	6	2	4	11	8	3
4	7	5	6	7	7	9	4	5	6

05 다음은 어느 반 학생 40명에 대한 통학에 걸리는 시간(단위: 분)을 조사한 것이다. 이 데이터(보조자료: 2장\연습문제5)에 대해 6개(또는 7개)의 계급으로 나누어 도수분포표를 작성하시오.

60	30	15	90	40	50	60	20	90	100
110	40	50	60	40	50	60	80	40	35
20	30	100	80	40	50	60	60	30	50
40	30	80	60	70	60	50	30	20	40

06 다음은 스마트폰을 가지고 있는 학생 중에서 무작위로 15명을 선택하여 조사한 가입한 이동통신사의 데이터이다. 이 데이터(보조자료: 2장\연습문제6)에 대해 대해 막대그래프나 원그래프를 작성하시오.

skt	lgt	lgt	kt	kt
skt	skt	lgt	lgt	lgt
skt	skt	kt	skt	skt

07 어느 고등학교 재학생 중 대학 진학을 희망하는 30명을 대상으로 조사한 희망 계열의 결과(보조자료: 2장\연습문제7)를 이용하여 도수분포표를 작성하고 적절한 그래프로 표시하시오.

08 다음에 대해서 상대도수와 누적도수를 계산하시오(상대도수: 각 계급에 속한 빈도(도수)를 총 도수로 나눈 값, 누적도수: 계급의 순서대로 도수를 누적하여 더한 합).

① 〈표 2－2〉 ② 연습문제 5번

09 다음의 주제에 대해 30명을 대상으로 조사하여 도수분포표를 작성하고, 적절한 그래프로 나타내시오.

① 선호하는 라면, 음료, 점심 메뉴, 프로스포츠, 화장품 회사
② 통학에 걸리는 시간, 1일 TV 시청 시간, 1주당 아르바이트 시간
③ 한 달 평균 용돈, 생활비, 데이트 비용, 교통비, 유흥비
④ 형제자매의 수, 1주당 음주 횟수, 1주당 운동 일수, 1주당 도서관 이용 횟수
⑤ 아르바이트 직종, 졸업 후 희망 직종
⑥ 스마트폰 월 사용료, 1일 사용 시간, 제조사(또는 이용하는 통신사), 요금제
⑦ 시력(좌우), 키, 몸무게, 혈액형, 종교

10 다음 데이터를 이용하여 적절한 그래프로 나타내시오.

① 2020년 1월부터 2021년 3월까지 국내 코로나바이러스 확진자수(보조자료: 2장\연습문제10_1)
② 어느 기업의 재무상태표(보조자료: 2장\연습문제10_2)
③ 어느 자동차 대리점에 속한 5개 영업부서의 연간실적 데이터(보조자료: 2장\연습문제10_3)

11 어느 회사의 재직현황에 대해 현재 날짜를 기준으로 근무기간(년)을 계산한 다음 문제에 답하시오(보조자료: 2장\연습문제11).

① 근무기간에 대한 도수분포표를 작성하시오.
② 근무기간에 대해 적절한 그래프로 나타내시오.

12 A백화점에서 주말에만 근무하는 아르바이트생의 근무시간에 대해 다음 문제에 답하시오. 적절한 그래프로 나타내시오(보조자료: 2장\연습문제12).

① 근무시간에 대한 도수분포표를 작성하시오.
② 근무시간에 대해 적절한 그래프로 나타내시오.

심화 문제

13 컴퓨터 주변기기를 취급하는 A기업의 4월 상품 판매현황표(보조자료: 2장\연습문제13)를 이용하여 다음 문제를 해결하시오.

① 제품별 판매수량에 대한 도수분표표를 작성하시오.
② 거래처별 판매수량을 계산하시오.
③ 금액(단가*수량)을 계산하고 적절한 그래프로 나타내시오.

14 어느 사무실의 현금출납내역(보조자료: 2장\연습문제14)을 이용하여 현금출납부를 작성하고, 입금과 출금의 구성비를 계산하여 원그래프로 표시하시오.

15 어느 편의점의 상품별 매출구성비(보조자료: 2장\연습문제15)를 계산하고 상품별 매출 구성비에 대해 적절한 그래프로 나타내시오.

16 생산량과 불량품 데이터(보조자료: 2장\연습문제16)를 이용하여 다음 문제에 답하시오.

① 제품별 생산량과 불량품에 대한 도수분포표
② 제품별 생산량과 불량품에 대한 적절한 그래프 표현

17 등산용품을 생산하는 B기업의 월 단위 매출목표와 실적 데이터(보조자료: 2장\연습문제17)를 이용하여 목표 대비 실적이 잘 나타날 수 있는 막대그래프를 작성하시오.

chapter 03

데이터의 특성을 대표적인 수치로 표현하기

2장에서는 다양한 그래프를 이용하여 데이터의 전체적인 윤곽과 특성을 파악해 보았습니다. 3장에서는 데이터의 성질이나 특징을 대표적인 수치로 나타내는 방법에 대해서 설명합니다.

chapter 03

데이터의 특성을 대표적인 수치로 표현하기

데이터의 요약은 데이터의 성질이나 특징을 대표적인 수치로 표현하는 방법으로, 요약의 대상으로 데이터의 중심 위치가 어디인가를 나타내는 수치를 대푯값(measure of central tendency)이라 하고, 데이터들이 대푯값을 기준으로 얼마나 흩어져 있는가를 나타내는 것을 산포도(measure of dispersion)라 합니다. [그림 3-1]은 [예제 2-1]에서 사용한 데이터(보조자료: 3장\1인당 커피 소비량)에 대해 엑셀에서 계산한 대푯값과 산포도를 나타냅니다.

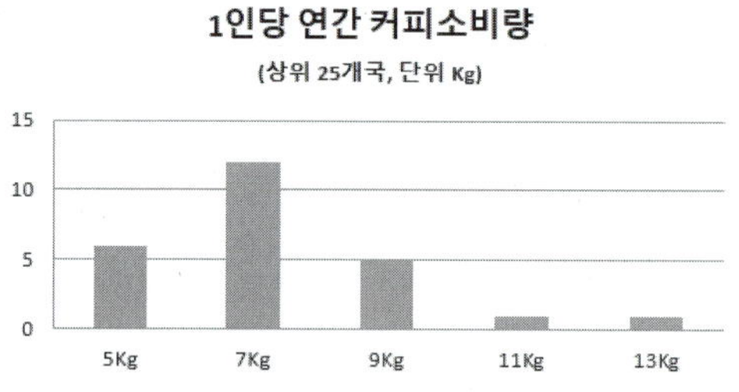

[예제 2-1]에 대한 히스토그램

커피 소비량(상위 25개국)	
평균	6.490429
표준 오차	0.391276
중앙값	5.896761
최빈값	6.500045
표준 편차	1.956381
분산	3.827425
첨도	1.144581
왜도	1.16903
범위	7.797333
최소값	4.200308
최대값	11.99764
합	162.2607
관측수	25

[그림 3-1] [예제 2-1]에 대한 대푯값과 산포도

3.1 데이터의 중심을 나타내는 대푯값

대푯값은 데이터의 중심을 나타내는 수치로 가장 많이 사용되는 것이 평균(mean)입니다. 평균 외에 중앙값과 절사평균을 사용합니다.

평균(mean)

평균은 가장 많이 사용되는 대푯값으로 다음의 수식과 같이 모든 데이터의 합을 데이터의 개수로 나눈 값을 말하며 통계분석에서 가장 많이 사용됩니다.

$$\text{평균} = \frac{1}{n}(X_1 + X_2 + \cdots + X_n) = \frac{1}{n}\sum_{i=1}^{n} X_i$$

평균은 모든 데이터를 고려하기 때문에 데이터에 극단적인 값이 포함될 경우에는 그 값으로 인해 평균이 왜곡되는 경향이 있으며, 이 경우에는 대푯값으로 중앙값을 사용하는 것이 바람직합니다.

중앙값(median)

중앙값은 데이터를 크기 순서대로 나열할 때 가운데 위치하는 숫자를 말합니다. 데이터의 개수가 홀수일 때는 가운데 위치하는 유일한 숫자를, 짝수일 경우에는 가운데 위치하는 2개의 평균값을 이용합니다.

n개의 자료를 순서대로 나열한 것을 $X_{(1)}, X_{(2)}, \cdots, X_{(n)}$이라 할 때

$$\text{중앙값}=\begin{cases} X_{\left(\frac{n+1}{2}\right)} & : n\text{이 홀수일 경우} \\ \dfrac{X_{\left(\frac{n}{2}\right)}+X_{\left(\frac{n}{2}+1\right)}}{2} & : n\text{이 짝수일 경우} \end{cases}$$

중앙값은 평균과는 달리 극단적인 값에 영향을 받지 않는 장점이 있지만 가운데 위치하는 한 개 또는 두 개의 데이터만으로 계산된다는 단점이 있습니다.

참고 1 **극단적인 값이 포함된 데이터의 대푯값 비교**

평균은 모든 데이터를 전부 고려하여 계산한 값으로 역학적으로는 무게 중심이지만 중앙값은 데이터의 개수와 순서만을 고려하여 계산합니다. 예를 들어 세 개의 추(10kg, 20kg, 60kg)가 있다고 가정합니다. 이 데이터의 평균$\left(\frac{10+20+60}{3}\right)$은 다음과 같이 세 무게의 균형을 나타내는 시소의 중심이며, 중앙값은 개수(3)의 중앙(2)를 나타냅니다. 만약 60kg의 추를 80kg으로 대체할 경우 평균을 나타내는 시소의 중심은 오른쪽으로 이동하지만, 중앙값은 변화하지 않고 그대로 20kg이 됩니다.

평균의 위치(무게 중심)	중앙값의 위치(개수의 중간)
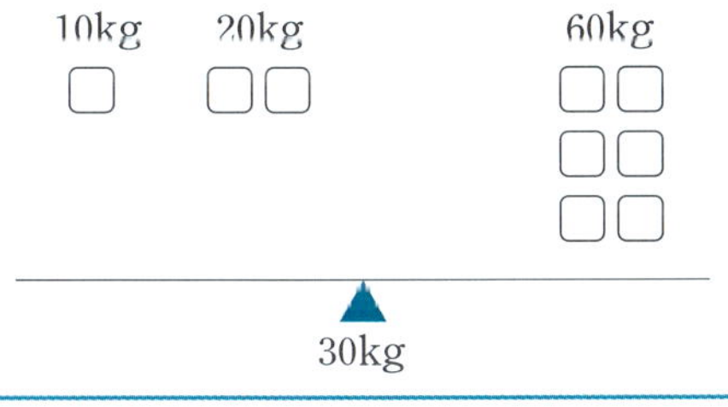	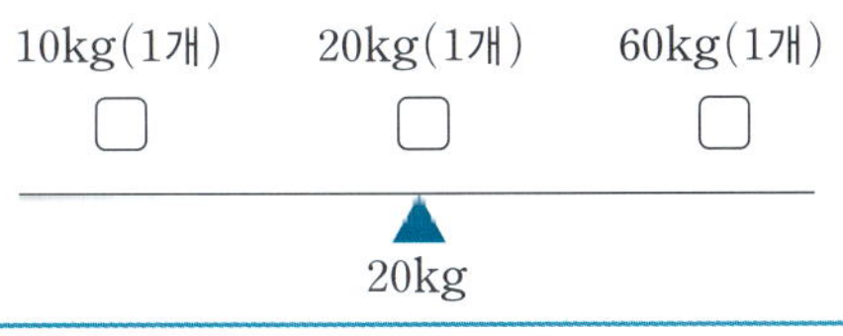

농구선수들의 대부분은 농구공을 한 손으로 잡을 만큼 손 길이가 깁니다. 스마트폰의 크기를 결정할 때, 이와 같은 극단적인 값들을 모두 고려하여 평균값으로 크기를 결정한다면 대부분의 일반사람들은 어떻게 느낄까요?

절사평균(trimmed mean)

절사평균은 평균의 장점과 중앙값의 장점을 갖는 대푯값입니다. 절사평균을 가장 많이 활용하는 분야는 심판의 채점으로 등수를 판정하는 운동경기입니다. 체조, 다이빙 그리고 피겨스케이팅 등에서 심판의 주관적인 편견을 배제, 보완하기 위해 제일 높은 점수와 제일 낮은 점수를 제외(중앙값의 장점)한 나머지 심판들의 점수에 대한 평균(평균의 장점)으로 판정하는데 이를 절사평균이라 합니다.

절사평균을 계산하려면 절사비율(%)을 결정해야 합니다. 절사비율은 전체 데이터의 개수에 대해 몇 %의 데이터(상위+하위)를 배제할 것인가로 결정합니다. 만약 5개의 데이터에 대해 가장 낮은 점수와 가장 높은 점수 각각 1개씩을 배제한다면 절사율은 40%(2/5)가 됩니다. 따라서 5개의 데이터에 대해 40% 절사평균은 데이터를 순서대로 나열했을 때, 가운데 위치하는 3개의 평균으로 계산합니다.

예제 3-1 **평균, 중앙값, 절사평균의 계산**

다음의 데이터는 앞 절의 〈표 2−1〉에서 사용한 프로야구 선수들의 연봉 데이터(보조자료: 3장\프로야구연봉데이터)입니다. 이 데이터에 대해 평균, 중앙값, 20% 절사평균을 계산합니다. 함수 사용 방법은 다음의 표와 같고, 결과는 [그림 3−2]와 같습니다.

구분	함수
평균	=AVERAGE(데이터 범위)
중앙값	=MEDIAN(데이터 범위)
20% 절사평균	=TRIMMEAN(데이터 범위, 0.2)

	A	B	C	D	E	F	G
1	50		단위:천만원				
2	31						
3	36		구분	함수			결과
4	40		평균	=AVERAGE(A1:A40)			65
5	45		중앙값	=MEDIAN(A1:A40)			58
6	60		20% 절사평균	=TRIMMEAN(A1:A40, 0.2)			60.28125
7	76						
8	100						
9	78						
10	40						
11	30						

[그림 3−2] 평균, 중앙값, 절사평균의 계산

[실습문제]

1. 어느 회사의 출장비 데이터(보조자료: 3장\실습1 출장비)를 이용하여 출장일수와 출장비에 대해 평균, 중앙값, 20% 절사평균을 계산하시오.
2. 어느 회사의 직원급여 데이터(보조자료: 3장\실습2 직원급여)를 이용하여 기본급, 가족수당에 대해 평균, 중앙값, 20% 절사평균을 계산하시오.

3.2 데이터가 흩어져 있는 정도를 나타내는 산포도

데이터들이 얼마나 흩어져 있는가를 나타내는 것을 산포도(measure of dispersion)라 하며 대푯값과 마찬가지로 하나의 수치로 데이터가 흩어진 정도를 계산합니다. 산포도는 대푯값과 더불어 데이터를 비교하는 경우에 유용하게 사용됩니다.

예를 들어 A와 B반의 성적을 비교할 때 평균은 50으로 같지만 두 집단의 히스토그램이 다음과 같이 나타난다면 평균이 같다고 하여 두 집단을 동일한 집단이라 볼 수 없습니다.

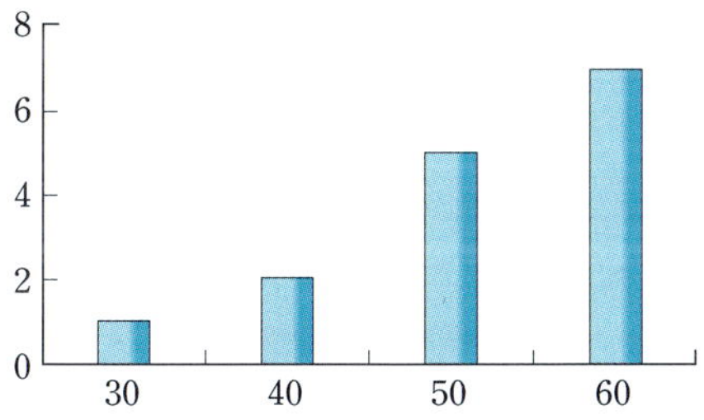

A반의 성적분포(평균=50)

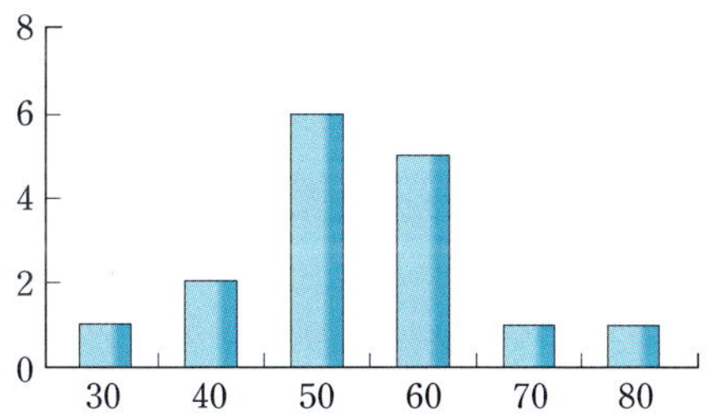

B반의 성적분포(평균=50)

범위(range)

범위는 데이터의 최댓값과 최솟값의 차이입니다. 범위는 데이터가 퍼져 있는 정도를 나타내는 가장 간단한 방법입니다. 범위가 클수록 산포가 크다고 말할 수 있지만 범위는 중앙값과 마찬가지로 극단적인 값에 영향을 받고, 데이터 중에서 오직 2개의 정보(최댓값, 최솟값)만을 이용하므로 적절한 척도로 사용하기가 어렵습니다.

$$범위(R) = 최댓값 - 최솟값$$

사분위수 편차(quartile deviation)

사분위수 편차는 범위의 문제점을 보완한 척도입니다. 사분위수 편차를 계산하기 위해서 먼저 사분위 범위(interquartile range)를 계산해야 합니다. 사분위 범위는 데이터를 크기 순서로 나열한 다음, 개수로 4등분할 때 첫 번째 사분위수(Q_1: 1사분위수, 25%지점)와 세 번째 사분위수(Q_3: 3사분위수, 75%지점)의 차이를 말하며, 사분위수 편차는 이 값을 2로 나눈 값으로 사분위 범위의 평균값입니다.

$$\text{사분위수 편차}(Q) = \frac{\text{사분위 범위}}{2} = \frac{Q_3 - Q_1}{2}$$

사분위수 편차는 중앙값과 마찬가지로 데이터에 포함된 극단적인 값의 영향을 감소시키는 장점이 있습니다.

분산(variance)과 표준편차(standard deviation)

분산은 산포도의 척도로 가장 널리 사용되는 방법입니다. 분산은 데이터가 퍼져 있는 정도의 기준으로 평균을 사용하며 계산 방법은 각 데이터와 평균($\overline{X}$)과의 차이를 제곱하여 합한 값의 평균입니다.

$$\text{분산}(S^2) = \frac{1}{n-1}\sum_{i=1}^{n}(X_i - \overline{X})^2$$

$$\text{표준편차}(S) = \sqrt{S^2}$$

분산을 계산할 때 데이터가 모집단 전체일 경우에는 데이터의 개수(n)로 나누어 주고, 표본일 경우에는 앞의 식과 같이 $(n-1)$로 나누어 줍니다. 이렇게 계산하는 이유는 표본의 경우 n으로 나누어 주는 것보다 $(n-1)$로 나누어 주는 것이 더 좋은 척도가 되기 때문인데 표본의 크기가 큰 경우에는 별 차이가 없습니다.

표준편차는 앞의 식과 같이 계산된 분산의 제곱근으로 계산합니다. 표준편차는 산포도를 나타내는 데 있어서 평균을 중심으로 일정한 거리에 포함된 데이터의 비율이 얼마인가를 계산할 때 사용되는 척도이며 단위를 사용할 수 있습니다.

분산과 표준편차는 모든 데이터를 고려한 척도이며, 모든 데이터가 동일한 값을 갖는다면 분산과 표준편차는 0으로 계산됩니다. 분산과 표준편차는 모든 데이터에 동일한 값을 더해 주거나 빼 주어도 변하지 않습니다. 단, 모든 데이터에 동일한 값(C)을 곱하면 [그림 3－3]과 같이 분산은 분산 $\times C^2$으로, 표준편차는 표준편차 $\times C$만큼 커집니다.

	A	B	C	D
1		data	data+10	data*10
2		10	20	100
3		20	30	200
4		30	40	300
5		40	50	400
6		50	60	500
7		60	70	600
8		70	80	700
9	분산	466.6667	466.6667	46666.67
10	표준편차	21.60247	21.60247	216.0247

[그림 3-3] 분산과 표준편차

참고 2 데이터의 비대칭도

대푯값과 산포도를 계산하면 데이터의 특성을 요약할 수 있지만 분포의 모양에 대해 좀 더 구체적인 특징을 수치로 파악하는 경우도 있습니다. 여기에 사용되는 척도로 왜도(skewness)와 첨도(kurtosis)가 있습니다.

왜도는 분포의 모양이 대푯값(예를 들어 평균)을 중심으로 좌우의 모양이 대칭적인가 아닌가를 측정하는데 이를 통해 데이터가 한쪽 방향으로 얼마나 치우쳐져 있는가를 나타냅니다. 왜도가 0에 가까운 값을 가지면 분포의 모양은 좌측 히스토그램과 같이 대푯값을 중심으로 좌우 대칭적인 모양을 합니다. 왜도가 음수로 나타나면 가운데 히스토그램과 같이 오른쪽으로 치우친 분포(왼쪽 꼬리분포)를 보입니다.

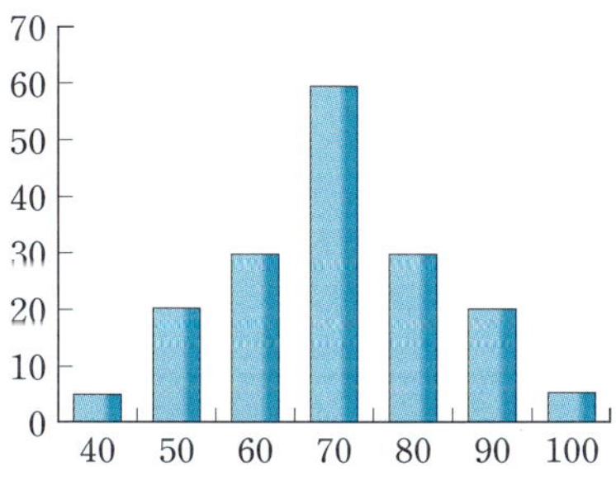

평균=중앙값=최빈값

왜도=0

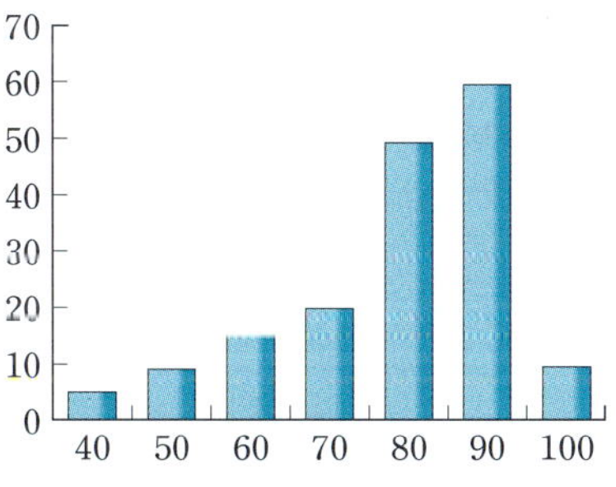

평균<중앙값<최빈값

왜도<0

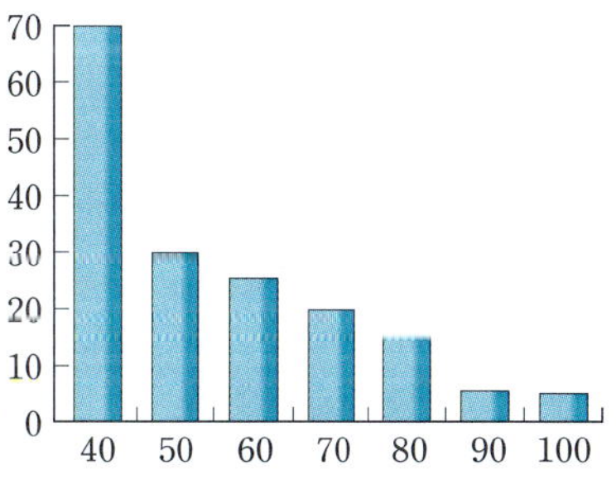

최빈값<중앙값<평균

왜도>0

첨도는 분포가 대푯값을 중심으로 얼마나 모여 있는가를 나타내는 척도인데 나중에 설명할 정규분포(첨도=3)를 기준으로 비교합니다. 데이터가 대푯값을 중심으로 상당히 많이 몰려 있다면 분포 가운데 모양이 다음 그림과 같이 뾰족한 모양(첨도>3)으로 나타날 것이고, 대푯값을 중심으로 좌우에 퍼져 있다면 가운데 모양은 완만(첨도<3)하게 나타날 것입니다.

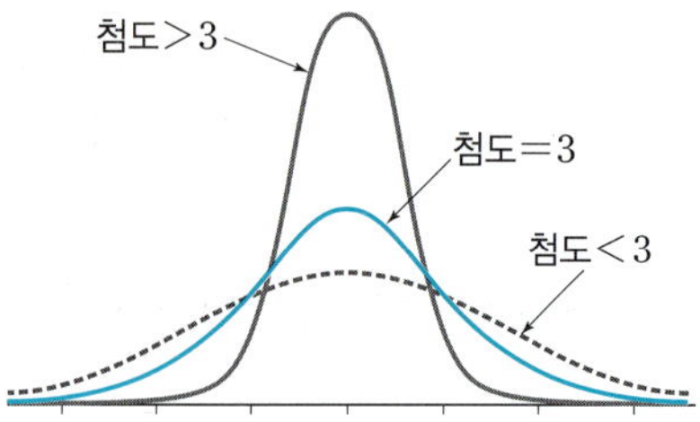

첨도의 비교

예제 3-2

산포도 계산

사용할 데이터는 앞 절의 〈표 2－1〉에서 사용한 프로야구 선수들의 연봉 데이터(보조자료: 3장\프로야구연봉데이터)입니다. 이 데이터에 대해 범위, 사분위수, 사분위편차, 분산 그리고 표준편차를 계산합니다. 함수 사용 방법은 다음의 표와 같고, 결과는 [그림 3－6]과 같습니다.

<table>
<tr><th>구분</th><th colspan="2">함수</th></tr>
<tr><td>범위</td><td colspan="2">＝MAX(데이터 범위)－MIN(데이터 범위)</td></tr>
<tr><td rowspan="7">사분위수</td><td colspan="2">＝QUARTILE(데이터의 범위, quart)</td></tr>
<tr><td>quart</td><td>의미</td></tr>
<tr><td>0</td><td>최솟값</td></tr>
<tr><td>1</td><td>1사분위수(25%)</td></tr>
<tr><td>2</td><td>중앙값(50%)</td></tr>
<tr><td>3</td><td>3사분위수(75%)</td></tr>
<tr><td>4</td><td>최댓값</td></tr>
<tr><td>사분위편차</td><td colspan="2">＝(QUARTILE(데이터의 범위,3)－QUARTILE(데이터의 범위,1))/2</td></tr>
<tr><td>분산</td><td colspan="2">＝VAR(데이터의 범위)</td></tr>
<tr><td>표준편차</td><td colspan="2">＝STDEV(데이터의 범위)</td></tr>
<tr><td>왜도</td><td colspan="2">＝SKEW(데이터의 범위)</td></tr>
<tr><td>첨도</td><td colspan="2">＝KURT(데이터의 범위)</td></tr>
</table>

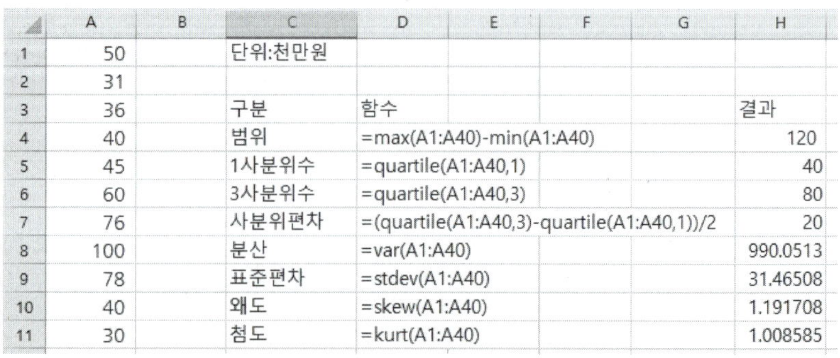

	A	B	C	D	E	F	G	H
1	50		단위:천만원					
2	31							
3	36		구분	함수				결과
4	40		범위	=max(A1:A40)-min(A1:A40)				120
5	45		1사분위수	=quartile(A1:A40,1)				40
6	60		3사분위수	=quartile(A1:A40,3)				80
7	76		사분위편차	=(quartile(A1:A40,3)-quartile(A1:A40,1))/2				20
8	100		분산	=var(A1:A40)				990.0513
9	78		표준편차	=stdev(A1:A40)				31.46508
10	40		왜도	=skew(A1:A40)				1.191708
11	30		첨도	=kurt(A1:A40)				1.008585

[그림 3-6] 산포도 계산

[실습문제]

3. 어느 회사의 출장비 데이터(보조자료: 3장\실습3 출장비)를 이용하여 출장일수와 출장비에 대해 범위, 사분위편차, 분산, 표준편차를 계산하시오.
4. 어느 회사의 직원급여 데이터(보조자료: 3장\실습4 직원급여)를 이용하여 기본급, 가족수당에 대해 범위, 사분위편차, 분산, 표준편차를 계산하시오.

3.3 엑셀을 이용한 대푯값과 산포도의 계산

대푯값과 산포도와 같이 데이터의 특성을 하나의 수치로 표현하는 방법을 기술통계(descriptive statistics)라 합니다. 엑셀에서는 [통계 데이터 분석]에서 [기술 통계법]을 선택하면 앞서 [그림 3-1]과 같이 다양한 척도를 한꺼번에 계산하여 출력할 수 있습니다.

단계	내용
[단계 1]	데이터의 입력과 통계 데이터 분석 선택
[단계 2]	기술 통계법 대화상자와 해당 값 입력

[단계 1] 데이터의 입력과 통계 데이터 분석 선택

40명의 연봉 데이터(보조자료: 3장\산포도 계산)는 A열에 표시되었고, 리본(메뉴) 탭에서 [데이터] 탭을 선택한 다음 [데이터 분석]을 선택하면 [그림 3-7]과 같이 [통계 데이터 분석] 대화상자가 나타나고, [기술 통계법]을 선택합니다.

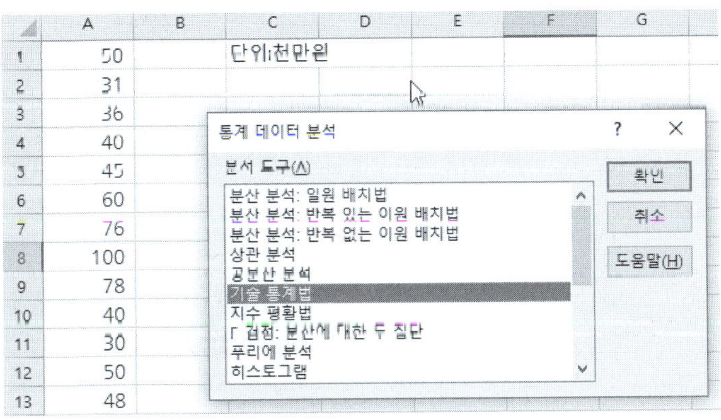

[그림 3-7] 통계 데이터 분석의 기술 통계법

[단계 2] 기술 통계법 대화상자

[그림 3−8]과 같이 기술 통계법 대화상자가 나타나면 데이터의 범위와 필요한 값을 〈표 3−1〉을 참고로 하여 입력합니다. 결과는 [그림 3−9]와 같습니다.

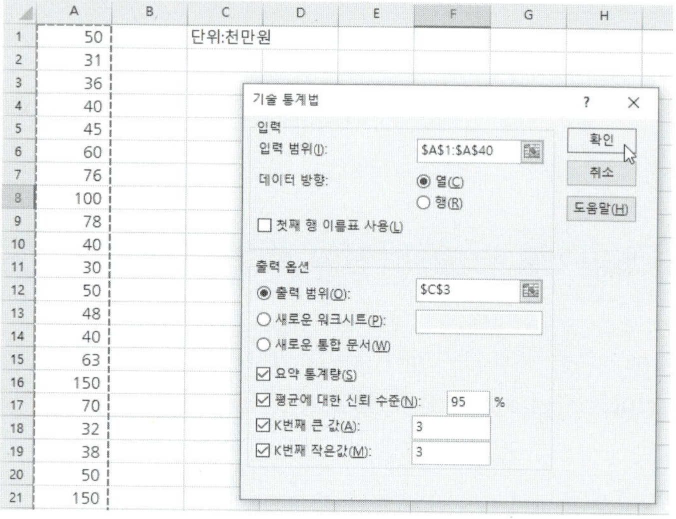

[그림 3-8] 기술 통계법 대화상자

기술 통계법 대화상자 구분	의미와 입력 값
입력 범위	실제 데이터의 범위를 드래그하여 설정하는데 [그림 3−8]과 같이 절대참조 주소로 표현됩니다. 이 예에서는 범위 A1:A40
데이터 방향	데이터가 입력된 방향을 결정합니다. 이 예에서는 데이터가 열 방향으로 입력되었으므로 열을 선택합니다.
첫째 행 이름표 사용	입력 범위의 첫 번째 셀에 데이터의 제목이 표시되어 있는지의 유무를 확인합니다. 이 예에서는 입력 범위의 첫 번째 셀 A1에 데이터의 제목이 없으므로 공백상태(☐)로 둡니다.
출력 범위	기술 통계의 척도를 출력할 셀을 마우스로 지정합니다. 이 예에서는 셀 C1선택
요약 통계량	대푯값과 산포도의 결과를 출력하기 위해서는 체크(☑)표시를 해야 합니다.
평균에 대한 신뢰수준	평균에 대한 신뢰수준을 입력하면 신뢰구간을 계산합니다. 이에 대해서는 7장 추정에서 설명합니다.
K번째 큰 값	데이터를 순서대로 정렬했을 경우 앞에서 K번째로 큰 값을 출력
K번째 작은 값	데이터를 순서대로 정렬했을 경우 끝에서 K번째로 작은 값을 출력

〈표 3-1〉 기술 통계법 대화상자에서 입력 값

	A	B	C	D
1	50		단위:천만원	
2	31			
3	36		Column1	
4	40			
5	45		평균	64.5
6	60		표준 오차	4.975066
7	76		중앙값	57.5
8	100		최빈값	50
9	78		표준 편차	31.46508
10	40		분산	990.0513
11	30		첨도	1.008585
12	50		왜도	1.191708
13	48		범위	120
14	40		최소값	30
15	63		최대값	150
16	150		합	2580
17	70		관측수	40
18	32		가장 큰 값(3)	120
19	38		가장 작은 값(3)	30
20	50		신뢰 수준(95.0%)	10.06302

[그림 3-9] 기술 통계 출력

[실습문제]

5. 어느 회사의 출장비 데이터(보조자료: 3장\실습5 출장비)를 이용하여 출장일수와 출장비에 대해 기술 통계법의 결과를 표시하시오.
6. 어느 회사의 직원급여 데이터(보조자료: 3장\실습6 직원급여)를 이용하여 기본급, 가족수당에 대해 기술 통계법의 결과를 표시하시오.

참고 3 일회용품 사용을 줄입시다

2019년 4월 22일부터 2020년 11월 20일까지 '일회용품 안 받을게요'를 선택한 누적 주문수 121,105,827회를 경제적 비용으로 환산해 보면 일회용품구입비 153억 원 절약, 쓰레기 처리비용 약 32억 원 절감, 소나무 185만 그루를 심은 효과(출처: 배민트렌드 2021, (주)우아한형제들)

단원 정리

데이터의 요약

데이터의 요약은 데이터의 성질이나 특징을 대표적인 수치로 표현하는 방법으로, 요약의 대상으로 데이터의 중심위치가 어디인가를 나타내는 수치를 대푯값(measure of central tendency)이라 하고, 데이터들이 대푯값을 기준으로 얼마나 흩어져 있는가를 나타내는 것을 산포도(measure of dispersion)라 한다.

대푯값

대푯값은 데이터의 중심을 나타내는 수치로 가장 많이 사용하는 것이 평균(mean)이며 그 외에 중앙값(median)과 절사평균(trimmed mean)을 사용한다.

대푯값	계산 방법	엑셀함수
평균	$\frac{1}{n}(X_1+X_1+\cdots+X_n)=\frac{1}{n}\sum_{i=1}^{n}X_i$	=AVERAGE(데이터 범위)
중앙값	n개의 자료를 순서대로 나열한 것을 $X_{(1)}$, $X_{(2)}$, …, $X_{(n)}$이라 할 때 $\begin{cases} X_{(\frac{n+1}{2})} & : n\text{이 홀수일 경우} \\ \dfrac{X_{(\frac{n}{2})}+X_{(\frac{n}{2}+1)}}{2} & : n\text{이 짝수일 경우} \end{cases}$	=MEDIAN(데이터 범위)
절사평균	우선 데이터를 순서대로 나열한 다음, 전체 데이터의 개수에 대해 몇 %의 데이터(상위+하위)를 배제할 것인가로 절사비율을 결정하고 절사된 데이터를 제외한 나머지에 대해 평균을 계산	절사비율 20%인 경우 =TRIMMEAN(데이터 범위, 0.2)

산포도

데이터들이 얼마나 흩어져 있는가를 나타내는 것을 산포도(measure of dispersion)라 하며 대푯값과 마찬가지로 하나의 수치로 데이터가 흩어진 정도를 계산한다. 산포도는 대푯값과 더불어 데이터를 비교하는 경우에 유용하게 사용되며 범위, 사분위수 편차, 분산 그리고 표준편차를 척도로 사용한다.

산포도	계산방법	엑셀함수
범위	최댓값−최솟값	=MAX(데이터 범위)−MIN(데이터 범위)
사분위수 편차	데이터를 크기순서로 나열한 다음 1사분위수(Q_1: 25% 지점)와 3사분위수(Q_3: 75% 지점)를 계산 $\frac{\text{사분위 범위}}{2}=\frac{Q_3-Q_1}{2}$	=(QUARTILE(데이터의 범위,3) −QUARTILE(데이터의 범위,1))/2
분산	$S^2=\frac{1}{n-1}\sum_{i=1}^{n}(X_i-\overline{X})^2$	=VAR(데이터의 범위)
표준편차	$S=\sqrt{S^2}$	=STDEV(데이터의 범위)

기술 통계법

대푯값과 산포도와 같이 데이터의 특성을 하나의 수치로 표현하는 방법을 기술 통계(descriptive statistics)라 한다. 엑셀에서는 [통계 데이터 분석]에서 [기술 통계법]을 선택하면 다양한 척도를 한꺼번에 계산하여 출력할 수 있다.

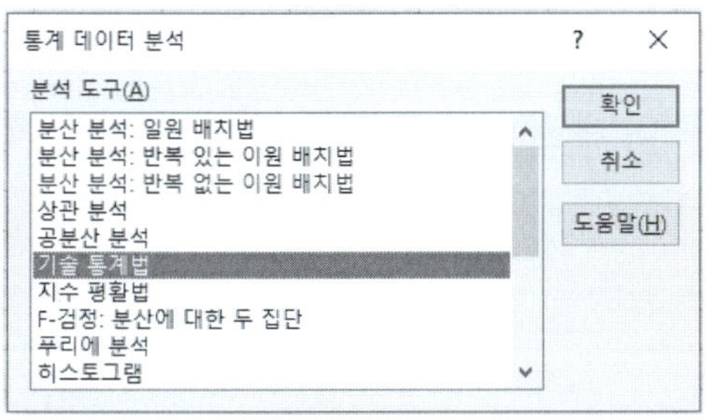

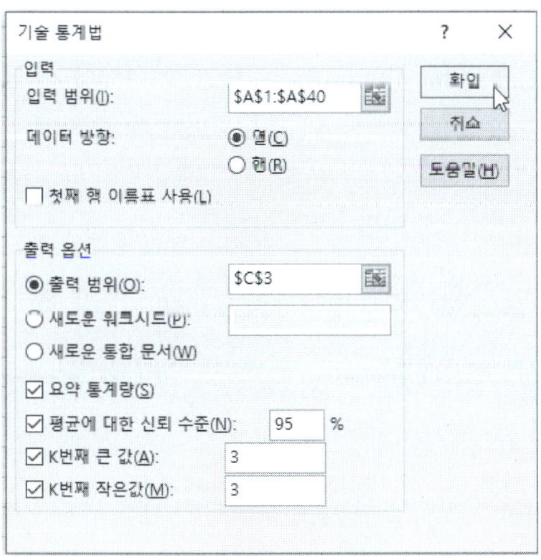

Column1	
평균	64.5
표준 오차	4.975066
중앙값	57.5
최빈값	50
표준 편차	31.46508
분산	990.0513
첨도	1.008585
왜도	1.191708
범위	120
최소값	30
최대값	150
합	2580
관측수	40
가장 큰 값(3)	120
가장 작은 값(3)	30
신뢰 수준(95.0%)	10.06302

연습 문제

01 괄호 안에 들어갈 적절한 단어를 보기에서 골라 쓰시오.

> **보기**
>
> 평균, 중앙값, 절사평균, 합, 개수, 크기 순서로, 가운데, 흩어져, 1사분위수, 3사분위수, 제곱근, 중심위치,

① 데이터의 요약은 데이터의 성질이나 특징을 대표적인 수치로 표현하는 방법으로, 요약의 대상으로 데이터의 (　　　)가 어디인가를 나타내는 수치를 대푯값이라 하고, 데이터들이 대푯값을 기준으로 얼마나 (　　　) 있는가를 나타내는 것을 산포도라 한다.

② 평균은 가장 많이 사용되는 대푯값으로 모든 데이터의 (　　　)을 데이터의 (　　　)로 나눈 값이다.

③ 중앙값은 데이터를 (　　　)로 나열했을 때 (　　　)에 위치하는 숫자를 말한다.

④ 절사평균은 (　　　)과 (　　　)의 장점을 갖는 대푯값이다.

⑤ 사분위수 편차는 (　　　)과 (　　　)의 차이를 2로 나눈 값이다.

⑥ 표준편차는 분산의 (　　　)으로 계산한다.

02 다음 중 모든 데이터를 고려하여 계산하는 대푯값은?

① 중앙값　② 표준편차　③ 최빈값
④ 절사평균　⑤ 평균

03 다음 중 모든 데이터를 고려하여 계산하는 산포도는?

① 범위　② 중앙값　③ 사분위편차
④ 분산　⑤ 평균

04 다음 문장의 괄호에 들어갈 적절한 단어를 선택하시오.

① (　　　)은 데이터의 중심을 나타내는 수치로 가장 많이 사용하는 것이 평균이다.

② 데이터들이 얼마나 흩어져 있는가를 나타내는 것을 (　　　)라 하며 대푯값과 마찬가지로 하나의 수치로 데이터가 흩어진 정도를 계산한다.

③ 데이터를 크기 순서대로 나열할 때 가운데 위치하는 대푯값을 (　　　)이라 한다.

05 다음 중 자료의 중심 경향을 나타내는 대푯값으로 볼 수 없는 것은?

① 평균 ② 표준편차 ③ 중앙값
④ 최빈값 ⑤ 절사평균

06 다음의 설명 중 바르지 못한 것은?

① 표준편차는 분산의 제곱근이다.
② 산포도가 작을수록 자료들이 대푯값 주위에 집중됨을 의미한다.
③ 산포도는 항상 양수로 나타난다.
④ 대푯값을 중심으로 자료의 흩어짐의 정도를 나타내는 값을 산포도라 한다.

07 A반 성적에 비해 B반 성적의 표준편차가 작다는 것은 무엇을 의미하는가?

① A반에 비해 B반의 성적이 나쁘다.
② A반에 비해 B반의 성적이 고르다.
③ A반에 비해 B반의 성적이 우수하다.
④ A반에 비해 B반의 성적이 고르지 않다.

08 산포도에 대한 설명 중 틀린 것을 모두 고르시오.

① 산포도가 클수록 데이터의 분포는 대푯값을 중심으로 밀집해 있다.
② 표준편차는 분산의 양의 제곱근이다.
③ 분산이 0이면 모든 데이터가 동일한 값을 갖는다.
④ 분산이 적은 데이터는 분산이 큰 데이터보다 평균이 크다.

09 다음 설명 중 틀린 것을 모두 고르시오.

① 평균이 $\overline{X}$인 데이터에 모두 10을 더하면 평균은 $\overline{X}+10$이 된다.
② 평균이 $\overline{X}$인 데이터에 모두 10을 곱하면 평균은 $10\overline{X}$이 된다.
③ 분산이 S^2인 데이터에 모두 10을 더하면 분산은 S^2+10이 된다.
④ 분산이 S^2인 데이터에 모두 10을 곱하면 분산은 $10S^2$가 된다.
⑤ 표준편차가 S인 데이터에 모두 10을 더해도 표준편차는 변하지 않는다.
⑥ 표준편차가 S인 데이터에 모두 10을 곱하면 표준편차는 $10S$가 된다.

10 대푯값에 대한 다음의 설명 중 알맞지 않은 것을 모두 고르시오.

① 평균은 극단적인 값에 영향을 받지 않는 대푯값이다.

② 데이터와 평균 간의 편차 합인 $\sum_{i=1}^{n}(X_i-\overline{X})$은 항상 0이다.

③ 좌우대칭분포에서는 평균=중앙값=최빈값이 된다.

④ 데이터와 평균 간의 편차의 제곱합인 $\sum_{i=1}^{n}(X_i-\overline{X})^2$은 항상 0이다.

⑤ 편차의 제곱합 $\sum_{i=1}^{n}(X_i-\square)^2$에 대해 이 제곱합을 최소로 하는 □는 평균이다.

11 어느 데이터의 제1사분위수가 68.25, 제2사분위수가 79.06, 제3사분위수가 90.75일 때 다음의 통계적 해석이 틀린 것은?

① 전체도수의 75%가 90.75 이하

② 전체도수의 50%가 79.06 이상

③ 전체도수의 50%가 79.06 이하

④ 전체도수의 25%가 68.25 이상

12 데이터에 대한 분포가 다음과 같다고 할 때 대푯값의 비교 관계가 바르게 나열된 것은?

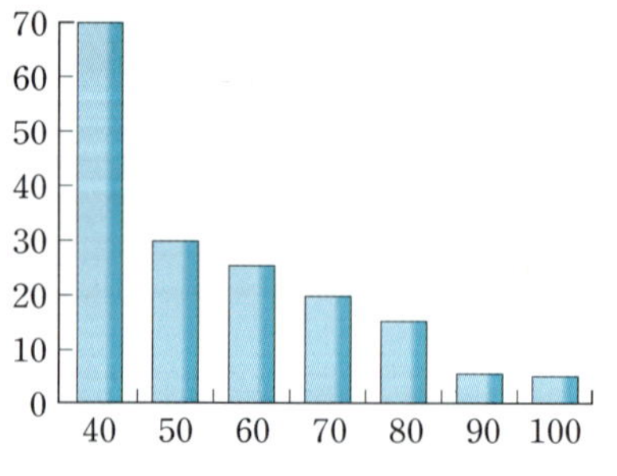

① 최빈값<중앙값<평균

② 평균<중앙값<최빈값

③ 평균=중앙값=최빈값

④ 최빈값<평균<중앙값

13 다음은 학점에 따른 시험결과이다. 다음의 결과로 중앙값에 해당하는 학생의 학점은 무엇인가?

학점	인원
A	5
B	10
C	15
D	5
F	2
계	37

계산 문제

14 5개 데이터에 대한 평균이 15이고, $\sum_{i=1}^{4} X_i = 50$이라 한다. X_5는 얼마인가?

15 데이터의 개수 $n=10$, 데이터의 총합 $\sum_{i=1}^{10} X_i = 20$, 데이터의 제곱합 $\sum_{i=1}^{n} X_i^2 = 100$이라면 이 데이터의 분산은?

16 한 개의 주사위를 두 번 던져 처음 나온 눈의 수를 x, 두 번째 나온 눈의 수를 y라 할 때, $x-y$의 분산은?

17 같은 종류의 두 데이터에 대해 데이터의 개수는 각각 m, n이고, 평균은 M_1, M_2일 때, 두 데이터를 합한 평균은?

18 $1, 2, 3, \cdots, n$의 평균과 분산은?

엑셀을 이용한 계산 문제

19 [예제 2-1]의 데이터(보조자료: 3장\연습문제19)에 대해 평균, 중앙값, 20% 절사평균, 1사분위수, 2사분위수, 3사분위수를 계산하시오.

20 2장의 연습문제 4와 5에 대해 엑셀의 기술 통계법을 이용하여 대푯값과 산포도를 계산하고 이 결과를 이용하여 분포의 모양에 대해 논의하시오.

21 차량운행 데이터(보조자료: 3장\연습문제21)를 이용하여 운행거리와 소요시간에 대해 평균과 표준편차를 계산하시오.

22 어느 회사의 재직현황 데이터(보조자료: 3장\연습문제22)를 이용하여 현재 날짜를 기준으로 근무기간(년)을 계산하고 사원 전체에 대해 근무기간의 최솟값, 최댓값, 중앙값, 평균, 표준편차를 계산하시오.

23 사내 영어교육 성적 데이터(보조자료: 3장\연습문제23)를 이용하여 개인별, 과목별 합계의 평균과 표준편차를 계산하시오.

심화 문제

24 생산량과 불량품 데이터(보조자료: 3장\연습문제24)를 이용하여 다음을 계산하시오.

① 일자별 불량률

② 일자별 생산량과 불량품의 평균과 표준편차

25 외상매출금 데이터(보조자료: 3장\연습문제25)를 이용하여 다음을 계산하시오.

① 일자별 외상매출 금액(단가*수량)

② 일일 평균 외상매출금(한 달을 25일로 계산)

③ 외상매출금 총액

26 경비지출내역 데이터(보조자료: 3장\연습문제26)에 대해 다음을 계산하시오.

① 2월 경비 합계

② 일일 평균 사용 경비(한 달을 25일로 계산)

chapter 04

어떤 사건이 일어날 가능성과 그 가능성을 도표나 그래프로 나타내기

확률이란 어떤 사건이 일어날 가능성을 말합니다. 확률분포는 실험이나 관찰을 통해 발생 가능한 모든 값과 그 값이 나타날 가능성, 즉 확률을 도표나 그래프로 표시한 것입니다. 3장에서는 데이터의 분포(대푯값, 산포도)에 관심을 두었지만 4장에서는 확률변수의 분포(기댓값, 분산)에 관심을 둡니다.

chapter 04

어떤 사건이 일어날 가능성과 그 가능성을 도표나 그래프로 나타내기

4.1 어떤 사건이 일어날 가능성, 확률

확률(probability)이란 어떤 사건(event)이 일어날 가능성을 말합니다. 주사위 던지기에서 특정 눈금이 나올 확률 또는 주식투자에서 이득을 볼 가능성 등을 확률이라 합니다.

현재 어떤 기업이 보유하고 있는 현금 1억 원에 대해 두 가지의 투자안이 있다고 가정합시다. 투자안 A는 정기예금에 투자하는 것이고, 투자안 B는 특정 주식에 투자하는 것입니다. 투자안 A는 약속된 이자와 원금이 보장되지만, 투자안 B는 여러 경제적 상황에 따라 많은 이득을 볼 수도, 반대로 많은 손해를 볼 수 있으므로 투자의 결과는 불확실(uncertainty)하며 많은 위험(risk)을 내포하고 있습니다.

이와 같이 의사결정을 내리는 데 있어서 확실성(certainty)보다는 불확실한 상황에서 이루어지는 경우가 많으며, 앞으로의 미래에 대해서는 불확실성의 정도가 더욱 심하다고 할 수 있습니다. 따라서 불확실성 하에서 의사결정의 오류를 줄이기 위해 확률에 대한 연구와 과정이 필요한 것입니다. 확률의 개념은 크게 객관적 확률과 주관적 확률로 구분할 수 있습니다.

객관적 확률

객관적 확률은 다음과 같이 두 가지로 구분할 수 있습니다.

객관적 확률	계산	예
논리적 확률 (고전적 확률)	$p=\frac{\text{바라는(근원) 사건이 일어나는 수}}{\text{출현 가능한 경우의 전체 개수}(n)}$	동전던지기 주사위던지기
경험적 확률 (상대도수 확률)	$p=\frac{\text{바라는 사건이 관찰된 수}}{\text{실험 또는 관찰의 총 횟수}(n)}$	타율, 자유투 성공률

논리적 확률과 경험적 확률의 차이는 계산에 있어서 실험이나 관찰의 필요에 따라 구분합니다. 논리적 확률은 어떤 한 시행에서 나타날 수 있는 결과의 개수(n)가 정해져 있으며, 각각의 결과가 나타날 가능성이 모두 동일할 것이라는 논리적 추론에 근거를 두고 있습니다. 따라서 동전 던지기에서 앞면이 나올 확률은 1/2, 주사위 던지기에서 5가 나올 확률은 1/6입니다.

경험적 확률은 동일한 조건하에서 같은 실험을 반복했을 때 어떤 특정한 사건(event)이 발생한 비율, 즉 상대도수로 계산합니다. 이때 실험의 반복횟수는 충분히 커야 합니다. 주사위 던지기를 한 번 반복했을 때 어떤 숫자가 나타날지는 알 수 없지만 이러한 실험을 무한히 반복한다면 각 숫자가 나올 상대빈도, 즉 확률은 각 숫자에 대해 1/6에 근접할 것입니다.

주관적 확률

논리적 확률이건 경험적 확률이건 계산된 확률을 근거로 하여 의사결정이 가능합니다. 그러나 특정사건이 발생할 가능성은 개인적인 지식과 경험 또는 가치관에 따라 달라질 수 있으며 이를 주관적 확률이라 합니다.

야구에서 주자가 2루에 있을 때 감독은 어떤 대타를 기용할 것인가? 상황에 따라 어떤 투수로 교체할 것인가는 경험적 확률만으로 결정한다고 보기는 어렵습니다.

공리적 해석

모든 확률은 다음의 공리를 만족하며 이를 A. Kolmogorov의 확률의 공리라 합니다.

> 공리 1: 반드시 일어나는 사건의 확률은 1이다.
> 공리 2: 모든 확률은 0과 1사이의 값을 갖는다.
> 공리 3: 서로 독립적인 사건 A와 B에 대해 두 사건이 나타날 확률은 각 사건이 나타나는 확률의 합과 같다. $P(A \cup B) = P(A) + P(B)$

예제 4-1

확률 계산

① 한 개의 동전을 100회 던져서 앞면이 61회 나왔다면 앞면이 나올 확률은?

앞면이 나올 사건을 A라 한다면 $P(A) = \frac{61}{100} = 0.61$

② 주머니 안에 흰 공 3개와 검은 공 2개가 들어 있다고 할 때 임의로 꺼낸 공이 흰 공일 확률은?

흰 공이 나올 사건을 A라 한다면 $P(A) = \frac{3}{5} = 0.6$

③ 주사위를 던졌을 때 짝수의 눈이 나올 확률은?

주사위의 각 눈금이 나올 확률은 1/6이고, 짝수가 나오는 사건을 A라 한다면 $P(A) = P(2) + P(4) + P(6) = \frac{1}{6} + \frac{1}{6} + \frac{1}{6} = \frac{3}{6} = 0.5$

④ 두 개의 주사위를 던졌을 때 2의 눈과 6의 눈이 동시에 나타날 확률은?

한 개의 주사위를 던졌을 때 2의 눈이 나올 확률은 $\frac{1}{6}$, 한 개의 주사위를 던졌을 때 6의 눈이 나올 확률은 $\frac{1}{6}$이므로 동시에 나타날 확률은 $\frac{1}{6} \times \frac{1}{6} = \frac{1}{36}$

4.2 실험이나 관찰을 통해 발생 가능한 확률을 도표나 그래프로 표현

4.2.1 데이터의 형태와 척도

신장이나 체중 또는 매출액과 같이 측정 결과를 수량으로 나타낸 것을 양적 데이터(quantitative data)라 합니다. 양적 데이터는 판매 대수나 학생 수와 같이 셀 수(countable) 있는 이산형 데이터(discrete data)와 길이나 몸무게와 같이 연속적으로 표시할 수 있는 연속형 데이터(continuous data)로 구분합니다.

척도란 조사 대상을 수량화하기 위해 단위를 가지고 숫자를 부여한 것으로 명목척도(nominal scale), 서열척도(ordinal scale), 구간척도(interval scale), 비율척도(ratio scale)로 구분합니다.

구분	척도	비교 측정	예
이산형	명목	속성에 따라 몇 개의 범주로 구분	성별 구분: 남(1), 여(2) 상품 분류: TV(1), 냉장고(2), 세탁기(3) 국적 분류: 미국(1), 일본(2), 중국(3)
	서열	속성의 크기에 따른 순서로 표시	만족도: 만족(1), 보통(2), 불만족(3) 노래 순위, 성적 순위
연속형	구간	속성의 크기에 따른 순위를 동일한 간격으로 측정	측정된 데이터 간에 차이 비교가 가능 온도, 물가지수, 생산성지수, IQ 점수
	비율	절대 영점을 기준으로 크기에 따라 동일한 간격으로 측정	측정된 데이터 간에 비율 표시가 가능 연봉, 매출액, 나이, 길이, 시간

〈표 4-1〉 데이터의 형태와 척도

데이터가 어떤 척도로 작성되었는가에 따라 통계적인 처리 방법이 달라집니다. 예를 들어 평균이나 분산 등을 포함한 일반적인 분석 방법은 구간척도나 비율척도에서 가능하며, 명목척도나 서열척도로 표현된 데이터에 대해서는 최빈값이나 중앙값에 관심을 두기 때문에 빈도분석, 분할표를 이용한 교차분석, 비모수통계 분석을 이용합니다.

예제 4-2 데이터의 척도 구분

다음 데이터에 대해 척도를 구분하시오.

① 직업을 구분하기 위해 사용하는 척도
② 통계학 점수의 등수
③ 주가지수
④ 실업률

[풀이]
①의 경우 농수축산업, 제조업, 건설업, 운수업, 교육서비스업, 금융보험업 등으로 구분한다고 할 때, 편의상 농수축산업은 1로, 제조업은 2로, 건설업은 3과 같이 구분하여 나타낼 수 있으므로 명목척도에 해당합니다.
②의 경우 점수에 대해 순위를 표시한 것이므로 서열척도에 해당
③의 경우 크기에 따른 순위를 동일한 간격으로 측정한 것이므로 구간척도에 해당
④의 경우 절대 영점을 기준으로 크기에 따라 동일한 간격으로 측정한 것이므로 비율척도

4.2.2 확률분포와 확률변수

불확실성 하에서 의사결정의 오류를 줄이기 위해 특정 사건에 대한 확률을 계산할 필요가 있습니다. 만약 그러한 확률을 계산하기 위해 경험적 확률을 이용한다고 가정합니다.

컴퓨터 메모리를 생산하는 어떤 기업에서는 하루에 100개의 메모리를 생산하는데 불량품의 개수는 매일 변동한다고 합니다. 지난 100일 동안 조사한 불량품의 개수가 다음과 같다고 가정합니다.

날짜	1일	2일	3일	…	97일	98일	99일	100일
불량품의 개수	2	4	0	…	2	3	2	1

위의 표를 기초로 하여 다음과 같이 불량품의 개수에 대해 도수분포표와 상대빈도(또는 상대도수)를 계산할 수 있습니다. 다음의 〈표 4-2〉를 확률분포(probability distribution)라 하고 [그림 4-1]은 이를 그래프로 나타낸 것입니다.

불량품의 개수(X)	빈도	상대도수(확률)
0	5	$\frac{5}{100}=0.05$
1	25	$\frac{25}{100}=0.25$
2	40	$\frac{40}{100}=0.4$
3	25	$\frac{25}{100}=0.25$
4	5	$\frac{5}{100}=0.05$
계	100	1

〈표 4-2〉 불량품 개수에 대한 확률분포

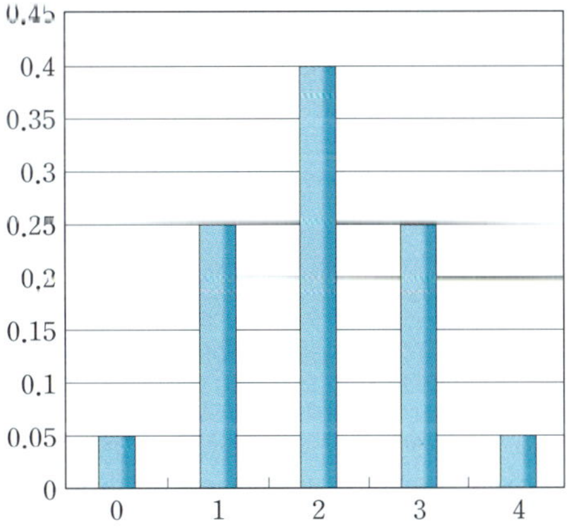

[그림 4-1] 불량품 개수에 대한 확률분포

확률분포는 실험이나 관찰을 통해 발생 가능한 모든 값과 그 값이 나타날 가능성, 즉 확률을 도표나 그래프로 표시한 것으로 이 경우에는 〈표 4－2〉와 같이 상대도수로 나타낼 수 있습니다. 〈표 4－2〉에서 불량품의 개수를 확률변수(random variable)라 합니다. 확률변수란 실험이나 관찰의 결과 값을 〈표 4－2〉의 왼쪽과 같이 1:1 실수로 대응시키는 함수이며, 대문자(X나 Y)로 표시하고 실수 값은 소문자(x나 y)로 나타냅니다.

> 확률분포: 실험이나 관찰을 통해 발생 가능한 모든 값과 그 값이 나타날 가능성, 즉 확률을 도표나 그래프로 표시한 것

> 확률변수: 실험이나 관찰의 결과 값을 실수로 대응시키는 함수

다른 말로 설명하면 확률변수는 일정한 확률로 나타나는(발생하는) 사건에 대해 숫자를 부여한 변수라고 할 수 있습니다. 따라서 확률분포는 확률변수가 취할 수 있는 모든 값에 대해 각각의 확률을 대응시킨 것입니다.

예제 4-3 **동전을 던지는 실험에 대한 확률분포표**

동전을 던지는 실험에서 앞면이 나온 횟수에 대한 확률분포표를 작성하시오.

[풀이]

관찰 또는 조사의 결과를 얻는 과정을 실험(experiment)이라 하고 실험의 결과를 사건(event)이라 합니다. 실험의 결과로 여러 사건이 발생하는데 이러한 사건들의 모임을 표본공간(sample space)이라 합니다. 따라서 한 개의 동전을 던지는 실험의 결과는 앞면(H)이 나오거나 뒷면(T)이 나타나는 사건이 발생하므로 표본공간(S)은 S={H, T}로 나타낼 수 있으며 사건의 결과(s)는 표본공간(S)의 부분집합입니다. 앞면(H)이 나오면 1로, 뒷면(T)이 나오면 0으로 한다면 이들의 관계를 다음과 같이 나타낼 수 있습니다.

$$X(s)=\begin{cases}0 \text{ if } s=\text{T}\\1 \text{ if } s=\text{H}\end{cases}$$

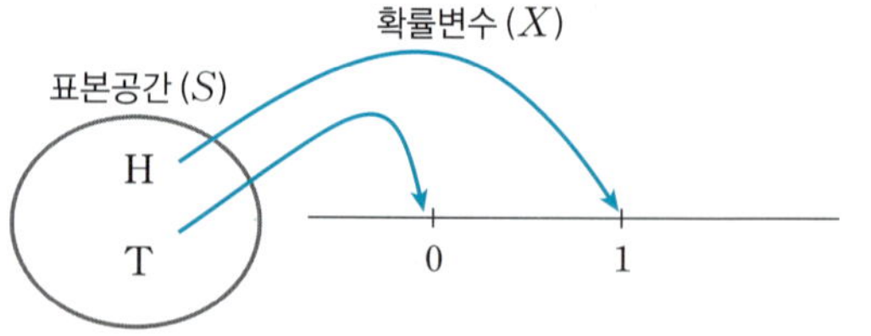

앞의 관계는 앞면이 나오면 X는 1이 되고, 뒷면이 나오면 X는 0이 된다는 의미로 X는 앞면이 일어나는 사건은 1의 값을 갖고, 뒷면이 일어나는 사건은 0의 실수 값을 갖도록 변환해 주는 함수이며 이를 확률변수라 합니다.

만약 두 개의 동전을 던지는 실험이라면 표본공간은 4개의 사건(뒤뒤, 앞뒤, 뒤앞, 앞앞)으로 구성되므로 $S=\{TT, HT, TH, HH\}$이고, 앞면이 나타난 횟수를 확률변수 X라 한다면 함수관계는 다음과 같습니다.

$$X(s)=\begin{cases} 0 \text{ if } s=(TT) \\ 1 \text{ if } s\in(TH,\ HT) \\ 2 \text{ if } s=(HH) \end{cases}$$

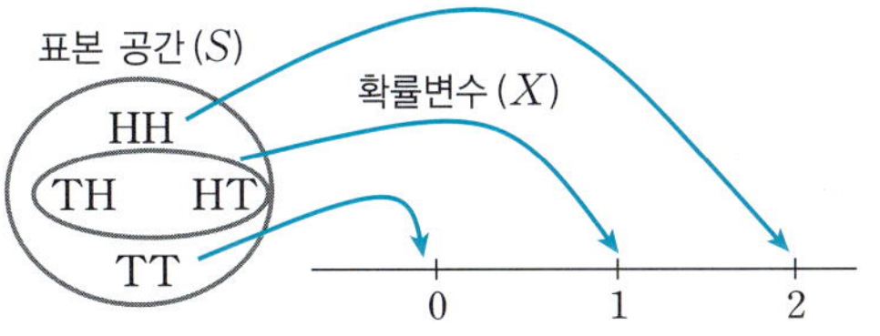

확률분포는 확률변수가 X가 취할 수 있는 모든 값에 대해 각각의 확률을 대응시킨 것이므로 다음과 같이 나타낼 수 있습니다.

$$P(X=0)=\frac{1}{4}$$

$$P(X=1)=\frac{1}{2}$$

$$P(X=2)=\frac{1}{4}$$

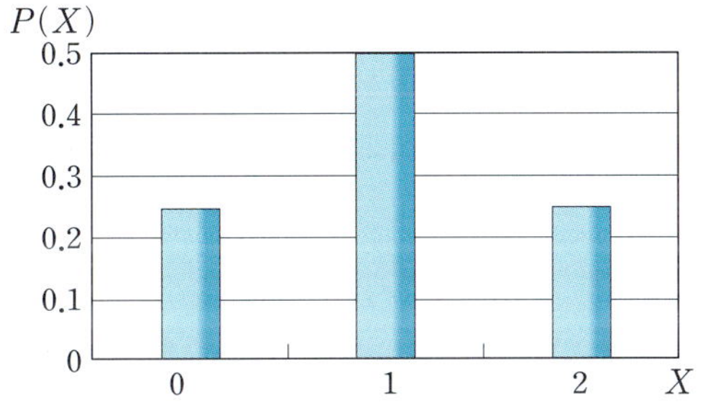

[실습문제]

1. 동전을 세 번 던지는 경우의 확률분포를 나타내시오(보조자료: 4장\실습1).
2. 주사위 던지는 실험과 확률변수에 대해 확률분포를 나타내시오(보조자료: 4장\실습2).

확률변수는 〈표 4－3〉과 같이 이산확률변수(discrete random variable)와 연속확률변수(continuous random variable)로 구분합니다. 변수가 취할 수 있는 값의 개수가 유한적인 경우를 이산확률변수(discrete random variable), 변수가 취할 수 있는 값의 개수가 무한한 경우를 연속확률변수(continuous random variable)라 합니다.

구분	확률변수의 예	확률변수(X)
이산 확률변수	주사위를 한 번 던질 때 나온 눈의 수	1, 2, 3, 4, 5, 6
	고용한 종업원의 수	0, 1, 2, 3, 4, …
	두 개의 동전을 던질 때 앞면이 나온 횟수	0, 1, 2
연속 확률변수	휴대폰 건전지의 사용가능 시간	$0 \leq X \leq 18$
	학생들의 몸무게	$35 \leq X \leq 120$
	한 달 생활비	$30,000 \leq X \leq 250,000$

〈표 4-3〉 이산확률변수와 연속확률변수의 예

4.2.3 확률분포의 구분과 특징

이산확률분포는 [그림 4－2]와 같이 이산확률변수 X에 대한 확률을 확률함수로 계산하여 히스토그램의 막대 높이로 표현합니다.

반면에 연속확률분포는 연속확률변수 X에 대해 이에 대응하는 확률을 표와 같은 형식이나 그래프 또는 함수식으로 나타낸 것이라고 할 수 있습니다. 연속확률분포의 모양은 확률밀도함수 $f(x)$로 나타내며 [그림 4－3]과 같이 곡선의 형태로 표현됩니다. 이산확률분포와의 차이점은 확률밀도함수 $f(x)$는 분포(또는 그래프)의 모양을 나타내는 함수식이므로 확률을 의미하는 것이 아니라는 것입니다.

연속확률분포에서의 확률은 확률밀도함수 곡선 밑의 면적으로 확률을 계산하므로 연속형 확률변수 X가 특정한 값을 가질 때의 확률 즉, 면적은 0이며, 연속형 확률변수의 확률을 계산할 경우에는 확률 변수 X가 어떤 구간에 속할 확률을 구간 사이의 면적으로 계산합니다.

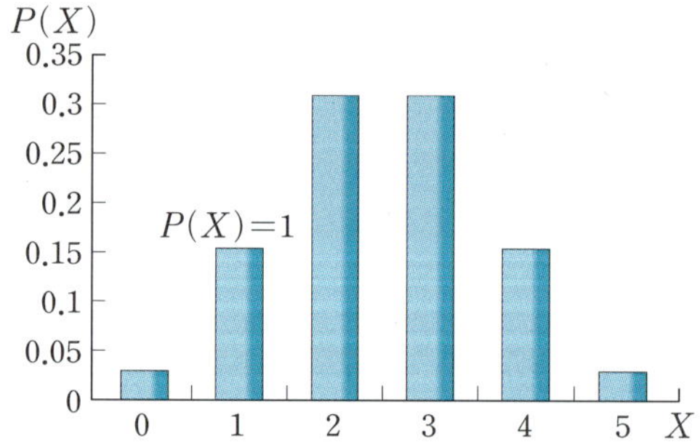

$$P(X=x_2)=P(x_2)$$

[그림 4-2] 이산확률분포

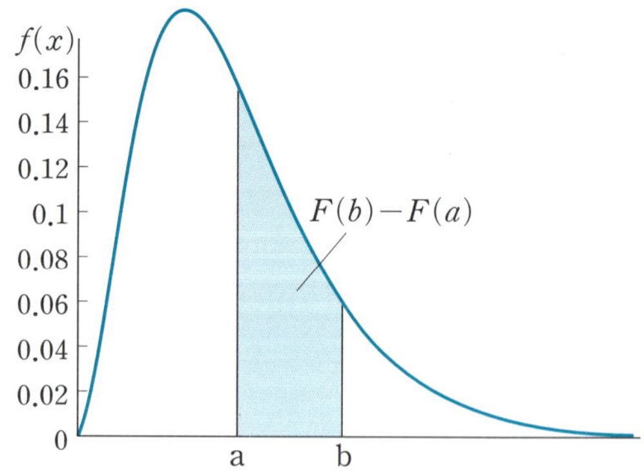

$$P(a \leq X \leq b)=\int_a^b f(x)dx$$

[그림 4-3] 연속확률분포

각 확률분포에 대한 확률 계산을 정리하면 다음과 같습니다.

확률변수	이산확률분포에 대한 확률	연속확률분포에 대한 확률
특정 값 $X=a$	$P(X=a)=P(a)$	$P(a\le X\le a)=\int_a^a f(x)dx=0$
구간 $[a, b]$	$P(a\le X\le b)=\sum_{X=a}^{b} P(X)$	$P(a\le X\le b)=\int_a^b f(x)dx=F(b)-F(a)$

이산확률분포는 이산확률변수의 확률분포로 이항분포(binomial distribution), 포아송 분포(poison distribution) 등이 있으며 [그림 4-2]는 이항확률분포의 예로 한 번의 시행에서 성공할 확률이 0.5일 경우 5번의 시행에서 x회 성공할 확률을 나타낸 것입니다. 연속확률분포는 연속확률변수의 확률분포로 균등분포(uniform distribution), 정규분포(normal distribution), F 분포 등이 있습니다. 각 확률분포의 특징은 〈표 4-4〉와 같습니다.

이산확률분포	연속확률분포
• 임의의 확률변수 X에 대한 확률은 항상 0과 1 사이의 값을 가진다. $0\le P(X)\le 1$ • 한 번의 시행에서 X는 하나의 값만 가진다. • 모든 확률변수에 대한 확률의 합은 항상 1이다. $\sum_{\text{모든 } X} P(X_i)=1$	• 임의의 확률변수 X에 대한 확률은 0이다. $P(a\le X\le a)=P(X=a)=\int_a^a f(x)dx=0$ • 확률밀도함수는 항상 양의 값을 갖는다. $f(x)>0$ • 연속확률분포에서의 확률은 확률밀도함수 $f(x)$의 높이가 아니라 구간 사이의 면적으로 계산한다. $P(a\le X\le a)=\int_a^b f(x)dx=F(b)-F(a)$ • 확률밀도함수의 전체 면적은 항상 1이다. $\int_{-\infty}^{+\infty} f(x)dx=1$

〈표 4-4〉 이산확률분포와 연속확률분포의 특징

〈표 4-4〉에서 $P(X)$를 이산확률함수(discrete probability function)라 하며, 확률은 [그림 4-2]와 같이 높이로 표시됩니다.

4.2.4 확률분포의 평균과 분산은?

확률분포의 평균은 기댓값(expected value)이라 하고 $E(X)$(또는 μ_X)로 표시합니다. 이산확률분포의 기댓값은 확률을 가중값으로 사용한 가중평균이고, 연속확률분포의 기댓값은 적분개념의 면적이 됩니다.

구분	이산확률분포	연속확률분포
기댓값	$E(X)=\mu_x=\sum_{\text{모든 } X}^{n} X_i \cdot P(X_i)$	$E(X)=\mu_x=\int_{-\infty}^{+\infty} x_i \cdot f(x_i)dx$

〈표 4-5〉 확률변수 X의 기댓값

확률분포의 분산인 $Var(X)$(또는 σ^2_X)은 확률변수 X와 기댓값과의 차이를 제곱한 값의 기댓값으로 계산합니다.

구분	이산확률분포	연속확률분포
분산	$Var(X)=\sum_{\text{모든 } X}^{n} [X_i-\mu_x]^2 P(X_i)$ $=\sum_{\text{모든 } X}^{n} X_i^2 \cdot P(X_i)-\mu_x^2$	$Var(X)=\int_{-\infty}^{+\infty} [x-\mu_x]^2 f(x)dx$ $=\int_{-\infty}^{+\infty} x^2 f(x)dx-\mu_x^2$

〈표 4-6〉 확률변수 X의 분산

표준편차(σ_X)는 분산의 양의 제곱근인 $\sqrt{Var(X)}$로 계산합니다.

예제 4-4 확률분포표를 작성하고 이산확률변수의 기댓값, 분산, 표준편차를 계산

〈표 4-2〉의 빈도에 대해 상대빈도(확률)를 계산하고 기댓값, 분산, 표준편차의 계산을 다음과 같은 단계로 진행합니다.

단계	내용
[단계 1]	제목과 계산위치 결정
[단계 2]	확률(상대빈도)과 $X \times P(X)$ 그리고 $X^2 \times P(X)$의 계산
[단계 3]	채우기 핸들을 이용하여 나머지 부분 계산
[단계 4]	합계 계산
[단계 5]	분산과 표준편차의 계산

[단계 1] 제목과 계산위치 결정

다음의 그림과 같이 제목과 계산될 값의 위치를 결정합니다. 기댓값과 분산을 계산하기 위해서는 〈표 4-5〉와 〈표 4-6〉과 같이 확률변수와 확률과의 곱셈($X \times P(X)$)과 확률변수의 제곱과 확률과의 곱셈결과($X^2 \times P(X)$)가 필요합니다(보조자료: 4장\예제 4-4).

	A	B	C	D	E
1	확률변수(X)	빈도	확률 P(X)	X*P(X)	X²*P(X)
2	0	5			
3	1	25			
4	2	40			
5	3	25			
6	4	5			
7	합계	100			

[단계 2] 확률(상대빈도)과 $X \times P(X)$ 그리고 $X^2 \times P(X)$의 계산

확률변수 $X=0$에 대한 확률(셀 C2)은 다음 그림과 같이 해당 빈도(5)를 전체 합(100)으로 나눈 값으로 계산합니다. $X \times P(X)$는 확률변수와 확률의 곱으로 셀 D2에서 계산합니다. $X^2 \times P(X)$는 확률변수의 제곱과 확률과의 곱셈으로 셀 E2에서 계산합니다.

	A	B	C	D	E
1	확률변수(X)	빈도	확률 P(X)	X*P(X)	X²*P(X)
2	0	5			
3	1	25			
4	2	40			
5	3	25			
6	4	5			
7	합계	100			

=B2/100

=A2*C2

=A2*A2*C2

[단계 3] 채우기 핸들을 이용하여 나머지 부분 계산

나머지 확률변수에 대해서 같은 계산을 적용하기 위해 셀 C2~E2를 선택한 다음 채우기 핸들을 이용하여 다음과 같이 계산합니다.

	A	B	C	D	E
1	확률변수(X)	빈도	확률 P(X)	X*P(X)	X²*P(X)
2	0	5	0.05	0	0
3	1	25			
4	2	40			
5	3	25			
6	4	5			
7	합계	100			

결과는 다음과 같습니다

	A	B	C	D	E
1	확률변수(X)	빈도	확률 P(X)	X*P(X)	X²*P(X)
2	0	5	0.05	0	0
3	1	25	0.25	0.25	0.25
4	2	40	0.4	0.8	1.6
5	3	25	0.25	0.75	2.25
6	4	5	0.05	0.2	0.8
7	합계	100			

[단계 4] 합계 계산

각 항목에 대한 합계를 함수 SUM을 이용하여 계산(셀 C7, D7, E7)합니다. 셀 C7을 먼저 계산한 다음 채우기 핸들을 이용하여 나머지 합을 계산합니다.

	A	B	C	D	E
1	확률변수(X)	빈도	확률 P(X)	X*P(X)	X²*P(X)
2	0	5	0.05	0	0
3	1	25	0.25	0.25	0.25
4	2	40	0.4	0.8	1.6
5	3	25	0.25	0.75	2.25
6	4	5	0.05	0.2	0.8
7	합계	100	=sum(C2:C6)		

결과는 다음과 같습니다. 기댓값 $E(X)=\sum_{\text{모든 } X}^{n} X_i \cdot P(X_i)$의 계산결과가 2가 됨을 알 수 있습니다.

	A	B	C	D	E
1	확률변수(X)	빈도	확률 P(X)	X*P(X)	X²*P(X)
2	0	5	0.05	0	0
3	1	25	0.25	0.25	0.25
4	2	40	0.4	0.8	1.6
5	3	25	0.25	0.75	2.25
6	4	5	0.05	0.2	0.8
7	합계	100	1	2	4.9

[단계 5] 분산과 표준편차의 계산

분산은 〈표 4-6〉의 공식을 이용하여 셀 B8에 다음과 같이 계산(=E7-D7*D7)합니다.

$$Var(X)=\sum_{\text{모든 } X}^{n} X_i^2 \cdot P(X_i)-E(X)^2=4.9-2^2=0.9$$

B8		=E7-D7*D7			
	A	B	C	D	E
1	확률변수(X)	빈도	확률 P(X)	X*P(X)	X^2*P(X)
2	0	5	0.05	0	0
3	1	25	0.25	0.25	0.25
4	2	40	0.4	0.8	1.6
5	3	25	0.25	0.75	2.25
6	4	5	0.05	0.2	0.8
7	합계	100	1	2	4.9
8	분산	0.9			

표준편차는 분산에 대한 양의 제곱근으로 계산하는데 함수 SQRT를 이용하여 =SQRT(B8)로 계산하며 결과는 0.9486833입니다.

[실습문제]

3. 〈표 4-2〉의 이산확률분포를 히스토그램으로 나타내시오(보조자료: 4장\실습3).

다음 그림과 같이 이산확률분포를 히스토그램으로 표현하는 방법은 15.3절을 참고하기 바랍니다.

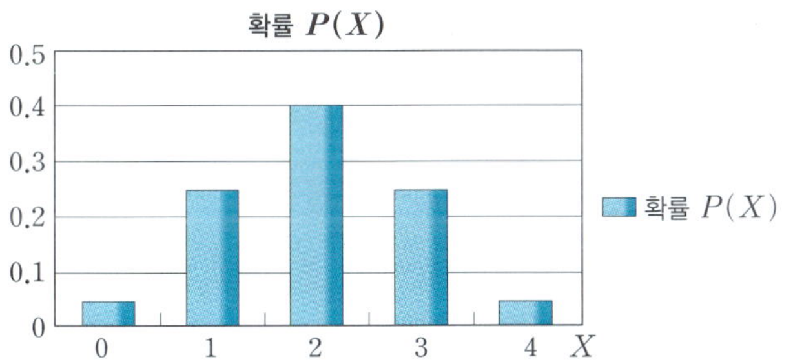

정규분포와 표본분포에서의 확률계산문제 비교

예제 4-5

두 개의 동전을 던질 때 앞면이 나타난 횟수에 대해 기댓값과 분산을 계산하고 확률분포(보조자료: 4장\예제 4-5)를 그래프로 표시

[풀이]

두 개의 동전을 던질 때 앞면이 나타난 횟수는 다음과 같이 0, 1, 2가 됩니다.

이때 앞면이 나타난 횟수를 X라 한다면 확률변수 X의 확률분포는 다음과 같습니다.

X	확률 $P(X)$	$X\times P(X)$	$X^2\times P(X)$
0	$P(0)=\frac{1}{2}\times\frac{1}{2}=\frac{1}{4}$	$0\times P(0)=0$	$0^2\times p(0)=0$
1	$P(1)=\left(\frac{1}{2}\times\frac{1}{2}\right)+\left(\frac{1}{2}\times\frac{1}{2}\right)=\frac{1}{2}$	$1\times P(1)=1\times\frac{1}{2}=\frac{1}{2}$	$1^2\times P(1)=1\times\frac{1}{2}=\frac{1}{2}$
2	$P(2)=\frac{1}{2}\times\frac{1}{2}=\frac{1}{4}$	$2\times P(2)=2\times\frac{1}{4}=\frac{1}{2}$	$2^2\times P(2)=4\times\frac{1}{4}=1$
합계	1	1	$\frac{3}{2}$

따라서 확률변수 X의 기댓값과 분산은 다음과 같습니다. 그래프로 표시하는 방법은 15.3절을 참고하기 바랍니다.

$$E(X)=\sum_{\text{모든 }X}^{n} X_i\cdot P(X_i)=1$$

$$Var(X)$$
$$=\sum_{\text{모든 }X}^{n} X_i^2\cdot P(X_i)-E(X)^2$$
$$=\frac{3}{2}-1^2=\frac{1}{2}$$

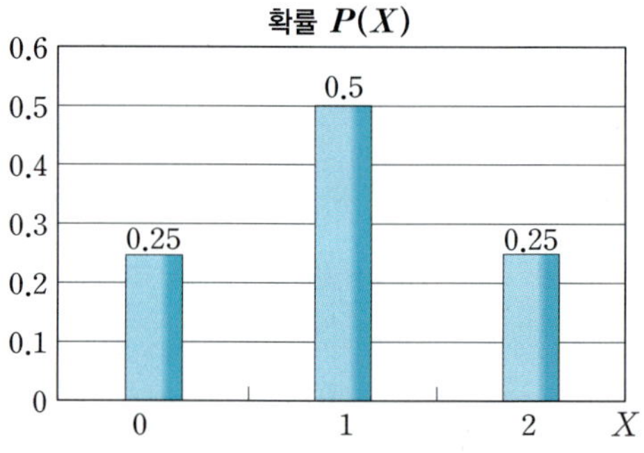

예제 4-6 기대수익과 분산 계산

다음의 투자안 A와 투자안 B의 수익에 대해 어느 투자안(보조자료: 4장\예제 4－6)을 선택할지에 대해 생각해 보시오.

상황	확률 $P(X)$	투자안 A의 수익(X)	투자안 B의 수익(X)
불황	0.25	－500만 원	－100만 원
보통	0.50	200만 원	250만 원
호황	0.25	1,000만 원	500만 원

[풀이]

앞의 표는 발생가능한 상황과 그러한 상황이 발생할 확률을 대응시켜 수익의 확률분포를 작성한 것입니다. 어느 투자안을 선택할 것인가에 대해서는 수익의 기댓값과 위험을 계산하여 비교하는 데 위험의 크기는 분산으로 계산합니다.

기대수익

구분	기대수익(기댓값): $E(X)=\sum_{\text{모든 }X}^{n} X_i \cdot P(X_i)$
투자안 A	−500만 원×0.25+200만 원×0.5+1,000만 원×0.25=225만 원
투자안 B	−100만 원×0.25+250만 원×0.5+500만 원×0.25=225만 원

분산

구분	분산: $Var(X)=\sum_{\text{모든 }X}^{n}[X_i-E(X)]^2P(X_i)=\sum_{\text{모든 }X}^{n}X_i^2\cdot P(X_i)-E(X)^2$
투자안 A	(−500만 원²×0.25+200만 원²×0.5+1,000만 원²×0.25)−225만 원²=281,875
투자안 B	(−100만 원²×0.25+250만 원²×0.5+500만 원²×0.25)−225만 원²=45,625

투자안 A와 B의 기대 수익이 같은 경우에는 위험이 상대적으로 적은 투자안을 선택하는 것이 바람직하므로 분산이 작은 투자안 B를 선택합니다.

[실습문제]

4. 안산기업은 다음의 두 가지 투자안 중에서 하나를 선택하고자 한다. 두 개의 투자안에 대해 확률분포가 다음과 같다고 할 때 어떤 투자안(보조자료: 4장\실습4)을 선택해야 하는지를 판단하시오.

상황	확률 $P(X)$	투자안 A의 수익률	투자안 B의 수익률
호황	0.3	0.4	0.6
보통	0.5	0.35	0.3
불황	0.2	0.2	0.05

4.2.5 동전 던지기와 이항분포

오지 두 가지의 사상(성공과 실패)만 존재하는 실험을 n회 반복적으로 시행한다고 할 때 성공할 횟수(또는 실패할 횟수)를 나타내는 확률변수 X가 갖게 될 확률분포를 이항분포(binomial distribution)라 합니다.

일반적으로 한 번의 시행에서 사건 A가 일어날 확률(성공할 확률)이 p일 때, n번의 독립 시행에서 사건 A가 일어나는 횟수를 확률변수 X라 하면 X의 확률은 다음과 같습니다.

$$P(X=x)=\binom{n}{x}p^x(1-p)^{n-x}$$

$$=\frac{n!}{x!(n-x)!}p^x(1-p)^{n-x}\ (\text{단, } x=0, 1, 2, \cdots, n)$$

예를 들어 한 개의 동전을 3번 던지는 실험에서 앞면이 나타난 횟수를 확률변수 X라 한다면 X는 이항분포를 따르며 확률분포는 〈표 4-7〉과 같습니다. 이와 같은 확률분포를 이항분포라 하고, 기호로 $B(n, p)$와 같이 나타냅니다.

확률 변수(X)	$P(X=x)=\binom{3}{x}0.5^x(1-0.5)^{3-x}=\frac{3!}{x!(3-x)!}0.5^x(1-0.5)^{3-x}$
0	$P(0)=\frac{3!}{0!3!}0.5^0(1-0.5)^3=\frac{1}{8}=0.125$
1	$P(1)=\frac{3!}{1!(3-1)!}0.5^1(1-0.5)^{3-1}=\frac{3}{8}=0.375$
2	$P(2)=\frac{3!}{2!(3-2)!}0.5^2(1-0.5)^{3-2}=\frac{3}{8}=0.375$
3	$P(3)=\frac{3!}{3!(3-3)!}0.5^3(1-0.5)^{3-3}=\frac{1}{8}=0.125$
합계	1

〈표 4-7〉 한 개의 동전을 3번 던지는 실험에서 앞면이 나타난 횟수의 확률분포표

이항분포의 기댓값, 분산, 표준편차

기댓값 $E(X)=np$
분산 $Var(X)=np(1-p)$
표준편차 $\sigma(X)=\sqrt{np(1-p)}$

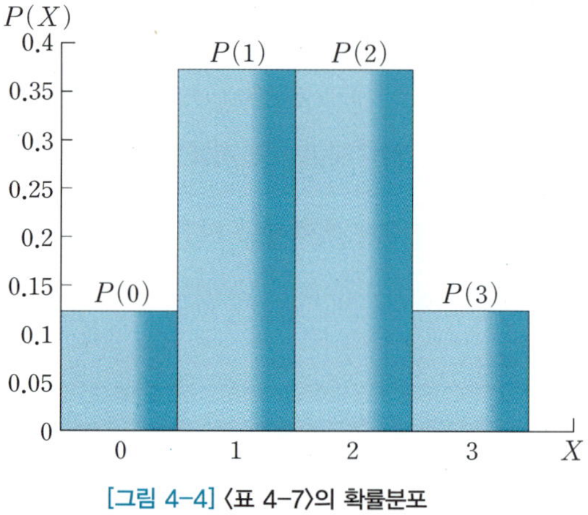

[그림 4-4] 〈표 4-7〉의 확률분포

예제 4-7 이항분포의 확률계산

동전을 10번 던졌을 경우 앞면이 나타난 횟수를 X라 할 때, X에 대한 확률분포표(보조자료: 4장\예제 4-7)를 작성하고 기댓값과 분산을 계산하시오.

[풀이]

동전던지기 실험은 오직 두 가지의 사상(앞면 또는 뒷면)만 나타나고, 앞면이 나타날 확률은 0.5입니다. 매 시행은 독립적으로 이루어지므로 앞면이 나타난 횟수 X는 이산확률변수이며, X는 이항분포를 따릅니다.

$$P(X=x)=\binom{10}{x}0.5^{x}0.5^{10-x}$$

$$=\frac{10!}{x!(10-x)!}0.5^{x}0.5^{10-x}\ (\text{단, } x=0,\ 1,\ 2,\ \cdots,\ 10)$$

다음과 같은 단계로 진행합니다.

단계	내용
[단계 1]	확률변수 X와 제목을 입력
[단계 2]	이항분포의 확률계산
[단계 3]	함수 BINOMDIST(또는 BINOM.DIST)의 인수 입력
[단계 4]	기댓값 계산
[단계 5]	채우기 핸들을 이용하여 나머지 확률을 계산
[단계 6]	확률의 합과 기댓값 계산
[단계 7]	분산과 표준편차의 계산

[단계 1] 확률변수 X와 제목을 입력

다음과 같이 확률변수와 확률과 기댓값이 계산될 위치를 선정합니다.

	A	B	C	D
1	앞면이 나타난 횟수(X)에 대한 확률분포표			
2				
3	확률변수(X)	확률	기대값 E(X)	
4	0			
5	1			
6	2			
7	3			
8	4			
9	5			
10	6			
11	7			
12	8			
13	9			
14	10			
15	합			

[단계 2] 이항분포의 확률계산

첫 번째 확률변수의 확률을 계산할 위치(셀 B4)를 선택하고 [수식] 탭을 누르고 [함수삽입]을 선택한 다음 [범주]에서 통계를 선택합니다. 이어서 다음 그림과 같이 이항분포의 확률을 계산하는 함수 BINOMDIST(또는 BINOM.DIST)를 선택합니다.

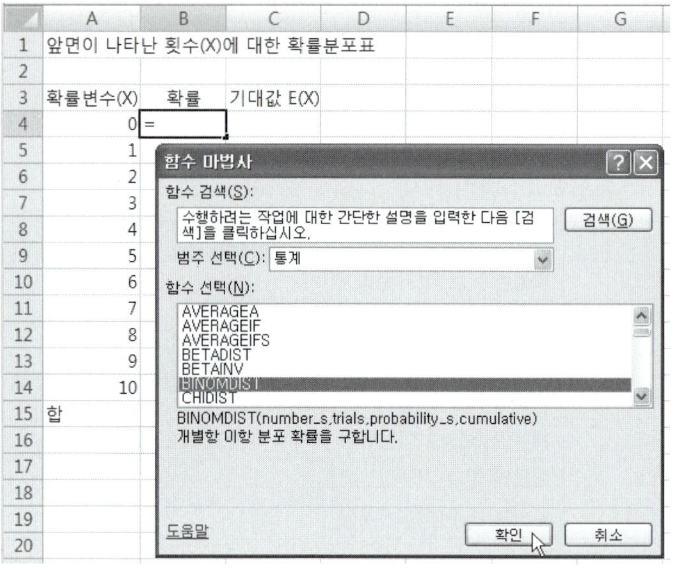

[단계 3] 함수 BINOMDIST(또는 BINOM.DIST)의 인수 입력

함수 BINOMDIST에 대해 필요한 값을 〈표 4−8〉을 참고로 하여 입력하고 [확인] 버튼을 누릅니다.

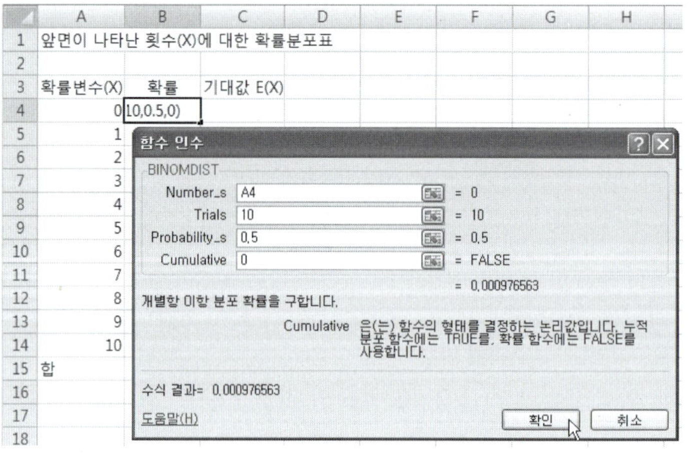

함수 BINOMDIST 대화상자 구분	의미와 입력 값
Number_s	성공한 횟수로 이 예에서는 셀 A4($X=0$)를 선택
Trials	총 시행 횟수로 이 예에서는 10($n=10$)
Probability_s	성공할 확률로 이 예에서는 $P(X=0)$인 0.5를 입력
Cumulative	누적확률을 계산한다면 1(또는 TRUE)을 입력하고, 단순히 확률을 계산한다면 0(또는 FALSE)을 입력합니다. 이 예에서는 확률을 계산하므로 0을 입력합니다.

〈표 4-8〉 함수 BINOMDIST의 대화상자 입력 값

모든 인수를 입력하고 [확인] 버튼을 누르면 계산된 결과는 다음과 같습니다.

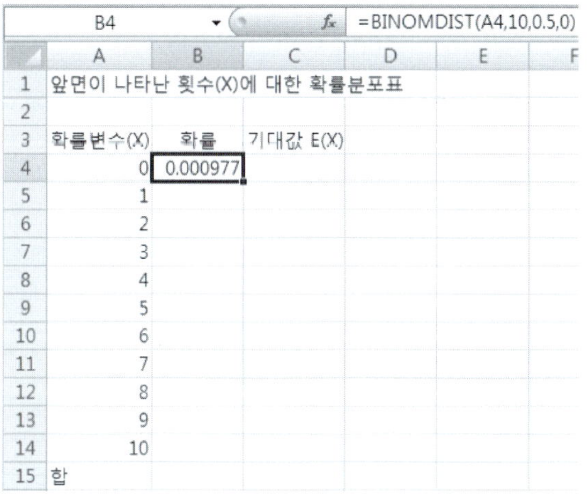

B4 =BINOMDIST(A4,10,0.5,0)

	A	B	C	D	E	F
1	앞면이 나타난 횟수(X)에 대한 확률분포표					
2						
3	확률변수(X)	확률	기대값 E(X)			
4	0	0.000977				
5	1					
6	2					
7	3					
8	4					
9	5					
10	6					
11	7					
12	8					
13	9					
14	10					
15	합					

$$P(X=0)=\binom{10}{0}0.5^{0}0.5^{10}=0.000977$$

[단계 4] 기댓값의 계산

이산확률변수 각각에 대한 기댓값은 확률변수와 확률변수의 확률의 곱인 $XP(X)$로 계산합니다. 확률변수($X=0$, 셀 A4)에 대한 기댓값이 셀 A4와 셀 B4의 곱셈결과를 셀 C4에서 계산합니다. 확률변수 0에 대한 기댓값은 0입니다.

	A	B	C	D
1	앞면이 나타난 횟수(X)에 대한 확률분포표			
2				
3	확률변수(X)	확률	기대값 E(X)	
4	0	0.000977	=A4*B4	
5	1			
6	2			
7	3			
8	4			
9	5			
10	6			
11	7			
12	8			
13	9			
14	10			
15	합			

	A	B	C	D
1	앞면이 나타난 횟수(X)에 대한 확률분포표			
2				
3	확률변수(X)	확률	기대값 E(X)	
4	0	0.000977	0	
5	1			
6	2			
7	3			
8	4			
9	5			
10	6			
11	7			
12	8			
13	9			
14	10			
15	합			

[단계 5] 채우기 핸들을 이용하여 나머지 확률을 계산

첫 번째 확률변수($X=0$)에 대한 확률과 기댓값을 계산했다면 나머지 확률변수의 확률과 기댓값을 계산하기 위해서 셀 B4와 C4를 선택하고, 채우기 핸들을 이용하여 계산합니다.

	A	B	C	D
1	앞면이 나타난 횟수(X)에 대한 확률분포표			
2				
3	확률변수(X)	확률	기대값 E(X)	
4	0	0.000977	0	
5	1			
6	2			
7	3			
8	4			
9	5			
10	6			
11	7			
12	8			
13	9			
14	10			
15	합			

[채우기 핸들 이용]

	A	B	C	D
1	앞면이 나타난 횟수(X)에 대한 확률분포표			
2				
3	확률변수(X)	확률	기대값 E(X)	
4	0	0.000977	0	
5	1	0.009766	0.0097656	
6	2	0.043945	0.0878906	
7	3	0.117188	0.3515625	
8	4	0.205078	0.8203125	
9	5	0.246094	1.2304688	
10	6	0.205078	1.2304688	
11	7	0.117188	0.8203125	
12	8	0.043945	0.3515625	
13	9	0.009766	0.0878906	
14	10	0.000977	0.0097656	
15	합			

[채우기 핸들의 결과]

[단계 6] 확률의 합과 기댓값 계산

각 확률변수에 대한 확률의 합을 계산하여 1이 되는지 확인하기 위해 셀 B15에 대해 함수 SUM을 이용하여 계산합니다. 그리고 기댓값은 셀 C4~C14의 합으로 계산합니다. 기댓값의 결과는 5로 이항분포의 기댓값 $E(X)=np$, 즉 10×0.5의 결과와 같습니다.

	A	B	C	D
1	앞면이 나타난 횟수(X)에 대한 확률분포표			
2				
3	확률변수(X)	확률	기대값 E(X)	
4	0	0.000977	0	
5	1	0.009766	0.0097656	
6	2	0.043945	0.0878906	
7	3	0.117188	0.3515625	
8	4	0.205078	0.8203125	
9	5	0.246094	1.2304688	
10	6	0.205078	1.2304688	
11	7	0.117188	0.8203125	
12	8	0.043945	0.3515625	
13	9	0.009766	0.0878906	
14	10	0.000977	0.0097656	
15	합	=sum(B4:B14		
16		SUM(number1, [number2], ...)		

	A	B	C	D
1	앞면이 나타난 횟수(X)에 대한 확률분포표			
2				
3	확률변수(X)	확률	기대값 E(X)	
4	0	0.000977	0	
5	1	0.009766	0.0097656	
6	2	0.043945	0.0878906	
7	3	0.117188	0.3515625	
8	4	0.205078	0.8203125	
9	5	0.246094	1.2304688	
10	6	0.205078	1.2304688	
11	7	0.117188	0.8203125	
12	8	0.043945	0.3515625	
13	9	0.009766	0.0878906	
14	10	0.000977	0.0097656	
15	합	1	5	

[단계 7] 분산과 표준편차의 계산

이항분포의 분산은 다음의 식으로 계산합니다.

$Var(X)=np(1-p)=10\times0.5\times0.5=2.5$

따라서 표준편차는 위 값의 양의 제곱근을 계산하는 데 함수 SQRT를 이용합니다. 적당한 셀에서 '=SQRT(2.5)'를 입력하고 [Enter↵] 하면 결과는 1.581139입니다.

예제 4-8 이항분포의 누적 확률계산

동전을 10번 던졌을 경우 앞면이 나타난 횟수를 X라 할 때, 앞면이 정확히 7회 나타날 확률과 0회에서 7회까지의 누적확률을 계산(보조자료: 4장\예제 4-8)하시오.

[풀이]

동전던지기 실험은 오직 두 가지의 사상(앞면 또는 뒷면)만 나타나고, 앞면이 나타날 확률은 0.5입니다. 매 시행은 독립적으로 이루어지므로 앞면이 나타난 횟수 X는 이산확률변수이며, X는 다음의 이항분포를 따릅니다.

$$P(X=x)=\binom{10}{x}0.5^x0.5^{10-x}$$

$$=\frac{10!}{x!(10-x)!}0.5^x0.5^{10-x}\ (\text{단, } x=0, 1, 2, \cdots, 10)$$

따라서 앞면이 정확히 7회 나타날 확률은 다음과 같습니다.

$$P(X=7)=\binom{10}{7}0.5^7(1-0.5)^{10-7}$$

엑셀에서의 확률계산은 함수 BINOMDIST(또는 BINOM.DIST)를 이용하며 셀 B4에서 다음과 같이 계산합니다.

B4 =BINOMDIST(B1,B2,B3,FALSE)

	A	B	C	D	E	F
1	성공한 횟수	7				
2	시행 횟수	10				
3	성공할 확률	0.5				
4	이항확률	0.117188				

7회까지의 누적확률은 다음과 같이 계산합니다.

$$P(X\le 7)=P(X=0)+\cdots+P(X=7)$$
$$=\sum_{x=0}^{7}\binom{10}{x}0.5^x(1-0.5)^{10-x}$$

B4 =BINOMDIST(B1,B2,B3,TRUE)

	A	B	C	D	E	F
1	성공한 횟수	7				
2	시행 횟수	10				
3	성공할 확률	0.5				
4	누적이항확률	0.945313				

누적확률계산에서 함수 BINOMDIST(또는 BINOM.DIST)의 마지막 인자를 1(또는 TRUE)로 사용합니다.

[실습문제]

* 다음 문제에 대해 확률분포를 나타내고, 엑셀 함수를 이용하여 확률을 계산하시오.

5. 성공할 확률이 0.5인 이항실험에서 10번의 시행 중 3번 성공할 확률(보조자료: 4장\실습5)은?
6. 성공할 확률이 0.2인 이항실험에서 10번의 시행 중 3번 이상 성공할 확률(보조자료: 4장\실습6)은?
7. 주사위를 3회 던졌을 경우 6이 적어도 한번 나올 확률(보조자료: 4장\실습7)은?
8. 동전을 10회 던졌을 경우 앞면이 4개 이상 7개 이하가 나올 확률(보조자료: 4장\실습8)은?

참고 1 로또에서 당첨확률은?

로또(lotto)는 1부터 45까지 번호가 있는 45개의 공을 추첨기기에 넣고 돌려서 순서대로 추출한 6개의 공의 숫자를 당첨번호로 하는 복권입니다. 로또는 1부터 45까지 숫자 중에서 중복 없이 6개를 선택하는 것이므로 모든 경우의 수는 조합(combination)을 이용하여 $\binom{45}{6}=\frac{45!}{6!(45-6)!}=8,145,060$입니다.

로또추첨에 있어서 등수별 확률을 계산하면 다음과 같습니다. 각 등수별로 계산된 경우의 수를 전체 경우의 수인 8,145,060으로 나눠주면 등수별 확률을 계산할 수 있습니다.

등수	설명	확률
1	45개의 숫자 중에서 6개를 중복 없이, 순서에 상관없이 6개를 선택하는 것이므로 모든 경우의 수는 다음과 같습니다. $\binom{45}{6}=\frac{45!}{6!(45-6)!}=8,145,060$ 따라서 확률은 $\frac{1}{8,145,060}$	0.000000123
2	5개 숫자+2등 보너스 숫자 당첨된 숫자 6개 중에서 5개를 포함하는 경우의 수는 $\binom{6}{5}=\binom{6}{1}=6$개이므로 확률은 $\frac{6}{8,145,060}$	0.000000737
3	당첨된 숫자 6개 중 5개를 포함하고 $\binom{6}{5}$, 2등의 보너스 숫자를 제외한 나머지 경우는 $(45-6-1)$개이므로 확률은 $\frac{\binom{6}{5}\times 38}{8,145,060}$	0.000027978
4	당첨된 숫자 6개 중 4개를 포함하고($_6C_4$), 당첨된 숫자 6개를 제외한 39개의 숫자 중에서 2개를 포함하는 경우의 수는 $\binom{6}{4}\times\binom{45-6}{2}$개이므로 확률은 $\frac{\binom{6}{4}\times\binom{45-6}{2}}{8,145,060}$	0.001364631
5	당첨된 숫자 6개 중 3개를 포함하고($_6C_3$), 당첨된 숫자 6개를 제외한 39개의 숫자 중에서 3개를 포함하는 경우의 수는 $\binom{6}{3}\times\binom{45-6}{3}$개이므로 확률은 $\frac{\binom{6}{3}\times\binom{45-6}{3}}{8,145,060}$	0.022440596

참고 2 로또 판매액은 얼마나 될까?

복권위원회(기획재정부)의 홈페이지(http://www.bokgwon.go.kr/)에 개제된 복권 관련 통계에 의하면 2006년부터 2017년까지 온라인복권(로또 6/45)의 판매액, 각 회차별 평균 판매액, 등위별 당첨자 수는 다음과 같습니다.

• 온라인복권 연도별 판매액 및 회차평균 (단위: 백만 원)

연도	2009	2010	2011	2012	2013	2014	2015	2016	2017	2018	2019	2020
판매액	2,349,419	2,420,682	2,811,969	2,833,159	2,981,887	3,041,065	3,245,817	3,599,584	3,797,350	3,960,613	4,308,164	4,709,025
회차 평균	45,181	46,552	53,056	54,484	57,344	58,482	62,420	67,917	73,026	76,166	82,849	90,558

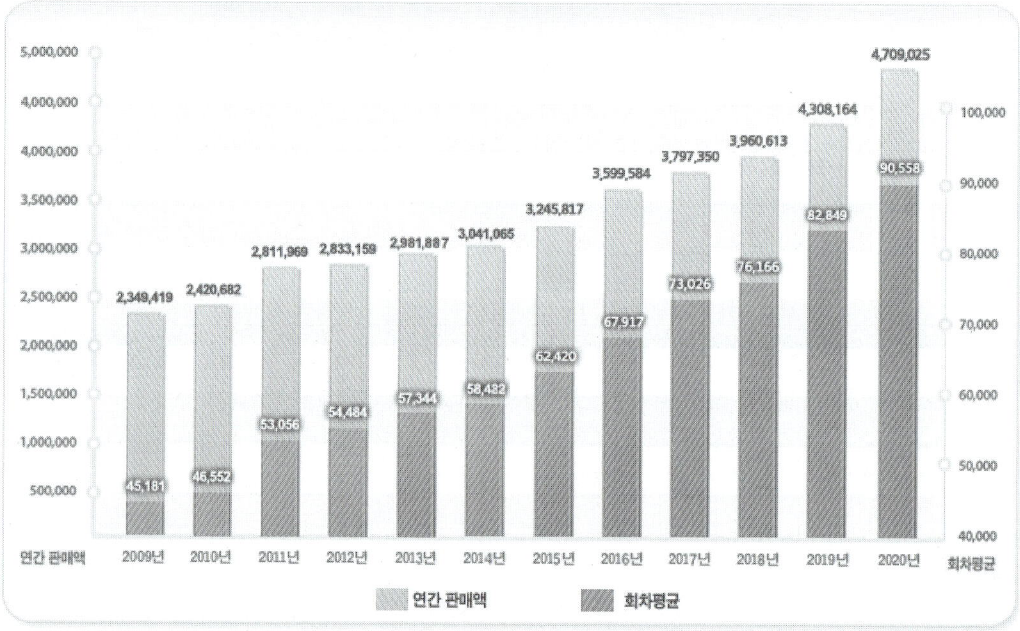

• 등위별 평균 당첨자 수 및 1인당 당첨금(1회~943회) (단위: 억 원, 명)

등위	등위별 총당첨금	누적당첨자수	회차별 평균당첨자수	회차별 평균 당첨금
1등	135,123	6,630	7.0	143
2등	22,512	39,305	41.7	24
3등	22,516	1,499,262	1,589.9	24
4등	40,703	73,813,058	78,274.7	43
5등	63,738	1,208,010,319	1,281,029.0	66
합계	**284,592**	**1,283,368,574**	**1,360,942.3**	**302**

단원 정리

확률변수

확률변수란 실험이나 관찰의 결과 값을 1:1 실수로 대응시키는 함수이며, 일정한 확률로 나타나는(발생하는) 사건에 대해 숫자를 부여한 변수라고 할 수 있다. 이산확률변수와 연속확률변수로 구분한다.

확률분포

확률분포는 실험이나 관찰을 통해 발생 가능한 모든 값과 그 값이 나타날 가능성, 즉 확률을 도표나 그래프로 표시한 것이다.

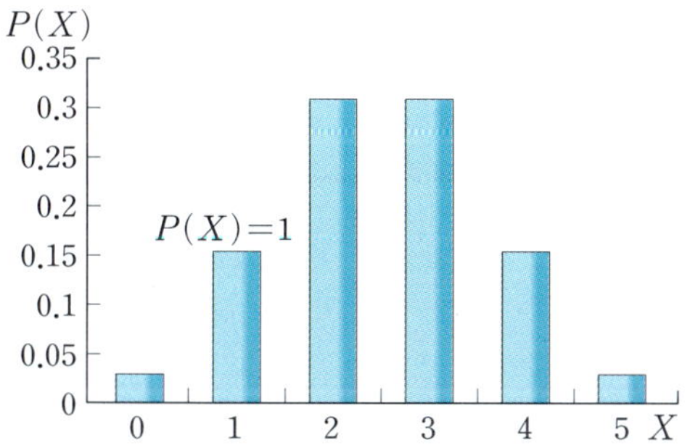

$$P(X=x_2)=P(x_2)$$

[이산확률분포의 예]

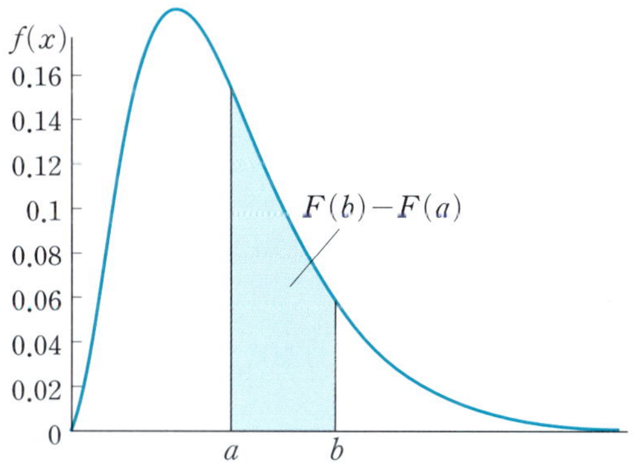

$$P(a\le X\le b)=\int_a^b f(x)dx$$

[연속확률분포의 예]

확률분포에 대한 확률 계산

확률변수	이산확률분포에 대한 확률	연속확률분포에 대한 확률
특정 값 $X=a$	$P(X=a)=P(a)$	$P(a\le X\le a)=\int_a^a f(x)dx=0$
구간 $[a,\ b]$	$P(a\le X\le b)=\sum_{X=a}^{b} P(X)$	$P(a\le X\le b)=\int_a^b f(x)dx=F(b)-F(a)$

확률변수의 기댓값

확률분포의 평균을 기댓값이라 하고 $E(X)$(또는 μ_X)로 표시한다.

구분	이산확률분포	연속확률분포
기댓값	$E(X)=\mu_x=\sum_{\text{모든 }X}^{n} X_i\cdot P(X_i)$	$E(X)=\mu_x=\int_{-\infty}^{+\infty} x_i\cdot f(x_i)dx$

확률분포의 분산

확률분포의 분산인 $Var(X)$(또는 $\sigma^2{}_X$)은 확률변수 X와 기댓값과의 차이를 제곱한 값의 기댓값으로 계산한다.

구분	이산확률분포	연속확률분포
분산	$Var(X)=\sum_{\text{모든 }X}^{n}[X_i-\mu_x]^2P(X_i)$ $=\sum_{\text{모든 }X}^{n}X_i^2\cdot P(X_i)-\mu_x^2$	$Var(X)=\int_{-\infty}^{+\infty}[x-\mu_x]^2f(x)dx$ $=\int_{-\infty}^{+\infty}x^2f(x)dx-\mu_x^2$

표준편차(σ_X)는 분산의 양의 제곱근인 $\sqrt{Var(X)}$로 계산.

이항분포

오직 두 가지의 사상(성공과 실패)만 존재하는 실험을 n회 반복적으로 시행한다고 할 때 성공할 횟수(또는 실패할 횟수)를 나타내는 확률변수 x가 갖게 될 분포를 이항분포라 한다.

한 번의 시행에서 사건 A가 일어날 확률(성공할 확률)이 P일 때, n번의 독립 시행에서 사건 A가 일어나는 횟수를 확률변수 X라 하면 X의 확률은 다음과 같다.

$$P(X=x)=\binom{10}{x}p^x(1-p)^{n-x}$$

$$=\frac{n!}{x!(n-x)!}p^x(1-p)^{n-x}\ (\text{단, } x=0,\ 1,\ 2,\ \cdots,\ n)$$

기댓값 $E(X)=np$

분산 $Var(X)=np(1-p)$

표준편차 $r(X)=\sqrt{np(1-p)}$

함수 요약

이항분포의 확률은 함수 BINOMDIST로 계산한다.

형식: BINOMDIST(number_s,trials,probability_s,cumulative)

함수 BINOMDIST 대화상자 구분	의미와 입력 값
Number_s	성공횟수(x)
Trials	총 시행횟수(n)
Probability_s	성공할 확률 $P(X=x)$
Cumulative	누적확률을 계산한다면 1(또는 TRUE)을 입력하고, 단순히 확률을 계산한다면 0(또는 FALSE)을 입력한다.

chapter 4 연습 문제

01 다음 괄호에 들어갈 적절한 단어는?

① 실험이나 관찰을 통해 발생 가능한 모든 값과 그 값이 나타날 가능성, 즉 확률을 도표나 그래프로 표시한 것을 (   )라 한다.

② 실험이나 관찰의 결과 값을 실수로 대응시키는 함수를 (   )라 한다.

③ 확률분포의 평균을 (   )(이)라 한다.

02 주사위를 한 번 던질 때 1의 눈 또는 3의 눈이 나올 확률은?

① 1/6　② 2/6　③ 3/6
④ 4/6　⑤ 5/6

03 주머니 안에 7개의 흰 공과 3개의 검은 공이 들어 있다. 이 주머니에서 한 개씩 차례로 2개를 꺼낼 때 처음 것이 흰 공, 나중 것이 검은 공이 나올 확률은?

① 21/100　② 7/18　③ 23/30
④ 7/30　⑤ 7/36

04 3개의 동전을 동시에 던질 때 앞면이 두 개가 나올 확률은 얼마인가?

① 1/8　② 3/8　③ 5/8
④ 7/8　⑤ 3/7

05 6명을 두 명씩 세 그룹으로 나누는 방법은 몇 가지인가?

① 6　② 15　③ 18
④ 90　⑤ 120

06 한 개의 동전을 세 번 던지는 시행에서 다음의 물음에 답하시오.

① 출현 가능한 모든 경우의 수를 나열하시오.

② 앞면이 적어도 두 번 나올 확률을 계산하시오.

07 세 개의 동전을 동시에 던질 때, 적어도 한 개는 앞면이 나올 확률은?

08 어느 반 학생 40명에 대해 형제 또는 자매의 수를 조사(보조자료: 4장\연습문제8)한 것이다. 다음 물음에 답하시오.

형제 또는 자매의 수	해당 학생 수
1	7
2	28
3	3
4	2
합계	40

① 형제 또는 자매의 수가 2명일 확률은?
② 형제 또는 자매의 수가 4명일 확률은?
③ 형제 또는 자매의 수가 2명 이상일 확률은?

09 다음은 어느 프로야구 선수에 대한 정규 시즌의 결과(보조자료: 4장\연습문제9)이다. 타수=타석−(4구+희생번트+희생플라이+타격방해+주루방해로 인한 출루율)

경기	타수	득점	안타	2루타	3루타	홈런	타점
140	522	93	185	37	1	28	115

① 경기 당 몇 타점을 기록하였는가?
② 한 시즌 동안 안타를 칠 확률(타율)은?
③ 한 시즌 동안 단타(1루타)를 칠 확률(타율)은?

10 다음은 어느 프로야구팀에 대한 정규 시즌의 결과(보조자료: 4장\연습문제10)이다.

경기	타수	득점	안타	2루타	3루타	홈런	타점
144	5046	816	1477	263	20	125	778

① 이 팀은 경기 당 몇 득점을 기록하였는가?
② 이 팀의 팀타율은 얼마인가?

11 다음에 대해 이산형 데이터와 연속형 데이터를 구분하시오.

① 몸무게 ② 1학년 학생수 ③ 수익률
④ 판매액 ⑤ 반품 건수

12 척도에 대한 설명을 바르게 연결하시오.

① 명목척도 • • Ⓐ 절대 영점을 기준으로 크기에 따라 동일한 간격으로 측정
② 서열척도 • • Ⓑ 속성의 크기에 따른 순위를 동일한 간격으로 측정
③ 구간척도 • • Ⓒ 속성의 크기에 따른 순서로 표시
④ 비율척도 • • Ⓓ 속성에 따라 몇 개의 범주로 구분

13 다음 데이터에 대해 척도를 구분하시오.

① 1인당 GNP ② 청년실업률 ③ 전화번호의 지역코드
④ 콜센터 응답대기 시간 ⑤ 실내온도 ⑥ 통계학 점수의 등수
⑦ 운동선수 등번호 ⑧ 매출액 순위 ⑨ 매출액
⑩ 경제성장률

14 다음 데이터에 대해 척도를 구분하시오.

① 직업을 구분하기 위해 사용하는 척도
② 100점 만점의 통계학 시험점수
③ 학생들의 월 생활비
④ 거주 지역에 대한 조사
⑤ 소비자 만족도 조사(① 매우 불만족 ② 불만족 ③ 보통 ④ 만족 ⑤ 매우 만족)

15 다음에 대해 연속확률변수와 이산확률변수를 구분하시오.

① 건전지의 수명 ② 안경을 착용한 학생의 수
③ 100점 만점의 통계학 시험 점수 ④ A학점을 받은 학생 수
⑤ 100m 달리기 기록 ⑥ 장마기간의 강수량
⑦ 가족수 ⑧ 사격에서 10점 과녁에 맞은 개수

16 다음 표는 학생 40명에 대한 키의 도수분포표(보조자료: 4장\연습문제16)이다. 키의 평균을 계산하시오.

키(cm)	140～145	145～150	150～155	155～160	160～165	165～170	계
도수	3	5	8	10	9	5	40

17 어느 복권에 대한 상금이 다음(보조자료: 4장\연습문제17)과 같다고 할 때 기댓값을 계산하시오. 한 사람이 한 장의 복권만 살 수 있고, 발행된 복권은 모두 팔렸다고 가정합니다.

구분	매수	상금
1등	1	10,000
2등	4	5,000
3등	15	1,000
4등	50	500
5등	80	0

18 확률변수 X에 대해 확률분포(보조자료: 4장\연습문제18)가 다음과 같을 때 X의 기댓값을 계산하시오.

X	0	1	2	3
$P(X)$	$\frac{1}{2}$	0	$\frac{1}{6}$	$\frac{1}{3}$

19 확률변수 X의 확률분포(보조자료: 4장\연습문제19)가 다음과 같을 때 X의 기댓값과 분산을 계산하시오.

X	1	2	3	4
$P(X)$	$\frac{3}{8}$	$\frac{3}{8}$	$\frac{1}{8}$	$\frac{1}{8}$

20 동전 3개를 던졌을 경우 앞면(H)이 나온 횟수를 X라 할 때, 확률변수 X의 확률분포를 나타내고 기댓값을 계산하시오.

21 $E(X)=3$, $E(X^2)=9$일 때 $Var(X)$는 얼마인가?

22 한 개의 동전을 100회 던져 앞면이 나오는 개수를 X라 할 때, X의 평균, 분산, 표준편차를 계산하시오.

23 프로야구 LG 트윈스의 승률은 5할 6푼이라고 한다. 이 팀이 앞으로 세 경기를 치를 때 두 번 이길 확률은? 단 무승부는 없다고 가정한다.

① $\binom{3}{2}(0.56)^1(1-0.56)^1$ ② $\binom{3}{2}(0.56)^1(0.44)^2$

③ $\binom{3}{2}(0.56)^2$ ④ $\binom{3}{2}(0.56)^2(0.44)^1$

24 다음 문제에 대해 확률변수 X의 확률분포를 나타내고, 엑셀함수 BINOMDIST를 이용하여 계산하시오.

① 타율이 3할인 타자가 5번의 타석에서 안타를 친 횟수를 X

② 한 개의 주사위를 60회 던져서 1의 눈이 나오는 횟수를 X

③ 확률변수 X가 이항분포 $B\left(3, \frac{1}{4}\right)$를 따를 때

25 확률변수 X가 이항분포 $B\left(18, \frac{2}{3}\right)$를 따를 때 X의 기댓값, 분산, 표준편차를 계산하시오.

26 다음의 이항분포에 대해 문제에서 요구하는 확률을 함수 BINOMDIST로 계산하시오. $P(X=x)={}_{20}C_x(0.45)^x(0.55)^{20-x}$

① $P(5 \leq X \leq 15)=$

② $P(0 \leq X \leq 10)=$

심화 문제

27 네 개의 동전을 던져서 앞면이 4개 나오거나 또는 1개도 나오지 않으면 1000원을 받고, 앞면이 2개 나오면 200원을 지불하고, 그 외의 경우는 주고받는 금액이 없다고 한다. 이 때, 받을 수 있는 기대 금액은?

28 주머니 안에 흰 공이 3개, 검은 공이 2개 들어 있다. 이 중에서 두 개의 공을 꺼내어 나타난 흰 공의 개수를 확률변수 X라 할 때 $E(5X+3)$의 값은 얼마인가?

29 확률변수 X의 확률분포가 다음 표와 같을 때, 확률변수 $Y=2X+3$의 평균과 표준편차를 계산하시오.

X	-3	-2	2	3
$P(X)$	$\frac{1}{4}$	$\frac{1}{4}$	$\frac{1}{4}$	$\frac{1}{4}$

30 1이 표시된 카드가 2장, 2가 표시된 카드가 2장, 4가 표시된 카드가 1장, 모두 5장의 카드가 있다. 이 중에서 2장의 카드를 무심히 택했을 때 2장의 카드에 쓰여 있는 수의 합을 X라 할 때, 확률변수 X의 기댓값과 분산을 계산하시오.

31 엑셀 함수를 이용하여 로또에서 등수별 당첨확률을 계산하시오.

chapter 05

세상의 많은 현상들은 정규분포를 따른다

정규분포는 연속확률분포 중에서 가장 많이 활용되는 분포이며, 자연과학 현상이나 사회과학 현상에서 접하는 여러 데이터의 분포가 정규분포와 유사한 분포를 나타냅니다.

chapter 05 세상의 많은 현상들은 정규분포를 따른다

정규분포(normal distribution)는 다음 그림과 같이 종(bell)모양을 하고 있으며, 통계학에서 가장 많이 사용되는 연속확률분포입니다.

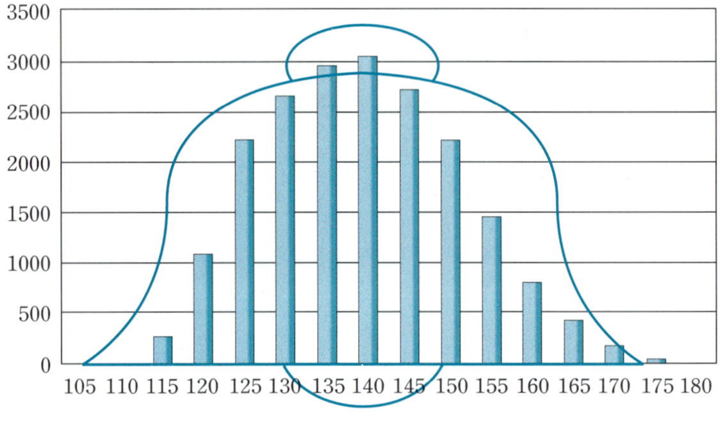

[초등학생 키 분포(출처: 2019년도 학생 건강검사 표본통계, 교육부)]

연속확률변수 X의 확률밀도함수 $f(x)$가 다음과 같이 정해지는 확률분포를 정규분포라 하고, 정규분포는 평균 μ와 표준편차 σ에 의해 결정됩니다. 즉, 분포의 모양은 평균 μ와 표준편차 σ에 따라 [그림 5-1]과 같이 달라집니다.

$$f(x)=\frac{1}{\sigma\sqrt{2\pi}}e^{-\frac{1}{2}\left(\frac{x-\mu}{\sigma}\right)^2},\ -\infty<x<+\infty$$

μ : 평균

σ : 표준편차

e : 상수 2.7183

π : 원주율 3.14159

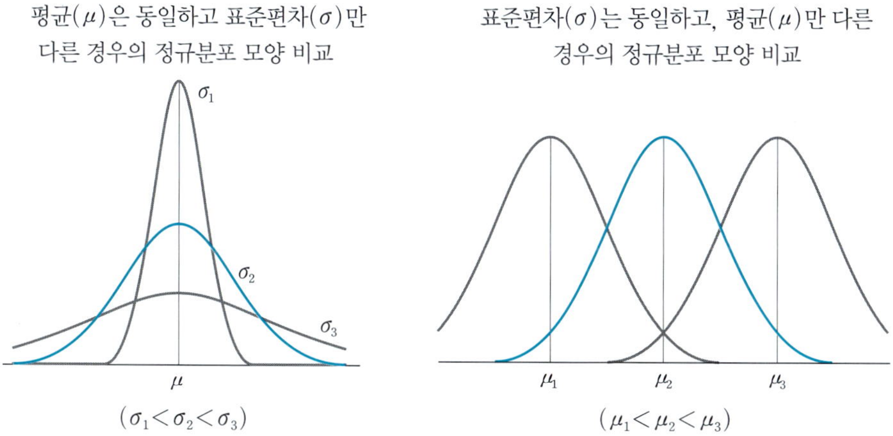

[그림 5-1] 정규분포의 모양 비교

정규분포의 특징은 다음과 같습니다.

정규분포의 특징

> 평균(μ)을 중심으로 좌우 대칭이며 종 모양(bell shape)의 형태이다.
> 정규분포의 모양은 평균 μ와 표준편차 σ에 의해 결정된다.
> 평균=중앙값=최빈값
> 확률밀도함수 $f(x)$의 곡선 아래 부분과 x축 사이의 면적은 항상 1이다.
> 확률밀도함수 $f(x)$는 x축에 무한대로 접근하므로 $-\infty < X < \infty$

평균 $\mu=5$이고, 표준편차 $\sigma=2$인 정규분포의 확률밀도함수 $f_1(x)$와 평균 $\mu=7$이고, 표준편차 $\sigma=1$인 정규분포의 확률밀도함수 $f_2(x)$를 정의하고, 두 개의 함수를 그래프로 나타내면 [그림 5-2]와 같습니다.

$$f_1(x) = \frac{1}{2\sqrt{2\pi}} e^{-\frac{1}{2}\left(\frac{x-5}{2}\right)^2}, \quad -\infty < x < \infty$$

$$f_2(x) = \frac{1}{\sqrt{2\pi}} e^{-\frac{1}{2}(x-7)^2}, \quad -\infty < x < \infty$$

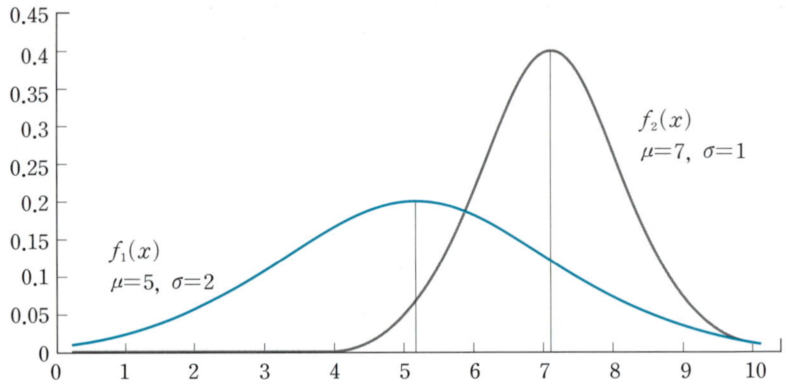

[그림 5-2] 평균과 표준편차가 다른 두 개의 정규분포 비교

5.1 정규분포의 표준화란?

앞으로는 정규분포의 확률밀도함수를 정규분포라 칭하겠습니다. 정규분포에서 확률을 계산하기 위해서는 적분을 해야 하는데 정규분포의 적분은 계산이 어려운 데다 [그림 5−2]와 같이 평균 μ와 표준편차 σ에 따라 분포의 위치와 모양이 달라지는 분포이며 평균과 표준편차가 다른 정규분포를 쉽게 비교하기 위해 표준화를 사용합니다.

평균 μ와 표준편차 σ가 다른 모든 정규분포의 확률변수 X에 대해 다음의 표와 같이 표준화(Z)를 하면 [그림 5−3]과 같이 하나의 동일한 분포가 되는데 이 분포는 평균 $\mu=0$, 표준편차 $\sigma=1$인 정규분포가 되며, 이를 표준정규분포(standard normal distribution)라 합니다.

구분	정규분포	표준화	표준정규분포
함수	평균$=\mu$, 표준편차$=\sigma$ $f(x)=\frac{1}{\sigma\sqrt{2\pi}}e^{-\frac{1}{2}\left(\frac{x-\mu}{\sigma}\right)^2}$	$Z=\frac{X-\mu}{\sigma}$	$\mu=0,\ \sigma=1$ $f(z)=\frac{1}{\sqrt{2\pi}}e^{-\frac{1}{2}z^2}$
기호 표시	$X\sim N(\mu,\ \sigma^2)$		$Z\sim N(0,\ 1)$

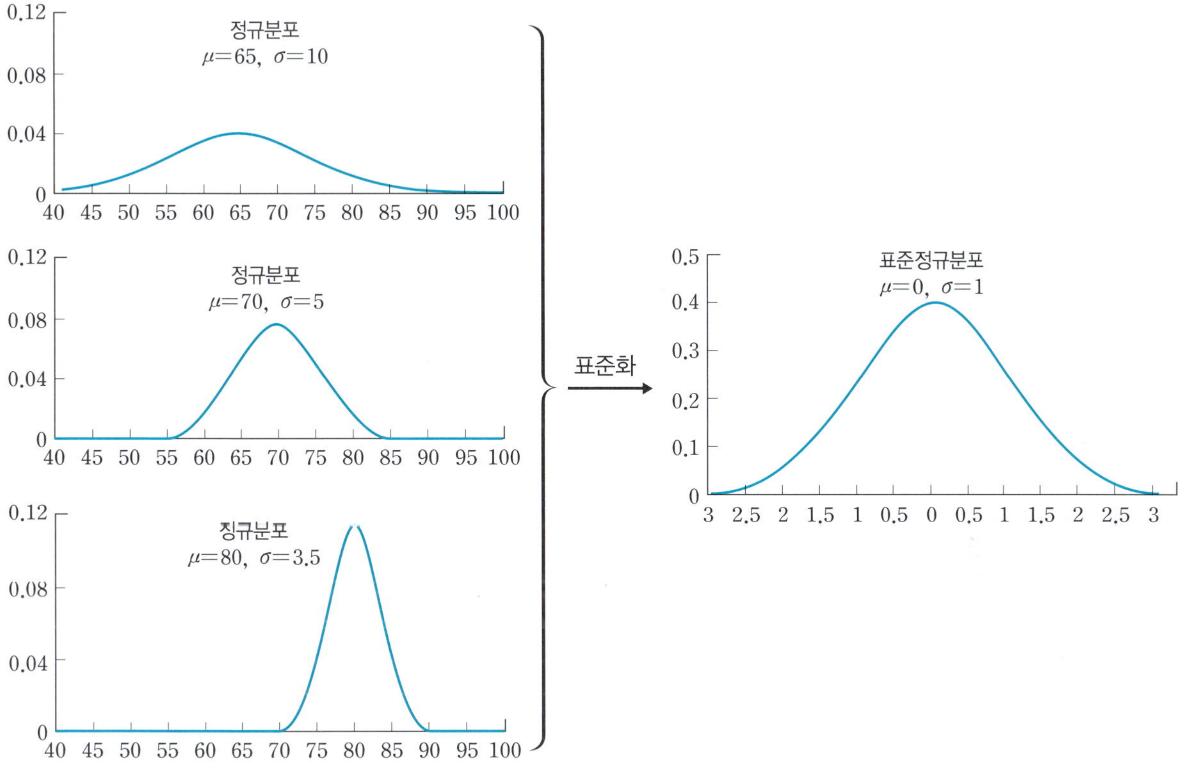

[그림 5-3] **정규분포에 대한 표준화**

정규분포에 대한 표준화의 결과, 평균 μ와 표준편차 σ에 대해 독립적인 분포가 됨을 알 수 있습니다. 따라서 정규분포에서 확률을 계산할 때 표준화를 통해 표준정규분포에서 확률을 계산하고, 이때 부록에 있는 표준정규분포표(보조자료: 5장\표준정규분포표)를 이용합니다.

정규분포에 대한 표준화

정규분포를 따르는 확률변수 X에 대해 표준화 $Z=\dfrac{X-\mu}{\sigma}$을 하면 확률변수 Z는 표준정규분포 $N(0, 1)$을 따른다.

참고 1 표준화와 빅맥지수(Big Mac index)

맥도널드사의 햄버거 제품인 빅맥가격에 기초하여 120개 나라의 물가수준과 통화가치를 비교하는 지수로서 영국의 경제전문지 이코노미스트(The Economist)가 분기마다 한 번씩 발표합니다. 맥도널드사의 햄버거는 세계적으로 품질 · 크기 · 재료가 표준화되어 있기 때문에 빅맥가격을 기준으로 비교할 경우 각국의 통화가치가 어느 정도인지 알 수 있다는 것입니다. 다음의 표는 2021년 1월에 조사된 빅맥지수(보조자료: 5장\빅맥지수)의 일부분입니다.

[빅맥지수]

국가	US 달러	국가	US 달러
스위스	7.29	태국	4.25
스웨덴	6.37	대한민국	4.1
노르웨이	6.09	일본	3.74
미국	5.66	중국	3.46
캐나다	5.29	인도	2.59
유럽연합	5.16	러시아	1.81

Z점수

평균 μ와 표준편차 σ가 다른 정규분포의 확률변수 X에 대해 표준화(Z)를 하면 이 분포는 평균 $\mu=0$, 표준편차 $\sigma=1$인 표준정규분포 $N(0, 1)$가 된다는 것을 설명하였습니다. 이때 표준화 식 $Z=\dfrac{X-\mu}{\sigma}$을 통해 얻어진 값을 Z점수(Z score)라 합니다.

예제 5-1 Z점수의 계산

평균 $\mu=150$이고, 표준편차 $\sigma=10$인 정규분포 $N(150,\ 10^2)$에 대해 $X=170$에 대한 Z점수를 계산하시오.

[풀이]

표준화 식 $Z=\dfrac{X-\mu}{\sigma}$을 이용하면 $Z=\dfrac{170-150}{10}=2$이므로 Z 점수는 2가 됩니다. 이를 그림을 통해 표현하면 다음과 같습니다.

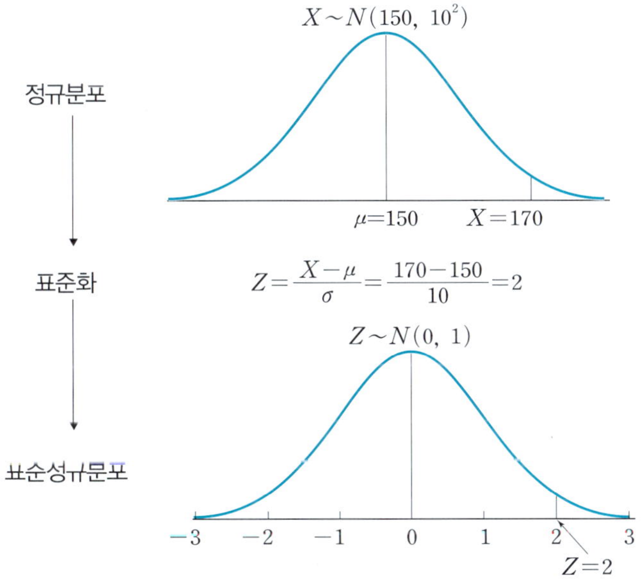

즉 확률변수 $X=170$의 위치는 표준화하였을 때 표준정규분포 상에서는 $Z=2$의 위치에 해당한다는 것입니다. Z 점수는 표준화 식에서 표준편차(σ)로 나눈 값이므로 Z 점수의 의미는 확률변수 X가 평균을 중심으로 몇 배의 표준편차(σ)만큼 떨어져 있는가를 나타냅니다.

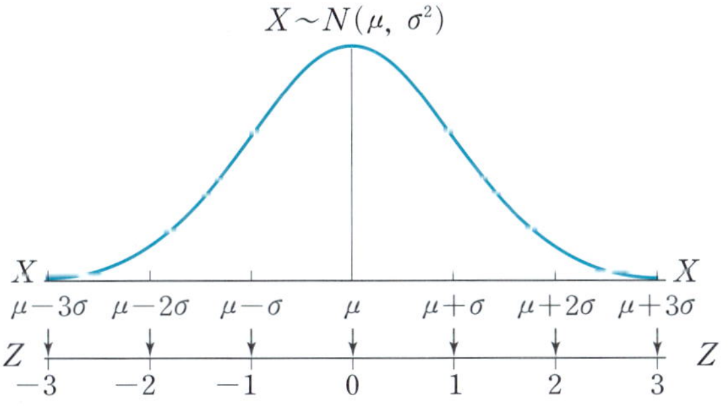

[그림 5-4] 정규분포에서의 확률변수 X와 표준정규분포에서의 확률변수 Z

[그림 5−4]는 정규분포와 평균을 중심으로 떨어진 정도를 표준편차(σ)의 배수로 표시한 것입니다. 따라서 정규분포에서 확률변수 X가 평균을 중심으로 얼마나 떨어져 있느냐의 문제는 표준화를 통해 표준정규분포에서는

확률변수 Z가 0을 중심으로 몇 배의 표준편차(σ)만큼 떨어져 있느냐의 문제로 해석됩니다. [그림 5-4]에서 X축의 값들에 대해 표준화를 하면 Z 점수는 다음과 같습니다.

X	$\mu-3\sigma$	$\mu-2\sigma$	$\mu-\sigma$	μ	$\mu+\sigma$	$\mu+2\sigma$	$\mu+3\sigma$
표준화	$Z=\frac{X-\mu}{\sigma}$						
Z 점수	-3	-2	-1	0	1	2	3

예제 5-2 어느 과목을 더 잘 본 것인가?

어느 학생이 수학은 80점, 영어는 85점을 받았다고 할 때 어느 과목을 더 잘했다고 볼 수 있는가?

[풀이]

만약 학교전체의 수학과 영어점수의 평균이 같다고 한다면 점수만으로만 비교하여 영어 과목을 더 잘 보았다고 할 수 있습니다. 그러나 수학과 영어점수의 평균과 표준편차가 다르다고 한다면 어떻게 비교해야 할까요? 수학점수와 영어점수는 정규분포를 따른다고 가정합니다.

정규분포에서는 평균이 정규곡선의 위치를 결정하고 표준편차가 곡선의 모양을 결정하므로 평균과 표준편차가 다른 경우에는 두 분포를 비교하기 어렵습니다. 또한 특정한 정규분포에서는 원하는 확률을 계산하기가 쉽지 않기에 평균과 표준편차를 이용한 표준화가 필요한 것입니다.

수학점수의 평균과 표준편차는 60과 10이고, 영어점수의 평균과 표준편차는 80과 5라 할 때 수학점수 80과 영어점수 85에 대해 표준화를 하면 다음과 같이 2와 1이 되며, 분포를 그림으로 나타내면 다음과 같습니다.

구분	분포	표준화	분포	Z 점수
수학	$X \sim N(60,\ 10^2)$	$Z=\frac{X-\mu}{\sigma}=\frac{80-60}{10}$	$Z \sim N(0,\ 1)$	2
영어	$X \sim N(80,\ 5^2)$	$Z=\frac{X-\mu}{\sigma}=\frac{85-80}{5}$		1

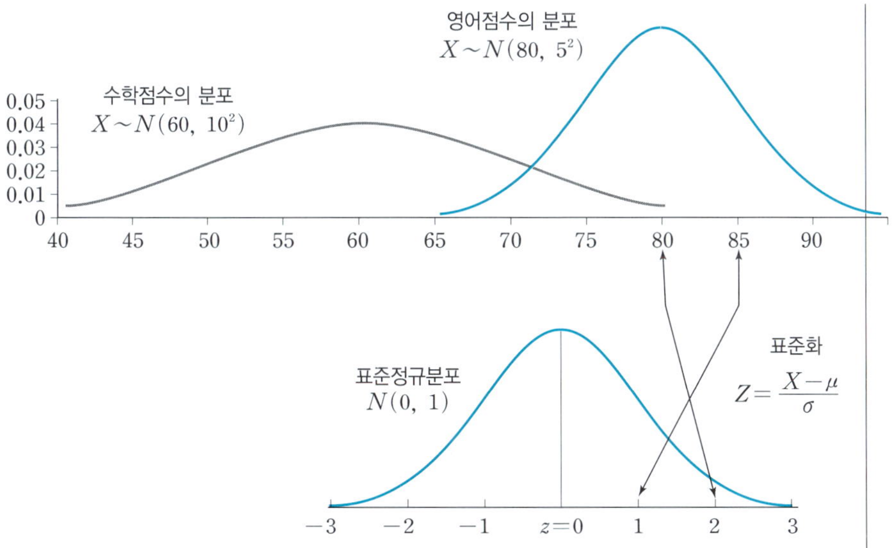

Z 점수는 표준화 식에서 표준편차(σ)로 나눈 값이므로 Z 점수의 의미는 확률변수 X가 평균을 중심으로 몇 배의 표준편차(σ)만큼 떨어져 있는가를 나타냅니다. 수학점수 60에 대한 Z 점수는 2이고, 영어점수 80에 대한 Z 점수는 1이므로 수학점수는 평균으로부터 2배의 표준편차만큼, 영어점수는 1배의 표준편차만큼 떨어져 있으므로 표준정규분포 상에서 수학 점수는 영어 점수보다도 오른쪽에 위치합니다. 따라서 이 학생은 영어보다 수학을 더 잘 봤다고 할 수 있습니다.

참고 2 T 점수(T score)란?

원 점수에 대한 표준점수로 Z 점수와 T 점수를 많이 시용합니다. Z 점수는 앞서와 같이 음수 값을 갖고 소수점을 포함하므로 이러한 단점을 없애기 위해 Z 점수에 대해 다음과 같은 변환을 한 표준점수입니다.

$T=10Z+50$

Z 점수는 $N(0,\ 1)$의 정규분포를 따르므로 $T=10Z+50$에 의해 T 점수는 평균이 50, 표준편차가 10인 정규분포를 따르게 됩니다. Z 점수가 $-3 \leq Z \leq 3$에 해당한다면 T 점수는 $20 \leq T \leq 80$의 범위를 갖게 되므로 일반적인 100점 만점의 단위로 사용할 수 있으며, 여러 다른 집단 간의 점수를 비교하거나 통합하는 경우에 사용됩니다.

[예제 5−2]에 대해 Z 점수 1(영어)과 2(수학)를 T 점수로 변환하면 각각 60과 70이 됩니다.

5.2 표준정규분포와 확률계산

표준정규분포는 평균($Z=0$)을 중심으로 좌우대칭이므로 확률을 계산할 때 〈표 5−1〉을 기초로 확률을 계산합니다.

[사례 1] 표준정규분포 전체의 면적(확률)은 1 $P(-\infty \leq Z \leq \infty)=1$	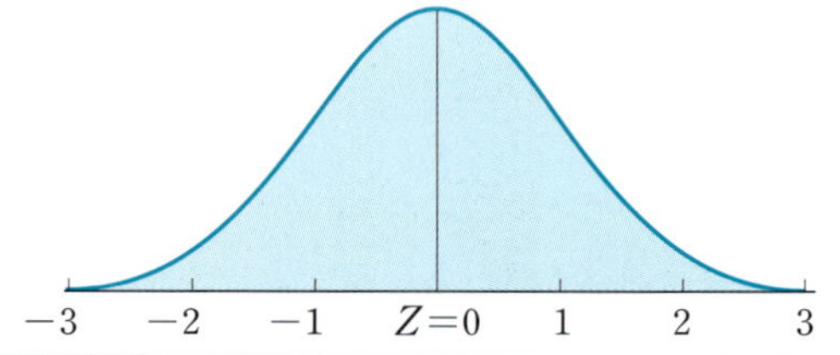
[사례 2] 표준정규분포 절반의 면적(확률)은 0.5 $P(Z \leq 0)=P(Z \geq 0)=0.5$	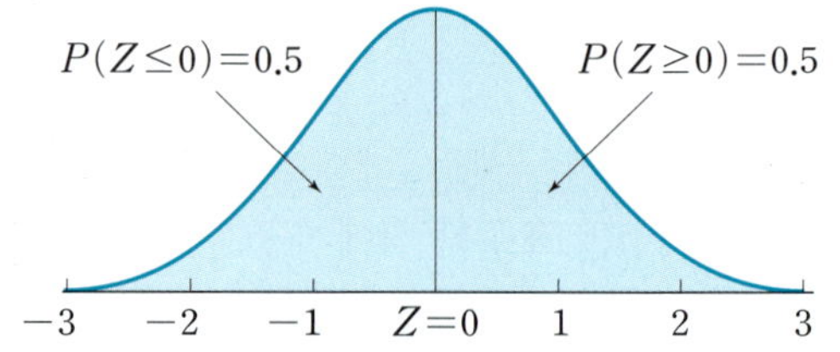
[사례 3] 만약 $P(Z \leq Za)=0.3$이라면 $P(Z \geq Za)=0.7$ $P(Z \leq Za)+P(Z \geq Za)=1$ $P(Z \leq Za)=1-P(Z \geq Za)$	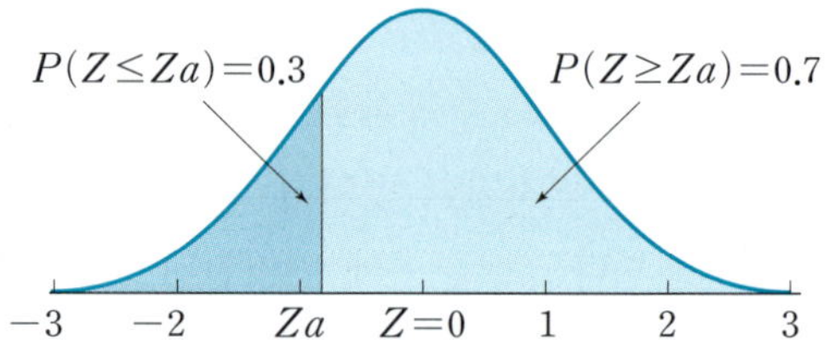
[사례 4] $P(-1 \leq Z \leq 0)=P(0 \leq Z \leq 1)$	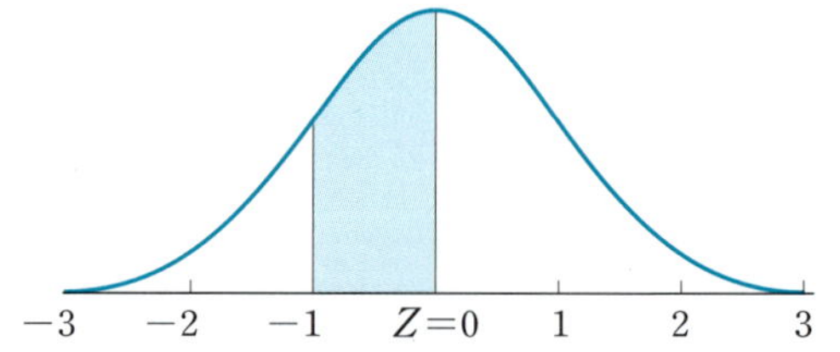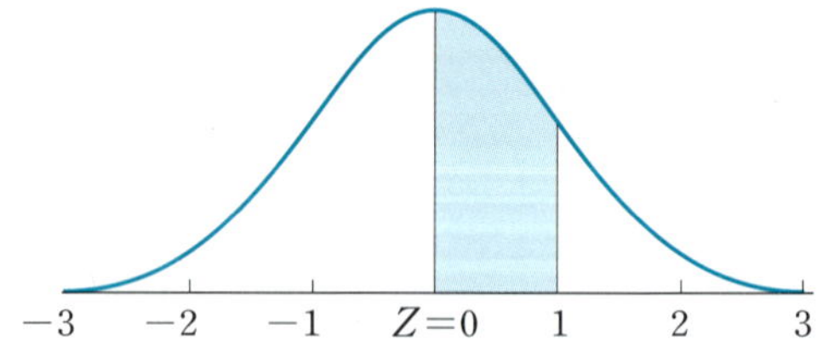
[사례 5] $P(-1 \leq Z \leq 1)$ $=P(-1 \leq Z \leq 0)+P(0 \leq Z \leq 1)$ $=2 \times P(0 \leq Z \leq 1)$ $P(Z \leq -1)=P(Z \geq 1)$	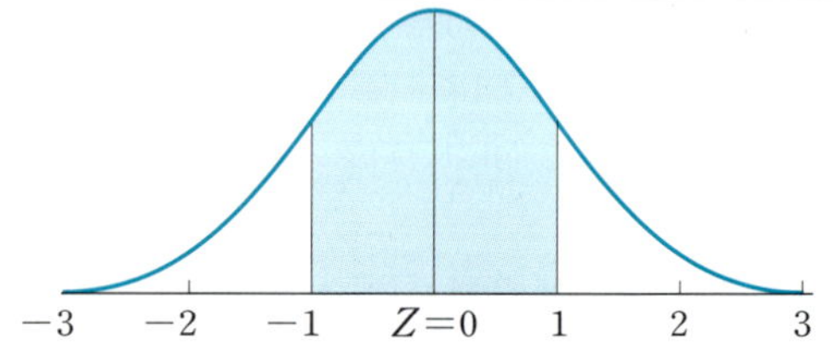

〈표 5−1〉 표준정규분포에서의 확률(면적)계산 기초

예제 5-3

표준정규분포에서 $P(-2 \leq Z \leq 1)$의 확률계산방법

앞의 〈표 5−1〉을 응용하여 다음과 같이 Z가 음수를 갖는 범위에 대해서도 확률을 계산할 수 있습니다.

$P(-2 \leq Z \leq 1)=$ $P(-2 \leq Z \leq 0)+P(0 \leq Z \leq 1)$	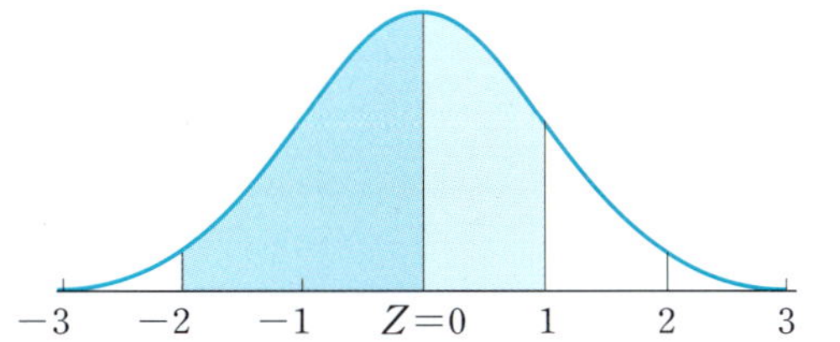
[계산] $P(-2 \leq Z \leq 0)=P(0 \leq Z \leq 2)$ 〈표 5−1〉의 [사례 4] $\therefore P(-2 \leq Z \leq 1)=$ $P(0 \leq Z \leq 2)+P(0 \leq Z \leq 1)$	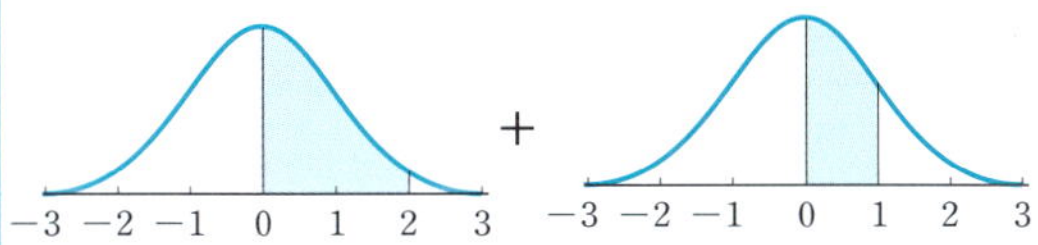

예제 5-4

표준정규분포에서 $P(Z \leq -1)$의 확률계산방법

$P(Z \leq -1)=P(Z \geq 1)$ 〈표 5−1〉의 [사례 5]	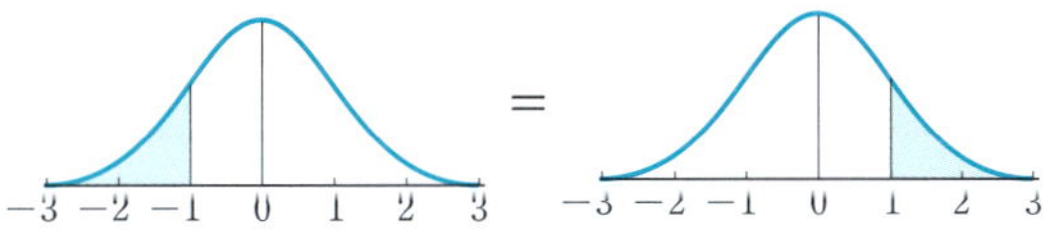
[계산] $P(Z \geq 1)=$ $0.5-P(0 \leq Z \leq 1)$ 〈표 5−1〉의 [사례 2]	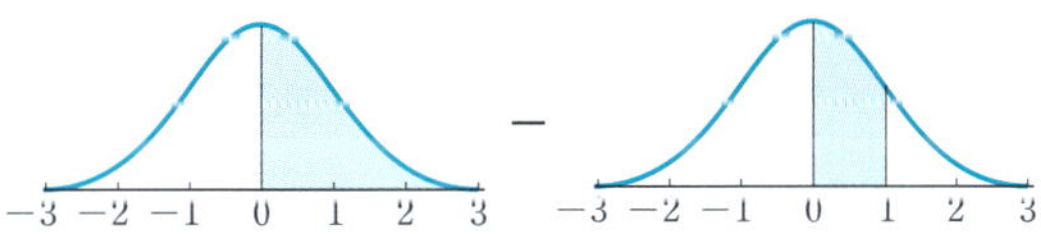

예제 5-5 표준정규분포에서 $P(-2 \leq Z \leq 2)$의 확률계산방법

$P(-2 \leq Z \leq 2) =$
$P(-2 \leq Z \leq 0) + P(0 \leq Z \leq 2)$
〈표 5-1〉의 [사례 4]

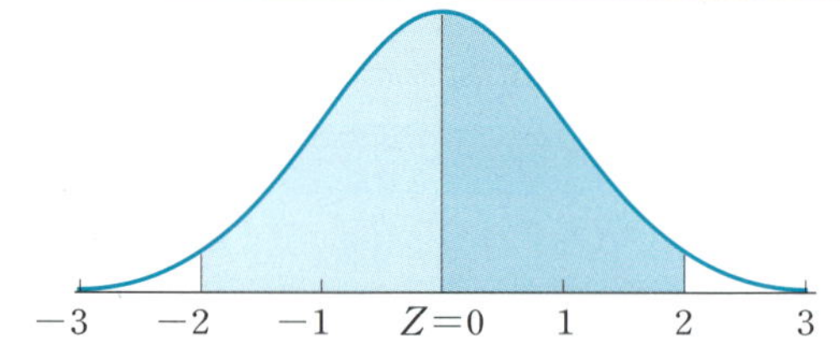

$P(-2 \leq Z \leq 0) = P(0 \leq Z \leq 2)$
$\therefore P(-2 \leq Z \leq 2) =$
$2 \times P(0 \leq Z \leq 2)$
〈표 5-1〉의 [사례 5]

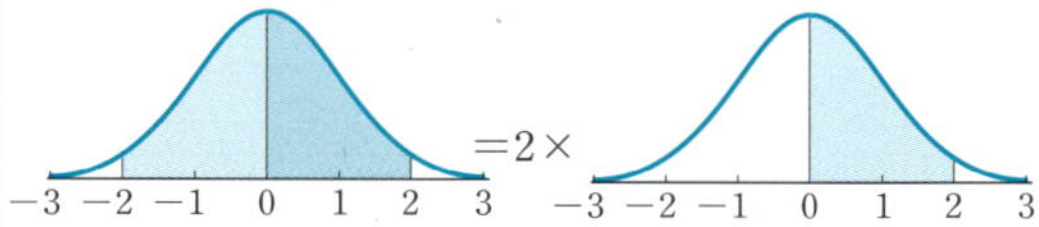

5.3 표를 이용하여 표준정규분포 확률을 찾아라

〈표 5−1〉과 [예제 5.3]~[예제 5.5]를 기본으로 하여 실제 확률을 표준정규분포표를 이용하여 찾는 방법에 대해서 설명합니다. 부록의 표준정규분포표에는 Z가 0 이상의 값을 갖는 경우의 확률(면적)만 표시되어 있습니다.

다음의 [그림 5−5]는 표준정규분포표([부록 1], 보조자료: 5장\표준정규분포표)의 일부를 나타낸 것으로 가장 좌측의 첫 번째 열은 Z의 1의 자리와 소수이하 첫째 자리의 값을 나타내고, 맨 위의 첫 번째 행은 Z의 소수이하 둘째 자리의 값을 나타냅니다. 따라서 Z는 0.00에서 3.09사이의 값을 나타내며 Z가 결정되면 표의 좌측 열과 첫 번째 행의 값이 일치하는 곳이 확률(면적)을 나타냅니다.

1의 자리와 소수이하 첫째 자리

Z	0.00	0.01	0.02	0.03	…	0.08	0.09
0.0							
0.1							
0.2							
0.3			확률				
0.4							
…							
1.0							
1.1							
…							
3.0							

소수이하 둘째 자리

[그림 5-5] Z의 범위에 대한 확률(면적)을 찾는 방법

$P(0 \le Z \le 1.28)$의 확률계산

예제 5-6

문제를 풀기 전에 먼저 문제에서 요구하는 확률(면적)을 표준정규분포 상에 그림으로 나타냅니다. $P(0 \le Z \le 1.28)$의 확률(면적)을 그림으로 나타나면 다음과 같습니다.

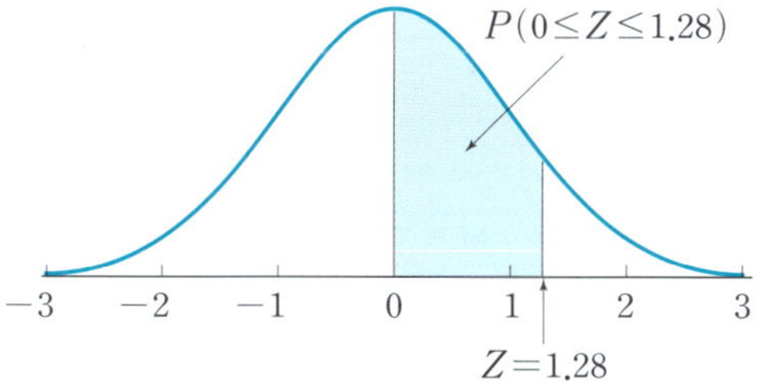

정규분포표에서 Z가 1.28이 되는 위치는 먼저 [그림 5−6]의 좌측 첫 번째 열에서 1.2를 찾고 오른쪽으로 수평선을 표시하고([그림 5−6]의 단계 1), 소수 이하 둘째 자리의 값이 0.08이므로 첫 번째 행에서 Z가 0.08이 되는 지점에서 수직선을 표시하여([그림 5−6]의 단계 2), 두 직선이 교차하는 지점이 되며 이때 찾으려는 확률(면적) $P(0 \le Z \le 1.28)$은 0.3997이 됩니다.

[결과] $P(0 \le Z \le 1.28) = 0.3997$

단계 2

Z	0.00	0.01	0.02	0.03	…	0.07	0.08	0.09
0.0								
0.1								
0.2								
0.3								
0.4								
…								
1.0								
1.1								
1.2 (단계 1)							0.3997	
…								
1.6								
…								
3.0								

[그림 5-6] $P(0 \le Z \le 1.28)$의 확률(면적) 위치($Z=1.28$)

$P(-1.5 \le Z \le 0.5)$의 확률계산

예제 5-7

문제를 풀기 전에 먼저 문제에서 요구하는 확률(면적)을 표준정규분포 상에 그림으로 나타냅니다.

$P(-1.5 \le Z \le 0.5) = P(-1.5 \le Z \le 0) + P(0 \le Z \le 0.5)$이므로 다음과 같이 나타낼 수 있습니다.

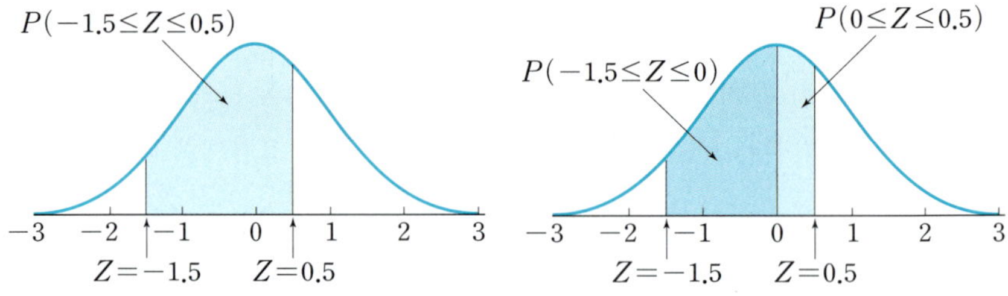

따라서 [예제 5−7]은 $P(-1.5 \leq Z \leq 0)$과 $P(0 \leq Z \leq 0.5)$의 확률을 다음과 같이 각각 구한 다음 합을 계산합니다.

$P(-1.5 \leq Z \leq 0.5)=$ $P(-1.5 \leq Z \leq 0)$ $+P(0 \leq Z \leq 0.5)$	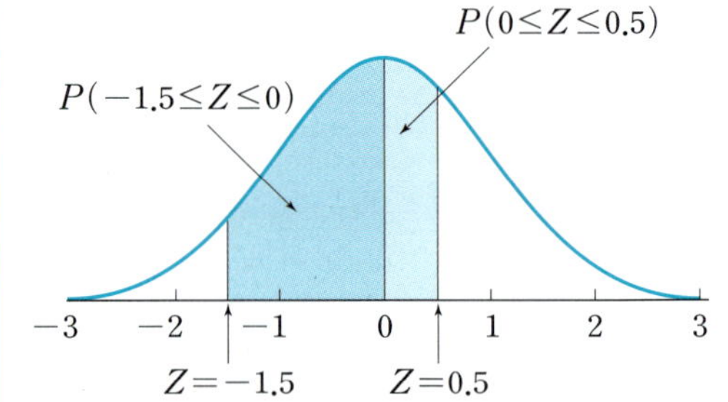
[계산] $P(-1.5 \leq Z \leq 0)$ $=P(0 \leq Z \leq 1.5)$ 〈표 5−1〉의 [사례 4] $\therefore P(-1.5 \leq Z \leq 0.5)=$ $P(0 \leq Z \leq 1.5)+P(0 \leq Z \leq 0.5)$	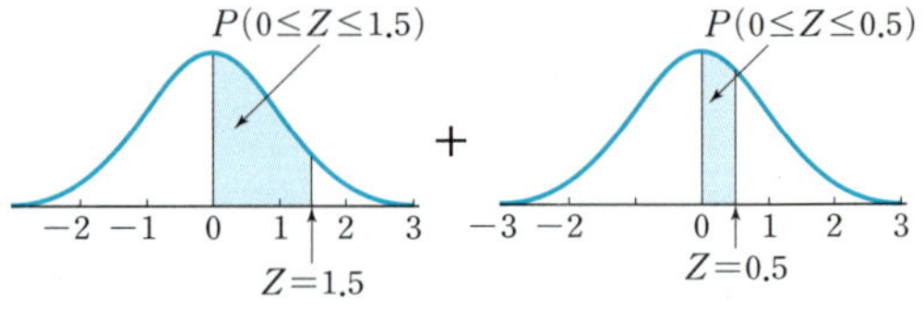

우선 $P(0 \leq Z \leq 1.5)$의 확률계산에 있어서 Z가 1.5가 되는 위치는 표준정규분포표에서 먼저 표의 좌측 첫 번째 열에서 1.5를 찾고 오른쪽으로 수평선을 표시하고([그림 5−7]의 단계 1), 소수 이하 둘째 자리의 값이 0.00이므로 첫 번째 행에서 Z가 0.00이 되는 지점에서 수직선을 표시하여([그림 5−7]의 단계 2), 두 직선이 교차하는 지점이 되며 이때 찾으려는 확률(면적) $P(0 \leq Z \leq 1.5)$는 0.4332가 됩니다.

[결과 1] $P(0 \leq Z \leq 1.5) = 0.4332$

단계 2

단계 1

Z	0.00	0.01	0.02	0.03	…	0.07	0.08	0.09
0.1								
0.2								
0.3								
0.4								
…								
1.0								
1.1								
1.2								
…								
1.5	0.4332							
…								
3.0								

[그림 5-7] $P(0 \leq Z \leq 1.5)$**의 확률(면적) 위치**$(Z=1.5)$

다음으로 $P(0 \leq Z \leq 0.5)$의 확률계산에 있어서 Z가 0.5가 되는 위치는 표준정규분포표에서 먼저 표의 좌측 첫 번째 열에서 0.5를 찾고 오른쪽으로 수평선을 표시하고([그림 5−8]의 단계 1), 소수 이하 둘째 자리의 값이 0.00이므로 첫 번째 행에서 Z가 0.00이 되는 지점에서 수직선을 표시하여([그림 5−8]의 단계 2), 두 직선이 교차하는 지점이 되며 이때 찾으려는 확률(면적) $P(0 \leq Z \leq 0.5)$는 0.1915가 됩니다.

[결과 2] $P(0 \leq Z \leq 0.5) = 0.1915$

단계 2

단계 1

Z	0.00	0.01	0.02	0.03	…	0.07	0.08	0.09
0.1								
0.2								
0.3								
0.4								
0.5	0.1915							
…								
1.1								
1.2								
…								
1.5								
…								
3.0								

[그림 5-8] $P(0 \leq Z \leq 0.5)$**의 확률(면적) 위치**$(Z=0.5)$

따라서 $P(-1.5 \leq Z \leq 0.5)$의 확률은 앞서 두 개의 결과를 합한 0.6247이 되며 계산방법은 다음과 같습니다.

$$
\begin{aligned}
P(-1.5 \leq Z \leq 0.5) &= P(-1.5 \leq Z \leq 0) + P(0 \leq Z \leq 0.5) \\
&= P(0 \leq Z \leq 1.5) + P(0 \leq Z \leq 0.5) \\
&= 0.4332 + 0.1915 = 0.6247
\end{aligned}
$$

예제 5-8 $P(Z \le Za)=0.9$를 만족하는 Za는?

[예제 5−6]과 [예제 5−7]은 Z값(또는 Z의 범위)이 주어진 상태에서 확률을 표에서 찾는 문제였으나, 이 예제는 반대로 확률(면적)이 주어진 상태에서 Z값을 찾는 문제입니다. 따라서 이 문제는 확률(면적)이 주어진 상태에서 역으로 Z값의 위치를 찾아야 합니다. 우선 문제에서 주어진 확률을 표준정규분포 상에 나타내야 하는데 앞의 〈표 5−1〉을 이용합니다. 〈표 5−1〉의 [사례 2]는 다음과 같습니다.

[사례 2]
표준정규분포 절반의 면적(확률)은 0.5
$P(Z \le 0)=P(Z \ge 0)=0.5$

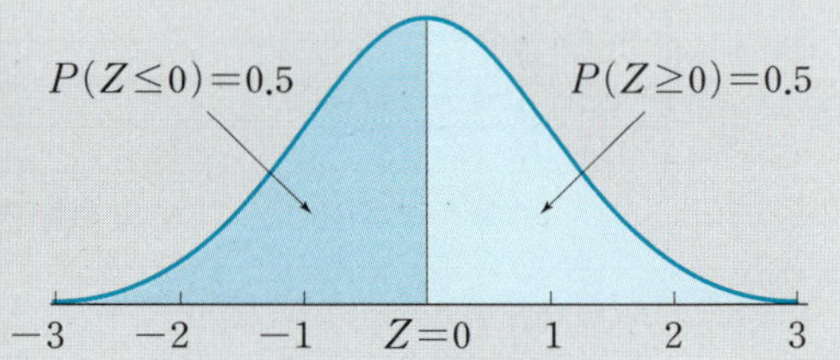

[사례 2]로부터 $P(Z \le 0)=0.5$이므로, $P(Z \le Za)=0.9$를 만족하는 Za는 0보다 큰 양의 값임을 알 수 있고, $P(Z \le Za)$의 확률은 다음의 식과 그림으로 표현할 수 있습니다.

$$\begin{aligned} &P(Z \le Za) \\ &=P(Z \le 0)+P(0 \le Z \le Za) \\ &=0.5+P(0 \le Z \le Za)=0.9 \\ &\therefore P(0 \le Z \le Za)=0.9-0.5 \\ &\qquad\qquad\qquad\quad =0.4 \end{aligned}$$

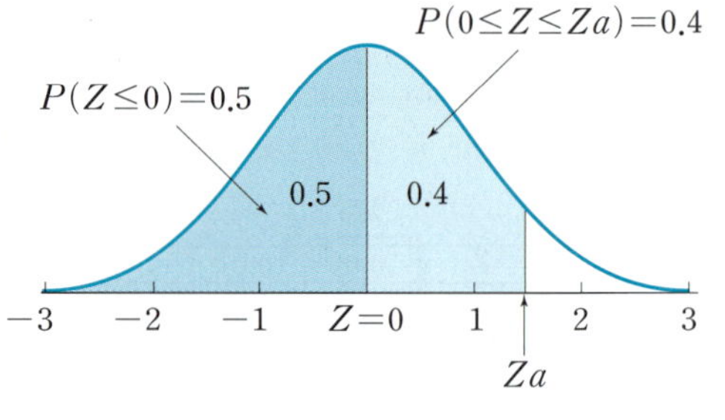

$P(0 \le Z \le Za)=0.4$를 만족하는 확률을 표준정규분포표에서 찾으면 정확히 0.4가 되는 지점은 없으므로 가장 근사한 값을 찾습니다. 근사한 값은 0.3997로, 0.3997을 만족하는 Z를 찾습니다. [그림 5−9]의 0.3997로부터 왼쪽으로 수평선, 위로 수직선을 표시합니다. 먼저 왼쪽의 수평선과 일치하는 Z([그림 5−9]의 단계 1)는 1.2이고, 수직선과 일치하는 Z([그림 5−9]의 단계 2)는 0.08이므로, $P(0 \le Z \le Za)=0.4$를 만족하는 Za는 1.28이며, 이는 $P(0 \le Z \le 1.28)=0.4$가 됨을 의미합니다.

단계 2

Z	0.00	0.01	0.02	0.03	…	0.08	0.09
0.1							
0.2							
0.3							
0.4							
…							
1.0							
1.1							
단계 1 1.2						0.3997	0.4015
…							
1.6							
…							
3.0							

[그림 5-9] $P(0 \le Z \le Za) = 0.4$를 만족하는 Za의 위치

따라서 $P(Z \le Za) = 0.9$를 만족하는 Za는 1.28이므로 $P(Z \le 1.28) = 0.9$가 됩니다.

예제 5-9

$P(Z \ge Za) = 0.1$을 만족하는 Za는?

이 예제는 [예제 5−8]을 응용하여 계산할 수 있습니다. [예제 5−8]에서 $P(Z \le 1.28) = 0.9$이므로 〈표 5−1〉의 [사례 3]을 응용할 수 있습니다.

[사례 3]

만약 $P(Z \le Za) = 0.3$이라면

$P(Z \ge Za) = 0.7$

$P(Z \le Za) + P(Z \ge Za) = 1$

$P(Z \le Za) = 1 - P(Z \ge Za)$

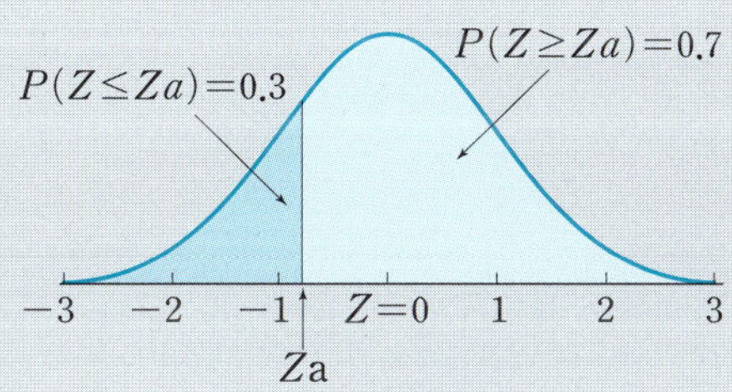

[사례 3]과 [예제 5−8]을 응용하여 그림으로 나타내면 다음과 같습니다.

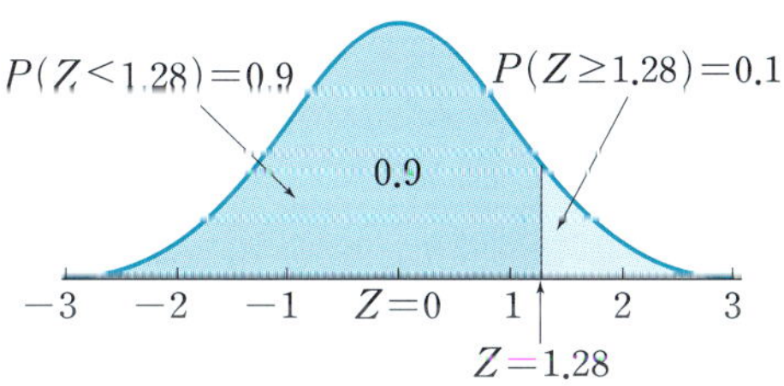

만약 $P(Z \ge Za) = 0.1$이라면 $P(Z \le Za) = 0.9$

$P(Z \le Za) + P(Z \ge Za) = 1$

$P(Z \ge Za) = 1 - P(Z \le Za)$

$P(Z \le Za) = 0.9$를 만족하는 Za는 1.28이므로

$P(Z \ge 1.28) = 1 - P(Z \le 1.28) = 0.1$

따라서 $P(Z \ge Za) = 0.1$을 만족하는 Za는 1.28이 되며 $P(Z \ge 1.28) = 0.1$이 됩니다.

[실습문제]

* 표준정규분포에 대해서 다음의 확률을 계산하시오.

1. $P(Z \leq -2)$의 확률은?
2. $P(-1.5 \leq Z \leq 1.5)$의 확률은?
3. $P(Z \leq 0.5)$의 확률은?
4. $P(0 \leq Z \leq Za) = 0.45$를 만족하는 Za는?
5. $P(Z \leq Za) = 0.05$를 만족하는 Za는?

5.4 표준정규분포로부터 정규분포의 확률을 계산

정규분포에 대해 표준화를 하면 평균이 0, 표준편차가 1인 정규분포가 되고, 이를 표준정규분포라 합니다. 현실적인 문제에서 정규분포에 대한 확률계산 문제는 다음과 같은 단계로 진행하면서 확률을 계산합니다.

단계	설명
[단계 1]	문제에서 계산하려는 확률(면적)을 정규분포상에 표시
[단계 2]	표준화를 통해 계산하려는 확률(면적)을 표준정규분포상에 표시

예제 5-10 임의로 선택한 학생의 월 생활비가 400,000원 이상일 확률 계산

경영학과 학생들의 월 생활비는 평균(μ)이 350,000원, 표준편차(σ)가 50,000원인 정규분포를 따른다고 합니다. 이 가정 하에 임의로 선택한 학생의 월 생활비가 400,000원 이상일 확률을 계산하시오.

[단계 1] 문제에서 계산하려는 확률(면적)을 정규분포 상에 표시

다음 그림과 같이 평균 $\mu=350000$인 정규분포를 그리고, 계산하고자 하는 확률은 $P(X \geq 400000)$이므로 구분하여 나타냅니다.

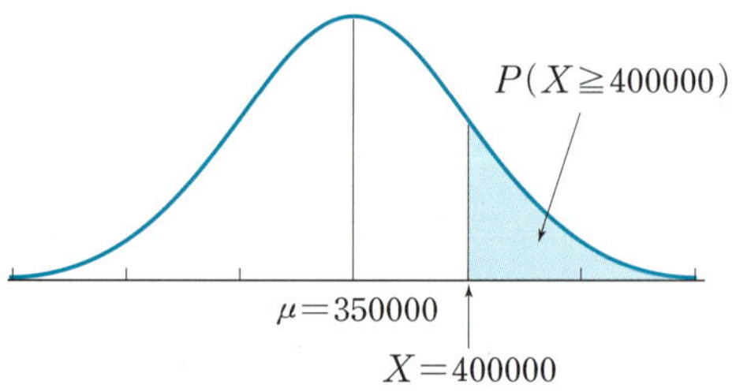

[단계 2] 표준화를 통해 계산하려는 확률(면적)을 표준정규분포 상에 표시

평균인 350000과 계산하려는 기준 값 400000에 대해 표준화를 하면 다음과 같이 0과 1로 변환됩니다. 이 값을 표준정규분포 상에서 그림으로 나타내고 정규분포와 비교하면 다음과 같습니다. 가정에서 $\mu=35000$, $\sigma=50000$이므로 표준화 Z는 다음과 같이 계산됩니다.

X	표준화	Z
350000	$Z=\dfrac{X-\mu}{\sigma}$	$Z=\dfrac{X-\mu}{\sigma}=\dfrac{350000-350000}{50000}=0$
400000		$Z=\dfrac{X-\mu}{\sigma}=\dfrac{400000-350000}{50000}=1$

[단계 1]과 [단계 2]의 결과를 각 분포 상에 나타내면 다음과 같고 확률계산은 [예제 5−4]를 이용하여 계산합니다.

<table>
<tr><td rowspan="2">정규분포</td><td>평균</td><td>350000</td><td rowspan="2">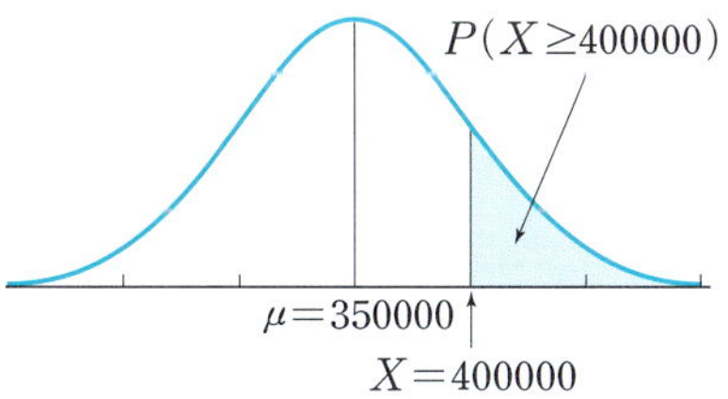
</td></tr>
<tr><td>확률</td><td>$P(X\geq 400000)$</td></tr>
<tr><td>표준화</td><td colspan="2">$Z=\dfrac{X-\mu}{\sigma}$</td><td>$Z=\dfrac{400000-350000}{50000}=1$</td></tr>
<tr><td rowspan="2">표준
정규분포</td><td>평균</td><td>0</td><td rowspan="2">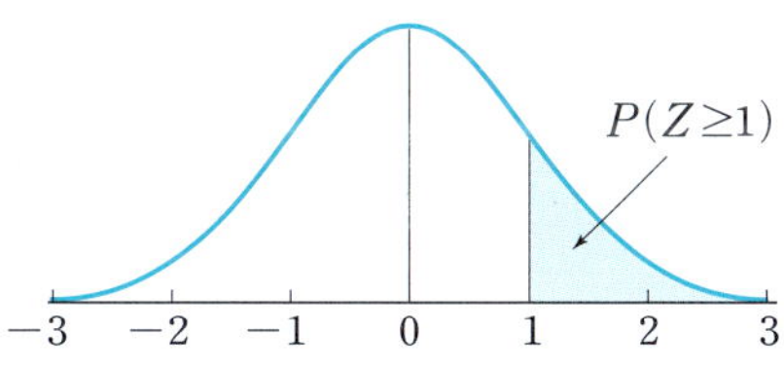
</td></tr>
<tr><td>확률</td><td>$P(Z\geq 1)$
$=0.5-P(0\leq Z\leq 1)$
$=0.5-0.3413$
$=0.1587$</td></tr>
</table>

예제 5-11

임의로 선택한 학생의 월 생활비가 250,000원 이상 400,000원 이하가 될 확률 계산

[예제 5−10]의 가정 하에 임의로 선택된 학생의 월 생활비가 250,000원 400,000원 사이에 있을 확률을 계산하시오.

[단계 1] 문제에서 계산하려는 확률(면적)을 정규분포 상에 표시

다음 그림과 같이 평균 $\mu=350000$인 정규분포를 그리고, 계산하고자 하는 확률은 $P(250000\leq X\leq 400000)$이므로 다음과 같이 나타냅니다.

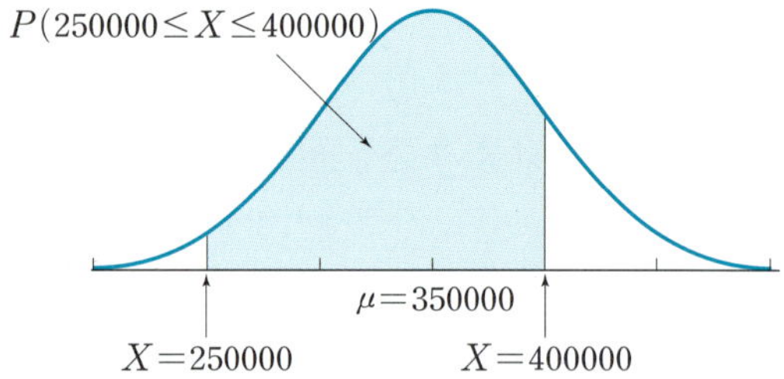

[단계 2] 표준화를 통해 계산하려는 확률(면적)을 표준정규분포 상에 표시

계산하려는 기준 값 250000과 평균 350000, 400000에 대해 표준화를 하면 〈표 5-2〉와 같이 −2, 0, 1로 변환됩니다. 이 값을 표준정규분포 상에서 그림으로 나타내고 정규분포와 비교하면 다음과 같습니다.

X	표준화	Z
250000	$Z=\frac{X-\mu}{\sigma}$	$Z=\frac{X-\mu}{\sigma}=\frac{250000-350000}{50000}=-2$
350000		$Z=\frac{X-\mu}{\sigma}=\frac{350000-350000}{50000}=0$
400000		$Z=\frac{X-\mu}{\sigma}=\frac{400000-350000}{50000}=1$

〈표 5-2〉 표준화 결과

[단계 1]과 [단계 2]의 결과를 각 분포 상에 나타내면 다음과 같습니다.

<table>
<tr><td rowspan="2">정규분포</td><td>평균</td><td>350000</td><td rowspan="2">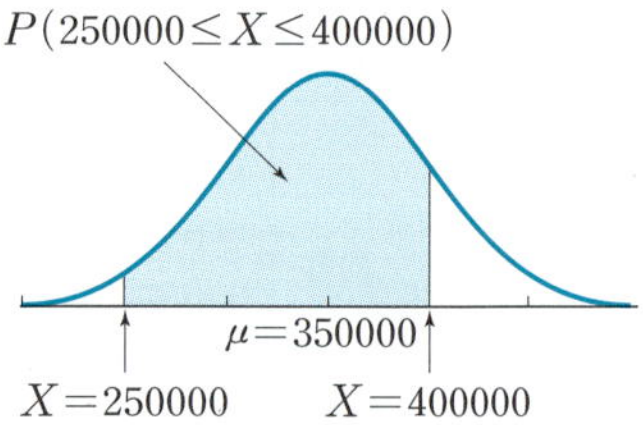
</td></tr>
<tr><td>확률</td><td>$P(250000 \le X \le 400000)$</td></tr>
<tr><td>표준화</td><td colspan="2">$Z=\frac{X-\mu}{\sigma}$</td><td>〈표 5-2〉 표준화 결과 참고</td></tr>
<tr><td rowspan="2">표준 정규분포</td><td>평균</td><td>0</td><td rowspan="2">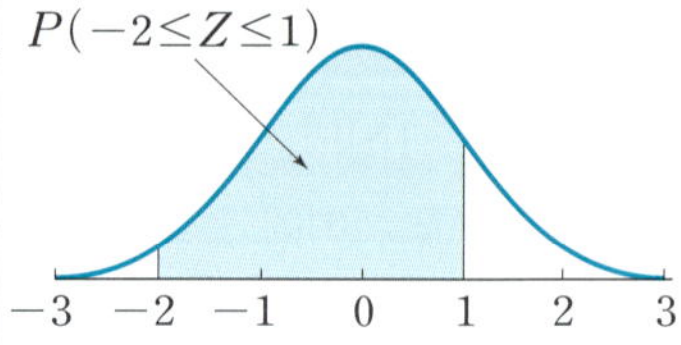
</td></tr>
<tr><td>확률</td><td>$P(-2 \le Z \le 1)$
$=P(0 \le Z \le 2)+P(0 \le Z \le 1)$
$=0.4772+0.3413$
$=0.8185$</td></tr>
</table>

[실습문제]

6. [예제 5−10]의 가정 하에 임의로 선택한 학생의 월 생활비가 250,000원보다 적을 확률을 정규분포와 표준정규분포 상에 나타내고 계산하시오.

확률이 주어진 상태에서 확률변수 X의 값을 찾는 방법

예제 5-12

경영통계학을 수강한 100명의 성적은 평균(μ)이 75이고, 표준편차(σ)가 10인 정규분포를 따른다고 할 때 어느 한 학생이 상위 10% 안에 들려면 최소 몇 점을 받아야하는가?

이 문제는 앞서의 [예제 5−10]과 [예제 5−11]과는 달리 확률이 주어진 상태에서 확률변수 X의 값을 찾는 문제이므로 [예제 5−8]과 [예제 5−9]를 참고합니다.

[단계 1]

문제에서 계산하려는 확률(면적)을 정규분포 상에 표시합니다. 상위 10% 안에 든다는 것은 아래의 정규분포 그림에서 오른쪽에 채워진 면적인 $P(X \geq x_a)=0.1$을 만족하는 것이며, 여기서 x_a의 값을 찾는 것입니다.

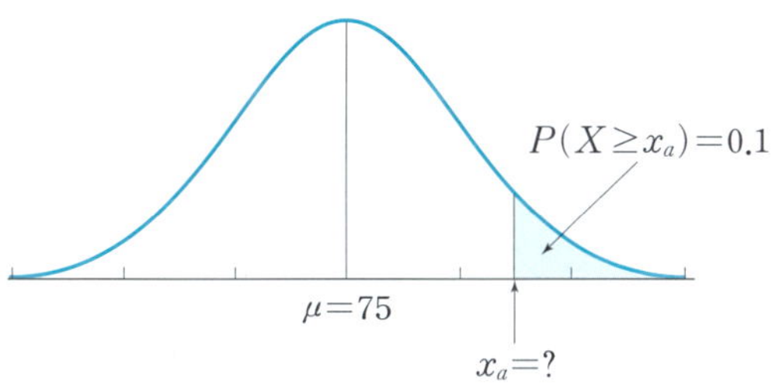

앞의 정규분포 그림에서 채워진 부분의 확률 $P(X \geq x_a)=0.1$은 표준정규분포에서 $P(Z \geq z_a)=0.1$이 되는 것과 같습니다. 따라서 다음의 관계를 유도할 수 있습니다.

$P(X \geq x_a)=P(Z \geq z_a)=0.1$

$P(0 \leq X \leq x_a)=P(0 \leq Z \leq z_a)=0.5-P(Z \geq z_a)=0.4$

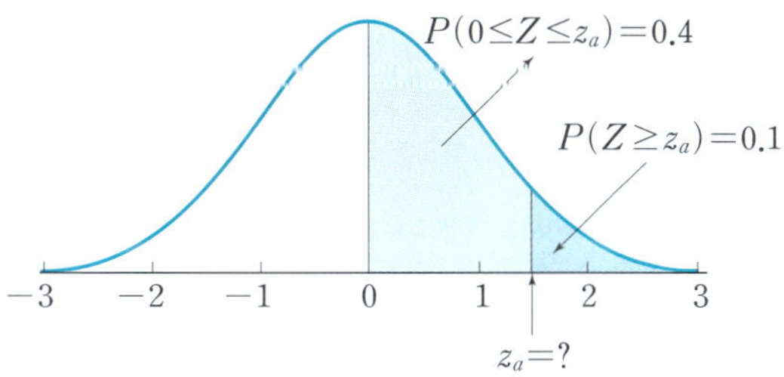

이제 [예제 5—9]에서와 같이 확률이 주어진 상태에서 Z 값을 역으로 찾아야 합니다. 표준정규분포표에서 $P(0 \le Z \le z_a) = 0.4$를 만족하는 z_a를 찾으면 가장 근사한 값은 $P(0 \le Z \le 1.28) = 0.3997$이므로 $z_a = 1.28$입니다. z_a는 x_a를 표준화하여 얻어진 값입니다. 따라서 $Z = \frac{X-\mu}{\sigma}$의 표준화 식에 z_a의 값 1.28을 대입하면 $1.28 = \frac{X-75}{10}$의 등식이 성립하므로 X를 계산하면 87.8입니다. 따라서 어느 한 학생이 상위 10% 안에 들려면 최소 87.8점을 받아야 하며 이는 $P(X \ge 87.8) = P(Z \ge 1.28) = 0.1$을 의미합니다.

Z 점수의 범위와 확률

5.1 절에서 점수는 표준화 식에서 표준편차(σ)로 나눈 값이므로 Z 점수의 의미는 확률변수 X가 평균을 중심으로 몇 배의 표준편차(σ)만큼 떨어져 있는가를 나타낸다고 하였습니다. Z 점수의 범위에 따른 확률(면적)은 다음과 같습니다.

X	Z	확률(면적)
$P(\mu-\sigma \le X \le \mu+\sigma)$	$P(-1 \le Z \le 1) = 2 \times P(0 \le Z \le 1)$	0.6827
$P(\mu-2\sigma \le X \le \mu+2\sigma)$	$P(-2 \le Z \le 2) = 2 \times P(0 \le Z \le 2)$	0.9545
$P(\mu-3\sigma \le X \le \mu+3\sigma)$	$P(-3 \le Z \le 3) = 2 \times P(0 \le Z \le 3)$	0.9973

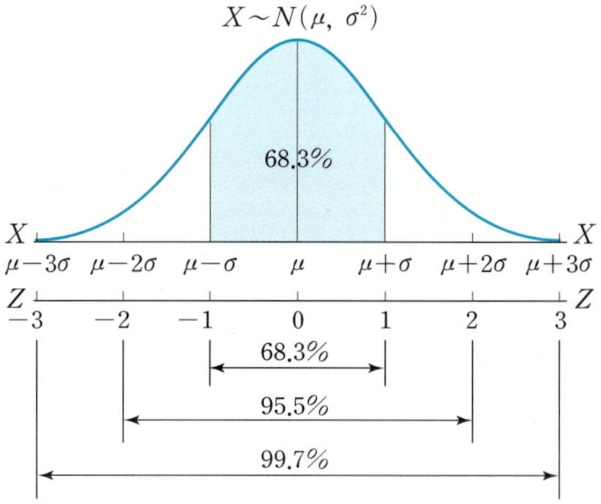

[실습문제] 최소 매출실적 계산

7. 어느 기업에서 여름기간의 매출실적이 상위 20%에 해당하는 직원에게 특별 휴가를 준다고 할 때 특별 휴가를 받기 위한 최소 매출실적은 얼마인가? 직원들의 매출실적 평균은 1500만 원이고 표준편차는 500만 원인 정규분포를 따른다고 가정합니다.

5.5 엑셀을 이용한 정규분포와 표준정규분포의 확률계산

엑셀에서 정규분포의 확률밀도함수나 확률은 함수 NORMDIST(또는 NORM.DIST)를 이용하여 계산하며, 사용방법과 인자는 다음과 같습니다.

NORMDIST	사용방법	=NORMDIST(x, mean, standard_dev, cumulative)	
	인자	X	확률변수
		mean	평균
		standard_dev	표준편차
		cumulative	TRUE(1) : 누적분포확률, FALSE(0) : 밀도함수
	반환값	정규분포의 확률밀도함수나 누적확률	

정규분포의 확률밀도함수 계산

평균이 0이고, 표준편차가 1인 정규분포에 대해 $X=-1$인 경우의 확률밀도함수 $f(-1)$의 값은 다음과 같이 계산합니다. 함수 NORMDIST의 마지막 인자는 FALSE 또는 0을 입력합니다. 정규분포의 확률밀도함수를 그래프로 나타내면 다음의 그림과 같습니다.

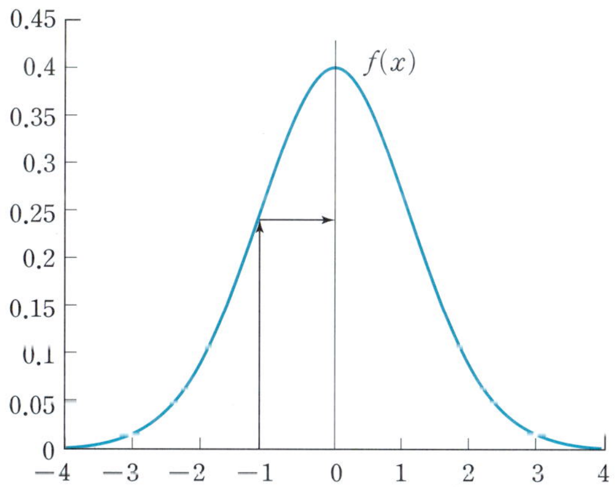

[정규분포의 확률밀도함수 그래프]

엑셀에서 함수 NORMDIST를 이용하여 $f(-1)$의 값을 계산한 결과는 다음과 같습니다.

B4 =NORMDIST(B1,B2,B3,FALSE)

	A	B	C	D	E	F
1	x값	-1				
2	평균	0				
3	표준편차	1				
4	밀도함수	0.241971				

정규분포의 누적확률 계산

정규분포에서 임의의 확률변수 $X=a$에 대한 누적확률은 $P(-\infty \le X \le a)=\int_{-\infty}^{a} f(x)dx$로 계산하며 함수 NORMDIST의 마지막 인자는 TRUE 또는 1을 입력합니다. 다음은 평균 $\mu=5$와 표준편차 $\sigma=2$인 정규분포에 대해 확률변수 $X=6.5$에 대한 누적확률 $P(-\infty \le X \le 6.5)$를 그래프로 표현하면 다음과 같습니다.

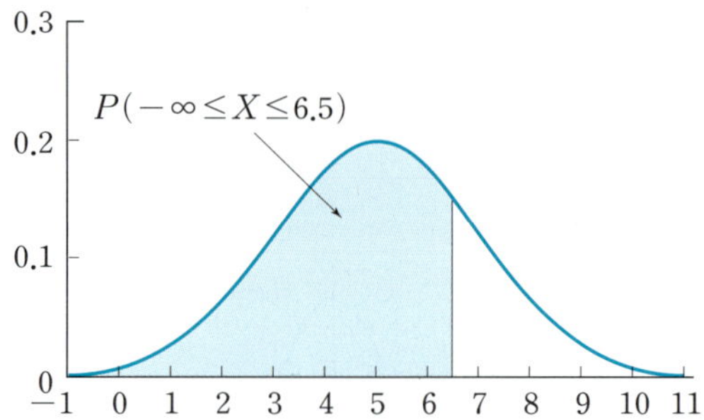

엑셀로 계산한 결과는 다음과 같습니다.

B4 =NORMDIST(B1,B2,B3,1)

	A	B	C	D	E	F
1	X값	6.5				
2	평균	5				
3	표준편차	2				
4	누적확률	0.773373				

표준정규분포의 누적확률 계산

표준정규분포의 누적확률은 함수 NORMSDIST(또는 NORM.S.DIST)를 이용하여 계산하며, 사용방법과 인자는 다음과 같습니다. 함수 NORMSDIST는 부록의 표준정규분포표를 엑셀로 작성할 때 유용하게 사용할 수 있습니다.

NORMSDIST	사용방법	=NORMSDIST(z)	
	인자	z	확률변수
	반환값	표준정규분포의 누적분포값	

표준정규분포의 확률밀도함수를 $f(z)$이라 할 때 임의의 확률변수 $Z=a$에 대한 누적확률은 $P(-\infty \le Z \le a)=\int_{-\infty}^{a} f(z)dz$로 계산합니다. 표준정규분포에 대해 확률변수 $Z=-1$에 대한 누적확률 $P(-\infty \le Z \le -1)$을 그래프로 표현하면 다음과 같습니다.

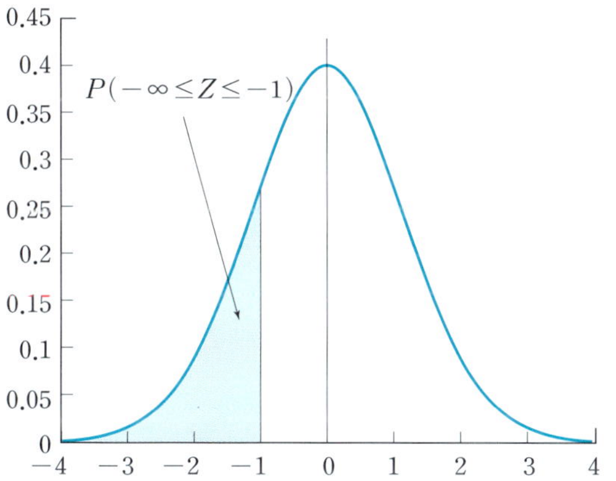

엑셀에서 계산하는 방법은 다음과 같습니다.

B2 =NORMSDIST(B1)

	A	B	C	D	E
1	x값	-1			
2	누적분포함수	0.158655			

표준정규분포에 대해 $P(-1.5 \le Z \le 2)$의 계산은 다음과 같습니다.

B2 =NORMSDIST(2)-NORMSDIST(-1.5)

	A	B	C	D	E	F
1	P(-1.5<X<2)=NORMSDIST(2)-NORMSDIST(-1.5)					
2	P(-1.5<X<2)=	0.910443				

[실습문제]

* 엑셀 함수를 이용하여 다음의 확률을 계산하시오.

8. 평균 $\mu=172$와 표준편차 $\sigma=15$인 정규분포에 대해 $P(X>180)$의 확률은?
9. 평균 $\mu=70$과 표준편차 $\sigma=10$인 정규분포에 대해 $P(X<55)$의 확률은?
10. $P(Z\leq-1.5)$의 확률은?
11. $P(2\leq Z\leq2.5)$의 확률은?
12. $P(Z\leq-0.5)$의 확률은?

참고 3 히스토그램에 정규분포곡선을 추가하는 방법

화면에 표시된 히스토그램에 다음의 그림과 같이 표준화한 정규분포의 곡선을 추가로 표시하는 방법입니다. 히스토그램의 막대 간격은 15.1절을 참고합니다. 표준화한 정규분포곡선을 표시하려면 원본 데이터에 대해서 평균과 표준편차를 계산하고, 이 값을 이용하여 함수 NORMDIST를 계산합니다. 함수 NORMDIST는 정규분포의 밀도함수나 누적함수 값을 계산합니다(15.4절 참고).

변경 전	변경 후
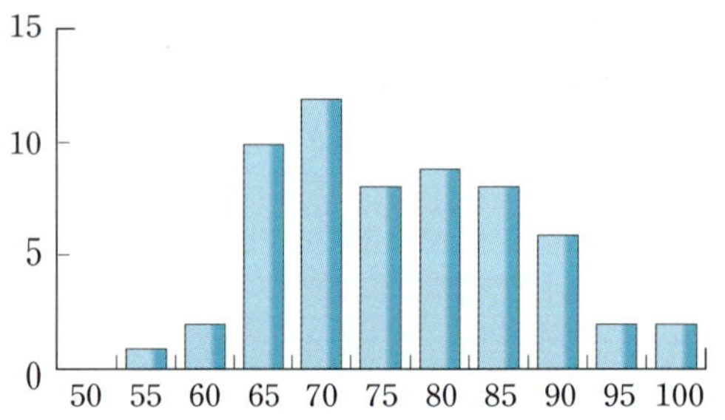	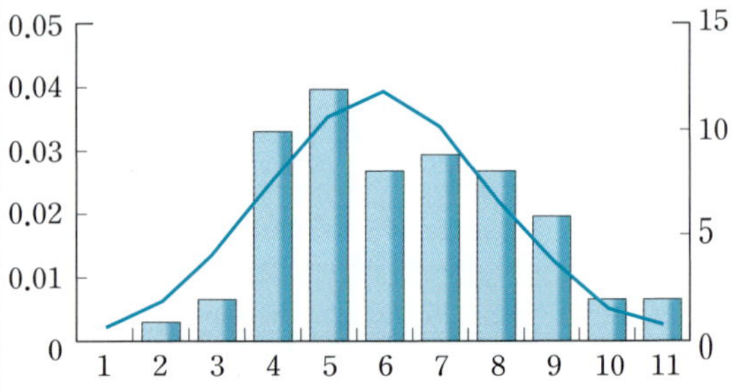

단원 정리

정규분포

연속확률분포 중에서 가장 많이 활용되는 분포이며, 종모양(bell shape)을 하고 있다. 정규분포는 평균 μ와 표준편차 σ에 의해 결정되며 분포의 모양은 평균 μ와 표준편차 σ에 따라 달라진다.

평균(μ)은 동일하고 표준편차(σ)만 다른 경우의 정규분포 모양 비교

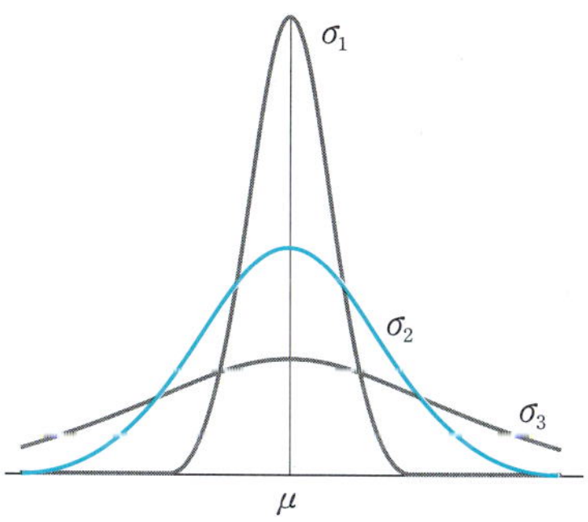

($\sigma_1 < \sigma_2 < \sigma_3$)

표준편차(σ)는 동일하고, 평균(μ)만 다른 경우의 정규분포 모양 비교

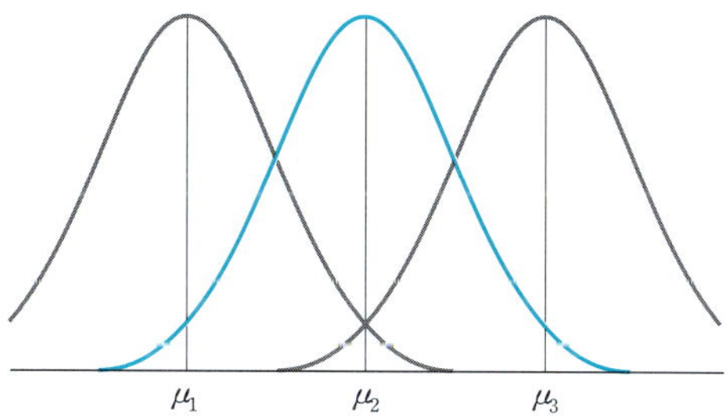

($\mu_1 < \mu_2 < \mu_3$)

정규분포의 특징

평균(μ)을 중심으로 좌우 대칭이며 종 모양(bell shape)이다.

정규분포의 모양은 평균 μ와 표준편차 σ에 의해 결정된다.

평균=중앙값=최빈값

확률밀도함수 $f(x)$의 곡선 아래 부분과 x축 사이의 면적은 항상 1이다.

확률밀도함수 $f(x)$는 x축에 무한대로 접근하므로 $-\infty < X < \infty$

정규분포의 표준화와 표준정규분포

정규분포를 따르는 확률변수 X에 대해 표준화 $Z = \frac{X - \mu}{\sigma}$을 하면 확률변수 X는 표준정규분포 $N(0,\ 1)$을 따른다.

표준정규분포에서의 확률(면적)계산

[사례 1] 표준정규분포 전체의 면적(확률)은 1 $P(-\infty \leq Z \leq \infty)=1$	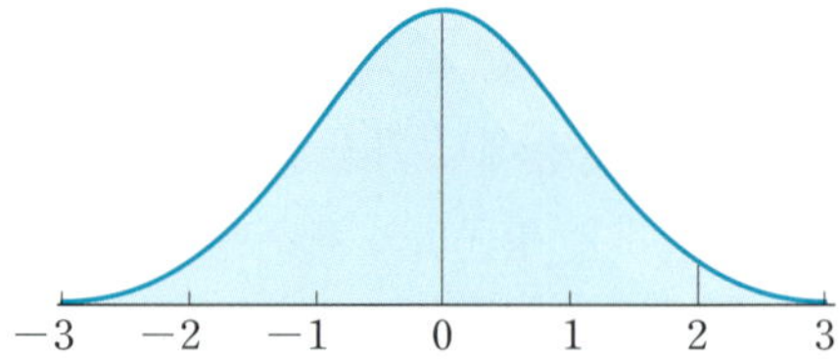
[사례 2] 표준정규분포 절반의 면적(확률)은 0.5 $P(Z \leq 0)=P(Z \geq 0)=0.5$	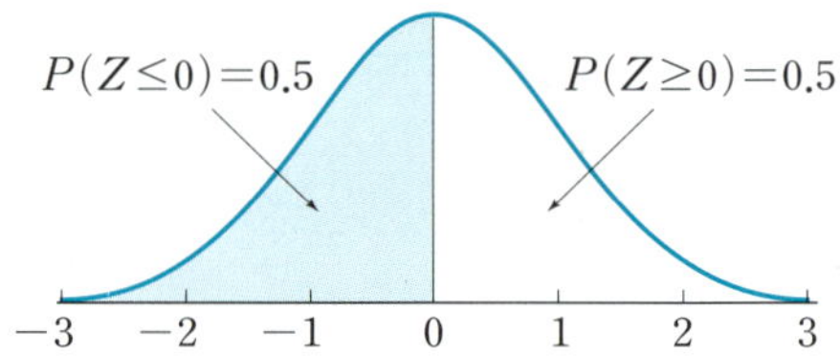
[사례 3] 만약 $P(Z \leq Za)=0.3$이라면 $P(Z \geq Za)=0.7$ $P(Z \leq Za)+P(Z \geq Za)=1$ $P(Z \leq Za)=1-P(Z \geq Za)$	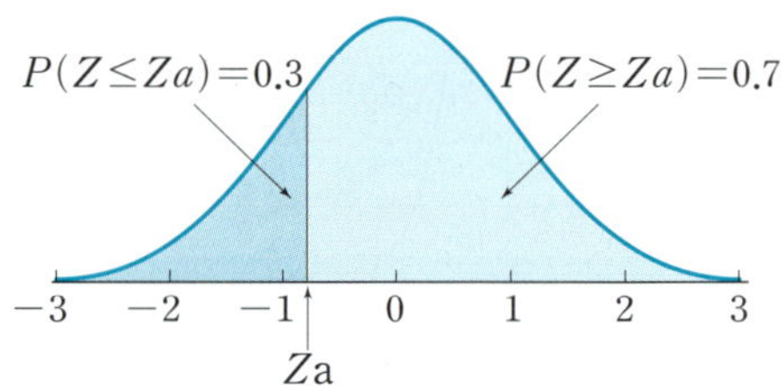
[사례 4] $P(-1 \leq Z \leq 0)=P(0 \leq Z \leq 1)$	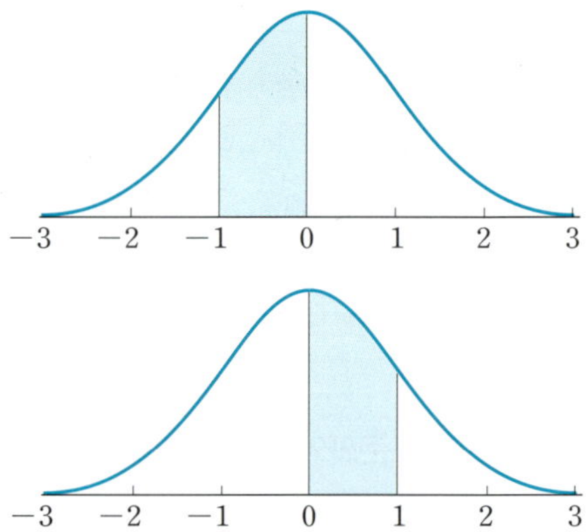
[사례 5] $P(-1 \leq Z \leq 1)$ $=P(-1 \leq Z \leq 0)+P(0 \leq Z \leq 1)$ $=2 \times P(0 \leq Z \leq 1)$ $P(Z \leq -1)=P(Z \geq 1)$	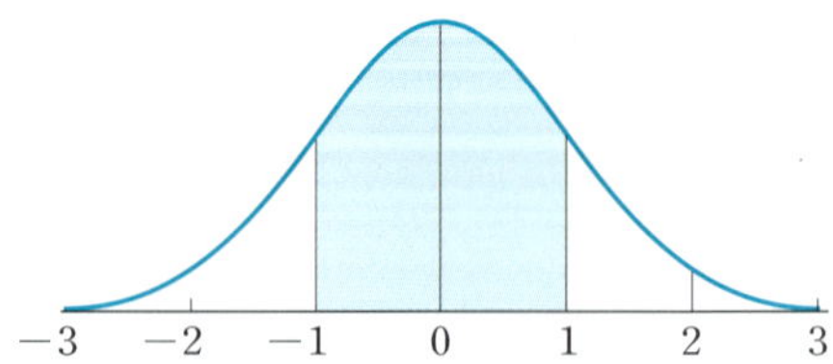

표준정규분포표를 이용한 확률(면적)계산

예를 들어 $P(0 \leq Z \leq 1.5)$의 확률계산에 있어서 Z가 1.5가 되는 위치는 표준정규분포표에서 먼저 표의 좌측 첫 번째 열에서 1.5를 찾고 오른쪽으로 수평선을 표시하고, 소수 이하 둘째 자리의 값이 0.00이므로 첫 번째 행에서 Z가 0.00이 되는 지점에서 수직선을 표시하여, 두 직선이 교차하는 지점이 되며 이때 찾으려는 확률(면적) $P(0 \leq Z \leq 1.5)$는 0.4332가 된다.

단계 2

Z	0.00	0.01	0.02	0.03	…	0.07	0.08	0.09
0.1								
0.2								
0.3								
0.4								
…								
1.0								
1.1								
1.2								
…								
1.5	0.4332							
…								
3.0								

단계 1

[표준정규분포표]

현실적인 문제에서 정규분포에 대한 확률계산

정규분포에 대한 확률계산 문제는 우선 해당 확률변수 X가 정규분포를 따른다는 가정이 필요하며 다음과 같은 단계로 확률을 계산한다.

단계	내용
[단계 1]	문제에서 계산하려는 확률(면적)을 정규분포 상에 표시
[단계 2]	표준화를 통해 계산하려는 확률(면적)을 표준정규분포 상에 표시
[단계 3]	표준정규분포표에서 확률을 찾는다.

엑셀을 이용한 확률계산

정규분포의 확률밀도함수나 확률은 함수 NORMDIST(또는 NORM.DIST)를 이용하여 계산하며, 사용방법과 인자는 다음과 같다.

<table>
<tr><td rowspan="6">NORMDIST</td><td>사용방법</td><td colspan="2">=NORMDIST(x, mean, standard_dev, cumulative)</td></tr>
<tr><td rowspan="4">인자</td><td>X</td><td>확률변수</td></tr>
<tr><td>mean</td><td>평균</td></tr>
<tr><td>standard_dev</td><td>표준편차</td></tr>
<tr><td>cumulative</td><td>TRUE(1) : 누적분포확률, FALSE(0) : 밀도함수</td></tr>
<tr><td>반환값</td><td colspan="2">정규분포의 확률밀도함수나 누적확률</td></tr>
</table>

표준정규분포의 누적확률은 함수 NORMSDIST(또는 NORM.S.DIST)를 이용하여 계산하며, 사용방법과 인자는 다음과 같다.

<table>
<tr><td rowspan="3">NORMSDIST</td><td>사용방법</td><td colspan="2">=NORMSDIST(z)</td></tr>
<tr><td>인자</td><td>z</td><td>확률변수</td></tr>
<tr><td>반환값</td><td colspan="2">표준정규분포의 누적분포값</td></tr>
</table>

chapter 5 연습 문제

01 확률변수 Z가 표준정규분포를 따를 때 다음의 확률을 표준정규분포상에서 그림으로 나타내고 정규분포표를 이용하여 계산하시오.

① $P(0 \le Z \le 1.5)$　② $P(1 \le Z \le 1.5)$

③ $P(-1.26 \le Z \le 1.26)$　④ $P(-2.5 \le Z \le -1.5)$

⑤ $P(Z \le -1.5)$　⑥ $P(2 \le Z)$

02 확률변수 Z가 표준정규분포를 따를 때 다음을 만족하는 k는?

① $P(0 \le Z \le k) = 0.3554$　② $P(k \le Z \le 0) = 0.3944$

③ $P(1 \le Z \le k) = 0.0919$　④ $P(Z \le k) = 0.9772$

⑤ $P(Z \le k) = 0.025$　⑥ $P(k \le Z) = 0.0055$

03 확률변수 X가 다음의 정규분포를 따를 때, X에 대한 표준화 Z는?

① $N(170,\ 10^2)$　② $N(25,\ 5^2)$

③ $N(85,\ 15^2)$　④ $N(350000,\ 60000^2)$

04 확률변수 X가 정규분포 $N(70,\ 3^2)$을 따를 때, 다음의 확률을 계산하시오.

① $P(70 \le X \le 76)$　② $P(67 \le X \le 73)$

05 확률변수 X의 분포가 정규분포 $N(20,\ 3^2)$을 따를 때, 다음의 확률을 계산하시오.

① $P(20 \le X \le 23)$　② $P(17 \le X \le 20)$

06 수원시에 거주하는 성인 남녀를 대상으로 한 달간 지출하는 교통비를 조사한 결과, 평균이 300,000원이고 표준편차는 150,000원인 정규분포를 따른다고 한다. 어떤 한 사람이 한 달 교통비로 최소 200,000원 이상이고 350,000원 이하를 지출한 사람들은 몇 %인가?

07 백열전구의 수명은 평균 8,000시간이고, 표준편차는 1,000시간인 정규분포를 따른다고 한다. 제품 한 개를 임의로 선택했을 때 전구의 수명이 7,000시간 이하가 될 확률은 얼마인가?

08 D대학 세무회계과 학생들의 월 지출액을 조사한 결과, 평균이 30만 원이고 표준편차가 10만 원인 정규분포를 따른다. 월 지출액이 25만 원 이상이고 35만 원 이하인 학생은 전체 몇 %인가?

09 한국전자의 생산라인에서 근무하는 작업자들의 월 평균임금은 150만 원이고, 표준편차가 10만 원인 정규분포를 따른다고 한다. 160만 원 이상 180만 원 이하의 임금을 받는 작업자들은 전체 몇 %에 해당하는가?

10 어느 중국집에서 자장면 주문 시 고객에게 배달될 때까지 평균 15분이 걸린다고 한다. 분산이 25분인 정규분포를 따른다고 할 때 자장면 주문 시 20분 이상 걸릴 확률은 얼마인가?

11 A기업 신입사원을 대상으로 상식시험을 치룬 결과는 평균이 60점이고 표준편차가 10점인 정규분포를 이루었다. 이 경우 신입사원 한 명을 선택했을 때 그 사람의 점수가 65점 이상, 75점 이하일 확률은 얼마인가?

12 D대학 1학년 학생들을 대상으로 한 달 용돈을 조사한 결과 평균이 20만 원이고, 표준편차가 5만 원인 정규분포를 이룬다고 한다고 한다. 한 달 용돈이 27만 원 이상인 학생들은 몇 %인가?

13 비행기를 이용하는 승객 한 사람의 짐 무게는 평균이 20kg이고, 표준편차가 5kg인 정규분포를 이루는 것으로 알려져 있다. 비행기에 탑승하는 사람의 짐 무게가 35kg 이상이 되면, 10,000원을 추가비용으로 내야 한다고 할 때 어떤 한 사람이 추가비용을 낼 확률은 얼마인가?

14 어느 기업에서는 직원들의 복지정책으로 체중이 많이 나가는 20%의 직원들에 대해 다이어트 프로그램을 운영한다고 한다. 이 기업에 다니고 있는 직원들의 체중은 평균이 70kg이고 분산은 100인 정규분포를 따른다면 다이어트 프로그램에 대상되는 기준은 몇 kg인가?

15 A대학 전체 학생(2,000명)을 대상으로 본 영어 시험결과 평균은 75점(100점 만점), 분산은 100점인 정규분포를 따른다고 한다. 영어시험 결과 상위 15%에 해당하는 학생들에게는 장학금을 지급한다고 합니다. 이번 시험에서 장학금을 받으려면 최소 몇 점을 받아야 하는가?

16 한국카드는 회원들로부터 월간 카드 소비액을 조사한 결과 평균 70만 원, 표준편차가 15만 원인 정규분포를 따른다고 한다. 카드 소비액이 많은 5%의 사람들에게 상품권을 지급한다면 월간 카드 소비액이 얼마가 되어야 하는가?

17 경영통계 과목의 평균점수가 72점, 분산이 81인 정규분포를 이룬다고 한다. 학생들 중에서 5%만이 A학점을 받는다고 할 때 A학점을 받으려면 최소 몇 점을 받아야 하는가?

심화 문제

18 **대학수학능력 모의시험에 참가한 서울 시억 고등학생 2500명의 수리 점수의 평균은 65점(100점 만점)이고 표준편차는 15점인 정규분포를 따른다고 한다. 수리 점수에서 500등을 한 학생의 점수는(단, 동점자는 없다고 가정한다.)?**

19 **한 환자에게 어떤 약을 투약했을 때 치유될 확률은 0.6이다. 150명의 환자에게 이 약을 투여했을 때 99명 이상이 치유될 확률을 계산하시오.**

20 **S전자에 근무하는 직원의 일일 근무시간은 평균이 8시간이고, 표준편차가 3시간인 정규분포를 따른다고 한다. 임의로 선택한 한 직원에 대해 다음에서 요구하는 확률을 계산하시오.**

① 임의로 선택한 한 직원의 근무시간이 6시간 이상 10시간 이하일 확률은?

② 임의로 선택한 한 직원의 근무시간이 평균을 중심으로 3시간 이상 차이가 날 확률은?

③ S전자의 전체 직원 수가 500명이라 할 때 하루 12시간 이상 근무하는 직원 수는 몇 명인가?

21 **엑셀 함수를 이용하여 표준정규분포표를 작성하시오.**

chapter 06

국물맛과 표본들의 분포

4장과 5장에서는 확률변수 X의 분포에 대해서 살펴보았으나 이 장부터는 표본평균인 $\overline{X}$의 분포와 중심극한정리에 대해서 설명합니다.

chapter 06

국물맛과 표본들의 분포

지금까지는 확률변수 X에 초점을 두고, 확률변수 X가 특정한 확률분포를 따른다고 가정할 경우, 확률변수 X에 대한 확률을 다음과 같이 해당 확률분포로부터 계산하였습니다.

case 1 **확률변수 X가 이항확률변수일 경우 이항분포로부터 X의 확률을 계산**

예 동전을 10번 던졌을 경우 앞면이 나타난 횟수를 X라 할 때, 앞면이 5번 나타난 확률은 다음과 같이 이항분포를 이용하여 계산

$$P(X=5)=\binom{10}{5}0.5^5 0.5^{10-5}$$
$$=\frac{10!}{5!(10-5)!}0.5^5 0.5^{10-5}$$

case 2 **확률변수 X가 정규분포를 따를 경우 확률변수 X의 범위에 따른 확률을 계산하기 위해 X에 대한 표준화 Z를 이용하여 표준정규분포로부터 계산**

예 학생들의 월 생활비는 평균이 350,000원, 표준편차가 50,000원인 정규분포를 따른다고 할 때 임의로 선택한 학생의 월 생활비가 400,000원 이상일 확률을 계산하는 경우 다음과 같이 표준화를 하여 표준정규분포표에서 확률을 계산

$$P(X\geq 400000)=P\left(Z\geq \frac{X-\mu}{\sigma}\right)=P\left(Z\geq \frac{400000-350000}{50000}\right)$$
$$=P(Z\geq 1)=0.1587$$

중요한 점은 확률변수 X의 확률을 계산하기 위해서 확률분포표나 확률분포함수를 이용하거나 [case 2]와 같이 X가 특정한 확률분포를 따른다는 가정이 필요하다는 것입니다.

이 장에서는 [그림 6-1]과 같이 관심의 대상이 확률변수 X가 아니라 표본분포, 특히 표본으로부터 얻게 될 표본평균인 $\overline{X}$의 분포에 초점을 두기로 합니다.

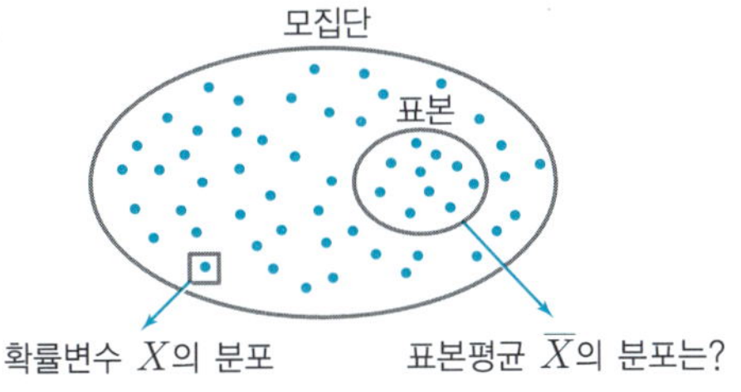

[그림 6-1] 모집단과 표본

6.1 냄비 속의 국물맛, 표본

통계적인 연구 또는 조사 대상이 되는 관측 가능한 개체로 된 집단전체를 모집단(population)이라 합니다. 우리나라 근로자의 임금을 조사한다고 할 때 모집단은 우리나라의 전체 근로자의 임금이 될 것이며, 어느 조사기관이 대학생의 한 달 생활비를 조사한다면 모집단은 우리나라의 대학에 재학 중인 대학생 전체의 월 생활비가 될 것입니다.

모집단 전체를 대상으로 조사를 하는 것을 전수조사(census)라 하며 우리나라에서 전 국민을 대상으로 5년마다 실시하는 인구주택조사가 전수조사에 해당합니다. 그러나 전수조사는 조사시간과 비용 등의 여러 문제로 인해 많은 어려움이 있고, 어떤 경우에는 조사 자체가 불가능한 경우도 발생합니다.

따라서 모집단으로부터 선택한 일부분의 구성단위인 표본(sample)을 선택하고, 표본의 결과(표본평균, 표본분산 등)를 토대로 모집단의 성격과 특징을 파악하거나 판단하는 것이 통계학의 중요한 역할이며 이를 통계적 추론이라 합니다.

비유를 하자면 오른쪽 그림의 냄비에 들어 있는 국물 전체를 모집단이라 할 수 있고, 국물로부터 뜬 한 숟가락 안의 국물을 표본이라 할 수 있습니다.

국물 상태를 파악하기 위해서는 한 숟가락 분량만으로도 충분합니다. 즉, 국물전체(모집단)에 대해서 한 숟가락의 양(표본)과 그로부터 얻은 정보만으로도 국물의 특징인 맛과 간을 파악할 수 있습니다.

모집단	표본	통계적 추론
냄비에 들어있는 국물 전체	국물 한 숟가락	한 숟가락의 맛(표본 통계량)을 통해 국물 전체(모집단)의 특징(냄새, 맛 등)을 파악
우리나라 근로자 전체의 임금	추출한 근로자 500명의 임금	500명에 대한 임금 평균을 계산(표본 통계량)하여 전체 근로자(모집단)의 특징(평균, 표준편차 등)을 파악

그러나 국물이 아닌 요리의 경우 맛 볼 위치에 따라 그 맛이 달라진다면 요리 전체의 맛을 파악하기가 어려워지며, 경우에 따라서 여러 번 맛을 봐야 할 것입니다. 앞으로 다루게 될 모집단의 표본에서도 이러한 문제가 발생하게 되므로 선택한 표본이 모집단을 충분히 대표할 수 있도록 대표성을 확보하는 것이 중요합니다. 표본을 선택하는 과정을 표본추출(sampling)이라 하며 여러 가지 방법을 사용합니다. 대표적인 표본추출 방법으로는 단순임의추출법(simple random sampling), 층화임의추출법(stratified random sampling) 그리고 집락추출법(cluster sampling) 등이 있으나 이에 대한 설명은 생략합니다.

표본으로부터 추론하고자 하는 모집단의 특성 중 가장 중요한 것은 평균과 표준편차입니다. 모집단의 평균(μ)과 표준편차(σ)를 모수(parameter)라 하고, 표본으로부터 얻은 평균($\overline{X}$)과 표준편차(S)를 표본 통계량(sample statistic)이라 합니다. 따라서 표본 통계량의 결과를 이용하여 모수를 추정하는 것인데 이를 통계적 추정(estimation)이라 하며 이에 대해서는 7장에서 설명합니다.

6.2 표본들의 평균은 어떤 분포일까?

모집단에서 표본을 추출할 경우 한 번만 추출하지 않고 [그림 6-2]와 같이 여러 번 추출한다고 가정할 때, 각 표본으로부터 얻은 표본 통계량(예를 들어 표본평균 $\overline{X}$)은 달라질 것입니다. 이때 각각의 표본에서 얻은 표본 통계량($\overline{X}$)을 확률변수로 하는 확률분포를 표본분포(sample distribution)라 합니다.

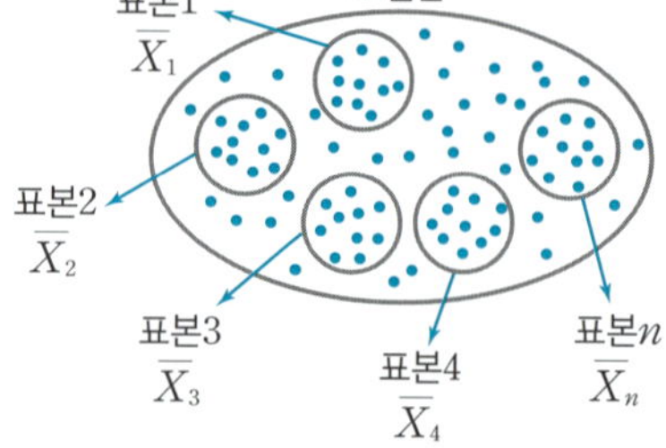

[그림 6-2] 모집단과 표본평균

예를 들어 경영통계학을 수강한 40명 학생의 성적에 대한 표본분포를 생각해 봅니다. 이 예에서 모집단의 크기는 40이고, 각 표본의 크기를 5로 하여 10번 조사한 결과는 다음과 같다고 가정합니다.

표본	1	2	3	4	5
학생	김성철 외 4명	정찬영 외 4명	유진석 외 4명	박진용 외 4명	성수경 외 4명
표본 평균	$\overline{X}_1=77.4$	$\overline{X}_2=87.2$	$\overline{X}_3=83.8$	$\overline{X}_4=78.4$	$\overline{X}_5=79.6$

표본	6	7	8	9	10
학생	최홍석 외 4명	김유미 외 4명	안현선 외 4명	정진영 외 4명	이강훈 외 4명
표본 평균	$\overline{X}_6=88.4$	$\overline{X}_7=77$	$\overline{X}_8=82$	$\overline{X}_9=73.2$	$\overline{X}_{10}=88.6$

위의 표본 집단 결과를 이용하여 표본평균 $\overline{X}$에 대해 다음과 같은 확률분포표를 작성할 수 있고 그래프로 나타낼 수 있는데 이를 표본분포라 합니다.

표본평균	빈도	확률
71~75	1	0.1
76~80	4	0.4
81~85	2	0.2
86~90	3	0.3

〈표 6-1〉 표본평균의 확률분포표

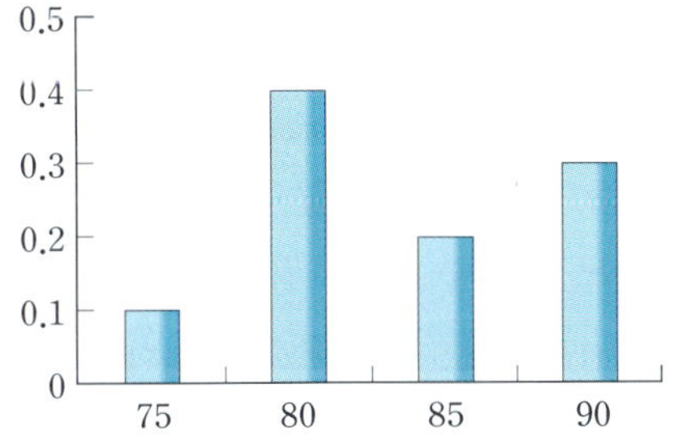

[그림 6-3] 표본평균의 확률분포도

〈표 6-1〉에 대해서 기댓값은 81.5가 됩니다. 이 예에서는 크기가 40인 모집단에 대해 10개의 표본 집단에 대해서만 고려했으나 추출 가능한 모든 표본 집단에 대해서 조사하여 표본평균 $\overline{X}$의 확률분포에 대한 기댓값을 계산한다면 모집단의 평균(μ)과 같아질 것입니다.

표본평균 $\overline{X}$의 분포

앞의 예에서는 표본평균 $\overline{X}$의 분포에 대해서만 언급하였지만 표본 분산 S^2(또는 표본 표준편차 S)의 표본분포도 생각할 수 있습니다.

〈표 6-1〉과 같이 표본평균 $\overline{X}$에 대해 확률분포표를 작성할 수 있으므로 확률분포에 대해서 기댓값(평균)과 분산을 계산할 수 있습니다. 표본평균 $\overline{X}$에 대한 확률분포의 기댓값은 $\mu_{\overline{X}}$로 표현하고, 분산은 $\sigma^2_{\overline{X}}$로 표시하며 다음과 같이 계산됩니다.

$$\mu_{\overline{X}}=E(\overline{X})=\sum_{i=1}^{n}\overline{X}_i\cdot f(\overline{X}_i)=E\left[\frac{1}{n}(\overline{X}_1+\overline{X}_2+\cdots+\overline{X}_n)\right]$$
$$=\frac{1}{n}[E(\overline{X}_1)+E(\overline{X}_2)+\cdots+E(\overline{X}_n)]$$
$$=\frac{1}{n}(n\mu)=\mu$$
$$\sigma^2{}_{\overline{X}}=Var(\overline{X})=E(\overline{X}-\mu_{\overline{X}})^2$$
$$=Var\left[\frac{1}{n}(\overline{X}_1+\overline{X}_2+\cdots+\overline{X}_n)\right]=\frac{1}{n^2}Var(\overline{X}_1+\overline{X}_2+\cdots+\overline{X}_n)$$
$$=\frac{1}{n^2}[Var(\overline{X}_1)+Var(\overline{X}_2)+\cdots+Var(\overline{X}_n)]$$
$$=\frac{1}{n^2}(n\sigma^2)=\frac{\sigma^2}{n}$$

표본평균에 대한 확률분포의 평균 $\mu_{\overline{X}}$은 모집단 평균 μ와 일치하며, 분산인 $\sigma^2{}_{\overline{X}}$은 모집단 분산 σ^2를 표본의 크기 n으로 나누어 준 σ^2/n이 됩니다. 이때 표준편차는 $\sigma/\sqrt{n}$이 되는데 이를 표준오차(standard error)라 하며 일반적으로 표준오차는 표본평균의 표준편차를 의미합니다. 표준오차는 표본평균을 이용하여 모집단 평균을 추정할 경우 발생할 수 있는 오류의 크기를 나타내며 표본의 크기(n)가 커질수록 표준오차의 크기는 줄어들게 됩니다.

6.3 모집단의 분포를 모르면 표본분포도 알 수 없는가?

앞 절에서 얻은 표본평균 $\overline{X}$의 확률분포는 다음과 같은 특성이 있습니다.

- 표본평균 $\overline{X}$에 대한 확률분포의 기댓값(평균)은 모집단 평균 μ와 일치한다.
- 표본평균 $\overline{X}$에 대한 확률분포의 표준편차(표준오차)는 $\frac{\sigma}{\sqrt{n}}$으로 표본의 크기(n)가 커질수록 줄어든다.

이제 모집단 분포와 표본분포를 생각해 봅니다. 표본분포는 모집단에서 추출한 표본 통계량의 분포이므로 모집단이 어떤 분포를 하고 있는지에 따라 표본분포가 영향을 받을 것이라고 생각할 수 있습니다. 그러나 결론부터 말하자면 표본평균 $\overline{X}$에 대한 확률분포 즉 표본분포는 모집단 분포에 상관없이 근사적으로 정규분포를 따르게 됩니다.

모집단 분포가 정규분포일 때

모집단이 정규분포를 따른다면 표본평균 $\overline{X}$에 대한 확률분포 역시 정규분포를 따릅니다.

모집단 분포	표본평균 $\overline{X}$에 대한 확률분포(표본분포)
$\overline{X} \sim N(\mu, \sigma^2)$	$\overline{X} \sim N\left(\mu, \frac{\sigma^2}{n}\right)$

모집단이 정규분포를 따른다면 표본평균 $\overline{X}$에 대한 확률분포는 표본의 크기 n에 관계없이 정규분포를 따르며 이때 평균과 표준편차는 각각 μ와 $\frac{\sigma}{\sqrt{n}}$입니다.

모집단 분포가 정규분포가 아닐 경우

모집단 분포가 정규분포가 아니더라도 표본의 크기 n이 충분히 크다면 표본평균 $\overline{X}$에 대한 확률분포는 정규분포를 따르게 되는데 이러한 사실을 중심극한정리(central limit theorem)라고 합니다.

중심극한정리(central limit theorem)

X가 임의의 모집단으로부터 추출된 표본이더라도, 표본의 크기 n이 충분히 크다면 모집단 분포와 관계없이 표본평균 $\overline{X}$에 대한 확률분포는 근사적으로 정규분포 즉, $\overline{X} \sim N\left(\mu, \frac{\sigma^2}{n}\right)$을 따른다. 또한 표본평균 $\overline{X}$가 정규분포를 따르므로 이에 대한 표준화 $Z = \frac{\overline{X} - \mu}{\sigma/\sqrt{n}}$의 분포는 표준정규분포 N(0, 1)을 따른다.

중심극한정리는 통계학에 있어서 가장 중요한 이론 중의 하나입니다. 그 이유는 모집단 전체를 조사하지 않고도 표본평균 $\overline{X}$을 통해 모집단의 특성을 확률적으로 추론해 낼 수 있는 이론적인 근거를 제시하기 때문입니다.

표본의 크기가 충분히 크다면 모집단 분포를 가정하지 않고도 표본평균 $\overline{X}$에 대한 확률분포는 정규분포를 따르며 표본평균 $\overline{X}$에 대해 5장에서 설명한 정규분포의 특성에 따라 확률 계산과 통계적 추론이 가능해진 것입니다.

모집단이 정규분포가 아니더라도 표본평균 $\overline{X}$의 표본분포는 정규분포에 근사한다는 중심극한정리는 모의실험을 통해서도 확인할 수가 있습니다. [그림 6−4]는 표본의 수(5, 10, 15, 30)가 증가할수록 표본평균 $\overline{X}$의 표본분포가 정규분포의 모양을 취하고 있음을 나타내고 있습니다. [그림 6−4]에서 사용한 모집단 분포는 균등분포를 가정하였고, 이에 대해서는 15.6절(중심극한정리에 대한 모의실험과 표본추출)을 참고하기 바랍니다.

표본 크기	히스토그램
5	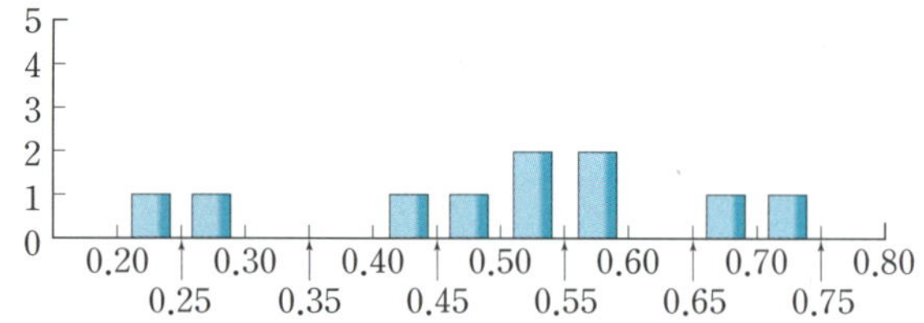
10	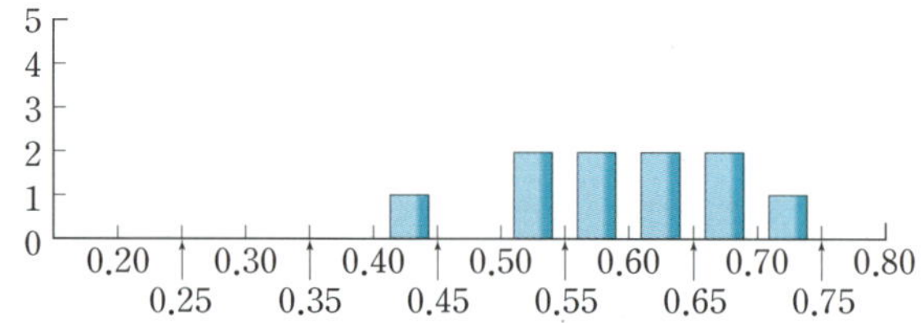
25	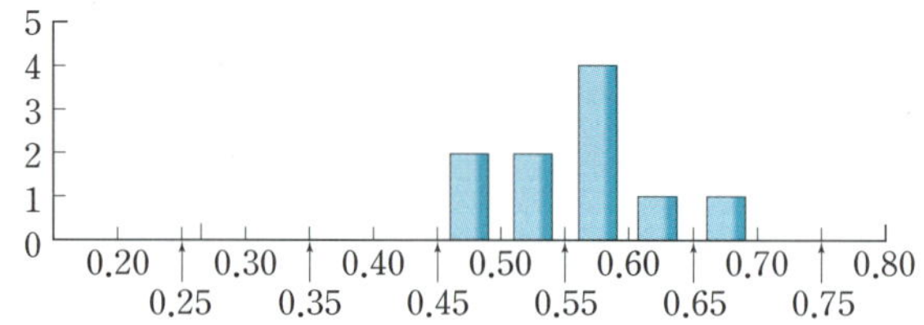
50	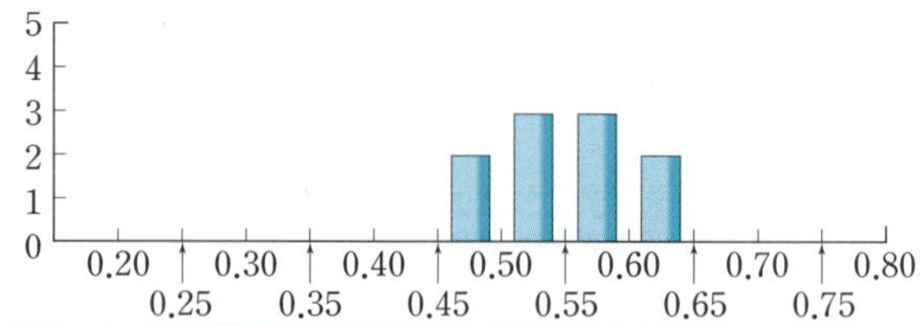

[그림 6-4] 표본크기에 따른 표본평균 $\overline{X}$의 표본분포

참고 1 학생의 희망 직업 비교(2009년, 2020년) – 상위 5개

구분	초등학생		중학생		고등학생	
	2009년	2020년	2009년	2020년	2009년	2020년
1	교사	운동선수	교사	교사	교사	교사
2	의사	의사	의사	의사	간호사	간호사
3	요리사	교사	경찰	경찰관	회사원	과학자
4	과학자	크리에이터	공무원	군인	의사	군인
5	가수	프로게이머	요리사	운동선수	공무원	의사

출처 : 2020 초중등 진로교육 현황조사(교육부, 한국직업능력개발원)

정규분포와 표본분포에서의 확률계산문제 비교

예제 6-1

5장에서 설명한 [예제 5－10]과 표본분포에서 확률계산문제와의 비교를 통해 어떤 점이 달라지는가를 확인하기 바랍니다. 모집단이 정규분포를 따른다면 표본분포는 표본의 크기 n에 관계없이 정규분포를 따릅니다.

구분	정규분포에서의 확률계산(5장)	표본분포에서의 확률계산
예제	경영학과 학생들의 월 생활비는 평균(μ)이 350,000원, 표준편차(σ)가 50,000원인 정규분포를 따른다고 합니다. 임의로 선택한 학생(X)의 월 생활비가 400,000원 이상일 확률을 계산하시오.	경영학과 학생들의 월 생활비는 평균(μ)이 350,000원, 표준편차(σ)가 50,000원인 정규분포를 따른다고 합니다. 무작위로 5명을 추출하여 계산한 평균($\bar{X}$)이 400,000원 이상일 확률을 계산하시오.
분포	확률변수 X의 분포 $X \sim N(350000,\ 50000^2)$ 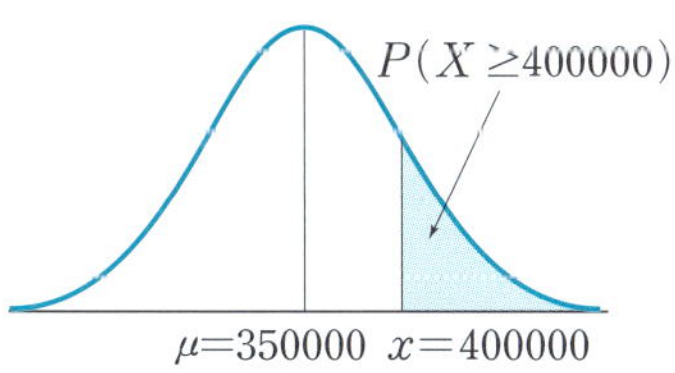 	확률변수 $\bar{X}$의 분포 $\bar{X} \sim N\left(350000,\ \left(\frac{50000}{\sqrt{5}}\right)^2\right)$ 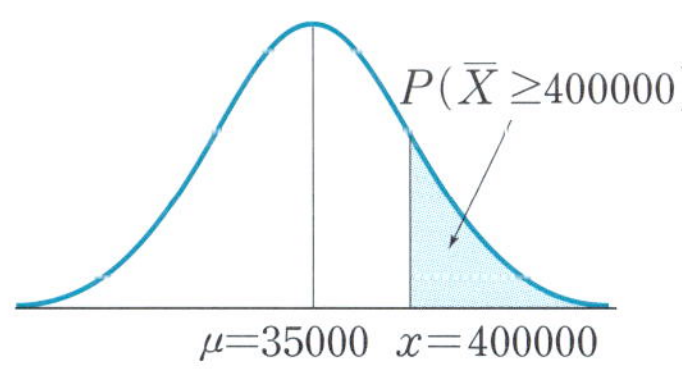
표준화	$Z=\frac{X-\mu}{\sigma}=\frac{400000-350000}{50000}=1$	$Z=\frac{\bar{X}-\mu}{\sigma/\sqrt{n}}=\frac{400000-350000}{50000/\sqrt{5}}=2.24$
확률	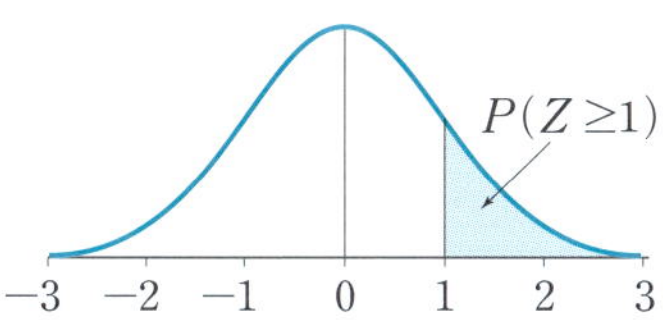 $P(Z \geq 1)=0.1587$	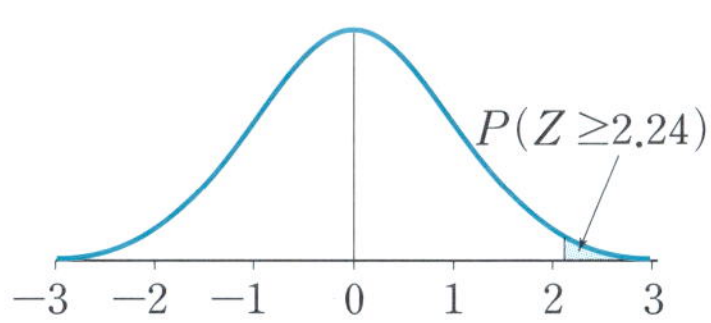 $P(Z \geq 2.24)=0.0125$

예제 6-2 정규분포와 표본분포에서의 Z_a계산문제 비교

확률이 주어진 상태에서 확률변수 X의 값을 찾는 [예제 5−12]와 표본분포에서 확률변수 $\overline{X}$의 값을 찾는 문제의 비교를 통해 어떤 점이 달라지는가를 확인하기 바랍니다. 모집단이 정규분포를 따른다면 표본분포는 표본의 크기 n에 관계없이 정규분포를 따릅니다.

<table>
<tr><th>구분</th><th>정규분포에서의 확률계산(5장)</th><th>표본분포에서의 확률계산</th></tr>
<tr><td>예제</td><td>경영통계학을 수강한 100명의 성적은 평균(μ)이 75이고, 표준편차(σ)가 10인 정규분포를 따른다고 할 때 어느 한 학생이 상위 10 % 안에 들려면 최소 몇 점을 받아야 하는가?</td><td>경영통계학을 수강한 100명의 성적은 평균(μ)이 75이고, 표준편차(σ)가 10인 정규분포를 따른다고 할 때 임의로 10명을 추출하여 계산한 평균($\overline{X}$)이 상위 10 % 안에 들려면 최소 몇 점을 받아야 하는가?</td></tr>
<tr><td>확률</td><td colspan="2">위의 두 예제는 모집단이 정규분포를 따른다는 가정을 하고 있으므로
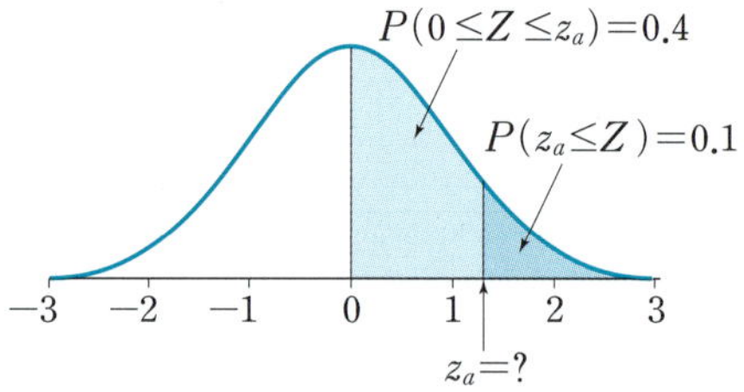

이 그림에서 오른쪽 부분의 면적(확률)이 0.1이 된다는 것은 $P(0\leq Z\leq z_a)=0.4$가 된다는 것을 의미합니다.</td></tr>
<tr><td>표준화</td><td>$Z=\dfrac{X-\mu}{\sigma}$</td><td>$Z=\dfrac{\overline{X}-\mu}{\sigma/\sqrt{n}}$</td></tr>
<tr><td>계산</td><td>$P(0\leq Z\leq 1.28)=0.3997$
$Z_a=\dfrac{X-\mu}{\sigma}$에서 $1.28=\dfrac{X-75}{10}$의 등식이 성립하므로 X는 87.8</td><td>$P(0\leq Z\leq 1.28)=0.3997$
$Z_a=\dfrac{\overline{X}-\mu}{\sigma/\sqrt{n}}$에서 $1.28=\dfrac{\overline{X}-75}{10/\sqrt{10}}$의 등식이 성립하므로 $\overline{X}$는 79.1</td></tr>
</table>

참고 2 표본의 크기 n이 작다면 표본평균 $\overline{X}$는 어떤 분포를 따르는가?

중심극한정리에서 표본의 크기 n이 충분히 크다면 모집단 분포와 관계없이 표본평균 $\overline{X}$에 대한 확률분포는 정규분포를 따른다고 하였는데 표본의 크기 n이 작다면 표본평균 $\overline{X}$에 대한 확률분포는 어떤 분포를 따르는가?

모집단 분산 σ^2을 모르고 표본의 크기 n이 작다면 표본평균 $\overline{X}$에 대한 확률분포는 정규분포를 따르지 않고, t 분포를 따릅니다. 표본의 표준편차 $S=\sqrt{\sum_{i=1}^{n}(X_i-\overline{X})^2/(n-1)}$에 대해 $t=\frac{\overline{X}-\mu}{S/\sqrt{n}}$라 한다면, t는 자유도 $(n-1)$인 t분포, 즉 $t_{(n-1)}$을 따르며 자유도에 따라 분포의 모양이 [그림 6−5]와 같이 달라집니다. [그림 6−5]는 자유도가 1, 2, 5일 경우의 t분포와 표준정규분포 $N(0,\ 1)$을 비교한 것입니다.

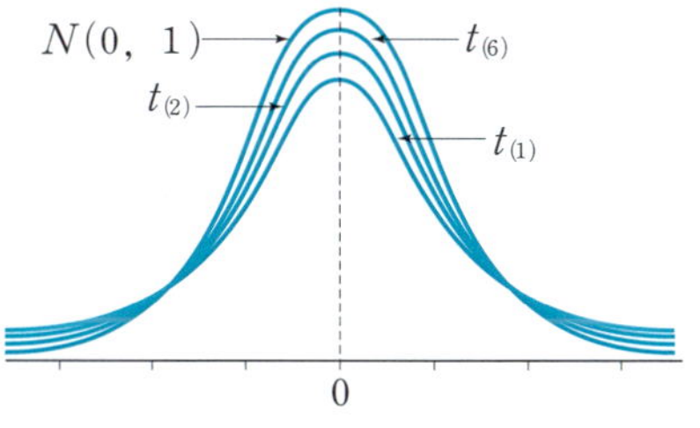

[그림 6−5] 자유도에 따른 t분포와 표준정규분포 $N(0,\ 1)$

t분포는 0을 중심으로 좌우대칭이므로 정규분포와 흡사하지만 [그림 6−5]와 같이 자유도가 작을수록 분포의 모양이 납작해지고, 자유도가 증가할수록 표준정규분포와 비슷해집니다. t분포는 뒤에서 설명할 모집단 평균차이에 대한 검정과 회귀계수의 추정과 검정에 사용됩니다. t분포를 이용하는 방법은 7장에서 설명합니다.

표본평균인 $\overline{X}$의 확률분포 외에 표본분산 S^2에 대한 확률분포는 χ^2(카이제곱) 분포를 따르게 되는데 이에 대한 설명은 생략하기로 합니다. χ^2분포는 정규분포에서 분산의 구간추정과 검정에 사용됩니다. F분포는 F 검정과 분산분석(ANOVA : Analysis of Variance)에 사용되는 분포입니다. F분포는 정규분포를 따르는 두 모집단의 분산을 비교하는 경우에 사용됩니다. F분포를 사용하는 방법은 11장과 12장에서 설명합니다.

단원 정리

표본분포

모집단에서 표본을 추출할 경우 한 번만 추출하지 않고 그림과 같이 여러 번 추출한다고 가정할 때, 각 표본으로부터 얻은 표본 통계량(예를 들어 표본평균 $\overline{X}$)은 달라질 것이다. 이때 각각의 표본에서 얻은 표본 통계량($\overline{X}$)을 확률변수로 하는 확률분포를 표본분포라 한다.

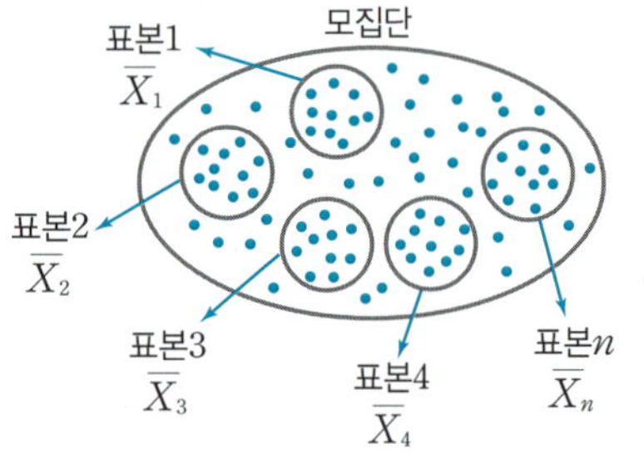

[모집단과 표본평균]

표본평균 $\overline{X}$의 분포

표본평균 $\overline{X}$에 대한 확률분포의 평균은 모집단 평균 μ와 일치한다($\mu_{\overline{X}}=\mu$).

표본평균 $\overline{X}$에 대한 확률분포의 표준편차(표준오차)는 $\frac{\sigma}{\sqrt{n}}$으로 표본의 크기(n)가 커질수록 줄어든다.

❶ 모집단이 정규분포를 따른다면 표본평균 $\overline{X}$에 대한 확률분포 역시 정규분포를 따른다.

모집단 분포	표본평균 $\overline{X}$에 대한 확률분포(표본분포)
$X \sim N(\mu, \sigma^2)$	$\overline{X} \sim N\left(\mu, \frac{\sigma^2}{n}\right)$

❷ 모집단 분포가 정규분포가 아니더라도 표본의 크기 n이 충분히 크다면 표본평균 $\overline{X}$에 대한 확률분포는 근사적으로 정규분포를 따르게 되는데 이러한 사실을 중심극한 정리라 한다.

❸ 모집단 분산 σ^2을 모르고 표본의 크기 n이 작다면 표본평균 $\overline{X}$에 대한 확률분포는 정규분포를 따르지 않고, t분포를 따른다. 표본의 표준편차 $S=\sqrt{\sum_{i=1}^{n}(X_i-\overline{X})^2/(n-1)}$에 대해 $t=\frac{\overline{X}-\mu}{S/\sqrt{n}}$라 한다면, t는 자유도 $(n-1)$인 t분포, 즉 $t_{(n-1)}$을 따르며 자유도에 따라 분포의 모양이 달라진다.

연습 문제

01 모집단에서 표본의 크기를 증가시키면 표준오차는 어떻게 되는가?

① 일정하다. ② 커진다.
③ 작아진다. ④ 모집단의 성질에 따라 다르다.

02 모집단이 평균이 50이고, 표준편차가 10인 정규분포를 따른다면 이 모집단에서 표본 100개를 선택하여 조사한 표본 평균은 어떤 분포를 따르는가?

03 평균이 50이고, 표준편차가 10인 모집단에 대해 표본 100개를 선택하여 조사한 표본 평균은 어떤 분포를 따르는가?

04 평균이 50이고, 표준편차가 10인 정규분포를 따르는 모집단에 대해 표본 20개를 선택하여 조사한 표본 평균은 어떤 분포를 따르는가?

05 평균이 50인 모집단에 대해 표본 20개를 선택하여 조사한 표본 평균은 어떤 분포를 따르는가?

06 어느 대학 교직원 전체를 대상으로 체중분포를 조사한 결과 평균이 75kg, 표준편차는 5kg인 정규분포를 따른다고 한다. 이 중에서 임의의 교직원을 선택했을 경우 이 사람의 체중이 76kg을 초과할 확률은 얼마인가?

07 정규분포 $N(30,\ 5^2)$을 따르는 모집단에서 크기 100인 표본을 복원 추출할 때, 표본평균 $\overline{X}$의 평균과 분산을 계산하시오.

08 종로구 혜화동에 거주하는 30세 이상의 남자 전체에 대한 체중분포를 조사한 결과 평균이 75kg, 표준편차는 5kg이라 한다. 이 동에 살고 있는 30세 이상의 100명을 표본으로 추출했을 경우, 이들 100명의 평균체중이 76kg 이상을 초과할 확률은 얼마인가?

09 A회사에서 만드는 음료수는 용량의 평균이 500ml이고 표준편차가 5ml라 한다. 이 회사의 제품 50개를 추출했을 때 용량의 평균이 495ml 이하일 확률은?

10 2011년 한 해 동안 시행된 TOEIC 성적결과 평균이 565점, 표준편차는 150점이라 한다. 2011년에 시험에 응시한 100명을 임의로 추출했을 때 평균 점수가 600점 이상이 될 확률은 얼마인가?

11 모집단의 변수 X의 확률분포가 다음과 같다고 할 때 이 모집단에서 크기 4인 표본을 복원 추출할 때, 그 표본평균 $\overline{X}$의 평균과 분산을 구하여라.

X	1	2	3
$P(X)$	$\frac{1}{10}$	$\frac{5}{10}$	$\frac{4}{10}$

심화 문제

12 어느 자격증 시험에 응시한 3000명의 성적은 평균이 65이고, 표준편차가 15라 한다. 응시한 학생 중 100명을 임의로 추출하여 계산한 평균이 상위 10% 안에 들려면 최소 몇 점을 받아야 하는가?

13 통계학 수강생 500명 중에서 100명을 임의로 추출하여 지난주에 부과된 과제물의 처리시간을 조사하였다. 모집단의 표준편차는 25분이라 할 때 표본평균이 모집단 평균보다 5분이 더 많을 확률을 계산하시오.

14 자전거 라이트를 생산하는 A기업은 라이트에 건전지를 포함하여 판매하고 있고, 건전지의 평균수명은 300일이라고 한다. 판매하고 있는 제품 중에서 임의로 25개를 골라 수명을 조사한 결과 평균이 304일 분산이 100일이었다. 표본 평균이 304일 이상이 될 확률은?

15 0 이상 1 미만의 균등분포(일양분포)를 따르는 난수 100개를 생성한 다음 도수분포표와 히스토그램 그리고 평균과 분산을 계산하고 옆 사람의 결과와 비교하시오(15.5절 참고).

16 정규분포 $N(30, 5^2)$을 따르는 난수 100개를 생성한 다음 도수분포표와 히스토그램 그리고 평균과 분산을 계산하고 옆 사람의 결과와 비교하시오(15.5절 참고).

chapter 07

표본의 결과를 이용하여 모집단의 특성을 밝혀내자

표본으로부터 얻은 결과를 이용하여 모집단의 특성을 예측하는 과정을 통계적 추론이라 하며 통계적 추론은 추정과 가설검정을 포함합니다.
추정은 모집단에서 추출한 표본의 결과를 이용하여 모집단의 모수를 추측하는 과정을 말합니다.

chapter 07

표본의 결과를 이용하여 모집단의 특성을 밝혀내자

전 세계의 인구는 몇 명이나 될까?
대학을 졸업하고 취업하면 얼마의 연봉을 받을 수 있을까?
이번 대통령 선거에서 어느 후보가 당선될 것인가?

이러한 의문점에 대해 다음과 같은 정보에 접하게 됩니다.

2021년 5월 7일 11시 현재 전 세계의 인구수는 7,760,893,117명으로 집계되었다(참고 사이트 : http://www.census.gov/popclock/).
희망연봉은 3,200만 원이나 실제로는 400여만 원 가량 적은 2,840만 원을 받았다(참고: 한국고용정보원, 잡코리아).
대통령 선거 한 달을 앞두고 실시한 여론조사 결과, A후보의 지지율은 58%, B후보의 지지율은 42%로 조사되었다(여론조사 기관인 A사의 발표).

이와 같은 조사 결과들은 대부분의 경우 모집단 전체를 조사한 전수조사의 결과가 아니라 표본조사의 결과를 토대로 모집단의 특성을 예측한 것입니다. 표본으로부터 얻은 결과를 이용하여 모집단의 특성을 예측하는 과정을 통계적 추론(statistical inference)이라 합니다.
앞서의 의문점들에 대해 알고 싶은 것은 모집단의 모수(모집단 평균, 표준편차)이나, 전수조사는 조사시간과 비용 등의 여러 문제로 인해 많은 어려움이 있고, 어떤 경우에는 조사 자체가 불가능한 경우도 발생하므로 모집단으로부터 선택한 일부분의 구성단위인 표본(sample)을 선택하고, 표본의 결과(표본평균, 표본분산 등)를 토대로 모집단의 성격과 특징을 파악하고자 합니다.
통계적 추론은 추정(estimation)과 가설검정(hypothesis testing)으로 분류되며 이 장에서는 추정에 대해서 설명하고, 가설검정은 8장에서 설명합니다.

추정은 모집단에서 추출한 표본의 결과를 이용하여 모집단의 모수를 추측하는 과정을 말하며 추정 방법에는 점추정(point estimation)과 구간추정(interval estimation)이 있습니다. 점추정은 오직 하나의 값으로 모수를 추정하는 것이고, 구간추정은 모수가 포함될 것이라고 기대하는 범위(모수의 신뢰구간)를 추정하는 것입니다.

추정량과 추정치 그리고 표본 통계량

추정량(estimator)은 모집단의 모수를 추정하기 위해 사용하는 공식이나 함수식을 말하며, 추정치(estimate)는 추정량이라는 공식에 실제 표본의 데이터를 대입하여 계산된 결과 값을 말합니다. 표본 통계량(statistic)은 표본으로부터 얻어진 표본평균($\overline{X}$), 표본분산(S^2)을 의미합니다.

7.1 오직 하나의 값으로 모집단의 특성을 추정

점추정(point estimation)은 오직 하나의 값으로 모수를 추정하는 것입니다. 따라서 모집단의 평균(μ)을 추정하기 위한 추정량으로 표본평균, 표본 중앙값, 표본 최빈값을 생각할 수 있는데 이러한 추정량 중에서 선택을 하기 위한 기준이 있어야 합니다.

참고 1 좋은 추정량의 선택 기준

불편성: 불편성(unbiasedness)은 편의(biased)가 없다는 뜻으로 추정량의 기댓값이 모수와 같으면 불편성을 만족하는 것이고, 이러한 추정량을 불편 추정량(unbiased estimator)이라 합니다. 불편 추정량으로 표본평균($\overline{X}$)과 표본분산(S^2)을 들 수 있습니다. 아래 왼쪽의 공식과 [그림 7-1]은 표본평균의 기댓값, 즉 표본평균의 평균이 모집단 평균과 같아짐을 의미합니다.

$$E(\overline{X})=\mu$$

$$E(S^2)=\frac{1}{n-1}E\left[\sum_{i=1}^{n}(X_i-\overline{X})^2\right]=\sigma^2$$

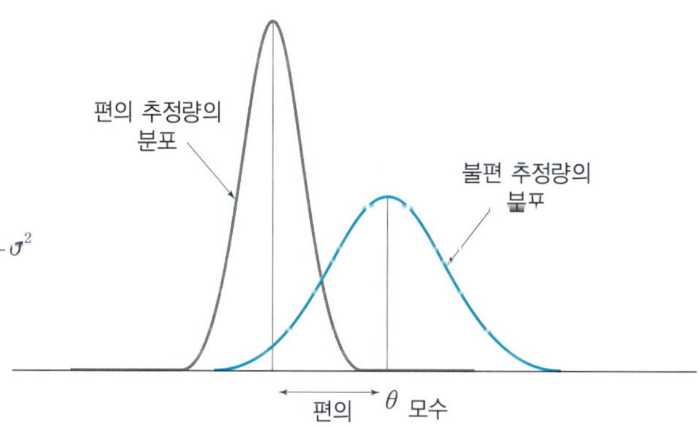

[그림 7-1] 추정량의 분포

효율성: 위의 공식과 [그림 7-1]과 같이 추정량이 불편성을 만족한다고 하더라도 분산이 크다면 편의가 있는 추정량보다 더 낫다고 할 수 없습니다. 효율성(efficiency)은 추정량 중에서 분산이 작은 추정량이 갖는 성질을 의미합니다. [그림 7-2]에서 추정량 $f(\hat{\theta}_1)$은 $f(\hat{\theta}_2)$보다 효율적이라고 할 수 있습니다. 표본평균은 표본 중위수와 표본 최빈값보다 분산이 작으므로 효율적인 추정량입니다.

일치성: 일치성(consistency)은 [그림 7−3]과 같이 표본의 크기가 증가할수록 추정량이 모수에 일치함을 의미합니다. 표본평균은 표본의 크기가 커질수록 모집단 평균과 같아지는 일치성의 성질을 만족합니다.

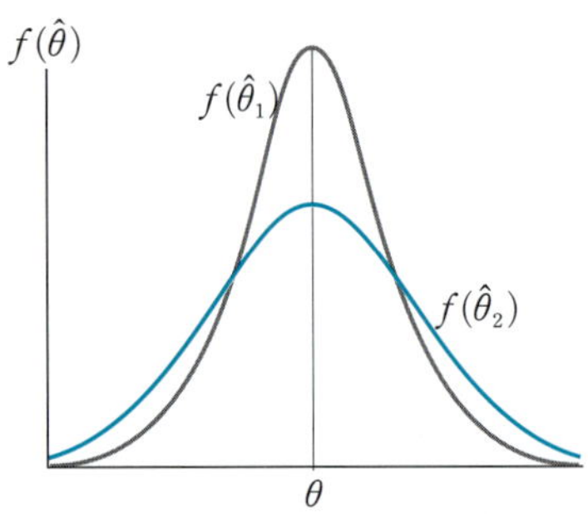

[그림 7−2] 효율성

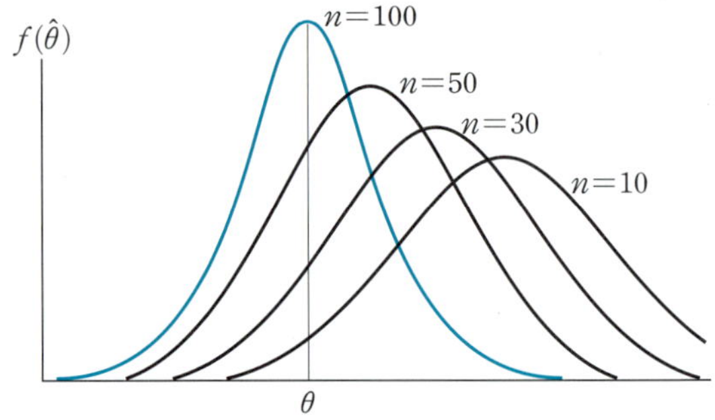

[그림 7−3] 일치성

예를 들어 우리나라 대학생의 월 평균 생활비를 조사하기 위해 전국 대학을 대상으로 1,500명의 표본을 뽑아 조사한 결과, 표본 평균 $\overline{X}=325{,}000$원이라는 결과를 얻었다고 가정합니다.

모집단	표본	표본평균($\overline{X}$)
우리나라 대학생 전체의 월 평균 생활비	대학생 1,500명의 월 평균 생활비	325,000원

점추정에 있어서 모집단 평균에 대한 추정량으로 표본평균은 불편성, 효율성, 일치성의 성질을 갖는 추정량이므로 앞의 결과로부터 우리나라 전체 대학생의 월 생활비(모집단 평균 μ)는 325,000원일 것으로 추정합니다.

그런데 점추정은 추정량을 이용하여 계산한 추정치가 얼마나 정확한가에 대한 정보를 주지 못합니다. 이 예에서 점추정의 추정량으로 표본평균을 사용할 경우, 앞의 조사와 다른 표본을 선택한다면 추정치가 달라질 수 있고, 분산의 정보도 없기 때문에 모집단 평균을 추정한 값이 얼마나 정확한지를 나타낼 수 없습니다.

따라서 표본평균을 이용한 점추정에서 모집단 평균과의 표본평균 간에 차이(오차)가 발생하는데, 오직 하나의 값(표본평균)으로 모수를 추정한다면 표본으로부터 얻은 표본평균($\overline{X}$)이 모집단 평균(μ)과 얼마나 가까운가에 대한 어떠한 정보(추정의 정확도)도 제공해 주지 못합니다. 이러한 단점을 보완하기 위해 구간추정(모수의 신뢰구간)을 사용합니다.

7.2 모집단의 평균이 있을 만한 구간을 추정

모집단 전체를 조사할 수 있을 정도로 모집단의 크기가 비교적 작을 경우에는 모집단 전체를 조사하는 전수조사를 통하여 정확한 모집단 평균을 알아 낼 수 있지만, 대부분의 경우 모집단 전체를 조사한다는 것은 불가능한 일이므로 정확한 모평균은 알 수 없습니다.

구분	통계 조사 목적	모집단
통계 조사 1	A대학 경영학과 학생들의 평균 키	A대학 경영학과 학생 전체의 키
통계 조사 2	우리나라 대학생의 평균 키	우리나라 대학생 전체의 키

통계 조사 1의 경우 모집단의 크기는 A대학 경영학과 학생 전체의 키가 될 것이고, 학생 전체를 대상으로 계산한 표본평균은 모집단 평균과 일치할 것입니다. 그러나 통계 조사 2의 경우 모집단의 크기는 우리나라 대학생 전체(2011년 기준 약 300만명)가 되므로 이를 모두 조사한다는 것은 거의 불가능한 일이므로 표본을 선택해야 하는데, 표본의 크기는 모집단보다 적을 것이므로 표본을 선택하여 얻게 될 표본평균($\overline{X}$)은 실제 모집단 평균(μ)과 일치하지 않으므로 차이가 있습니다. 이러한 차이(예로 $|\overline{X}-\mu|$)를 표본오차(sampling error) 또는 추정오차(estimation error)라 합니다.

따라서 전수조사를 한다면 표본오차는 없으므로 0이 될 것이고, 표본을 이용한다면 필연적으로 표본오차가 발생합니다. 그러나 표본의 크기를 증가시킨다면 표본오차의 크기는 감소할 것입니다.

구분	모집단의 크기	표본 크기(n)	표본평균($\overline{X}$)과 모평균(μ)과의 차이
통계 조사 1	A대학 경영학과 학생 전체가 200명이라 가정	200	$\overline{X}=\mu$ 또는 $\overline{X}-\mu=0$
통계 조사 2	우리나라 대학생 전체가 약 300만명이라 가정	7,000	$\overline{X}\neq\mu$ 또는 $\overline{X}-\mu\neq 0$

구간추정(interval estimation)은 점추정과는 달리 모수가 포함될 것이라고 기대하는 범위를 설정하여 모수를 추정하는 방법입니다. 따라서 모집단 평균 μ에 대한 구간추정은 다음과 같이 μ를 중심으로 일정한 간격으로 추정하는 것입니다.

$L \leq \mu \leq U$

L : 구간의 하한 값(lower bound)
U : 구간의 상한 값(upper bound)

그리고 추정한 구간에 대한 신뢰성의 크기를 확률$(1-\alpha)$을 이용하여 표시합니다. 이때 α는 오차확률로 표본을 이용하게 됨으로써 필연적으로 발생하는 표본오차를 의미합니다.

[식 7-1]은 모집단 평균 μ가 구간 L과 U 사이에 존재할 확률인 $P(L \le \mu \le U)$를 α를 이용하여 $100 \times (1-\alpha)\%$로 나타낸 것으로, 이때 $100 \times (1-\alpha)\%$를 신뢰수준(confidence level)이라 합니다. α의 크기로 0.05를 사용한다면 신뢰수준은 95%가 되고 이때 L과 U 사이의 구간을 모집단 평균 μ에 대한 95% 신뢰구간이라 합니다.

$$P(L \le \mu \le U) = 100 \times (1-\alpha)\% \qquad \text{[식 7-1]}$$
$$P(L \le \mu \le U) = 100 \times (1-0.05)\% = 95\%$$

어느 한 학생이 우리나라 대학생의 평균 키를 추정하는데 있어서, "100% 자신하는데 평균 키는 1m 이상 2m 이하가 될 거야."라고 할 때 이렇게 평균 키를 추정하는 것이 의미가 있을까요? 여기서 100%의 자신감이란 신뢰수준이 100%(오차확률 $\alpha=0$)가 된다는 것인데, 신뢰수준을 높게 하면 신뢰구간의 폭은 넓어지게 됩니다.

추정은 모집단에서 추출한 표본의 결과를 이용하여 모집단의 모수를 추측하는 것이기에 오차확률인 α는 필연적으로 발생하는 것이므로 이를 감수하더라도 의미 있는 신뢰구간을 추정해야 합니다.

점추정과 마찬가지로 구간추정 역시 표본으로부터 계산된 표본평균 $\overline{X}$를 이용하여 L과 U를 추정합니다. 그런데 표본평균 $\overline{X}$는 표본에 따라 달라지며, 표본평균 $\overline{X}$가 달라진다는 것은, 동일한 크기의 신뢰수준을 사용하더라도 표본에 따라 추정한 L과 U가 달라질 수 있음을 의미합니다. 따라서 $P(L \le \mu \le U) = 0.95$를 해석할 때 모집단 평균 μ가 L과 U 사이에 있을 확률이 95%가 된다기보다 추정된 구간 L과 U가 모집단 평균 μ를 포함하게 될 것이라는 믿음의 정도(신뢰성의 수준)가 95%가 된다는 의미로 해석합니다. 이에 대해서는 다음 절에서 자세하게 설명합니다.

모집단 평균 μ에 대한 신뢰구간을 추정할 때, 이론적으로 모집단 표준편차인 σ의 실제 값을 알고 있느냐에 따라 통계량(예를 들어 표본평균 $\overline{X}$)의 표본분포가 달라집니다. 모집단 표준편차를 알고 있고, 모집단이 정규분포를 따른다면 표본평균 $\overline{X}$는 정규분포를 따르지만, 모집단이 정규분포를 따르지 않는다고 하더라도 표본의 크기가 충분히 크다면 중심극한정리에 의해 표본평균 $\overline{X}$가 정규분포를 따른다고 할 수 있습니다.

그러나 일반적(현실적)으로 모집단 표준편차를 모르는 경우가 많으며 이 경우 표본평균 $\overline{X}$는 정규분포가 아닌 t분포를 따르게 되며, 정규분포가 아닌 t분포를 이용하여 신뢰구간을 추정하지만, 표본의 크기가 충분히 클 때 t분포는 정규분포에 접근하므로 정규분포를 이용할 수 있으며 모집단 표준편차(σ) 대신 표본 표준편차(S)를 이용합니다.

7.2.1 모집단 표준편차를 알고 있는 경우의 구간추정

모집단 표준편차를 알고 있는 경우의 구간추정에서 표본평균 $\overline{X}$에 대해 사용할 표본분포는 〈표 7−1〉과 같습니다.

구분	모집단이 정규분포를 따름	모집단이 정규분포를 따르지 않음
대표본 $n \geq 30$	$\overline{X} \sim N\left(\mu, \frac{\sigma^2}{n}\right)$ $Z=\frac{\overline{X}-\mu}{\sigma/\sqrt{n}} \sim N(0, 1)$	$\overline{X} \sim ?$ $Z=\frac{\overline{X}-\mu}{\sigma/\sqrt{n}} \sim N(0, 1)$
소표본 $n < 30$	$\overline{X} \sim N\left(\mu, \frac{\sigma^2}{n}\right)$ $Z=\frac{\overline{X}-\mu}{\sigma/\sqrt{n}} \sim N(0, 1)$	비모수적 방법을 이용하므로 생략함

〈표 7−1〉 모집단 표준편차를 알고 있는 경우 표본평균 $\overline{X}$에 대한 분포

모집단이 정규분포를 따른다면 표준편차(σ)를 알고 있는 경우 모집단 평균(μ)에 대한 구간추정은 표본의 크기에 상관없이 정규분포를 이용합니다. 표본의 크기가 n인 경우 표본평균 $\overline{X}$의 분포는 $\overline{X} \sim N\left(\mu, \frac{\sigma^2}{n}\right)$인 정규분포를 따르며 추정하려는 L과 U의 위치는 [그림 7−4]와 같습니다.

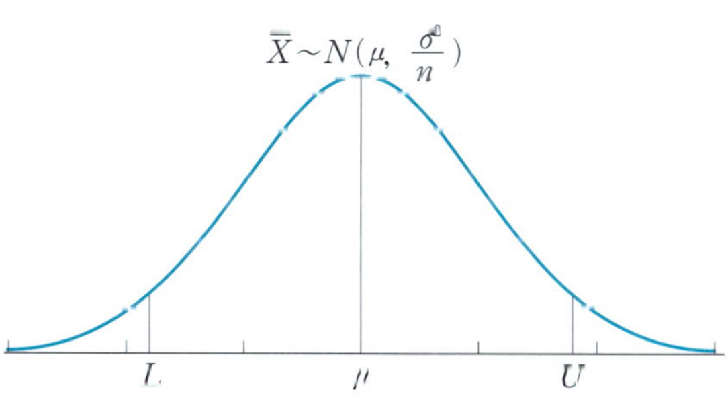

[그림 7−4] 표본평균 $\overline{X}$의 분포에서 L과 U의 위치

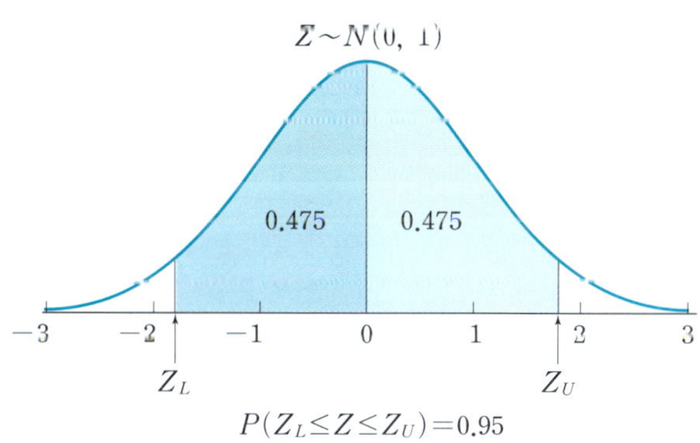

[그림 7−5] 표준정규분포 상에 표시한 L과 U의 표준화

따라서 신뢰수준을 95%(α=0.05)로 하여 L과 U를 추정하기 위해서 우선 [그림 7-5]에서 좌측 부분의 면적(0.475)과 우측부분의 면적(0.475)의 합이 0.95가 되는 Z_L과 Z_U를 찾아야 합니다. 표본평균 $\overline{X}$가 정규분포를 따르므로 이를 표준화하여 표준정규분포 상에 나타내면 [그림 7-6]과 같습니다. [그림 7-6]에서 좌측과 우측 면적이 0.95가 되는 Z_L과 Z_U는 각각 −1.96과 1.96이고 이를 식으로 나타내면 [식 7-2]와 같습니다.

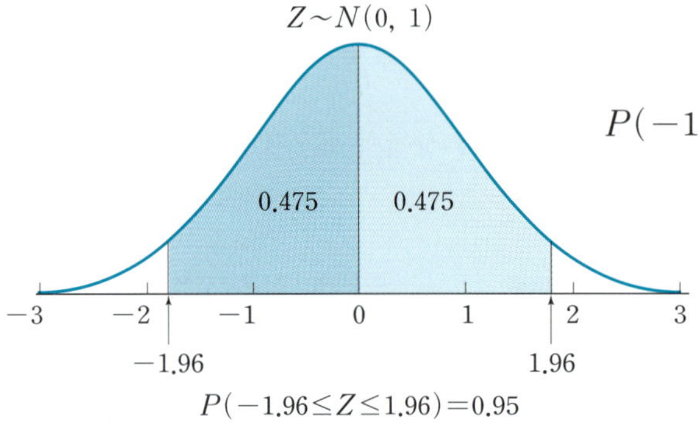

$$P(-1.96 \le Z \le 1.96) = 1 - 0.05 = 0.95$$

[식 7-2]

[그림 7-6] L과 U의 표준화

이때 표준화는 $Z = \dfrac{\overline{X}-\mu}{\sigma/\sqrt{n}}$이므로 위 [식 7-2]에 Z를 대입하여 다음과 같은 식으로 표현할 수 있습니다.

$$P\left(-1.96 \le \frac{\overline{X}-\mu}{\sigma/\sqrt{n}} \le 1.96\right) = 0.95$$

[식 7-3]

그런데 구간 추정은 표본으로부터 얻은 표본평균 $\overline{X}$를 이용하여 추정하는 것이므로 [식 7-3]을 모집단 평균 μ를 중심으로 부등식을 나타내면 [식 7-4]로 나타낼 수 있습니다.

$$P\left(-1.96\frac{\sigma}{\sqrt{n}} \le \overline{X}-\mu \le 1.96\frac{\sigma}{\sqrt{n}}\right)$$
$$= P\left(\overline{X}-1.96\frac{\sigma}{\sqrt{n}} \le \mu \le \overline{X}+1.96\frac{\sigma}{\sqrt{n}}\right) = 0.95$$

[식 7-4] μ에 대한 95% 신뢰구간

이제 추정된 구간을 정규분포상에 나타내면 [그림 7-7]과 같습니다.

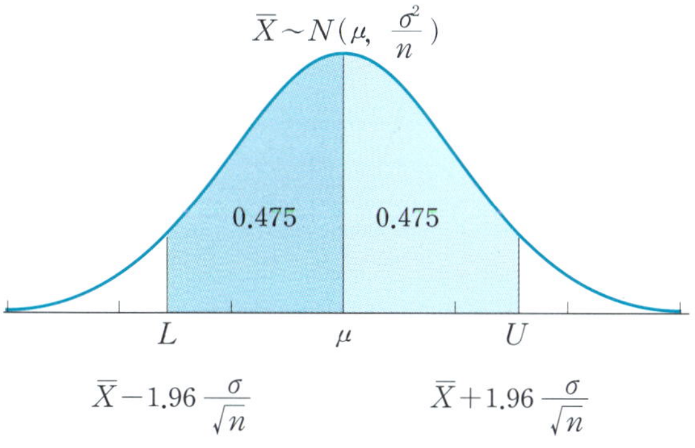

[그림 7-7] μ에 대한 95% 신뢰구간

[식 7－4]와 [식 7－1]로부터 신뢰수준 95% 하에서 추정한 모집단 평균의 신뢰구간 L과 U는 다음과 같습니다.

$$P(L \leq \mu \leq U) = 100 \times (1-\alpha)\%$$

$$P(L \leq \mu \leq U) = 100 \times (1-0.05)\% = 95\% \qquad \text{[식 7-1]}$$

$$L : \bar{X} - 1.96\frac{\sigma}{\sqrt{n}}$$

$$U : \bar{X} + 1.96\frac{\sigma}{\sqrt{n}} \qquad \text{[식 7-5]}$$

[식 7－5]는 신뢰성의 크기를 95%로 하여 모집단 평균의 신뢰구간을 추정한 결과이며, 신뢰구간 L과 U는 표본 평균 값에 따라 달라집니다. 따라서 확률이라는 말 대신 신뢰성을 사용한 것은 추정된 구간 L과 U가 모집단 평균 μ를 포함하게 될 것이라는 믿음의 정도가 95%가 된다는 의미이지 모집단 평균 μ가 L과 U 사이에 있을 확률이 95%가 된다는 의미가 아닙니다.

참고 2 **신뢰수준 95%의 신뢰구간은 모집단 평균 μ를 포함하게 될 것이라는 믿음의 정도가 95%?**

예를 들어 우리나라 대학생의 한 날 생활비를 조사하기 위해 100개의 기관이 조사를 한다고 가정합니다. 모집단은 우리나라의 대학생 전체가 될 것이고, 모든 기관의 표본 수는 동일하다고 가정합니다. 100개의 조사 기관으로부터 다음과 같이 100개의 표본평균 $\bar{X}$가 계산될 것입니다.

$\bar{X}_1, \bar{X}_2, \cdots, \bar{X}_{100}$

모든 100개의 기관이 95%의 신뢰수준으로 모집단 평균 μ에 대한 95% 신뢰구간을 계산한다면 다음의 그림과 같이 나타낼 수 있습니다. 표본의 크기가 동일하다고 가정하였기에 $1.96\frac{\sigma}{\sqrt{n}}$의 크기(구간의 폭)는 같지만 표본평균은 달라질 수 있으므로 그림과 같이 추정한 95% 신뢰구간이 모집단 평균 μ를 포함할 수도 있고($\bar{X}_1$, $\bar{X}_2$, $\bar{X}_{99}$의 경우), 모집단 평균 μ를 포함하지 않을 수도 있는 것($\bar{X}_3$, $\bar{X}_{100}$의 경우)입니다.

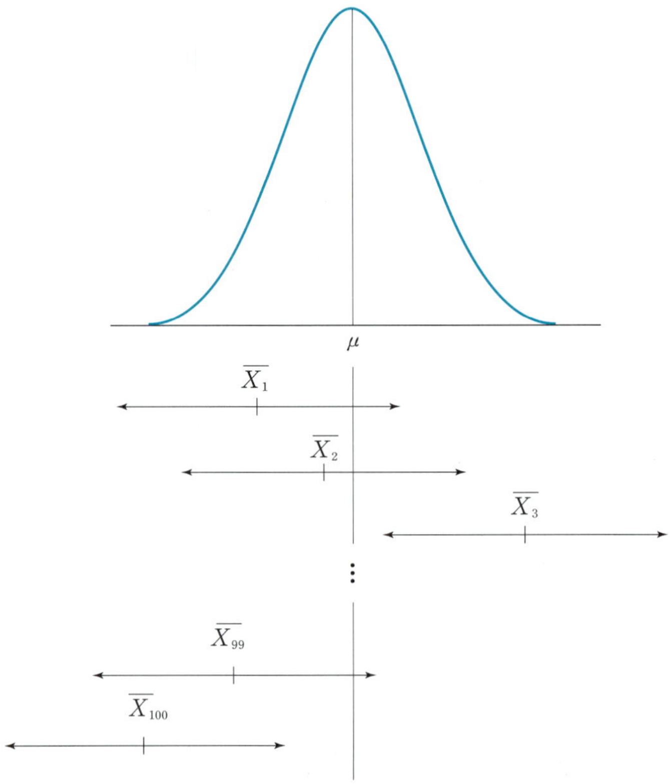

[모집단 평균 μ에 대한 100개의 95% 신뢰구간]

결국 신뢰수준 95%의 신뢰구간이란 100개의 신뢰구간 중에서 95개(95%)가 모집단 평균을 포함하는 구간이라는 의미로, 추정된 구간 L과 U가 모집단 평균 μ를 포함하게 될 것이라는 믿음의 정도가 95%가 된다는 것입니다.

엑셀에서 신뢰구간을 계산할 경우 데이터가 주어진 경우에는 엑셀의 리본 탭에서 [데이터]탭 ➡ [데이터 분석] ➡ [기술 통계법]을 이용할 수 있습니다. 만약 데이터가 주어지지 않고 평균과 표준편차에 대한 정보만 주어진다면 모집단 표준편차를 알고 있는가에 따라 정규분포를 이용하거나 t분포를 이용해야 합니다.

예제 7-1 **모집단 표준편차를 알고 있는 경우, 모집단 평균에 대한 구간추정(신뢰수준 95%)**

우리나라 대학생의 월 평균 생활비에 대해 조사를 하고자 한다. 전국의 대학생에 대해 100명을 무작위로 선택하여 월 평균 생활비를 조사한 결과는 250,000원이었다. 모집단 표준편차(σ)는 100,000원으로 알려져 있다고 한다. 월 평균 생활비에 대한 95% 신뢰구간을 추정하시오.

[풀이]

이 예제는 데이터가 주어지지 않은 상태에서 신뢰구간을 계산하는 문제이므로 엑셀의 [기술 통계법]을 이용할 수 없고, [식 7－4]와 [식 7－5]를 이용하여 계산합니다. 이 예제에서 모집단 분포에 대한 가정이 없어도 표본의 크기 n이 100개($n \geq 30$)이므로 중심극한정리에 의해 표본평균 $\overline{X}$의 분포는 $N\left(\mu, \frac{\sigma^2}{n}\right)$인 정규분포를 따르며, 모집단 표준편차를 알고 있는 경우이므로 표준정규분포를 이용하여 신뢰구간을 계산할 수 있습니다.

$n=100$, 표본평균 $\overline{X}=250{,}000$, 모집단 표준편차 $\sigma=100{,}000$라 할 때 모집단 평균(μ)에 대한 95% 신뢰구간은 [식 7－5]에 의해 다음과 같습니다.

$$\left(\overline{X}-1.96\frac{\sigma}{\sqrt{n}},\ \overline{X}+1.96\frac{\sigma}{\sqrt{n}}\right)$$

위 신뢰구간에 각각의 값을 대입하면

$\left(250000-1.96\frac{100000}{\sqrt{100}},\ 250000+1.96\frac{100000}{\sqrt{100}}\right)$이므로 우리나라 대학생의 월 평균 생활비에 대한 95% 신뢰구간은 (230,400원, 269,600원)입니다.

참고 3 여론조사에서의 신뢰수준과 표본오차

대통령 선거를 포함하여 국회의원을 선출하는 시기가 되면 여러 방송사와 신문사에서 유권자인 성인 남녀를 대상으로 다음과 같은 내용의 후보자 지지율을 발표합니다.

"A후보는 28%, B후보는 30% 그리고 C후보는 15%이며 이는 95% 신뢰수준에서 표본오차는 ±3% 포인트입니다."

정확한 지지율을 알기 위해서는 모든 유권자를 대상으로 조사해야 하지만 이것은 선거의 결과로 나타나게 되는 것이므로, 결과 이전에 지지율을 예측하는 데 목적이 있으며 표본의 결과를 이용합니다.

지지율에 대한 신뢰수준은 표본으로부터 계산된 지지율의 확실성(정확성) 정도를 표현하는 것으로 위의 발표 내용은 동일한 조사를 100번 실시했다고 가정할 경우 95번은 A후보의 지지율은 25%～31%, B후보는 27%～33% 그리고 C후보는 12%～18%가 된다는 의미로 해석할 수 있습니다.

따라서 A후보와 B후보 간의 지지율 차이인 2% 포인트는 표본오차의 범위인 ±3% 포인트 내에 속하므로 어떤 후보가 앞서고 있다고 단정할 수 없습니다.

그러나 표본오차의 크기는 표본의 크기에 따라 달라지므로 표본오차는 조사 결과의 신뢰성과 정확성을 판단하는 근거가 됩니다.

앞에서는 모집단 평균(μ)에 대한 95% 신뢰구간을 계산하였습니다. 모집단 평균 μ에 대한 99% 신뢰구간은 [그림 7－5]와 [식 7－2]를 응용하여 나타내면 [식 7－6]과 같습니다.

$$P(-2.57 \le Z \le 2.57) = 0.99 \qquad \text{[식 7-6]}$$

이때 표준화는 $Z = \dfrac{\overline{X}-\mu}{\sigma/\sqrt{n}}$이므로 [식 7－3]과 같이 [식 7－6]에 Z를 대입하면 [식 7－7]로 표현할 수 있습니다.

$$P\left(-2.57 \le \frac{\overline{X}-\mu}{\sigma/\sqrt{n}} \le 2.57\right) = 0.99 \qquad \text{[식 7-7]}$$

구간 추정은 표본으로부터 얻은 표본평균 $\overline{X}$를 이용하여 모집단 평균 μ를 추정하는 것이므로 [식 7－7]을 [식 7－4]와 같이 모집단 평균 μ를 중심으로 부등식을 나타내면 [식 7－8]과 같이 나타낼 수 있으며 이렇게 추정된 구간을 99% 신뢰구간이라 합니다.

$$P\left(\overline{X}-2.57\frac{\sigma}{\sqrt{n}} \le \mu \le \overline{X}+2.57\frac{\sigma}{\sqrt{n}}\right) = 0.99 \qquad \text{[식 7-8] } \mu\text{에 대한 99\% 신뢰구간}$$

예제 7-2 **모집단 표준편차를 알고 있는 경우 모집단 평균에 대한 구간추정(신뢰수준 99%)**

[예제 7－1]에 대해서 99% 신뢰수준으로 모집단 평균에 대한 신뢰구간을 계산하여 추정하시오.

[풀이]

모집단 표준편차를 알고 있으므로 표준정규분포를 이용합니다. $n=100$, 표본평균 $\overline{X}=250{,}000$, 모집단 표준편차 $\sigma=100{,}000$라 할 때 모집단 평균(μ)에 대한 99% 신뢰구간은 다음과 같습니다.

$$P\left(\overline{X}-2.57\frac{\sigma}{\sqrt{n}} \le \mu \le \overline{X}+2.57\frac{\sigma}{\sqrt{n}}\right) = 0.99$$

위 신뢰구간에 값을 대입하면

$\left(250000-2.57\dfrac{10000}{\sqrt{100}},\ 250000+2.57\dfrac{10000}{\sqrt{100}}\right)$이므로 우리나라 대학생의 월 평균 생활비에 대한 99% 신뢰구간은 (224,300원, 275,700원)로 95% 신뢰구간인 (230,400원, 269,600원)보다 추정된 구간의 폭이 커짐을 알 수 있습니다.

α에 초점을 둔 신뢰구간 추정

앞에서는 신뢰수준$(1-\alpha)$에 초점을 두어 신뢰구간을 설명하였으나 신뢰수준은 α를 이용하여 $100\times(1-\alpha)\%$로 나타낸 것이므로 α에 초점을 두고 신뢰구간을 설명할 수 있습니다. 예를 들어 $\alpha=0.05$라면 신뢰수준은 95%가 되는데 [그림 7－7]은 신뢰수준은 95%에 초점을 두고 표시한 것이고 [그림 7－8]은 α에 초점을 두고 표준정규분포 상에 표시한 것입니다.

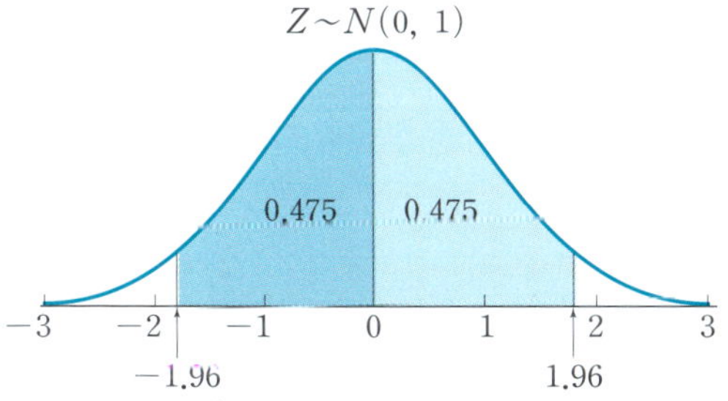

[그림 7-7] 신뢰수준 95%에 대한 면적

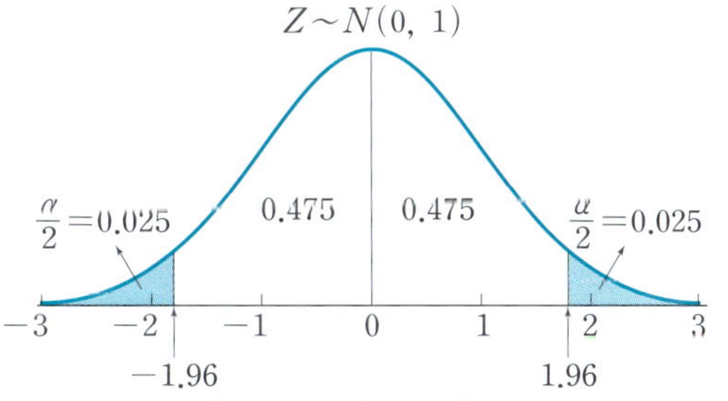

[그림 7-8] $\alpha=0.05$의 위치와 면적

신뢰수준을 95%$(\alpha=0.05)$로 하여 식 $P(L\le\mu\le U)=100\times(1-0.05)\%=95\%$에 대해 L과 U를 추정하는 것은 [그림 7－8]의 표준정규분포에서 좌측 꼬리부분의 면적$\left(\frac{\alpha}{2}=0.025\right)$과 우측 꼬리부분의 면적$\left(\frac{\alpha}{2}=0.025\right)$의 합이 $0.05(\alpha)$가 되는 Z_L과 Z_U를 찾는 것이며, [그림 7－8]에서 좌측 꼬리부분의 면적과 우측 꼬리부분의 면적이 각각 $\frac{\alpha}{2}=0.025$가 되는 Z_L과 Z_U는 각각 -1.96과 1.96이 되므로 신뢰수준 95%로 계산한 신뢰구간과 $\alpha=0.05$를 이용하여 계산한 신뢰구간은 같습니다. 신뢰수준 $100\times(1-\alpha)\%$에 대해 모집단 평균 μ에 대한 신뢰구간은 일반적으로 [식 7－9]와 같이 표현합니다.

$$\left(\overline{X}-Z_{\alpha/2}\frac{\sigma}{\sqrt{n}},\ \overline{X}+Z_{\alpha/2}\frac{\sigma}{\sqrt{n}}\right)$$

[식 7-9] 신뢰수준 $100\times(1-\alpha)\%$에서 평균 μ에 대한 신뢰구간

참고 4 표본의 크기를 증가시킬 경우 표본오차의 크기는 얼마나 줄어드는가?

앞에서 표본의 크기를 증가시킬 경우 표본오차의 크기는 줄어든다고 하였습니다. 그러면 표본의 크기를 증가시킬 경우 표본오차의 크기는 얼마나 줄어들게 될까?

신뢰수준 $100\times(1-\alpha)\%$에 대해 모집단 평균 μ에 대한 신뢰구간은 모집단 표준편차인 σ를 알고 있을 경우 다음과 같이 표현합니다.

$$\left(\overline{X}-Z_{\alpha/2}\frac{\sigma}{\sqrt{n}},\ \overline{X}+Z_{\alpha/2}\frac{\sigma}{\sqrt{n}}\right)$$

이때 $Z_{\alpha/2}\frac{\sigma}{\sqrt{n}}$을 표본오차 또는 오차한계라 하며 $Z_{\alpha/2}$는 신뢰수준에 따라 정해지므로 표본오차의 크기는 결국 표준오차인 $\sigma/\sqrt{n}$에 의해 결정되며, 이는 결국 표본의 크기 n에 의해 영향을 받게 됩니다. $Z_{\alpha/2}$와 σ가 고정된 상태에서 표본의 크기 n을 변화시킬 때 $1/\sqrt{n}$의 크기는 다음과 같습니다.

구분	$n=100$	$n=400$	$n=1000$
$\frac{1}{\sqrt{n}}$	$\frac{1}{\sqrt{100}}=0.1$	$\frac{1}{\sqrt{400}}=0.05$	$\frac{1}{\sqrt{1000}}=0.03$

만약 $n=100$인 경우 표본오차의 크기를 E로 한다면 표본의 크기를 네 배($n=400$)로 늘리면 표본오차는 $E/2$로, 표본의 크기를 열 배($n=1000$)로 늘리면 $E/3$로 줄어들게 됩니다. 따라서 신뢰수준을 동일하게 유지하더라도 표본의 크기를 늘리면 추정된 신뢰구간의 폭은 좁아지게 됩니다.

7.2.2 모집단 표준편차를 모르는 경우의 구간추정

모집단 표준편차(σ)를 모르는 경우의 구간추정에서 표본평균 $\overline{X}$에 대해 사용할 표본분포는 〈표 7－2〉와 같습니다.

구분	모집단이 정규분포를 따름	모집단이 정규분포를 따르지 않음
대표본 $n\geq 30$	$\overline{X}\sim N\left(\mu,\ \frac{S^2}{n}\right)$ $Z=\frac{\overline{X}-\mu}{S/\sqrt{n}}\sim N(0,\ 1)$	$\overline{X}\sim ?$ $Z=\frac{\overline{X}-\mu}{S/\sqrt{n}}\sim N(0,\ 1)$
소표본 $n<30$	$\overline{X}\sim N\left(\mu,\ \frac{S^2}{n}\right)$ $t=\frac{\overline{X}-\mu}{S/\sqrt{n}}\sim t(n-1,\ \alpha)$	비모수적 방법을 이용하므로 생략함.

〈표 7－2〉 모집단 표준편차를 모르는 경우 표본평균 $\overline{X}$에 대한 분포

모집단의 표준편차(σ)를 모르고, 표본의 크기가 $n<30$인 경우에는 정규분포를 이용할 수 없고, 자유도가 $(n-1)$인 t분포를 이용하며 모집단 표준편차는 표본 표준편차(S)로 대체하여 다음과 같이 계산합니다.

$$t=\frac{\overline{X}-\mu}{S/\sqrt{n}} \sim t(n-1,\ \alpha) \qquad S=\sqrt{\frac{\sum(X-\overline{X})^2}{n-1}}$$

따라서 모집단의 표준편차(σ)를 모르고 표본의 크기가 $n<30$인 경우, 모집단 평균 μ에 대한 신뢰구간은 [식 7-9]와 같습니다.

$$\left(\overline{X}-t_{\alpha/2}\frac{S}{\sqrt{n}},\ \overline{X}+t_{\alpha/2}\frac{S}{\sqrt{n}}\right)$$

[식 7-9] 신뢰수준 $100\times(1-\alpha)\%$에서 μ에 대한 신뢰구간

예제 7-3

모집단 표준편차를 모르고 표본의 크기 n이 작은 경우($n<30$)의 구간추정

모집단이 정규분포를 따르고 $n=10$, 표본 평균 $\overline{X}=175$, 표본 표준편차 $S=15$라 할 때 모집단 평균(μ)에 대한 95% 신뢰구간을 계산하시오.

[풀이]

다음과 같은 단계로 계산합니다.

단계	처리할 내용
[단계 1]	t값의 계산
[단계 2]	신뢰수준 95%에 대한 신뢰구간 계산

[단계 1] t값의 계산

t값은 [부록 2]의 t분포표를 이용합니다. t값은 자유도($n-1$)와 α를 가지고 찾습니다. [부록 2]의 t분포표에서 t값과 α의 관계는 [그림 7-9]와 같이 오른쪽 꼬리부분의 면적(α)에 대한 t값을 나타냅니다. 이 예제에서 신뢰수준은 95%이므로 $\alpha=0.05$가 되지만 실제 α는 [그림 7-10]에서와 같이 양쪽 꼬리부분에 $\alpha/2=0.025$를 할당하는 것(7.2.1절의 α에 초점을 둔 신뢰구간 추정 참고)이므로 〈표 7-3〉에서의 α는 0.025를 선택합니다.

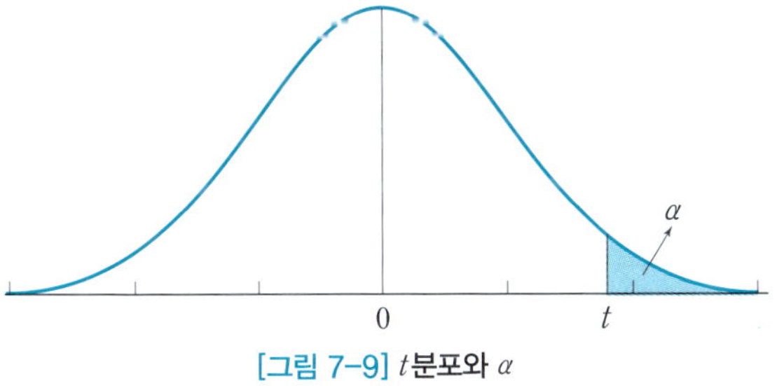

[그림 7-9] t분포와 α

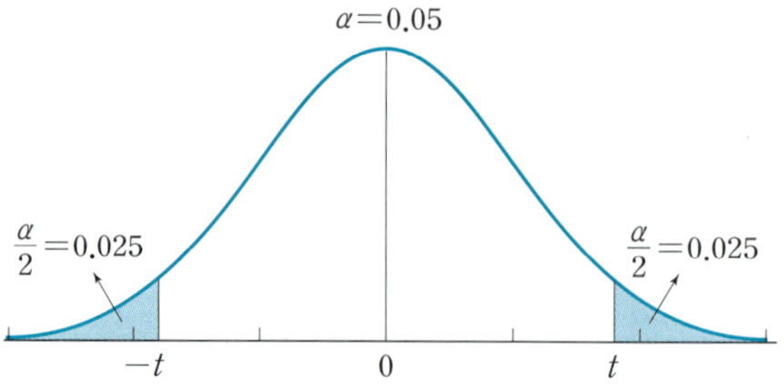

[그림 7-10] t분포와 $\alpha/2$

표본의 크기가 $n=10$이므로 자유도는 $9(=10-1)$이고, $\alpha=0.025$이므로 〈표 7−3〉에서 이 두 개의 값과 일치하는 곳에서 t값을 찾는 것입니다. 찾은 t값은 2.262입니다.

자유도(df) \ α	0.1	0.05	0.025	0.01	0.005
1	3.078	6.314	12.706	31.821	63.657
2	1.886	2.920	4.303	6.965	9.925
3	1.638	2.353	3.182	4.541	5.841
4	1.533	2.132	2.776	3.747	4.604
5	1.476	2.015	2.571	3.365	4.032
6	1.440	1.943	2.447	3.143	3.707
7	1.415	1.895	2.365	2.998	3.499
8	1.397	1.860	2.306	2.896	3.355
9	1.383	1.833	2.262	2.821	3.250
10	1.372	1.812	2.228	2.764	3.169
30	1.310	1.697	2.042	2.457	2.750
100	1.290	1.660	1.984	2.364	2.626
500	1.283	1.648	1.965	2.334	2.586

〈표 7-3〉 t분포표([부록 2] 참고)

〈표 7−3〉에서 찾은 t값을 t분포에 표시하면 [그림 7−11]과 같습니다.

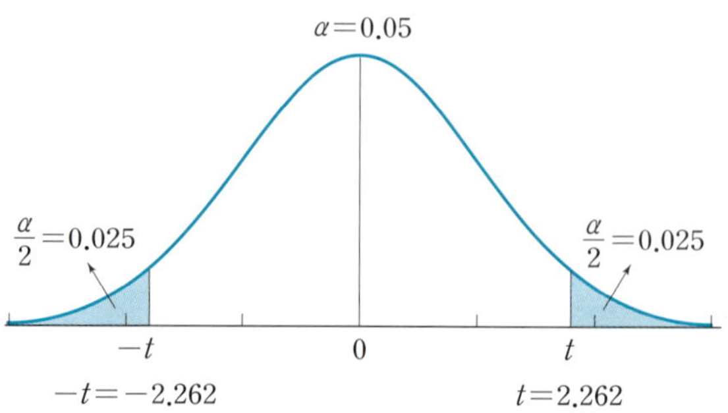

[그림 7-11] t값의 위치

[단계 2] 95% 신뢰구간

신뢰수준 $100 \times (1-\alpha)\%$에서 평균 μ에 대한 신뢰구간은 앞에서 설명한 [식 7－9]와 같습니다.

$$\left(\overline{X}-t_{\alpha/2}\frac{S}{\sqrt{n}},\ \overline{X}+t_{\alpha/2}\frac{S}{\sqrt{n}}\right)$$

[식 7-9] **신뢰수준 $100 \times (1-\alpha)\%$에서 μ에 대한 신뢰구간**

따라서 $n=10$, 표본 평균 $\overline{X}=175$, 표본 표준편차 $S=15$ 그리고 $t=2.262$를 위 식에 대입하면 95% 신뢰구간은 다음과 같습니다.

$$\left(175-2.262\frac{15}{\sqrt{10}},\ 175+2.262\frac{15}{\sqrt{10}}\right)$$

이를 계산하면 95% 신뢰구간은 (164.27, 185.73) 입니다.

예제 7-4

엑셀을 이용한 t값의 계산

앞의 [예제 7－3]에 대해 〈표 7－3〉의 t분포표를 이용하지 않고 엑셀을 이용하여 t값을 계산하시오.

[풀이]

엑셀에서 t값은 함수 TINV(또는 T.INV)를 이용합니다. 함수 TINV의 사용방법은 다음과 같습니다.

TINV	사용	TINV(probability, deg_freedom)	
	인자	probability	α(양측확률)
		deg_freedom	자유도 $(n-1)$
	반환	t분포의 역함수 값을 반환	

〈표 7－3〉에서는 $\alpha/2=0.025$로 사용하였으나 함수 TINV에서의 α는 양측확률을 의미하므로 그대로 $\alpha=0.05$로 사용합니다. 사용 방법은 다음과 같습니다.

	A	B	C
1	α	0.05	
2	자유도	9	
3	t값 함수	=TINV(B1, B2)	
4	t값	2.262157	

계산된 t값은 [예제 7－3]에서 계산한 값과 같이 2.262가 됩니다.

예제 7-5 모집단 표준편차를 모르고 표본의 크기 n이 작은 경우($n<30$)의 구간 추정

A기업에서 생산하는 건전지의 평균수명을 조사하기 위해 생산된 10개의 건전지에 대해 조사한 수명(시간)은 다음과 같다. 모집단은 정규분포를 따르고 이 데이터로부터 모집단 평균에 대한 95% 신뢰구간을 계산하시오.

260 265 250 270 272
258 262 268 270 252

[풀이]

이 예제는 실제 데이터(보조자료: 7장\예제 7－5)가 있는 경우이므로 엑셀의 기술 통계법을 이용하여 신뢰구간을 계산할 수 있습니다. 다음과 같은 단계로 진행합니다.

단계	처리할 내용
[단계 1]	데이터 입력과 기술 통계법 선택
[단계 2]	데이터의 범위 선택과 평균에 대한 신뢰수준 입력
[단계 3]	결과 출력과 해석

[단계 1] 데이터 입력과 기술 통계법 선택

다음의 그림과 같이 데이터를 입력하고 리본 탭에서 [데이터]탭 ➡ [데이터 분석] ➡ [기술 통계법]을 선택합니다.

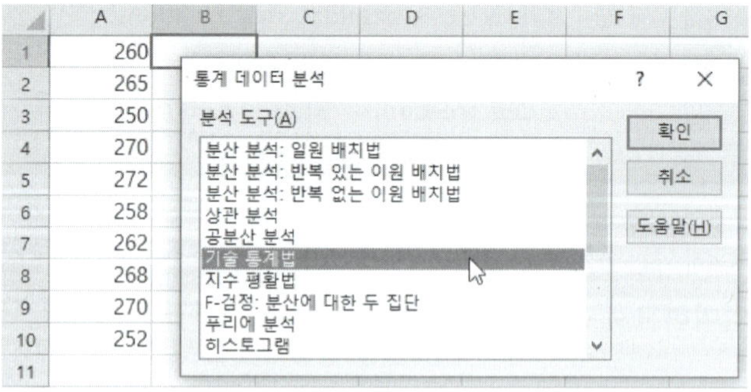

[단계 2] 데이터의 범위 선택과 평균에 대한 신뢰수준 입력

기술 통계법 대화상자에서 데이터의 범위, 출력범위를 입력하고 요약 통계량(S)과 평균에 대한 신뢰 수준(N)에 체크(☑)표시를 한 다음 신뢰수준 %를 입력합니다. 기본적으로 95가 입력되어 있습니다. 모두 입력하였다면 [확인] 버튼을 누릅니다.

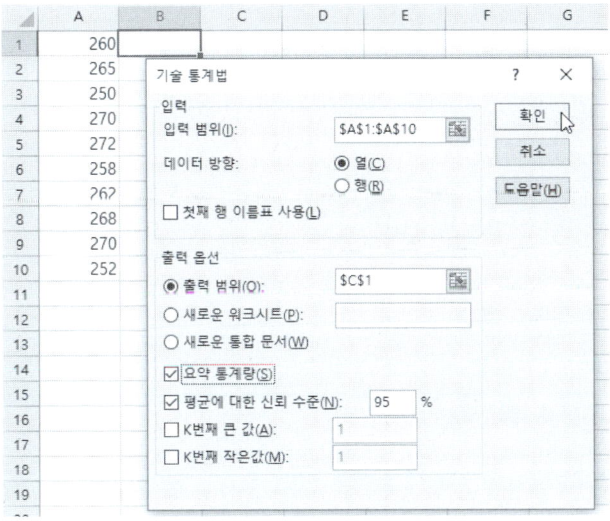

[기술 통계법 대화상자]

	A	B	C	D
1	260		Column1	
2	265			
3	250		평균	262.7
4	270		표준 오차	2.431506
5	272		중앙값	263.5
6	258		최빈값	270
7	262		표준 편차	7.689098
8	268		분산	59.12222
9	270		첨도	-0.98996
10	252		왜도	-0.50528
11			범위	22
12			최소값	250
13			최대값	272
14			합	2627
15			관측수	10
16			신뢰 수준(95.0%)	5.500449

[기술 통계법 결과]

[단계 3] 결과 출력과 해석

모집단 표준편차를 모르는 경우 소표본에 대한 신뢰구간은 다음과 같습니다.

$$\left(\overline{X}-t_{\alpha/2}\frac{S}{\sqrt{n}},\ \overline{X}+t_{\alpha/2}\frac{S}{\sqrt{n}}\right)$$

[기술 통계법 결과]에서 제일 마지막 부분의 신뢰수준(95.9%)의 값이 5.500449가 나오는데, 이 값은 앞의 구간에서 $t_{\alpha/2}\frac{S}{\sqrt{n}}$에 해당합니다. 따라서 모집단 평균에 대한 95% 신뢰구간은 (262.7−5.5, 262.7+5.5)로 (257.2, 268.2)입니다.

참고 5 표본의 크기는 얼마로 해야 하는가?

신뢰수준 $100\times(1-\alpha)\%$에 대해 모집단 평균 μ에 대한 신뢰구간은 모집단 표준편차인 σ를 알고 있을 경우 다음과 같이 표현합니다.

$$\overline{X}\pm Z_{\alpha/2}\frac{\sigma}{\sqrt{n}}$$

구간추정의 경우, 표본의 크기(n)가 증가하면 위 식에서 분모인 $\sqrt{n}$가 커지므로 신뢰구간의 폭이 줄어들고, 반대로 표본의 크기가 감소하면 분모가 작아지므로 신뢰구간의 폭이 늘어납니다. 이때 $Z_{\alpha/2}\frac{\sigma}{\sqrt{n}}$를 오차한계라 하는데 이 크기를 d로 정한다면 α가 주어질 경우 표본의 크기인 n을 다음과 같이 계산할 수 있습니다.

$$d=Z_{\alpha/2}\frac{\sigma}{\sqrt{n}}\rightarrow\sqrt{n}=\frac{Z_{\alpha/2}\sigma}{d}\rightarrow n=\frac{(Z_{\alpha/2})^2\sigma^2}{d^2}$$

만약 모집단 표준편차인 σ를 모른다면 표본 표준편차인 S를 이용할 수 있습니다.

단원 정리

추정

추정은 모집단에서 추출한 표본의 결과를 이용하여 모집단의 모수를 추측하는 과정을 말하며 추정방법에는 점추정과 구간추정이 있다. 점추정은 오직 하나의 값으로 모수를 추정하는 것이고, 구간추정은 모수가 포함될 것이라고 기대하는 범위(모수의 신뢰구간)를 추정하는 것이다.

점추정

모집단 평균에 대한 추정량으로 표본평균은 불편성, 효율성, 일치성의 성질을 갖는 추정량이므로 모집단의 평균에 대한 점추정으로 표본평균을 사용한다.

구간추정

표본평균을 이용한 점추정에서 모집단 평균과의 표본평균 간에 필연적인 차이(오차)가 발생하는데, 오직 하나의 값(표본평균)으로 모수를 추정한다면 표본으로부터 얻은 표본평균($\overline{X}$)이 모집단 평균(μ)과 얼마나 가까운가에 대한 정보(추정의 정확도)를 제공해 주지 못한다. 이러한 단점을 보완하기 위해 구간추정(모수의 신뢰구간)을 사용한다. 구간추정은 점추정과는 달리 모수가 포함될 것이라고 기대하는 범위를 설정하여 모수를 추정하는 방법이다. 모집단 평균 μ에 대한 구간추정은 다음과 같이 μ를 중심으로 일정한 간격으로 추정한다.

$L \le \mu \le U$

L : 구간의 하한 값(lower bound)

U : 구간의 상한 값(upper bound)

표본평균 $\overline{X}$에 대한 표본분포

구분	표본수	모집단이 정규분포를 따를	모집단이 정규분포를 따르지 않을
모집단 표준편차를 알고 있는 경우	대표본 $n \ge 30$	$\overline{X} \sim N\left(\mu, \frac{\sigma^2}{n}\right)$ $Z = \frac{\overline{X}-\mu}{\sigma/\sqrt{n}} \sim N(0, 1)$	$\overline{X} \sim ?$ $Z = \frac{\overline{X}-\mu}{\sigma/\sqrt{n}} \sim N(0, 1)$
	소표본 $n < 30$	$\overline{X} \sim N\left(\mu, \frac{\sigma^2}{n}\right)$ $t = \frac{\overline{X}-\mu}{\sigma/\sqrt{n}} \sim N(0, 1)$	비모수적 방법 이용
모집단 표준편차를 모르는 경우	대표본 $n \ge 30$	$\overline{X} \sim N\left(\mu, \frac{S^2}{n}\right)$ $Z = \frac{\overline{X}-\mu}{S/\sqrt{n}} \sim N(0, 1)$	$\overline{X} \sim ?$ $Z = \frac{\overline{X}-\mu}{S/\sqrt{n}} \sim N(0, 1)$
	소표본 $n < 30$	$\overline{X} \sim N\left(\mu, \frac{S^2}{n}\right)$ $t = \frac{\overline{X}-\mu}{S/\sqrt{n}} \sim t(n-1, \alpha)$	비모수적 방법 이용

모집단 평균 μ에 대한 구간추정(신뢰수준 $100\times(1-\alpha)\%$의 신뢰구간)

구분	표본수	모집단이 정규분포를 따름	모집단이 정규분포를 따르지 않음
모집단 표준편차를 알고 있는 경우	대표본 $n\geq 30$	$\left(\bar{X}-Z_{\alpha/2}\frac{\sigma}{\sqrt{n}}\leq\mu\leq\bar{X}+Z_{\alpha/2}\frac{\sigma}{\sqrt{n}}\right)$	$\left(\bar{X}-Z_{\alpha/2}\frac{\sigma}{\sqrt{n}}\leq\mu\leq\bar{X}+Z_{\alpha/2}\frac{\sigma}{\sqrt{n}}\right)$
	소표본 $n<30$	$\left(\bar{X}-Z_{\alpha/2}\frac{\sigma}{\sqrt{n}}\leq\mu\leq\bar{X}+Z_{\alpha/2}\frac{\sigma}{\sqrt{n}}\right)$	비모수적 방법 이용
모집단 표준편차를 모르는 경우	대표본 $n\geq 30$	$\left(\bar{X}-Z_{\alpha/2}\frac{S}{\sqrt{n}}\leq\mu\leq\bar{X}+Z_{\alpha/2}\frac{S}{\sqrt{n}}\right)$	$\left(\bar{X}-Z_{\alpha/2}\frac{S}{\sqrt{n}}\leq\mu\leq\bar{X}+Z_{\alpha/2}\frac{S}{\sqrt{n}}\right)$
	소표본 $n<30$	$\left(\bar{X}-t_{\alpha/2}\frac{S}{\sqrt{n}}\leq\mu\leq\bar{X}+t_{\alpha/2}\frac{S}{\sqrt{n}}\right)$	비모수적 방법 이용

t값의 계산

t값은 [부록 2]의 t분포표를 이용하거나 엑셀 함수로 계산할 수 있다. t분포표를 이용할 경우, t값은 자유도$(n-1)$와 α를 가지고 찾는다. t분포와 t값 그리고 α의 관계는 아래의 왼쪽 그림과 같이 오른쪽 꼬리부분의 면적(α)에 대한 t값을 나타낸다. 신뢰수준이 95%인 경우, $\alpha=0.05$가 되지만 실제 α는 아래 오른쪽 그림에서와 같이 양쪽 꼬리부분에 $\alpha/2=0.025$을 할당하는 것이므로 t분포표에서 $\alpha=0.025$와 자유도$(n-1)$이 일치하는 곳이 해당 t값이 된다.

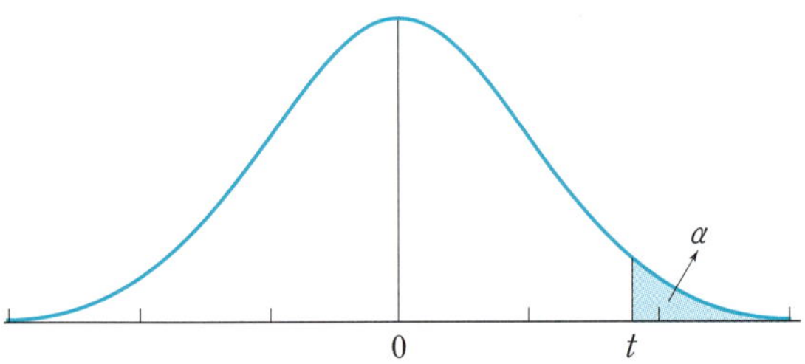

[t분포와 α와의 관계]

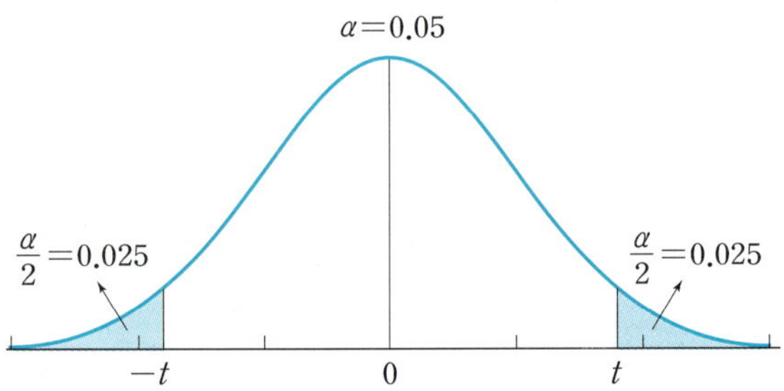

[t분포와 $\alpha/2$의 위치]

엑셀에서 t값은 함수 TINV(또는 T.INV)를 다음과 같이 이용한다. 단, 함수 TINV에서의 α는 양측확률을 의미하므로 문제에서 주어진 α를 그대로 사용한다.

TINV	사용	TINV(probability, deg_freedom)	
	인자	probability	α(양측확률)
		deg_freedom	자유도 $(n-1)$
	반환	t분포의 역함수 값을 반환	

chapter 7 연습 문제

01 다음 문장의 괄호에 들어갈 적절한 단어는?

① 표본으로부터 얻은 결과를 이용하여 모집단의 특성을 예측하는 과정을 (　　　)이라 한다.

② (　　　)은 모집단에서 추출한 표본의 결과를 이용하여 모집단의 모수를 추측하는 과정이다.

③ (　　　)은 모집단의 모수를 추정하기 위해 사용하는 공식이나 함수식을 말하며, (　　　)는 추정량이라는 공식에 실제 표본의 데이터를 대입하여 계산된 결과 값이다.

02 다음 문장에 대해서 맞으면 ○, 틀리면 ×를 표시하시오.

① 표본 통계량은 표본으로부터 얻어진 표본평균과 표본분산을 의미한다.

② 표본 평균은 불편성, 효율성, 일치성을 만족하는 추정량이다.

③ 점추정은 추정량을 이용하여 계산한 추정치가 얼마나 정확한가에 대한 정보를 주지 못한다.

④ 구간추정은 점추정과는 달리 모수가 포함될 것이라고 기대하는 범위를 설정하여 모수를 추정하는 방법이다.

⑤ 신뢰수준을 높이면 추정될 신뢰구간은 좁아진다.

⑥ 동일한 신뢰수준에 대해 표본의 크기를 증가하면 신뢰구간은 넓어진다.

⑦ 모집단 표준편차를 알고 있느냐에 따라 표본평균의 표본분포가 달라진다.

⑧ 모집단 표준편차를 알고 있고, 모집단이 정규분포를 따른다면 표본평균은 정규분포를 따른다.

⑨ 모집단이 정규분포를 따르지 않는다고 하더라도 표본의 크기가 충분히 크다면 중심극한정리에 의해 표본평균은 근사적으로 정규분포를 따른다.

⑩ 모집단 표준편차를 모르는 경우, 표본평균은 정규분포를 따른다.

⑪ 모집단 표준편차를 모르는 경우, t분포를 이용하여 신뢰구간을 추정하지만, 표본의 크기가 충분히 클 때 t분포는 정규분포에 접근하므로 정규분포를 이용할 수 있으며 모집단 표준편차 대신 표본 표준편차를 이용한다.

03 추정량이 갖추어야 할 성질 중에서 <u>틀린</u> 것은?

① 불편성은 편의가 없다는 뜻으로 추정량의 기댓값이 모수와 같으면 불편성을 만족한다.
② 추정량의 분산이 크더라도 불편성을 만족한다면 좋은 추정량이다.
③ 효율성은 추정량 중에서 분산이 작은 추정량이 갖는 성질을 의미한다.
④ 표본의 크기가 증가할수록 추정량이 모수에 일치함을 의미한다.

04 대학생 300명을 대상으로 스마트폰의 교체주기를 조사한 결과, 평균은 2.2년 표준편차는 0.6이라 한다. 스마트폰의 교체주기에 대한 95% 신뢰구간을 계산하시오.

05 자동차를 보유하고 있는 100명에 대해서 자동차 교체주기(년)를 조사한 결과 평균이 10.3년이었고, 표본 표준편차는 4.5년이었다. 자동차 교체주기에 대한 95% 신뢰구간을 계산하시오.

06 직장인 250명을 대상으로 연간 약국 이용 횟수를 조사한 결과 평균이 9.3회였고, 표본 표준편차는 3.2회였다고 한다. 연간 약국 이용 횟수에 대한 95% 신뢰구간을 계산하시오.

07 몸무게는 정규분포를 따른다고 한다. 19세인 남자의 몸무게에 대한 모집단 표준편차가 6kg이라고 할 때, 10명을 임의 추출한 평균몸무게는 60kg이라고 한다. 19세인 남자의 몸무게에 대한 모집단 평균에 대해 몸무게의 신뢰수준 95%와 99%로 추정하시오.

08 신생아(남아) 중에서 64명을 임의로 추출하여 몸무게를 조사한 결과 평균이 3.3kg이고 표준편차는 0.4kg이었다. 모집단 평균의 신뢰구간을 신뢰수준 95%로 추정하시오.

09 다음 문제에 대해 엑셀의 기술 통계법을 이용하여 95%, 99% 신뢰구간을 추정하시오.

① 어느 회사의 출장비 데이터(보조자료: 7장\연습문제9_1)를 이용하여 출장비 평균에 대한 신뢰구간

② 프로야구 선수들의 연봉 데이터(보조자료: 7장\연습문제9_2)를 이용하여 연봉 평균에 대한 신뢰구간

③ 중학교 학생 건강검사 자료(보조자료: 7장\연습문제9_3)를 이용하여 키와 몸무게에 대한 신뢰구간

심화 문제

10 **[문제 8]에 대해서 모집단 평균과 표본평균과의 차이를 0.01kg 이하가 되게 추정하려면 표본의 크기를 얼마로 하여야 하는가?**

11 **A공장에서 생산하는 클립의 무게는 표준편차 5g의 정규분포를 따른다고 한다. 모집단 평균에 대한 95% 신뢰구간의 폭이 0.4g 이하로 되게 하려면 표본의 크기를 얼마로 하여야 하는가?**

chapter 08

무죄인가 유죄인가를 판단하는 가설의 검정

통계적 가설검정은 표본분포를 이용하여 모집단 특성에 대한 가설의 진위를 가리는 것으로 실제 재판과정과 흡사한 면이 있습니다.

chapter 08

무죄인가 유죄인가를 판단하는 가설의 검정

8.1 재판과정과 판결의 의미

재판(judgement)은 법원에서 법적 판단을 내리는 절차이며, 재판은 죄를 지었다고 의심되는 용의자에 대해 검사가 법원의 심판을 요청(이를 기소라 함)하는 것으로 시작합니다. 재판은 용의자에 대해 죄를 입증할 충분한 증거가 나타나지 않을 때까지 무죄임을 가정한 상태에서 이루어지며, 용의자는 자신의 이익을 변론할 변호사를 선임할 권리를 갖습니다.

[법정과 재판]

재판과정에서 검사는 "용의자는 무죄"가 아님을 밝히는 자료를 제시하고, 변호사는 검사의 공격으로부터 용의자의 이익을 옹호하고, "용의자는 무죄"임을 변론합니다. 판사는 검사가 제시한 자료에 대해 타당성을 판단하는데, 이때 변호사의 변론, 정황과 법조문 그리고 판례 등을 기준(또는 근거)으로 죄의 유무를 판단한다고 볼 수 있습니다. 정리하면 [그림 8−1]과 같이 요약할 수 있습니다.

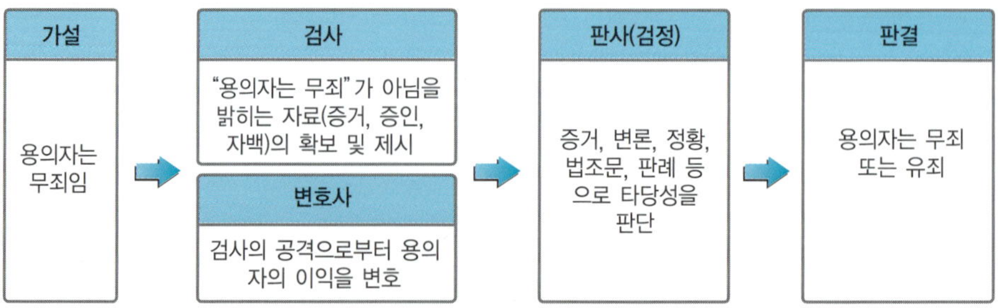

[그림 8-1] 재판과정

용의자에 대한 법원의 "무죄 판결"은 "용의자가 무죄임을 증명한 것"이 아니라, 판사가 여러 자료(검사의 증거, 변호사의 변론, 정황, 법조문과 판례 등)를 종합해 볼 때 "용의자가 무죄가 아니라는 것을 밝히기에 충분한 타당성이 없다"는 것입니다.

반대로 용의자에 대한 법원의 "유죄 판결"은 "용의자가 유죄임을 증명한 것"이 아니라, 판사가 여러 자료(검사의 증거, 변호사의 변론, 정황, 법조문과 판례 등)를 종합해 볼 때 "용의자가 무죄가 아니라는 것을 밝히기에 충분한 타당성이 있다"는 것입니다. 정리하면 〈표 8－1〉과 같습니다.

판사	판결	의미
검사의 증거, 변론, 정황, 법조문, 판례 등으로 타당성 판단	무죄	자료는 "용의자는 무죄"가 아님을 밝히기에 충분히 타당한 근거가 없다.
	유죄	자료는 "용의자는 무죄"가 아님을 밝히기에 충분히 타당한 근거가 있다.

〈표 8-1〉 재판에서 판결의 의미

결국 판사는 용의자가 무죄라고 가정한 상태에서 재판을 하지만, 판결은 "무죄가 아님"을 밝히려는 모든 자료에 대해서 충분히 타당한 근거가 있는가에 따라 죄의 유무를 가린다고 볼 수 있습니다.

만약 법원의 무죄 판결이 "용의자가 무죄임을 증명"한 것이라면 또는 유죄 판결이 "용의자가 유죄임을 증명"한 것이라고 한다면 재판의 결과에 불복하여 행해지는 항소나 상소와 같은 추가적인 절차는 존재하지도, 필요하지도 않을 것입니다.

8.1.1 재판과 통계적 가설검정의 비교

통계적 가설검정은 앞에서 설명한 재판과정과 흡사합니다. 어느 기업에서 생산한 충전 배터리의 예를 들어 통계적 가설검정을 설명하겠습니다.

스마트폰의 배터리를 생산하는 기업에서 충전시간을 향상시키기 위해 배터리에 신 물질을 넣는 새로운 공법을 시도했다고 가정합시다. 이 공법에 의해 충전시간이 늘어난 것인지에 대해서 표본 또는 실험의 결과를 가지고 판단을 내리는 통계적 추론절차를 가설검정(hypothesis testing)이라 합니다.

통계적 가설검정은 재판과정과 마찬가지로 간접적인 방법 즉, 주장과 반대되는 가설을 사실로 가정한 상태에서 검정이 이루어집니다. 즉, 〈표 8－2〉와 같이 두 개의 가설(H_0과 H_1)을 세운 후에 검정이 이루어집니다. 이때 두 개의 가설은 재판에서와 같이 서로 상반된 것이어야 합니다.

구분	가설	사실로 가정(전제)
재판	주장과 반대되는 가설(귀무가설) H_0: 용의자는 무죄임.	H_0: 용의자는 무죄임.
	주장하는 가설(대립가설) H_1: 용의자는 유죄임.	
가설검정	주장과 반대되는 가설(귀무가설) H_0: 충전시간은 과거보다 늘어나지 않았다.	H_0: 충전시간은 늘어나지 않았다.
	주장하는 가설(대립가설) H_1: 충전시간은 과거보다 늘어났다.	

〈표 8-2〉 재판과 가설검정에서의 가정

새로운 공법의 도입은 충전시간을 늘리려는 믿음에서 시작했을 것이므로 주장하려는 가설은 "새로운 공법으로 충전시간은 늘어났다."이며, 이 가설을 대립가설(alternative null hypothesis)이라 하고 기호로는 H_1(또는 H_a)로 표시합니다.

이와 반대되는 가설 즉, 주장과 반대되는 가설은 "새로운 공법으로 충전시간은 늘어나지 않았다."이며, 이 가설을 귀무가설(또는 영가설, null hypothesis)이라 하고 기호로는 H_0로 표시합니다.

가설검정은 재판에서와 같이 가설 H_1(대립가설)이 사실이라는 가정 하에서 검정절차가 이루어지는 것이 아니라 H_0(귀무가설)가 사실이라는 가정 하에 검정을 실시합니다. 이때 재판에서 검사는 가설 H_0 즉 "용의자는 무죄"가 사실이 아님을 밝히는 자료를 확보하는 것이고, 가설검정에서 조사자(또는 분석자)는 가설 H_0 즉 "충전시간은 늘어나지 않았다."가 사실이 아님을 밝히는 자료를 표본의 결과로부터 제시하게 됩니다. 〈표 8-2〉의 가설에 대해 재판과정과 통계적 가설검정의 과정을 비교하면 [그림 8-2]와 같습니다.

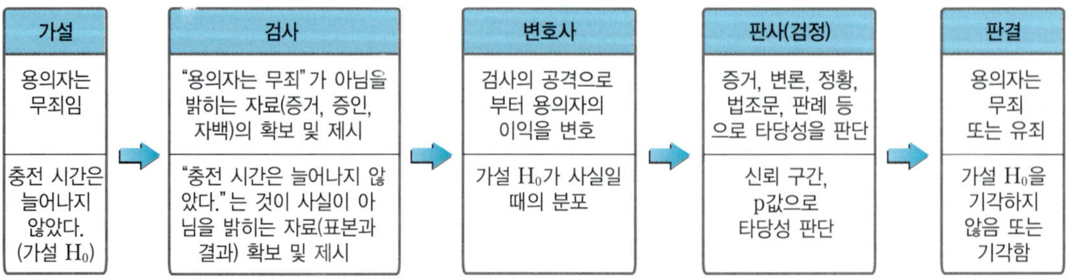

[그림 8-2] 재판과 통계적 가설검정의 비교

가설검정은 가설 H_0가 사실이라는 가정 하에 검정이 이루어지므로 검정의 초점은 H_0에 있습니다. 가설검정에서 검사의 역할인 조사자(또는 분석자)는 가설

H_0 즉, "충전시간은 늘어나지 않았다."가 사실이 아님을 밝히는 자료를 표본의 결과로부터 제시하는 것이고, 변호사의 역할을 하는 것은 가설 H_0가 사실일 때의 분포가 됩니다. 이 상황에서 판사의 역할은 표본의 결과(검사의 주장)가 타당한지를 밝히는 것인데, 이때 표본의 결과(검사의 주장)에 대해 H_0가 사실일 때의 분포(변호사의 변론)를 참고하고, 법조문과 판례에 해당하는 신뢰구간이나 p값을 근거로 판정을 내리는 것입니다.

구분	판사	판결(결론)	의미
재판	참고: 변호사의 변론 판단: 증거, 정황, 법조문, 판례	무죄	증거는 "용의자는 무죄"가 아님을 밝히기에 충분히 타당한 근거가 없다.
		유죄	증거는 "용의자는 무죄"가 아님을 밝히기에 충분히 타당한 근거가 있다.
가설검정	참고: H_0가 사실일 때의 분포 판단: 신뢰구간, p값	H_0을 기각하지 않음	표본의 결과(증거)는 "충전시간은 늘어나지 않았다."는 것을 뒤집을 만한 충분히 타당한 근거가 없다.
		H_0을 기각함	표본의 결과(증거)는 "충전시간은 늘어나지 않았다."는 것을 뒤집을 만한 충분히 타당한 근거가 있다.

〈표 8-3〉 가설검정의 판단과 의미

가설검정의 결론으로 "가설 H_0을 기각하지 않는다(not reject)."라는 의미는 "가설 H_0가 사실이다."를 증명한 것이 아니라, 가설 H_0가 사실이 아니라고 보기에는 표본의 결과(증거)가 충분한 타당성을 갖지 못한다는 것으로 "가설 H_0(귀무가설)가 틀렸다고 볼 수 없다."는 의미입니다.

반대로 "H_0을 기각한다(reject)."는 것은 "H_0가 사실이 아니다."를 증명한 것이 아니라, 표본의 결과(증거)가 H_0가 사실이 아니라고 보기에 충분한 타당성을 제시하고 있다는 것입니다.

따라서 가설검정은 법원에서의 재판과 같이 가설의 옳고 그름(참과 거짓)을 판단하는 것이 아니라 표본의 결과가 "귀무가설 H_0가 사실이 아니다."라는 증거를 얼마나 충분히 제시하느냐에 따라 가설검정의 판단이 이루어진다고 볼 수 있습니다.

가설을 검정하는 과정을 설명하기 위해 신뢰구간을 이용하는 방법은 8.2절에서, 귀무가설인 H_0가 사실이 아니라는 증거가 얼마나 충분한 타당성이 있는가를 제시하는 p값을 이용한 방법은 8.3절에서 설명합니다.

[실습문제]

* 다음 문제에 대해 조사를 한다고 할 때, 가설(귀무가설, 대립가설)을 세우시오.

1. K마트 편의점 본사는 월 매출액이 경쟁사인 A마트의 500만 원보다 많다고 광고하고 있다. 이에 한국 편의점 연합회는 K마트 본사의 주장이 타당한지 알아보고자 한다.
2. 스마트폰을 생산하는 S기업의 마케팅 부서는 남녀별로 스마트폰의 색상에 대한 선호도에 차이가 있다고 생각하고 있다. 이를 알아내기 위해 남녀 150명을 상대로 조사를 하고자 한다.
3. 건강보조식품인 오메가3 캡슐(1000mg)을 판매하는 B식품은 캡슐 한 개에 DHA가 최소 300mg보다 많이 포함되어 있다고 광고하고 있다. 이 광고가 타당한지 생산된 제품에 대해 조사를 하고자 한다.

8.1.2 재판의 판결과 가설검정의 결론은 오류를 범하지 않는다?

2011년 10월 27일 〈살인누명 15년 옥살이 재심서 무죄확정〉이라는 제목의 신문기사의 내용은 다음과 같습니다.

> 1972년 춘천에서 발생한 살인사건의 혐의로 무기징역을 선고받고 15년간 복역한 용의자가 재심을 거쳐 39년 만에 누명을 벗었다. 대법원 1부는 27일 초등학생을 성폭행한 뒤 목 졸라 숨지게 한 혐의(살인)로 기소돼 억울한 옥살이를 했던 J씨에 대한 재심사건에서 무죄를 선고한 원심을 확정했다. 재판부는 "J씨는 경찰 조사단계에서 고문 등 가혹행위로 인해 임의성 없는 자백을 하고 이후 검찰에서도 동일한 내용의 자백을 한 것으로 보인다"며 "공소사실을 자백하는 내용의 피의자신문조서는 증거능력이 없다고 판단한 원심은 정당하다"고 밝혔다.

위의 내용은 39년 전에 있었던 재판에서 용의자에 대해 무기징역을 선고하여 옥살이를 했으나 재심을 통해 당시의 자백은 가혹행위로 인해 임의성 없으므로 "용의자는 무죄"가 아니라고 보기에 충분한 근거가 없다는 무죄판결을 내린 것입니다. 용의자는 법원의 재심 판결("용의자는 무죄임")이 나기 전까지 죄인으로 15년간 옥살이를 한 것입니다.

검증하고자 하는 가설에 대해 신문기사와 같이 법원이 잘못된 판단을 내릴 가능성(확률)을 가설검정에서는 오류(error)라 합니다. 가설검정에서 발생할 수 있는 오류를 재판에 비유하여 설명하겠습니다. 가설은 다음과 같습니다.

H_0 : 용의자는 무죄 H_1 : 용의자는 유죄	가설

앞의 가설에 대해 법원 판정의 모든 경우를 표로 나타내면 <표 8-4>와 같습니다.

사실	검정 결과	판정
H_0가 사실 (용의자는 무죄)	H_0를 기각하지 않음 (용의자를 무죄로 판정)	바른 결정 $(1-\alpha)$
	H_0를 기각함 (용의자를 유죄로 판정)	제1종의 오류(α) type 1 error
H_1이 사실 (용의자는 유죄)	H_0를 기각하지 않음 (용의자를 무죄로 판정)	제2종의 오류(β) type 2 error
	H_0를 기각함 (용의자를 유죄로 판정)	바른 결정 $(1-\beta)$

<표 8-4> 가설검정에서 발생 가능한 상황별 오류

H_0가 사실(용의자는 무죄)일 때 가설검정 결과, "H_0를 기각하지 않음."으로 판단한다면 바른 결정이며, H_1가 사실(용의자는 유죄)인데 가설검정 결과 "H_0를 기각함."으로 판단한다면 바른 결정입니다.

그러나 가설검정에서 발생가능한 오류는 <표 8-4>와 같이 두 가지가 있습니다. 즉, 용의자가 사실 죄를 짓지 않았지만 법원이 유죄로 판단할 오류(제1종의 오류, α)와 용의자가 실제로 죄를 지었지만 무죄로 판단할 오류(제2종의 오류, β)입니다. 비유하자면 앞의 신문기사 내용은 39년 전 법원의 판결은 1종의 오류(α)를 범한 것이고, 재심을 통해 바른 결정을 내린 것입니다. 이때 바른 결정을 내릴 확률은 $(1-\alpha)$입니다.

위 <표 8-4>에서 나타날 수 있는 오류의 원인은 추정에서도 설명하였듯이 근본적으로 표본오차(또는 추정오차)에 있습니다. 따라서 표본의 결과를 이용하는 모든 통계적 추론은 추정을 포함하여 가설검정에서도 표본오차는 언제나 발생할 수 있기 때문에, 가설검정에서 오류를 범할 가능성은 항상 존재하는 것입니다.

이 두 가지 오류(α, β)의 크기를 줄여야겠지만 제1종의 오류(α)를 작게 하면 제2종의 오류(β)가 커지고, 제2종의 오류(β)를 작게 하면 제1종의 오류(α)는 커지게 됩니다.

예를 들어 도난방지를 위해 자동차에 경보기를 설치했다고 합시다. 이 경보기의 센서가 민감하게 반응하도록 설계되어 있어서 천둥소리에도 경보가 울리는 경우(제1종의 오류, α)를 많이 볼 수 있습니다. 만약 이를 방지하기 위해 센서를 약간 둔감하게 반응하도록 조절한다면 자동차에 작은 파손이 있음에도 경보기는 작동하지 않을 것(제2종의 오류, β)입니다.

따라서 어떠한 문제의 가설검정에도 이 두 가지의 오류는 필연적으로 발생하게 되며, 제1종의 오류(α)를 줄이면서 동시에 제2종의 오류(β)가 증가되지 않도록 하는 방법을 찾아야 합니다. 가설검정에서 판단 자료는 오직 표본의 결과이기에 더 좋은, 확실한 증거를 확보하기 위해 표본에 관심을 두어야 합니다. 이 문제는 차후에 다시 설명하겠습니다.

따라서 가설검정의 순서는 먼저 가설을 세운 다음, 검정하기 전에 제1종의 오류(α)의 크기를 설정합니다. 이를 유의수준(significance level)이라 합니다. 유의수준은 표본의 결과가 H_0가 사실이 아니라는 증거에 대해 얼마나 충분한 타당성이 있는가를 판정하는 기준으로 사용합니다.

참고 1 **제1종의 오류가 발생되지 않도록 α를 0으로 한다면?**

자동차 에어백을 생산하는 A기업은 최근 소비자들로부터 주차시의 가벼운 접촉에도 에어백이 터진다는 불만이 다수 접수되었다. 만약 이러한 오류(제1종 오류)가 발생되는 원인을 근본적으로 없애기 위해 자동차의 속도가 시속 20km 이하(주차 중이거나 서행일 때를 가정)일 때는 에어백이 작동되지 않도록 만든다면 제1종의 오류는 거의 발생하지 않을 것입니다. 그러나 신호등에서 대기 상태에 있다가 시속 20km 이하로 서서히 출발하고 있는데 과속으로 달려오는 차량과의 충돌에서 에어백이 작동할까요?

제1종의 오류가 발생할 확률을 0으로 만든다는 것은 제2종의 오류가 발생할 확률을 1로 만드는 결과를 초래합니다.

8.2 추정(신뢰구간)을 이용하여 가설을 검정하는 방법

모집단 평균에 대한 추정과 가설검정의 공통점은 모두 표본 통계량(예로 표본평균 $\overline{X}$)를 이용하는 것이며, 차이점은 문제 해결에 있어서 무엇을 기준으로 바라볼 것인가에 있습니다.

결론부터 말하면 모집단 평균에 대한 신뢰구간과 가설검정(단, 양측검정에만 해당)은 모두 표본오차(또는 오차 한계)인 $|\overline{X}-\mu|$을 확률적으로 다루게 되므로 같은 의미를 갖는다고 할 수 있습니다.

구분	구간추정(신뢰구간)	가설검정
공통	표본오차$=\|\overline{X}-\mu\|$	
시각 차이	$\mu=\overline{X}\pm$표본오차 신뢰수준 : $(1-\alpha)\times 100\%$ α : 오차확률	$\overline{X}=\mu\pm$표본오차 가설 H_0의 채택구간 α : 유의수준
계산	$P(\overline{X}-$표본오차$\le\mu\le\overline{X}+$표본오차$)$ $=P\left(\overline{X}-Z_{\alpha/2}\frac{\sigma}{\sqrt{n}}\le\mu\le\overline{X}+Z_{\alpha/2}\frac{\sigma}{\sqrt{n}}\right)$ $=1-\alpha$ [식 8-1]	$P(\mu-$표본오차$\le\overline{X}\le\mu+$표본오차$)$ $=P\left(\mu-Z_{\alpha/2}\frac{\sigma}{\sqrt{n}}\le\overline{X}\le\mu+Z_{\alpha/2}\frac{\sigma}{\sqrt{n}}\right)$ $=1-\alpha$ [식 8-2]

〈표 8-5〉 구간추정과 가설검정

모집단 평균의 추정문제에서는 모집단 평균 μ를 알 수 없기 때문에 표본의 결과인 표본평균 $\overline{X}$를 근거(증거)로 하여 신뢰수준(예로 95%)을 설정한 다음, 모집단 평균 μ가 위치할 구간을 확률적으로 추정하는 것입니다. 따라서 모집단 평균 μ에 대한 95% 신뢰구간은 [식 8－1]과 같습니다. [식 8－1]의 의미는 구간 안에 모집단 평균 μ이 포함될 확률이 95%가 된다는 의미보다는, 추정된 구간이 모집단 평균 μ를 포함하게 될 것이라는 믿음의 정도가 95%가 된다는 것(7장 [참고 2])입니다.

그런데 모집단 평균에 대한 가설검정에서는 가설 H_0(귀무가설)가 사실이라는 가정 하에 검정이 이루어지므로 검정 전에 모집단 평균 μ에 대한 정보가 사실이라고 가정하고, 유의수준(제1종의 오류를 범할 확률, α)을 설정한 다음, [식 8－2]와 같이 모집단 평균 μ을 근거로 하여 표본평균 $\overline{X}$의 구간(범위)을 확률적으로 계산합니다. 이 예는 가설검정에서 양측검정에만 해당하는 방법으로 다음 절(8.2.1)에서 다시 언급하기로 합니다.

[식 8－2]의 구간은 가설 H_0(귀무가설)가 사실이라는 가정 하에서 표본평균 $\overline{X}$에 대한 신뢰구간(신뢰수준 $(1-\alpha)\times 100\%$)을 계산한 것입니다.

가설검정에서 신뢰구간을 이용하는 예는 다음과 같습니다. 표본평균 $\overline{X}$가 정규분포 $\overline{X}\sim N\left(\mu, \frac{\sigma^2}{n}\right)$을 따르고 모집단 평균 μ에 대한 가설이 다음과 같다고 가정합니다.

H_0 : $\mu=\mu_1$(모집단 평균은 μ_1이다) H_1 : $\mu\neq\mu_1$(모집단 평균은 μ_1이 아니다)	가설

가설 H_0(귀무가설)가 사실($\mu=\mu_1$)이라는 가정 하에 두 개의 표본을 추출했고, 첫 번째 표본에 대한 표본평균은 $\overline{X}_1$이고, 두 번째 표본에 대한 표본평균은 $\overline{X}_2$라 가정하고 $\overline{X}_1<\overline{X}_2$라면 [그림 8−3]과 같이 나타낼 수 있습니다. [그림 8−3]에서 표본평균 $\overline{X}_1$은 신뢰구간에 포함되는 경우이고, 표본평균 $\overline{X}_2$는 신뢰구간에 포함되지 않는 경우입니다.

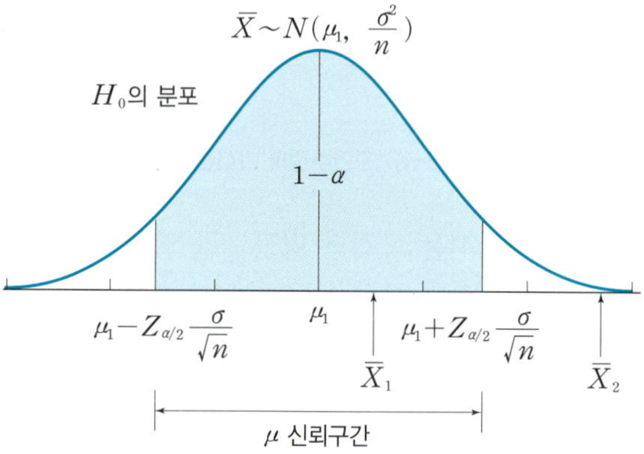

[그림 8-3] H_0 하의 신뢰구간

표본평균 $\overline{X}_1$가 신뢰구간에 포함된다는 것은 표본평균 $\overline{X}_1$이 모집단 평균이 μ_1인 정규분포로부터 추출된 결과이므로 유의수준 α에서 가설 H_0(귀무가설)을 기각하지 않고 받아들인다는 결론을 내립니다.

그러나 표본에 대한 표본평균이 $\overline{X}_2$와 같이 나타난다면 [그림 8−3]의 신뢰구간에 포함되지 않으므로 $\overline{X}_2$는 모집단 평균이 μ_1인 정규분포가 아닌 $\mu\neq\mu_1$인 정규분포로부터 추출된 결과([그림 8−4])이므로 유의수준 α하에서 가설 H_0(귀무가설)를 기각합니다.

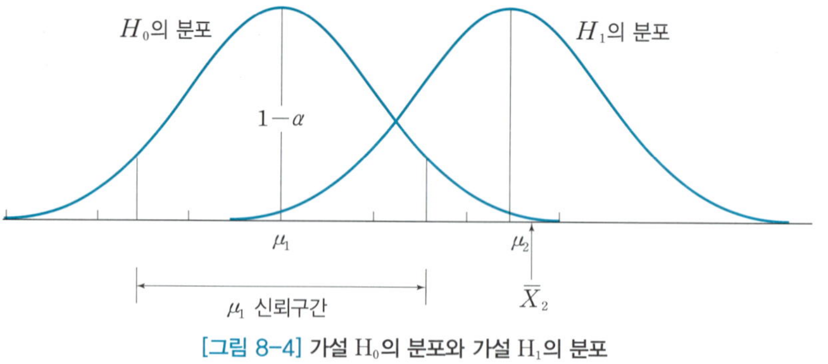

[그림 8-4] 가설 H_0의 분포와 가설 H_1의 분포

결국, 유의수준 α를 사용한 모집단 평균에 대한 가설검정의 결론은 $(1-\alpha)\times 100\%$ 수준의 구간추정(신뢰구간)에 의한 결론과 동일합니다.

8.2.1 양측검정과 단측검정

통계적 가설검정은 대립가설이 나타내는 모수의 영역에 따라 양측검정과 단측검정으로 구분합니다. 예를 들어 우리나라 대학생의 월 생활비가 정규분포를 따르고 모집단 평균 $\mu=250{,}000$에 대한 대립가설은 〈표 8－6〉과 같이 나타낼 수 있습니다.

〈표 8－6〉에서 양측검정의 대립가설은 모집단 평균 μ에 대해 $\mu<250{,}000$인 경우와 $\mu>250{,}000$인 경우 양측 모두를 고려하여 검정하는 것이고, 단측검정의 대립가설은 $\mu>250{,}000$과 같이 한쪽 방향(단측)만을 모수의 영역으로 설정하는 것으로 이와 같은 단측검정을 우측검정이라 합니다. 이 예에서 우측검정의 채택영역(H_0를 기각하지 않음)은 왼쪽에 위치하고, 단측검정의 대립가설이 $\mu<250{,}000$이라면 좌측검정이라 하는데 때 H_0의 채택영역(acceptance region, H_0를 기각하지 않는 영역)은 오른쪽에 위치합니다.

〈표 8－6〉의 양측검정에서 가설 H_0의 채택영역은 H_0 하($\mu=250{,}000$)의 신뢰구간이 됩니다. 〈표 8－6〉에서 H_0의 채택영역을 제외한 나머지 부분은 H_0의 기각영역(rejection region)이라 합니다. 만약 가설을 검정하기 위한 표본평균의 결과가 기각영역에 속한다면 가설 H_0를 기각합니다. 따라서 가설 H_0를 기각하는 영역이 분포의 좌우에 위치하면 양측검정이고, 한쪽에만 위치한다면 단측검정이 됩니다.

<table>
<tr><th>구분</th><th>가설</th><th>검정영역</th></tr>
<tr><td>양측검정</td><td>$H_0 : \mu = 250,000$
$H_1 : \mu \neq 250,000$</td><td>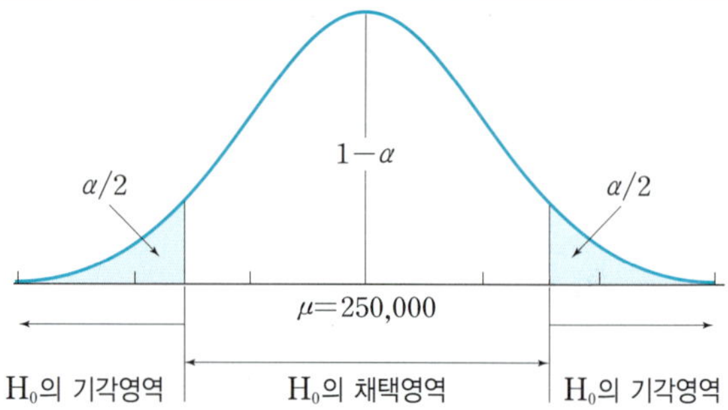

H_0의 채택영역 $P\left(\mu - Z_{\alpha/2}\frac{\sigma}{\sqrt{n}} \leq \overline{X} \leq \mu + Z_{\alpha/2}\frac{\sigma}{\sqrt{n}}\right) = 1-\alpha$</td></tr>
<tr><td>단측검정
(우측검정)</td><td>$H_0 : \mu = 250,000$
$H_1 : \mu > 250,000$</td><td>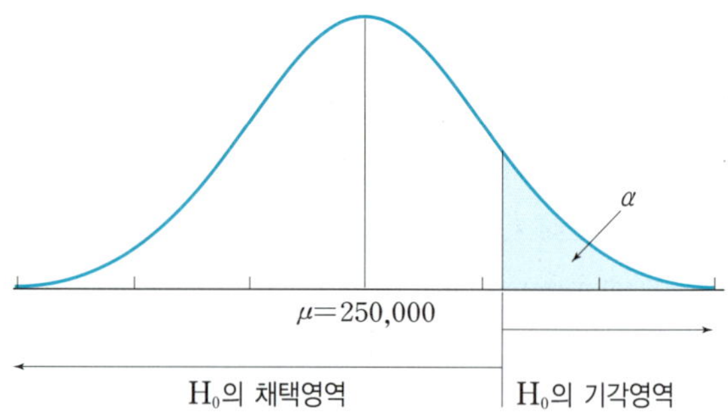

H_0의 채택영역 $P\left(\overline{X} \leq \mu + Z_{\alpha}\frac{\sigma}{\sqrt{n}}\right) = 1-\alpha$</td></tr>
</table>

〈표 8-6〉 양측검정과 단측검정의 비교

정리하면 유의수준 α에 의한 가설검정은 다음과 같습니다.

검정	표본평균이 채택영역에 포함	표본평균이 기각영역에 포함
결론	귀무가설 H_0를 기각하지 않음	귀무가설 H_0를 기각함

8.2.2 모집단 표준편차와 가설검정

모집단 평균에 대한 구간추정과 마찬가지로 모집단 평균에 대한 가설검정에서 표본평균 $\overline{X}$의 표본분포는 모집단 표준편차인 σ를 알고 있는가에 따라 달라집니다. 모집단 평균 μ에 대한 가설검정에서 모집단 표준편차의 실제 값을 알고 있고, 모집단이 정규분포를 따른다면 표본평균 $\overline{X}$가 정규분포를 따르지만 모집단이 정규분포를 따르지 않는다고 하더라도 표본의 크기가 충분히 크다면 중심극한정리에 의해 표본평균 $\overline{X}$가 정규분포를 따른다고 할 수 있습니다.

그러나 모집단 표준편차의 실제 값을 모른다면 표본평균 $\overline{X}$에 대해 t분포를 이용합니다. 일반적으로 모집단 표준편차의 실제 값을 모르는 경우가 많으므로 t분포를 이용하여 신뢰구간을 계산하지만, 표본의 크기가 충분히 크다면 역시 중심극한정리에 의해 정규분포를 이용할 수 있으며 모집단 표준편차 대신 표본 표준편차(S)를 이용합니다. 이 절에서 사용할 예제는 다음과 같습니다.

[예제 8-1]	모집단 표준편차를 알고 있는 경우 유의수준 5% 하에서의 가설검정
[예제 8-2]	모집단 표준편차를 모르고 소표본의 경우 유의수준 5% 하에서의 가설검정
[예제 8-3]	[예제 8-2]에서 유의수준을 달리할 경우의 가설검정
[예제 8-4]	모집단 표준편차를 알고 있는 경우 유의수준 5% 하에서의 가설검정 (p값을 이용하는 방법)

예제 8-1 모집단 표준편차를 알고 있는 경우 유의수준 5% 하에서의 가설검정

스마트폰의 배터리를 생산하는 A기업은 충전시간을 향상시키기 위해 배터리에 신 물질을 넣는 새로운 공법을 시도했다. 이전 제품의 충전시간은 75시간이며, 표준편차는 10시간인 정규분포를 따르는 것으로 알려져 있다. 이 공법에 의해 과거보다 제품의 충전시간에 차이가 있는 것인지를 알기 위해 새로운 공법으로 만든 제품 중에서 무작위로 100개를 선택하여 조사한 결과, 표본평균은 80시간으로 조사되었다. 새 공법에 의해 생산된 제품은 과거의 제품과 차이가 있는 것인지 가설을 세우고, 유의수준 5%($\alpha=0.05$) 하에서 검정하시오.

[풀이]

모집단이 정규분포를 따르고 모집단 표준편차가 알려져 있는 경우에는 표본의 크기에 상관없이 표본평균은 $\bar{X} \sim N\left(\mu, \frac{\sigma^2}{n}\right)$인 정규분포, 즉 $\bar{X} \sim N\left(75, \frac{10^2}{100}\right)$입니다. 따라서 모집단 평균 $\mu=75$와 표본평균 $\bar{X}=80$를 정규분포상에 나타내면 다음과 같습니다.

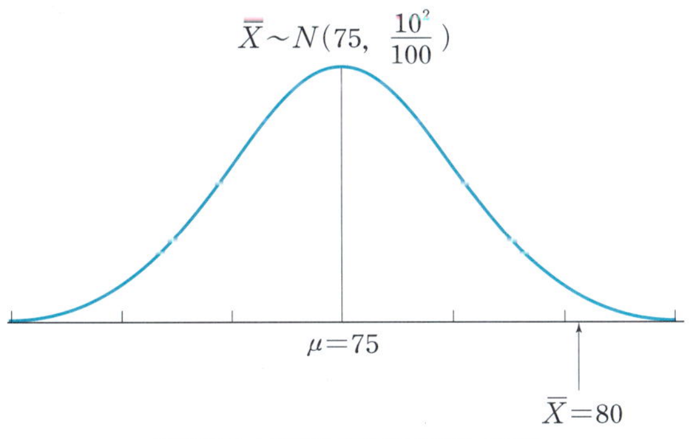

[모집단 분포와 표본평균의 위치]

검정은 대립가설을 어떻게 세우느냐에 따라 양측검정과 단측검정으로 구분합니다. 만약 대립가설을 통해 밝히고자 하는 주장이 과거보다 충전시간이 늘어난 것이라면 단측검정(우측검정)을, 그렇지 않고 과거에 비해 차이가 있는 것인지(늘어남 또는 줄어듦)를 밝히고자 한다면 양측검정을 실시합니다. 모집단 평균 $\mu=75$와 표본평균 $\overline{X}=80$에 대해 신뢰구간을 이용한 결과는 다음과 같습니다.

구분	단측검정(우측검정)	양측검정(95% 신뢰구간)
가설	H_0 : $\mu=75$ 또는 $\mu\le75$ H_1 : $\mu>75$	H_0 : $\mu=75$ H_1 : $\mu\ne75$
시각 차이	H_0 : 새 공법의 충전시간은 과거제품과 차이가 없다. H_0 : 새 공법의 충전시간은 과거제품보다 늘어났다.	H_1 : 새 공법의 충전시간은 과거제품과 차이가 없다. H_1 : 새 공법의 충전시간은 과거보다 줄어들거나 또는 늘어났다.
H_0의 채택 영역	$P\left(\overline{X}\le\mu+Z_\alpha\frac{\sigma}{\sqrt{n}}\right)=1-\alpha$ $P\left(\overline{X}\le75+Z_{0.05}\frac{10}{\sqrt{100}}\right)$ $=P(\overline{X}\le75+1.65)$ $=P(\overline{X}\le76.65)=0.95$	$P\left(\mu-Z_{\alpha/2}\frac{\sigma}{\sqrt{n}}\le\overline{X}\le\mu+Z_{\alpha/2}\frac{\sigma}{\sqrt{n}}\right)=1-\alpha$ $P\left(75-Z_{0.025}\frac{10}{\sqrt{100}}\le\overline{X}\le75+Z_{0.025}\frac{10}{\sqrt{100}}\right)$ $=P(75-1.96\le\overline{X}\le75+1.96)$ $=P(73.04\le\overline{X}\le76.96)=0.95$
H_0의 기각 영역	우측검정 $P\left(\overline{X}>\mu+Z_\alpha\frac{\sigma}{\sqrt{n}}\right)=\alpha$ $P\left(\overline{X}>75+Z_{0.05}\frac{10}{\sqrt{100}}\right)$ $=P(\overline{X}>75+1.65)$ $=P(\overline{X}>76.65)=0.05$	좌측 기각영역 : $P\left(\overline{X}<\mu-Z_{\alpha/2}\frac{\sigma}{\sqrt{n}}\right)=\frac{\alpha}{2}$ $P\left(\overline{X}<75-Z_{0.025}\frac{10}{\sqrt{100}}\right)$ $=P(\overline{X}<75-1.96)=P(\overline{X}<73.04)=0.025$ 우측 기각영역 : $P\left(\overline{X}>\mu+Z_{\alpha/2}\frac{\sigma}{\sqrt{n}}\right)=\frac{\alpha}{2}$ $P\left(\overline{X}>75+Z_{0.025}\frac{10}{\sqrt{100}}\right)$ $=P(\overline{X}>75+1.96)=P(\overline{X}>76.96)=0.025$

조사결과, 표본평균 $\overline{X}=80$이므로 이 값은 단측검정의 기각영역에 포함되고, 양측검정의 우측 기각영역에도 포함되므로 두 검정 모두 귀무가설 H_0 : $\mu=75$을 기각합니다. 이는 양측검정을 실시하던 단측검정을 실시하던 표본의 결과($\overline{X}=80$)는 유의수준 5% 하에서 가설 H_0 : $\mu=75$(새 공법의 충전시간은 과거제품과 차이가 없다)가 사실이 아님을 밝힐 만한 충분한 근거를 제시하고 있음을 보여준다는 것이며, 결론적으로 새 공법에 의해 충전시간은 늘어났다고 말할 수 있습니다.

앞에서는 모집단 평균 $\mu=75$와 표본평균 $\overline{X}=80$에 대해 신뢰구간을 이용하여 설명하였으나, 검정결과를 정규분포와 표준정규분포상에서 그림으로 표현하면 다음과 같습니다.

단측검정의 가설

H_0 : $\mu=75$ 또는 $\mu\leq 75$ (새 공법의 충전시간은 과거제품과 차이가 없다.)

H_1 : $\mu>75$ (새 공법에 의해 과거보다 충전시간이 늘어났다.)

구분	검정영역
정규분포에서 $\overline{X}=80$의 위치	$\overline{X}\sim N(75,\ \frac{10^2}{100})$ 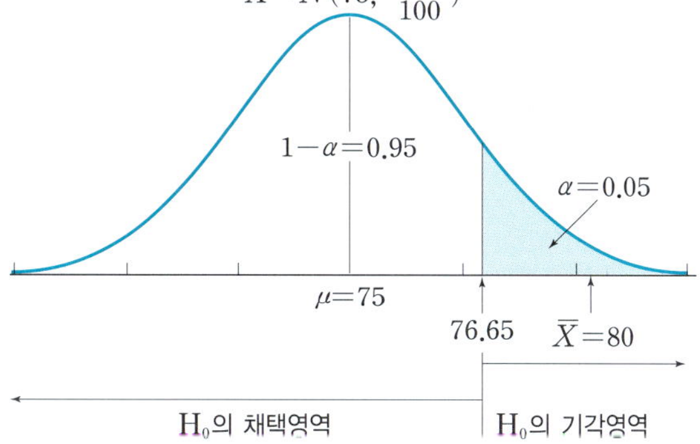 채택영역 : $\overline{X}\leq 76.65$ 기각영역 : $\overline{X}>76.65$
표준정규분포에서 $Z_{0.05}=1.65$ $Z=\frac{\overline{X}-\mu}{\sigma/\sqrt{n}}$ $=\frac{80-75}{10/\sqrt{100}}$ $=5$ $Z=5$의 위치	$Z=\frac{\overline{X}-\mu}{\sigma/\sqrt{n}}\sim N(0,\ 1)$ 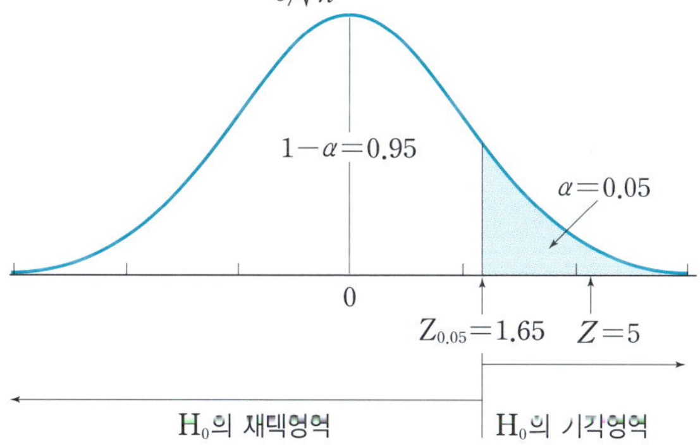 채택영역 : $Z\leq 1.65$ 기각영역 : $Z>1.65$

표본평균 $\overline{X}=80$에 대해 표준화로 계산한 $Z=5$를 검정통계량이라 합니다. $Z=5$는 H_0의 기각영역 $Z>1.65$에 포함되므로 표본의 결과($\overline{X}=80$)는 유의수준 5% 하에서 귀무가설 H_0를 기각할 만한 충분한 근거를 제시했으며, 결론적으로 새 공법에 의해 충전시간은 늘어났다고 할 수 있습니다. 정리하면 유의수준 α에 의한 가설검정은 다음과 같습니다.

검정	검정통계량이 채택영역에 포함	검정통계량이 기각영역에 포함
결론	귀무가설 H_0를 기각하지 않음	귀무가설 H_0를 기각함

양측검정의 가설

H_0 : $\mu=75$ (새 공법의 충전시간은 과거제품과 차이가 없다.)

H_1 : $\mu\neq75$ (새 공법의 충전시간은 과거보다 줄어들거나 또는 늘어났다.)

<table>
<tr><th>구분</th><th>검정영역</th></tr>
<tr><td>정규분포에서
$\overline{X}=80$의 위치</td><td>$\overline{X}\sim N(75,\ \frac{10^2}{100})$
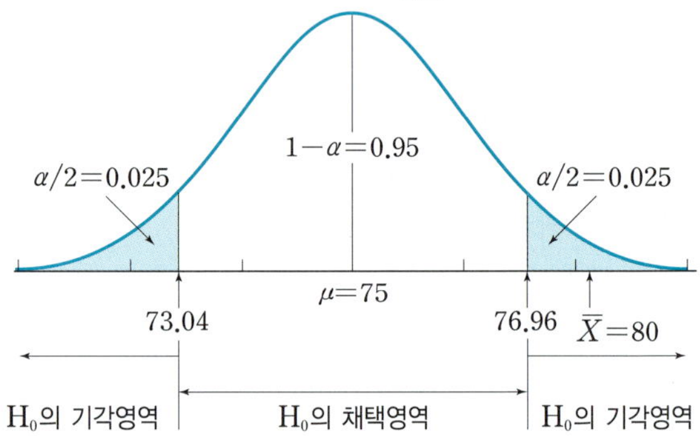
채택영역 : $73.04\leq\overline{X}\leq76.96$
기각영역 : 좌측 $\overline{X}<73.04$, 우측 $\overline{X}>76.96$</td></tr>
<tr><td>표준정규분포에서
$\pm Z_{0.025}=\pm1.96$
$Z=\frac{\overline{X}-\mu}{\sigma/\sqrt{n}}$
$=\frac{80-75}{10/\sqrt{100}}$
$=5$
$Z=5$의 위치</td><td>$Z=\frac{\overline{X}-\mu}{\sigma/\sqrt{n}}\sim N(0,\ 1)$
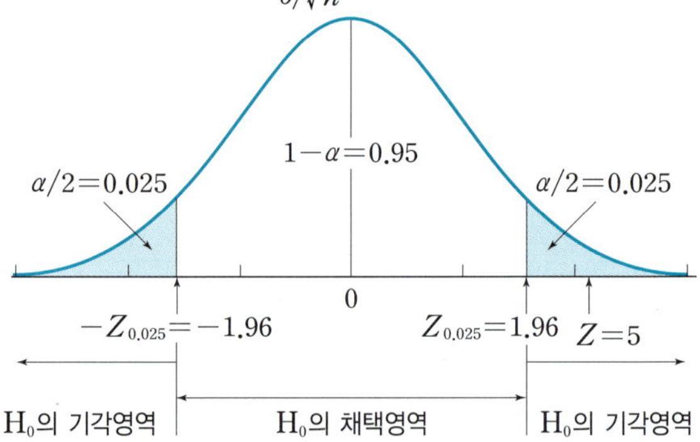
채택영역 : $-1.96\leq\overline{X}\leq1.96$
기각영역 : 좌측 $Z<-1.96$, 우측 $Z>1.96$</td></tr>
</table>

표본평균 $\overline{X}=80$에 대해 표준화로 계산한 $Z=5$를 검정통계량이라 합니다. $Z=5$는 H_0 우측 기각영역 $Z>1.96$에 포함되므로 귀무가설 H_0를 기각합니다. 표본의 결과($\overline{X}=80$)는 유의수준 5% 하에서 귀무가설 H_0를 기각할 만한 충분한 근거를 제시했으며, 결론적으로 새 공법에 의해 충전시간은 늘어났다고 할 수 있습니다.

[실습문제]

4. 스마트폰 액정화면의 보호필름을 생산하는 B기업은 최근 새 공법에 의해 만든 제품을 액정화면에 부착할 경우 기존 제품의 표면강도(평균=3H, 표준편차=0.6)보다 높은 강도를 유지한다고 주장하고 있다. 표준기술 연구소는 B기업의 주장이 타당한지를 밝혀내기 위해 100개의 표본을 조사한 결과, 표본평균은 3.8로 조사되었다. 유의수준 5% 하에서 B기업의 주장이 타당한지에 대해 가설을 검정하시오.

모집단 표준편차 σ를 모를 경우에는 σ 대신에 표본 표준편차 S를 사용합니다. 모집단이 정규분포를 따른다면 표본의 크기가 $n<30$인 경우에 $\dfrac{\overline{X}-\mu}{S/\sqrt{n}}$는 자유도 $(n-1)$의 t분포를 따르지만, 모집단이 정규분포를 따르지 않다고 하더라도 표본의 크기가 $n\geq 30$인 경우에 t분포는 표준정규분포에 근접하므로 표준정규분포를 이용할 수 있습니다.

예제 8-2

모집단 표준편차를 모르고 소표본의 경우 유의수준 5% 하에서의 가설검정

인터넷 서점인 C업체는 배송지역이 수도권인 경우, 인터넷 주문 후 배송에 걸리는 시간이 24시간을 초과하지 않는다고 광고하고 있다. 배송에 걸리는 시간은 정규분포를 따른다고 가정합니다. 경영 통계학 서적을 C업체에서 주문한 수도권 지역 거주학생 10명에 대해 주문 후 배송시간을 조사한 결과 표본평균 $\overline{X}=21$시간이고 표본 표준편차 $S=4.5$로 조사되었다. 과연 이 업체의 주장이 맞는지 유의수준 5% 하에서의 가설을 세우고 검정을 실시하시오.

[풀이]

이 예제는 모집단이 정규분포를 따르지만 표준편차를 모르고 표본의 크기가 $n<30$이므로 $\dfrac{\overline{X}-\mu}{S/\sqrt{n}}$는 t분포, 즉 $t=\dfrac{\overline{X}-\mu}{S/\sqrt{n}}\sim t(n-1,\ \alpha)$이므로 $t=\dfrac{\overline{X}-\mu}{S/\sqrt{n}}\sim t(9,\ 0.05)$입니다. 이 예제에서 업체의 주장은 배송시간이 24시간 미만이라는 것이므로 단측검정(좌측검정)을 실시합니다. 표본평균은 $\overline{X}\sim N\left(\mu,\ \dfrac{S^2}{n}\right)$인 정규분포, 즉 $\overline{X}\sim N\left(24,\ \dfrac{4.5^2}{10}\right)$입니다. 따라서 모집단 평균 $\mu=24$와 표본평균 $\overline{X}=21$을 정규분포상에 나타내면 다음과 같습니다.

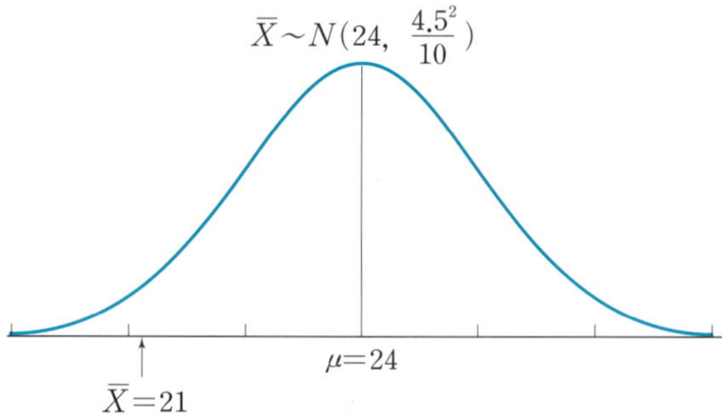

[모집단 분포와 표본평균의 위치]

C업체의 주장은 24시간을 넘지 않는다는 것이므로 단측검정(좌측검정)의 문제이며, 배송에 걸리는 시간이 정규분포를 따른다고 하였으므로 검정결과를 정규분포 상에 나타내면 다음과 같습니다. 아래에서 표본평균 $\overline{X}=21$은 기각영역에 포함되므로 귀무가설 H_0를 기각합니다.

<table>
<tr><th>구분</th><th>단측검정(좌측검정)</th><th>검정영역</th></tr>
<tr><td>가설</td><td>H_0 : $\mu=24$ 또는 $\mu\geq 24$
H_1 : $\mu<24$</td><td rowspan="4">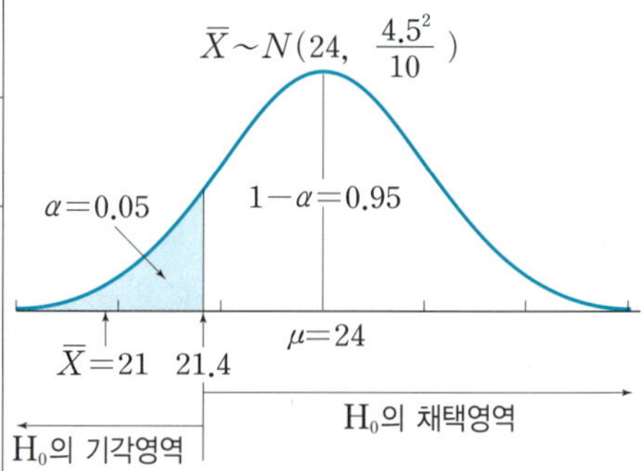
채택영역 : $\overline{X}\geq 21.4$
기각영역 : $\overline{X}\leq 21.4$</td></tr>
<tr><td>가설 해석</td><td>H_0 : 배송시간은 24시간이다.
H_0 : 배송시간은 24시간보다 적다.</td></tr>
<tr><td>H_0의 채택 영역</td><td>$P\left(\overline{X}\geq\mu+t_\alpha\frac{S}{\sqrt{n}}\right)=1-\alpha$
$P\left(\overline{X}\geq 24-t_{(9,\ 0.05)}\frac{4.5}{\sqrt{10}}\right)$
$=P(\overline{X}\geq 24-1.83\frac{4.5}{\sqrt{10}})$
$=P(\overline{X}\geq 21.4)=0.95$</td></tr>
<tr><td>H_0의 기각 영역</td><td>좌측검정
$P\left(\overline{X}<\mu+Z_\alpha\frac{\sigma}{\sqrt{n}}\right)=\alpha$
$P\left(\overline{X}<24-t_{(9,\ 0.05)}\frac{4.5}{\sqrt{10}}\right)$
$=P(\overline{X}<24-1.83\frac{4.5}{\sqrt{10}})$
$=P(\overline{X}<21.4)=0.05$</td></tr>
</table>

검정 통계량 $t=\frac{\overline{X}-\mu}{S/\sqrt{n}}$를 이용한 다음의 결과도 앞의 결과와 마찬가지로 t값인 -2.1은 기각영역($t<-1.83$)에 포함되므로 귀무가설 H_0를 기각합니다.

구분	검정영역
t분포에서 $-t_{(9,\ 0.05)}=-1.83$ $t=\dfrac{\overline{X}-\mu}{S/\sqrt{n}}$ $=\dfrac{21-24}{4.5/\sqrt{10}}$ $=-2.1$	$t=\dfrac{\overline{X}-\mu}{S/\sqrt{n}} \sim t(9,\ 0.05)$ 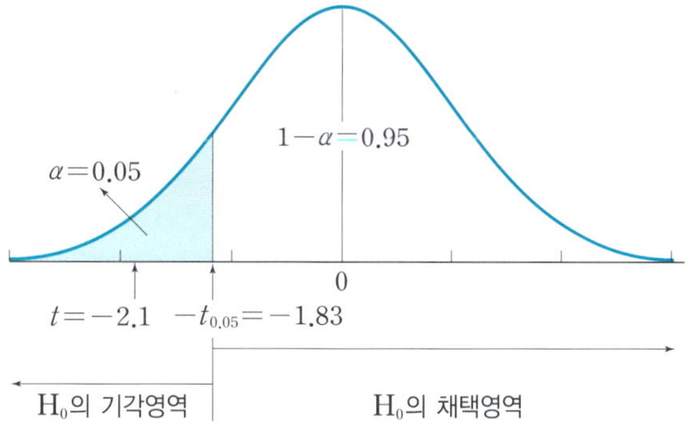 채택영역 : $t \geq -1.83$ 기각영역 : $t < -1.83$

[실습문제]

5. 프로야구에서 나무배트의 가장 굵은 부분의 지름은 7cm 이하로 규정하고 있다. 나무배트를 생산하는 A업체는 이 규정을 준수하고 있다고 한다. A업체에서 생산한 제품을 사용하고 있는 10명의 선수를 조사한 결과, 평균이 6.6cm이고, 표준편차는 0.5cm였다면 이 업체의 주장이 타당한지 유의수준 5% 하에서 가설을 검정하시오.

예제 8-3

유의수준을 달리할 경우, 가설검정의 결과는?

만약 앞의 [예제 8−2]에 대해서 유의수준 5%를 유의수준 1%로 변경할 경우의 가설검정의 결과는 어떻게 될 것인가?

결론부터 말하자면 유의수준을 5%로 할 경우는 귀무가설 H_0를 기각하였으나 유의수준을 1%로 할 경우는 귀무가설 H_0를 기각할 수 없습니다. 그 이유는 검정통계량 $t=-2.1$이 유의수준 5% 하에서는 다음의 결과와 같이 기각영역에 속하고 유의수준 1% 하에서는 기각영역에 속하지 않기 때문입니다.

구분	유의수준 5%	유의수준 1%
귀무가설 (H_0 : $\mu=24$ 또는 $\mu \geq 24$)	귀무가설을 기각	귀무가설을 기각할 수 없음
해석	표본평균 $\overline{X}=21$은 모집단 평균 $\mu<24$인 정규분포에 나온 것이다.	표본평균 $\overline{X}=21$은 모집단 평균이 $\mu=24$ 또는 $\mu \geq 24$인 정규분포에 나온 것이다.

구분	유의수준 5%	유의수준 1%
H_0의 채택 영역	$P\left(\overline{X} \geq \mu + t_\alpha \frac{S}{\sqrt{n}}\right) = 1-\alpha$ $P\left(\overline{X} \geq 24 - t_{(9,\ 0.05)} \frac{4.5}{\sqrt{10}}\right) = 0.95$ $= P(\overline{X} \geq 24 - 1.83 \frac{4.5}{\sqrt{10}})$ $= P(\overline{X} \geq 21.4) = 0.95$	$P\left(\overline{X} \geq \mu + t_\alpha \frac{S}{\sqrt{n}}\right) = 1-\alpha$ $P\left(\overline{X} \geq 24 - t_{(9,\ 0.01)} \frac{4.5}{\sqrt{10}}\right)$ $= P(\overline{X} \geq 24 - 2.82 \frac{4.5}{\sqrt{10}})$ $= P(\overline{X} \geq 19.9) = 0.95$
H_0의 기각 영역	$P\left(\overline{X} < \mu + Z_\alpha \frac{\sigma}{\sqrt{n}}\right) = \alpha$ $P\left(\overline{X} < 24 - t_{(9,\ 0.05)} \frac{4.5}{\sqrt{10}}\right)$ $= P(\overline{X} < 24 - 1.83 \frac{4.5}{\sqrt{10}})$ $= P(\overline{X} < 21.4) = 0.05$	$P\left(\overline{X} < \mu + Z_\alpha \frac{\sigma}{\sqrt{n}}\right) = \alpha$ $P\left(\overline{X} < 24 - t_{(9,\ 0.01)} \frac{4.5}{\sqrt{10}}\right)$ $= P(\overline{X} < 24 - 2.82 \frac{4.5}{\sqrt{10}})$ $= P(\overline{X} < 19.9) = 0.05$
검정 통계량	$-t_{(9,\ 0.05)} = -1.83$ $t = \frac{\overline{X} - \mu}{S/\sqrt{n}}$ $= \frac{21-24}{4.5/\sqrt{10}}$ $= -2.1$	$-t_{(9,\ 0.01)} = -2.82$ $t = \frac{\overline{X} - \mu}{S/\sqrt{n}}$ $= \frac{21-24}{4.5/\sqrt{10}}$ $= -2.1$
검정 영역	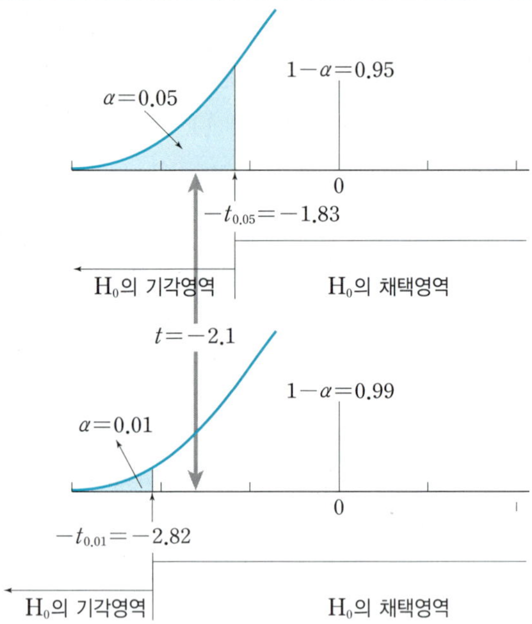	

표본 평균은 변함이 없지만 유의수준에 따라 가설검정 결과가 달라지는 문제가 발생하게 됩니다. 이러한 문제점을 보완하기 위해 p값을 이용한 가설검정을 사용합니다.

8.3 p값을 이용하여 가설을 검정하는 방법

유의수준을 이용하여 가설을 검정하는 방법은 두 가지가 있습니다. 첫 번째 방법은 앞서 설명한 바와 같이 유의수준 α에 따라 기각영역(또는 채택영역)을 설정하여 귀무가설의 기각여부를 판단하는 것입니다. 이 방법의 영역설정은 표본평균 $\overline{X}$과는 무관하게 귀무가설을 근거로 하여 설정되며 검정은 표본평균 $\overline{X}$이 기각영역에 포함되는가에 따라 판단합니다.

두 번째 방법은 표본평균 $\overline{X}$에 대한 검정통계량을 이용하므로 첫 번째 방법과는 차이가 있습니다. 이 방법은 표본평균 $\overline{X}$에 대한 검정통계량을 이용하여 귀무가설을 기각할 확률에 근거하여 가설을 검정하는 방법입니다. 이 방법이 p값(또는 유의확률)을 이용한 가설검정방법으로 유의수준과의 크기 비교로 가설을 검정합니다.

가설검정 방법
- 유의수준에 따라 기각영역(또는 채택영역)을 설정하여 귀무가설의 기각 여부를 판단
- 검정통계량을 이용하여 귀무가설을 기각할 확률에 근거하여 가설을 검정

유의수준 α는 귀무가설(H_0)이 사실임에도 불구하고 귀무가설(H_0)을 기각하게 될 확률을 가설을 검정하기 이전에 정한 것이고, p값은 가설을 검정하는 과정에서 밝혀진 유의수준으로 볼 수 있습니다.

유의수준 α	p값
가설을 검정하기 전에 설정된 유의수준	검정과정에서 밝혀진(계산된) 유의수준

p값의 시전적 의미는 귀무가설(H_0)이 사실이라고 가정한 상태에서 얻은 결과보다 극단적인 결과가 실제로 관측될 확률을 말합니다. 검정과정에서 계산된 p값(확률)이 유의수준 α보다 작다(p값$\leq\alpha$)는 것은, 잘못된 결론(귀무가설이 실제로 맞음에도 귀무가설을 기각)을 내릴 확률(오류)이 극히 작다는 것이므로, 우리가 내릴 결론은 오류에 의한 것으로 볼 수 없으며, 귀무가설(H_0)이 사실이 아님을 의미합니다. 그러나 반대로 계산된 p값(확률)이 유의수준 α보다 크다(p값$>\alpha$)는 것은 잘못된 결론(귀무가설이 실제로 맞음에도 귀무가설을 기각)을 내릴 확률(오류)이 크다는 것이고, 이는 귀무가설(H_0)이 사실임을 의미합니다.

p값 : 검정과정에서 나타난 유의수준.
즉, 검정과정에서 나타난 오류(귀무가설(H_0)이 사실임에도 불구하고, 귀무가설을 기각함)의 크기

[예제 8－1]의 단측검정 문제를 p값을 이용한 가설검정으로 풀이하면 다음과 같습니다.

예제 8-4

모집단 표준편차를 알고 있는 경우 유의수준 5% 하에서의 가설검정(p－값 이용)

스마트폰의 배터리를 생산하는 A기업은 충전시간을 향상시키기 위해 배터리에 신 물질을 넣는 새로운 공법을 시도했다. 이전 제품의 충전시간은 75시간이며, 표준편차는 10시간인 정규분포를 따르는 것으로 알려져 있다. 이 공법에 의해 과거보다 충전시간이 늘어난 것인지를 알기 위해 무작위로 선택한 100개의 제품에 대해 조사한 결과 평균은 80시간으로 조사되었다. 새 공법에 의해 생산된 제품의 충전시간은 과거의 제품보다 늘어난 것인지 유의수준 5%($\alpha=0.05$)하에서 가설을 세우고 검정하시오.

[풀이]

모집단이 정규분포를 따르고 모집단 표준편차가 알려져 있는 경우에는 표본의 크기에 상관없이 표본평균은 $\overline{X} \sim N\left(\mu,\ \frac{\sigma^2}{n}\right)$인 정규분포 즉 $\overline{X} \sim N\left(75,\ \frac{10^2}{100}\right)$이며 가설은 다음과 같이 단측검정(우측검정)입니다.

H_0 : $\mu=75$ 또는 $\mu \leq 75$ (새 공법의 충전시간은 과거제품과 차이가 없다.)
H_1 : $\mu > 75$ (새 공법에 의해 과거보다 충전시간이 늘어났다.)

[예제 8－4]에서는 표본평균 $\overline{X}$가 80으로 조사되었지만 두 개의 표본평균 76.5와 80에 대해 가정한 H_0의 분포 상에 p값을 나타내면 다음과 같습니다.

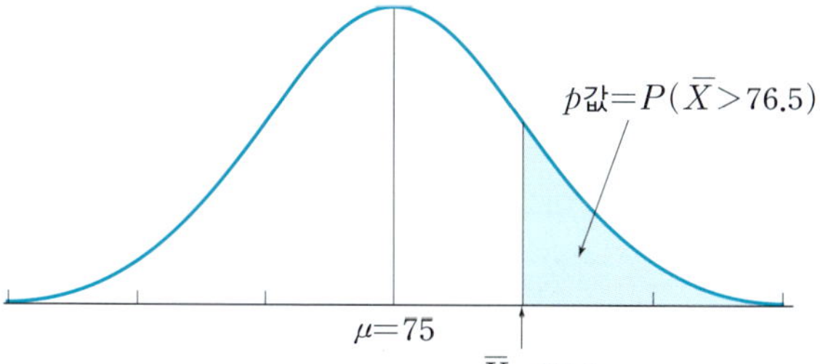

[그림 8-5] $P(\bar{X}\geq 76.5)$

모집단 평균이 $\mu=75$ 또는 $\mu\leq 75$라는 가정 하에 $\bar{X}=76.5$인 경우 p값의 면적

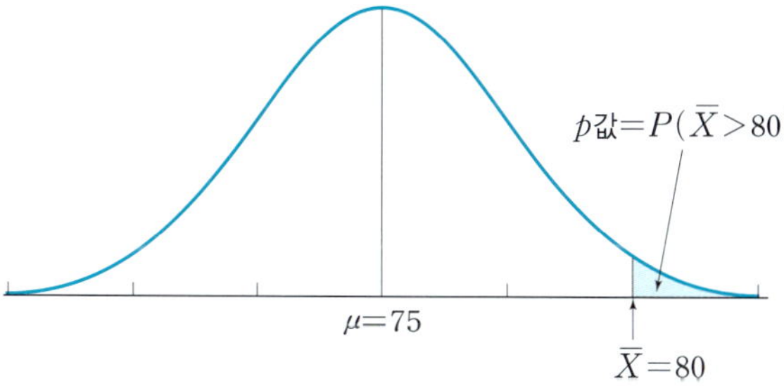

[그림 8-6] $P(\bar{X}\geq 80)$

모집단 평균이 $\mu=75$ 또는 $\mu\leq 75$라는 가정 하에 $\bar{X}=80$인 경우 p값의 면적

p값은 귀무가설(H_0)이 사실이라고 가정(전제)한 상태에서 얻은 결과보다 극단적인 결과가 실제로 관측될 확률이라고 하였습니다. [그림 8－5]에 대해서 극단적인 결과는 표본평균 $\bar{X}=76.5$가 그 이상의 값을 가질 확률이므로 p값$=P(\bar{X}>76.5)$이고, [그림 8－6]에 대해서 극단적인 결과는 표본평균 $\bar{X}=80$이 그 이상의 값을 가질 확률이므로 p값$=P(\bar{X}>80)$입니다.

[그림 8－5]와 [그림 8－6]을 비교할 때 p값의 면적(확률)이 크다는 것은 표본평균 $\bar{X}$가 모집단 평균 $\mu=75$와 가까이 있음을 나타내고, 이는 표본이 가정(전제)한 귀무가설(H_0: $\mu=75$ 또는 $\mu\leq 75$)의 모집단으로부터 추출된 것을 나타내므로 전제로 했던 귀무가설을 기각하지 않습니다.

반대로 p값의 면적(확률)이 적다는 것은 표본평균 $\bar{X}$가 모집단 평균 $\mu=75$로부터 멀리 떨어져 있음을 나타내므로 이는 가정한(전제한) 귀무가설(H_0: $\mu=75$ 또는 $\mu\leq 75$)의 모집단에서 추출된 것이 아니라는 증거로 보고 귀무가설을 기각합니다. 따라서 p값은 귀무가설이 사실인가 아닌가를 판단하는 근거를 제시하는 것이 아니라 가정(전제)한 귀무가설이 사실이 아니라는 것을 얼마나 나타내고 있는가를 확률로 표현한 것이며, 대립가설에 대한 확률은 아닙니다.

유의수준(α)은 앞서 추정에서 설명하였듯이 가설검정에서도 같은 방법으로 해석할 수 있습니다. 예를 들어 100개의 표본으로부터 얻은 100개의 표본평균을 가지고 동일한 가설을 검정한다고 할 때 5%의 유의수준으로 검정한다는 것은 100개의 표본평균에 대해 95개는 가정(전제)한 귀무가설이 사실로(옳은 것으로) 받아들여져서 귀무가설을 기각하지 않는 것이고, 나머지 5개는 가정(전제)한 귀무가설이 사실이 아닌 것으로(옳지 않은 것) 받아들여져서 귀무가설을 기각하게 될 확률로 검정을 한다는 것입니다. 만약 이 경우에 p값이 유의수준 5%보다 작은 1%(0.01)로 계산되었다면 확률적으로 작은 값이기에 이러한 결과가 우연히 나왔다기보다는 가정(전제)한 귀무가설이 사실이 아니라는 것을 반증하는 것이므로 귀무가설을 기각합니다. 따라서 p값은 유의수준에 기준하여 〈표 8-7〉과 같이 검정합니다.

검정	p값 > 유의수준(α)	p값 ≤ 유의수준(α)
결론	귀무가설 H_0를 기각하지 않음	귀무가설 H_0를 기각함

〈표 8-7〉 p값과 유의수준에 의한 검정과 결론

참고 2 통계적으로 유의하다

p값이 유의수준(α)보다 작아서 귀무가설을 기각할 경우에 "유의수준 α에서 통계적으로 유의하다"라고 표현합니다. p값은 가정(전제)한 귀무가설이 사실이 아니라는 것을 얼마나 나타내고 있는가를 표현한 것이므로 이 말은 확률적으로 볼 때 단순한 우연이라고 생각되지 않을 정도로 의미가 있다는 것이며, 이러한 결과가 우연히 나왔다기보다는 가정(전제)한 귀무가설이 유의수준 하에서 사실이 아니라는 것을 반증한다는 것입니다.

8.3.1 p값의 의미와 계산

[예제 8-4]에서는 표본평균이 정규분포를 따르므로 p값은 표본평균 $\overline{X}$에 대한 표준화 $Z=\dfrac{\overline{X}-\mu}{\sigma/\sqrt{n}}$에 대해 표준정규분포상에서 계산합니다. 표본평균 $\overline{X}=76.5$과 $\overline{X}=80$에 대해 p값을 계산하면 다음과 같습니다.

단측검정의 가설

H_0 : $\mu=75$ 또는 $\mu\leq75$ (모집단 평균은 75와 같거나 작다)

H_1 : $\mu>75$ (모집단 평균은 75보다 크다)

표본평균의 분포 : $\overline{X}\sim N\left(75,\ \dfrac{10^2}{100}\right)$

구분	$\overline{X}=76.5$인 경우	$\overline{X}=80$인 경우
표준화	$Z=\frac{\overline{X}-\mu}{\sigma/\sqrt{n}}=\frac{76.5-75}{10/\sqrt{100}}=1.5$	$Z=\frac{\overline{X}-\mu}{\sigma/\sqrt{n}}=\frac{80-75}{10/\sqrt{100}}=5$
p값	$P(\overline{X}>76.5)=P(Z>1.5)=0.067$	$P(\overline{X}>80)=P(Z>5)\approx 0$
유의 수준 $\alpha=0.05$ 비교	p값(0.067) > 유의수준(0.05)	p값(0) < 유의수준(0.05)
검정결과	귀무가설 H_0를 기각하지 않음	귀무가설 H_0를 기각함 유의수준 $\alpha=0.05$에서 통계적으로 유의하다.
결론	표본평균 $\overline{X}=76.5$은 가정(전제)한 귀무가설 H_0의 분포에서 나온 결과이다. 따라서 귀무가설 H_0 : $\mu=75$ 또는 $\mu\leq 75$를 받아들인다.	표본평균 $\overline{X}=80$은 가정한 귀무가설 H_0 : 의 분포에서 나온 것이라고 볼 수 없으므로 대립가설 H_1 : $\mu>75$을 받아들인다.

$P(\overline{X}>80)$은 표준화했을 때 $P(Z>5)$가 되는데 부록의 표분정규분포표에서 Z의 최댓값은 3.09이며 $P(Z>3.09)=0.001$이므로 $P(Z>5)$는 거의 0의 값입니다.

모든 통계분석은 가설검정으로 이루어지며, 앞으로는 p값을 이용하여 가설을 검정하는 방법으로 설명하겠습니다.

8.3.2 엑셀에서 p값을 계산하는 방법

표본평균 $\overline{X}$가 정규분포를 따르고 모집단 표준편차 σ가 알려져 있을 경우(단측검정)

이 경우에 p값은 두 가지 방법으로 계산할 수 있습니다. 첫 번째 방법은 함수 NORMDIST를 이용하는 것이고, 두 번째 방법은 함수 NORMSDIST를 사용하는 것입니다. 이 함수의 사용방법은 5.5절을 참고하시기 바랍니다.

[예제 8-4]에서 표본평균 $\overline{X}$가 정규분포 $\overline{X}\sim N\left(75, \frac{10^2}{100}\right)$을 따르는 경우에 가설이 다음과 같고 표본평균 $\overline{X}=80$에 대한 표준하는

$Z=\frac{\overline{X}-\mu}{\sigma/\sqrt{n}}=\frac{80-75}{10/\sqrt{100}}=5$입니다.

> H_0 : $\mu=75$ 또는 $\mu\leq75$ (모집단 평균은 75이거나 75보다 작다) 가설
> H_1 : $\mu>75$ (모집단 평균은 75보다 크다) [단측검정]

모집단 표준편차는 $\frac{10}{\sqrt{100}}$이므로 1이며, p값$=P(\overline{X}>80)=P(Z>5)$를 계산하면 다음(보조자료: 8장\p값계산)과 같습니다.

<table>
<tr><th>구분</th><th>$p-$값</th><th>계산 방법</th></tr>
<tr><td>함수
NORMDIST</td><td>$P(\overline{X}>80)$</td><td>
<table>
<tr><th></th><th>A</th><th>B</th><th>C</th><th>D</th></tr>
<tr><td>1</td><td>표본평균(X)</td><td>80</td><td></td><td></td></tr>
<tr><td>2</td><td>모집단평균</td><td>75</td><td></td><td></td></tr>
<tr><td>3</td><td>모집단 표준편차</td><td>=10/SQRT(100)</td><td></td><td></td></tr>
<tr><td>4</td><td>P(X<80)</td><td>=NORMDIST(B1,B2,B3,1)</td><td></td><td>0.9999997</td></tr>
<tr><td>5</td><td>p-값=P(X>80)</td><td>=1-B4</td><td></td><td>2.867E-07</td></tr>
</table>
</td></tr>
<tr><td>함수
NORMSDIST</td><td>$P(Z>5)$</td><td>
<table>
<tr><th></th><th>A</th><th>B</th><th>C</th><th>D</th></tr>
<tr><td>1</td><td>Z</td><td>5</td><td></td><td></td></tr>
<tr><td>2</td><td>P(Z<5)</td><td>=NORMSDIST(B1)</td><td></td><td>1</td></tr>
<tr><td>3</td><td>p-값=P(Z>5)</td><td>=1-B2</td><td></td><td>2.87E-07</td></tr>
</table>
</td></tr>
</table>

계산된 p값은 모두 2.87E−07로 2.87E−07은 $\frac{2.87}{10^7}$이므로 거의 0이고, 유의수준 $\alpha=0.05$보다 작으므로 귀무가설 H_0를 기각합니다.

표본평균 $\overline{X}$가 정규분포를 따르고 모집단 표준편차 σ가 알려져 있을 경우(양측검정)

[예제 8−4]에서 표본평균 $\overline{X}$가 정규분포 $\overline{X}\sim N\left(75, \frac{10^2}{100}\right)$을 따르는 경우에 가설이 다음과 같고 표본평균 $\overline{X}=80$에 대한 표준화는

$Z=\frac{\overline{X}-\mu}{\sigma/\sqrt{n}}=\frac{80-75}{10/\sqrt{100}}=5$입니다.

> **양측검정의 가설**
> H_0 : $\mu=75$ (모집단 평균은 75이다)
> H_1 : $\mu\neq75$ (모집단 평균은 75보다 작거나 또는 클 수 있다)

모집단 표준편차는 $\frac{10}{\sqrt{100}}$이므로 1이며, p값$=P(\overline{X} \geq 80)=P(Z \geq 5)$을 계산하면 앞의 단측검정의 결과와 같이 $P(\overline{X}>80)=P(Z>5)=2.87\text{E}-07 \approx 0$이다.

양측검정에서 다음과 같이 두 가지 방법을 이용하여 검정을 할 수 있습니다.

검정방법 1	검정방법 2
유의수준 α와 ($2 \times p$값)을 비교	유의수준 $\frac{\alpha}{2}$와 p값을 비교
($2 \times p$값)$\leq \alpha$이면 H_0:를 기각	p값$\leq \frac{\alpha}{2}$이면 H_0:를 기각

양측검정은 분포의 오른쪽과 왼쪽에 대해 유의수준의 절반인 $\alpha/2$를 할당하는 것이므로 위의 두 가지 방법 중 하나를 이용합니다. 계산된 p값은 $2.87\text{E}-07$은 $\frac{2.87}{10^7}$이므로 거의 0이며 이 값에 두 배를 해 주어도 유의수준 $\alpha=0.05$보다 작으므로 귀무가설 H_0를 기각합니다.

표본평균 $\overline{X}$가 정규분포를 따르고 모집단 표준편차 σ가 알려져 있지 않은 경우(단측검정)

[예제 8－2]에서 표본평균은 $\overline{X} \sim N\left(\mu, \frac{S^2}{n}\right)$인 정규분포 즉, $\overline{X} \sim N\left(24, \frac{4.5^2}{10}\right)$이며, 모집단이 정규분포를 따르지만 표준편차를 모르고 표본의 크기가 $n<30$이므로 $\frac{\overline{X}-\mu}{S/\sqrt{n}}$는 t분포 즉 $t=\frac{\overline{X}-\mu}{S/\sqrt{n}} \sim t(n-1, \ \alpha)$이므로 $t=\frac{\overline{X}-\mu}{S/\sqrt{n}} \sim t(9, \ 0.05)$입니다. 가설은 다음과 같습니다.

단측검정의 가설

H_0 : $\mu=24$ 또는 $\mu \geq 24$ (모집단 평균은 24이거나 24 이상이다)

H_1 : $\mu<24$ (모집단 평균은 24보다 작다)

이 예에서 모집단 평균은 $\mu=24$이고 t값은 $t=\dfrac{\overline{X}-\mu}{S/\sqrt{n}}=\dfrac{21-24}{4.5/\sqrt{10}}=-2.1$

t분포는 표준정규분포와 마찬가지로 0을 중심으로 좌우대칭이므로 p값은 $P(t<-2.1)=P(t>2.1)$과 같고, 함수 TDIST에서 t값은 양의 값만을 사용하므로 $P(t>2.1)$의 값을 계산합니다. 함수 TDIST의 사용방법은 다음(보조자료: 8장\p값계산)과 같습니다.

TDIST	사용방법	=TDIST(x, deg_freedom, tails)	
	인자	x	t값
		deg_freedom	자유도 $(n-1)$
		tails	1(단측검정), 2(양측검정)
	반환	t분포의 확률값을 반환	

이 예는 단측검정이므로 함수 TDIST의 인자 tails에 대해 1(양측검정의 경우는 2)을 사용합니다.

구분	p값	계산 방법
함수 TDIST 단측검정	$P(t>2.1)$	| | A | B | C | D | | 1 | t | 2.1 | | | | 2 | 자유도(n-1) | 9 | | | | 3 | tails | 1 | | | | 4 | p-값=P(t>2.1) | =TDIST(B1,B2,B3) | | 0.032559 |

계산된 p값은 0.0325로 유의수준 $\alpha=0.05$보다 작으므로 귀무가설 H_0를 기각합니다.

[실습문제]

6. 앞의 예제에 대해서 p값을 계산하고 가설을 검정하시오.

단원 정리

통계적 가설검정

표본분포의 성질을 이용하여 모집단 특성에 대한 가설의 진위를 가리는 것이다. 통계적 가설검정은 재판과정과 마찬가지로 간접적인 방법으로, 즉 주장(대립가설)과 반대되는 가설(귀무가설)을 사실로 가정한 상태에서 검정이 이루어진다. 이때 두 개의 가설은 법정에서와 같이 서로 상반된 것이어야 한다.

구분	가설	사실로 가정(전제)
재판	주장과 반대되는 가설(귀무가설) H_0: 용의자는 무죄임.	H_0: 용의자는 무죄임.
	주장하는 가설(대립가설) H_1: 용의자는 유죄임.	
가설검정	주장과 반대되는 가설(귀무가설) H_0: 충전시간은 과거보다 늘어나지 않았다.	H_0: 충전시간은 늘어나지 않았다.
	주장하는 가설(대립가설) H_1: 충전시간은 과거보다 늘어났다.	

[재판과 가설검정에서의 가정]

가설검정은 법원에서의 재판과 같이 가설의 옳고 그름(참과 거짓)을 판단하는 것이 아니라 표본의 결과가 "귀무가설 H_0가 사실이 아니라는 증거"를 얼마나 충분히 제시하느냐에 따라 가설검정이 이루어진다고 볼 수 있다.

가설검정에서의 오류

오류의 원인은 추정에서도 설명하였듯이 근본적으로 표본오차(또는 추정오차)에 있다. 따라서 표본의 결과를 이용하는 모든 통계적 추론은 추정을 포함하여 가설검정에서도 표본오차는 언제나 발생할 수 있기 때문에, 가설검정 역시 오류를 범할 가능성은 항상 존재한다.

사실	검정 결과	판정
H_0가 사실 (용의자는 무죄)	H_0을 기각하지 않음 (용의자를 무죄로 판정)	바른 결정 $(1-\alpha)$
	H_0을 기각함 (용의자를 유죄로 판정)	제1종의 오류(α) type 1 error
H_1가 사실 (용의자는 유죄)	H_0을 기각하지 않음 (용의자를 무죄로 판정)	제2종의 오류(β) type 2 error
	H_0을 기각함 (용의자를 유죄로 판정)	바른 결정 $(1-\beta)$

[가설의 검정에서 발생 가능한 상황별 오류]

가설검정의 순서 1(검정통계량과 기각영역을 이용)

1. 주장하려는 내용에 따라 귀무가설과 대립가설을 세운다.
2. 제1종의 오류인 유의수준(α)을 정한다.
3. 검정통계량과 기각영역을 계산한다.
4. 검정통계량이 기각영역에 속하는가에 따라 귀무가설의 기각 여부를 결정하고 결론을 내린다.

가설검정의 순서 2(p값 이용)

1. 주장하려는 내용에 따라 귀무가설과 대립가설을 세운다.
2. 제1종의 오류인 유의수준(α)을 정한다.
3. 검정통계량과 p값을 계산한다.
4. p값과 유의수준을 비교하여 귀무가설의 기각 여부를 결정하고 결론을 내린다.

가설검정 방법

1. 유의수준에 따라 기각영역(또는 채택영역)을 설정하여 귀무가설의 기각 여부를 판단
2. 검정통계량을 이용하여 귀무가설을 기각할 확률(p값)에 근거하여 귀무가설의 기각 여부를 판단

단일 모집단 평균에 대한 가설검정(검정하려는 모집단 평균이 한 개인 경우)

1. 유의수준 α에 의한 가설검정

검정	검정통계량이 기각영역에 포함되지 않음	검정통계량이 기각영역에 포함
결론	귀무가설 H_0를 기각하지 않음	귀무가설 H_0를 기각함

1.1 모집단 표준편차 σ가 알려져 있고 모집단이 정규분포를 따르는 경우, 표본의 크기에 상관없이 다음과 같이 대립가설에 따라 가설검정을 실시

H_0: $\mu=\mu_0$

대립가설(H_1)	검정통계량	H_0의 기각영역
$\mu\neq\mu_0$ (양측검정)	$Z=\dfrac{\overline{X}-\mu_0}{\sigma/\sqrt{n}}$	$Z<-Z_{\alpha/2},\ Z>Z_{\alpha/2}$
$\mu>\mu_0$ (우측검정)		$Z>Z_\alpha$
$\mu<\mu_0$ (좌측검정)		$Z>-Z_\alpha$

1.2 모집단 표준편차 σ를 모르고 표본의 크기가 $n\geq30$인 경우, 중심극한정리에 의해 표본분포는 정규분포를 따른다.

H_0: $\mu=\mu_0$

대립가설(H_1)	검정통계량	H_0의 기각영역
$\mu\neq\mu_0$ (양측검정)	$Z=\dfrac{\overline{X}-\mu_0}{S/\sqrt{n}}$	$Z<-Z_{\alpha/2},\ Z>Z_{\alpha/2}$
$\mu>\mu_0$ (우측검정)		$Z>Z_\alpha$
$\mu<\mu_0$ (좌측검정)		$Z>-Z_\alpha$

1.3 모집단 표준편차 σ를 모르지만 모집단이 정규분포를 따르고 표본의 크기가 $n<30$인 경우

H_0: $\mu=\mu_0$

대립가설(H_1)	검정통계량	H_0의 기각영역
$\mu\neq\mu_0$ (양측검정)	$t=\dfrac{\overline{X}-\mu_0}{S/\sqrt{n}}$	$t<-t_{(n-1,\ \alpha/2)}$, $t>t_{(n-1,\ \alpha/2)}$
$\mu>\mu_0$ (우측검정)		$t>t_{(n-1,\ \alpha)}$
$\mu<\mu_0$ (좌측검정)		$t>-t_{(n-1,\ \alpha)}$

2. p값에 의한 가설검정

검정	p값$\geq$유의수준(α)	p값$<$유의수준(α)
결론	귀무가설 H_0를 기각하지 않음	귀무가설 H_0를 기각함

2.1 모집단 표준편차 σ가 알려져 있고 모집단이 정규분포를 따르는 경우, 표본의 크기에 상관없이 다음과 같이 대립가설에 따라 가설검정을 실시

H_0: $\mu=\mu_0$

대립가설(H_1)	검정통계량	p값	H_0 기각
$\mu\neq\mu_0$ (양측검정)	$Z_0=\dfrac{\overline{X}-\mu_0}{\sigma/\sqrt{n}}$	$P(Z>\|Z_0\|)$	p값$\leq(\alpha/2)$
$\mu>\mu_0$ (우측검정)		$P(Z>Z_0)$	p값$\leq\alpha$
$\mu<\mu_0$ (좌측검정)		$P(Z<Z_0)$	

2.2 모집단 표준편차 σ를 모르고 표본의 크기가 $n\geq30$인 경우

H_0: $\mu=\mu_0$

대립가설(H_1)	검정통계량	p값	H_0 기각
$\mu\neq\mu_0$ (양측검정)	$Z_0=\dfrac{\overline{X}-\mu_0}{S/\sqrt{n}}$	$P(Z>\|Z_0\|)$	p값$\leq(\alpha/2)$
$\mu>\mu_0$ (우측검정)		$P(Z>Z_0)$	p값$\leq\alpha$
$\mu<\mu_0$ (좌측검정)		$P(Z<Z_0)$	

2.3 모집단 표준편차 σ를 모르지만 모집단이 정규분포를 따르고 표본의 크기가 $n<30$인 경우

H_0: $\mu=\mu_0$

대립가설(H_1)	검정통계량	p값	H_0 기각
$\mu\neq\mu_0$ (양측검정)	$t_0=\dfrac{\overline{X}-\mu_0}{S/\sqrt{n}}$	$P(t>\|t_0\|)$	p값$\leq(\alpha/2)$
$\mu>\mu_0$ (우측검정)			p값$\leq\alpha$
$\mu<\mu_0$ (좌측검정)			

p값의 계산은 Z에 대해서는 함수 NORMDIST 또는 함수 NORMSDIST를 사용하고 t값에 대해서는 함수 TDIST를 사용하며, 인자 tails에 대해 단측검정은 1로, 양측검정은 2를 대입해서 사용한다.

01 다음의 주장이 맞는지에 대해 조사를 한다고 할 때, 가설(귀무가설, 대립가설)을 세우시오.

① 봉지사탕을 생산하는 A제과는 1봉지에 들어가는 사탕의 개수가 100개 이상이라고 주장하고 있다.
② 혈압약을 생산하는 A제약은 새로 개발한 혈압약이 이전 약보다 효과가 있다고 광고하고 있다.
③ 타이어를 생산하는 A기업은 최근에 개발한 타이어의 평균 수명이 이전 제품보다 길어졌다고 선전하고 있다.
④ 대형 할인점을 운영하는 B유통은 판매중인 라면가격이 주변의 어느 상점보다 싸다고 광고하고 있다.
⑤ 서울시는 공공장소에서의 흡연규제 효과로 금연자수가 작년보다 늘어났다고 보도하였다.
⑥ 운동기구를 판매하는 C업체는 최근 실시한 TV광고의 효과로 매출액이 늘어났는지에 대해 궁금해하고 있다.
⑦ 계속되는 경기침체로 작년 같은 기간보다 맥주와 소주의 판매량이 늘어났다고 생각하고 있다.

02 새로운 손전등을 개발한 사업자는 경쟁회사 제품의 평균수명인 5,000시간보다 자사 신제품의 수명이 훨씬 길다고 주장하고 있다. 사업자의 주장을 검증하기 위해 신제품 100개의 표본을 택하여 수명을 조사하였다. 100개 표본의 평균 수명은 5,100시간이고 표준편차는 500시간으로 조사되었다. $\alpha=0.05$일 때 사업자의 주장을 지지할 만큼 충분한 근거가 있는가?

03 어느 대학에서 수년간 신입생의 IQ를 조사해 보니 평균은 105이고, 표준편차는 24라 한다. 올해 입학한 신입생 100명을 대상으로 IQ를 조사하니 평균이 110이었다. 입학관리과에서는 이 결과를 토대로 과거보다는 우수한 학생들이 입학했다고 기대하고 있다. 과연 올해 입학한 학생들의 IQ가 과거보다 높은 것인지에 대해 유의수준 5%로 가설을 검정하시오.

04 어느 공장의 월 평균 근로시간은 170시간, 표준편차는 20시간이라 한다. 올해부터는 퇴근시간을 지키도록 권유하여 근로시간이 줄어들 것으로 예상하고 있다. 이를 알아보기 위해 100명의 근로자를 대상으로 근로시간을 조사하니 163시간이라 한다. 올해 근로자의 근무시간이 예년보다 줄어 든 것인지에 대해 유의수준 5%로 검정하시오.

05 작년도 A대학에서 장학금을 받은 학생들의 1인당 평균 장학금은 1,000,000원, 표준편차는 250,000원이라 한다. 이 대학은 올해부터 장학금 수혜대상은 늘리고 수혜금액을 조금 줄였다고 한다. 올해 장학금 수혜자 중에서 90명을 표본으로 뽑아 받은 장학금의 평균을 계산하니 평균 1,080,000원이었다. 작년과 올해 평균장학금에 차이가 있는지에 대해 유의수준 5% 하에서 가설검정하시오.

06 A대학 신입생의 영어 성적은 평균 75점, 표준편차가 15점이라 한다. 90명의 신입생을 표본으로 뽑아 영어 모의고사를 치렀더니 평균 71점이었다. A대학 신입생의 영어성적과 모의고사와 차이가 있는지에 대해 유의수준 5%로 검정하시오.

07 A회사의 작년도 신입사원의 월 평균 임금은 1,200,000원이고 표준편차는 300,000원이라 한다. 올해부터는 복지수당을 늘려 평균 임금이 상승되었을 것으로 예상하고 있다. 이를 알아보기 위해 100명의 신입사원에 대한 월 평균임금을 조사하니 1,300,000원이라 한다. 신입사원에 대한 임금이 작년보다 오른 것인지에 대해 유의수준 5%로 검정하시오.

chapter 09

모집단이 한 개인 경우의 통계적 추론

이 장에서는 실제 수집한 표본을 근거로 p값을 이용하여 통계적 가설검정을 실시하고, 결과를 해석하는 방법에 대해서 설명합니다.

chapter 09

모집단이 한 개인 경우의 통계적 추론

실제 표본 데이터가 없고, 단지 평균과 표준편차만 알고 있다면 8.2절과 8.3절에서 설명한 방법대로 모집단 평균에 대한 가설검정을 실시합니다. 그러나 모집단에서 추출한 표본 데이터가 있는 경우에는 함수 ZTEST를 이용하여 p값을 계산할 수 있으므로 쉽게 가설을 검정할 수 있습니다. 이 장에서는 모집단이 한 개인 단일 모집단에 대해서 함수 ZTEST를 이용한 가설검정을 다루며 사용할 예제는 다음과 같습니다.

함수 ZTEST의 이용 범위	예제
모집단 표준편차 σ를 모르고 표본의 크기가 $n \geq 30$인 경우	[예제 9-1] 단측검정 [예제 9-2] 양측검정
모집단 표준편차 σ를 모르고 표본의 크기가 $n < 30$이며, 모집단이 정규분포를 따르는 경우	[예제 9-3] 단측검정 [예제 9-4] 양측검정

9.1 모집단 표준편차 σ를 모르고 표본의 크기가 $n \geq 30$인 경우

일반적으로 모집단 표준편차의 실제 값을 모르는 경우가 많으며 이 경우 표본평균 $\overline{X}$는 정규분포가 아닌 t분포를 따르게 되며, 정규분포가 아닌 t분포를 이용하여 검정통계량 또는 p값을 이용하여 가설을 검정합니다. 그러나 표본의 크기가 충분히 크다면 t분포는 정규분포에 접근하므로 정규분포를 이용할 수 있으며, 이때 모집단 표준편차(σ) 대신 표본 표준편차(S)를 이용합니다.

예제 9-1 커피 가격에 대한 가설검정(단측검정)

한국소비자원이 매출액 상위 6개 커피전문점의 서비스 이용경험자 1,031명에 대해 소비자 만족도를 조사한 결과(커피전문점 서비스 비교, 2019), 소비자가 생각하는 적정한 커피 가격(아메리카노 HOT 레귤러사이즈 기준)은 3,055원으로 조사되었다. 그러나 대부분의 학생과 직장인들은 실제 커피 가격이 그보다 비싼 것으로 느끼고 있어서 커피전문점 42개 업체에 대해 조사한 아메리카노의 가격(보조자료: 9장\커피가격)은 다음과 같다. 유의수준 5%하에서 가설을 세우고 검정하시오.

	A	B	C	D	E	F
1	커피가격(2019년)					
2	4800	4100	4100	3500	2500	1500
3	4700	4100	4000	3100	2500	1500
4	4300	4100	4000	3000	1800	1500
5	4300	4100	4000	2800	1800	1500
6	4300	4100	4000	2800	1500	1500
7	4200	4100	3500	2800	1500	1500
8	4200	4100	3500	2800	1500	1500
9						

[그림 9-1] 커피전문점 42개 업체에 대한 커피 가격

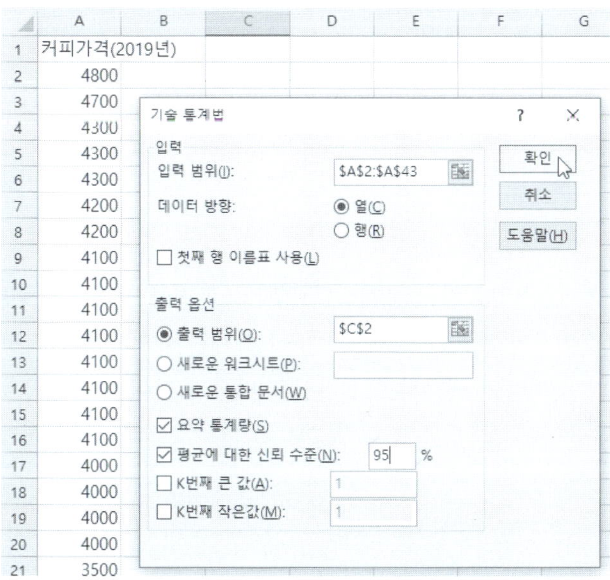

[그림 9-2] Sheet2에서 기술 통계법 옵션 선택

[풀이]

가설검정에 앞서 대푯값과 산포도를 확인하기 위해 [데이터] 탭을 선택하고 [데이터 분석]의 [기술 통계법]을 이용하여 결과를 출력합니다. [그림 9-1]에서는 데이터가 배열(array)로 입력되어 있지만 [기술 통계법]을 사용하려면 열 단위 또는 행 단위로 변환해야 합니다. Sheet2에는 열 단위로 변환한 데이터가 준비되어 있고 [기술 통계법]의 사용방법은 [그림 9-2]와 같습니다. 요약 통계량과 평균에 대한 신뢰수준에 체크표시(✓)를 합니다.

[기술 통계법]의 결과는 [그림 9－3]과 같습니다.

	A	B	C	D
1	커피가격(2019년)			
2	4800		Column1	
3	4700			
4	4300		평균	3119.048
5	4300		표준 오차	177.0266
6	4300		중앙값	3500
7	4200		최빈값	1500
8	4200		표준 편차	1147.264
9	4100		분산	1316214
10	4100		첨도	-1.47601
11	4100		왜도	-0.35642
12	4100		범위	3300
13	4100		최소값	1500
14	4100		최대값	4800
15	4100		합	131000
16	4100		관측수	42
17	4000		신뢰 수준(95.0%)	357.5125

[그림 9-3] 커피 가격에 대한 기술 통계법 결과

[그림 9-3]에 나타난 기술 통계법의 결과 표본평균 $\overline{X}$는 3,119.048로 나타났습니다. 소비자가 느끼는 가격은 한국소비자원에서 발표한 적정 커피가격 3,055원보다 비싸다고 생각하므로 가설은 다음과 같이 단측검정으로 실시합니다.

H_0 : μ=3055 (모집단 평균은 3055이다)	[가설]
H_1 : μ>3055 (모집단 평균은 3055보다 크다)	단측검정

함수 ZTEST(또는 Z.TEST)를 사용하기 전에 함수 ZTEST의 결과가 표시될 적절한 셀(C19)을 마우스로 선택합니다. [수식] 탭에서 [함수 삽입]을 누른 다음 [그림 9－4]와 같이 [범주 선택]은 통계, [함수 선택]은 ZTEST를 선택합니다.

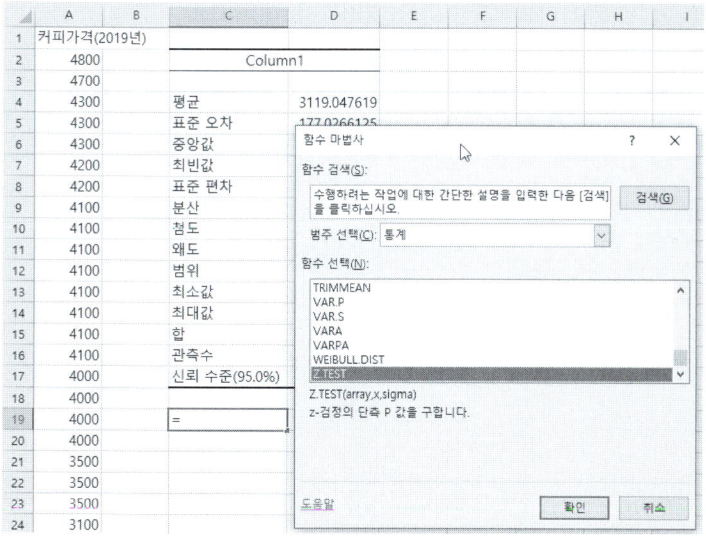

[그림 9-4] 함수 마법사에서 ZTEST 선택

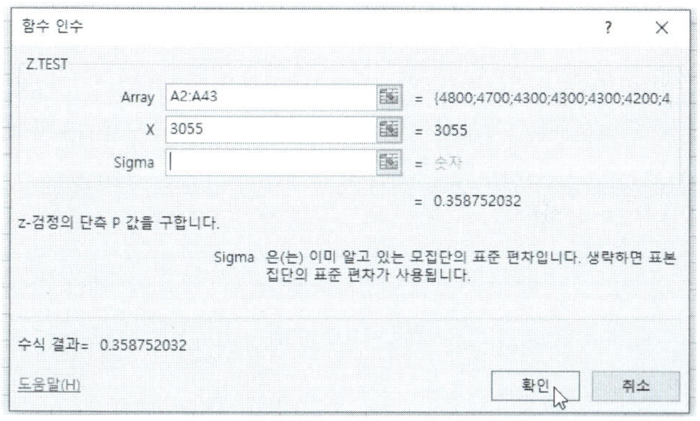

[그림 9-5] 함수 ZTEST의 인수

[그림 9−5]에서 함수 ZTEST의 사용방법은 다음과 같습니다.

ZTEST	사용	ZTEST(array, X, sigma)	
	인자	array	데이터의 범위
		X	귀무가설 H_0의 모집단 평균값
		sigma	모집단 표준편차(생략하면 표본 표준편차로 대체)
	반환	Z 검정의 단측 검정 확률값	

array에는 데이터의 범위(A2:A43)를 입력하고, X에는 모집단 평균 3055를 입력합니다. 이 예에서는 모집단 표준편차를 모르므로 [그림 9-5]와 같이 빈칸으로 둔 상태에서 [확인] 버튼을 누릅니다. 만약 모집단 표준편차 σ를 알고 있다면 직접 $\sigma/\sqrt{n}$의 값을 입력합니다. 결과는 [그림 9-6]과 같습니다.

	A	B	C	D
1	커피가격(2019년)			
2	4800		Column1	
3	4700			
4	4300		평균	3119.048
5	4300		표준 오차	177.0266
6	4300		중앙값	3500
7	4200		최빈값	1500
8	4200		표준 편차	1147.264
9	4100		분산	1316214
10	4100		첨도	-1.47601
11	4100		왜도	-0.35642
12	4100		범위	3300
13	4100		최소값	1500
14	4100		최대값	4800
15	4100		합	131000
16	4100		관측수	42
17	4000		신뢰 수준(95.0%)	357.5125
18	4000			
19	4000		0.358752032	

[그림 9-6] 함수 ZTEST로 계산한 p값(셀 C19)

단측검정에서 p값은 0.358752로 유의수준 5%($\alpha=0.05$)보다 크므로 귀무가설(H_0: $\mu=3055$)을 기각할 수 없습니다. 따라서 이번 조사에서 선택한 표본은 모집단 평균 $\mu=3055$의 분포에서 나온 것으로 판단하고 귀무가설을 사실로 받아들입니다.

이 예제에서 함수 ZTEST는 표본평균 $\overline{X}=3119$에 대해서 $P(\overline{X}>3119)$를 계산한 것이며 검정통계량과 p값은 다음과 같습니다.

$$Z=\frac{\overline{X}-\mu}{S/\sqrt{n}}=\frac{3199-3055}{1147/\sqrt{42}}=\frac{64}{\text{표준오차}(117.0266)}=0.546$$

$$p\text{값}=P(Z>0.546)=1-\text{NORMSDIST}(0.546)$$
$$=0.2925$$

[실습문제]

1. 한국유가공협회는 3월 현재 우유의 평균 판매 가격은 1리터에 1550원이라고 발표하였다. 그러나 대부분의 주부들은 우유의 가격이 그보다는 비싼 것으로 생각하고 있어, 소비자보호원은 수도권 지역 50개의 할인점에 대해 우유 가격을 조사(보조자료: 9장\실습1 우유가격)하였다. 유의수준 5%하에서 주부들의 주장이 타당한지에 대해 가설을 세우고 검정하시오.

커피 가격에 대한 가설검정(양측검정)

예제 9-2

[예제 9-1]에 대해 양측검정을 실시하시오.

[풀이]

양측검정의 가설은 다음과 같습니다.

H_0 : $\mu=3055$ (모집단 평균은 3055이다)	[가설]
H_1 : $\mu\neq3055$ (모집단 평균은 3055보다 작거나 크다)	양측검정

[예제 9-1]은 단측검정의 예이나 만약 양측검정으로 실시한다면 [그림 9-6]에서 계산된 p값(0.358752)을 두 배한 0.717504를 사용해야 합니다.

양측검정의 경우에도 계산된 p값 0.717504가 유의수준 $\alpha=0.05$보다 크므로 귀무가설(H_0: $\mu=3055$)을 기각할 수 없습니다.

[예제 9-2](양측검정)에 대해 p값이 아닌 신뢰구간을 이용하여 검정한다면 [그림 9-3]에서 신뢰수준(95%)의 결과값인 357.5125를 이용할 수 있습니다. 엑셀에서 [기술 통계법]의 신뢰수준 결과값은 표준정규분포 Z가 아닌 t분포를 이용하므로 다음의 [신뢰구간 1]에 해당하며 $t_{(41,\ 0.025)}\frac{S}{\sqrt{n}}=357.5125$와 같습니다.

[95% 신뢰구간 1] $\left(\mu-t_{(n-1,\ 0.025)}\frac{S}{\sqrt{n}},\ \mu+t_{(n-1,\ 0.025)}\frac{S}{\sqrt{n}}\right)$

[95% 신뢰구간 2] $\left(\mu-Z_{0.025}\frac{S}{\sqrt{n}},\ \mu+Z_{0.025}\frac{S}{\sqrt{n}}\right)$

이 예제에서 표본의 크기가 $n\geq30$이므로 [신뢰구간 2]를 이용할 수도 있습니다. [신뢰구간 2]에 대해서 $Z_{0.025}\frac{S}{\sqrt{n}}=1.96\frac{1147.264}{\sqrt{42}}$를 계산해 보면 346.9로 357.5125와는 약간의 차이가 있습니다.

[신뢰구간 1]로 계산하면 귀무가설 H_0의 채택영역은 (3055 − 357.5125, 3055 + 357.5125)이므로 (2697, 3413)입니다. 표본평균은 [그림 9-3]에서 $\overline{X}=3119$로 조사되었고, 표본평균이 신뢰구간(H_0의 채택영역)에 포함되므로 귀무가설을 기각할 수 없습니다.

[실습문제]

2. 실습문제 1에 대해서 양측검정을 실시하시오.

참고 1 단일 모집단 평균에 대한 SPSS의 분석결과

[예제 9−1]과 [예제 9−2]에 대한 SPSS의 분석결과는 다음과 같습니다.

	N	평균	표준편차	평균의 표준오차
커피가격	42	3119.05	1147.264	177.027

일표본 통계량

	검정값=3055					
					차이의 95% 신뢰구간	
	t	자유도	유의확률(양쪽)	평균차	하한	상한
커피가격	.362	41	.719	64.048	−293.46	421.56

일표본 검정

SPSS의 경우 단일 모집단에 대한 가설검정은 일표본 검정을 이용합니다. 일표본 검정은 t분포를 이용하고, 앞에서도 설명하였듯이 t분포는 자유도가 증가함에 따라 표준정규분포에 접근합니다. SPSS의 일표본 검정은 앞의 그림과 같이 유의확률(양쪽)만을 계산하는데 이는 양측검정 결과의 p값을 의미합니다. 만약 이 결과를 [예제 9-1]과 같이 단측검정을 실시한다면 양측검정의 p값(유의확률 양쪽)이 0.719이므로 단측검정의 p값으로 환산하면 0.3595(0.719/2)가 되고, p값이 유의수준보다 크므로 귀무가설(H_0: $\mu=3055$)을 기각할 수 없습니다. [예제 9-2]와 같이 양측검정을 하는 경우에도 p값(유의확률 양쪽)이 0.719이고 p값이 유의수준보다 크므로 귀무가설(H_0: $\mu=3055$)을 기각할 수 없습니다. 위의 SPSS에서 계산한 t값은 0.362(자유도 41)로 정규분포를 가정하여 계산한 $Z=0.546$과는 아주 근소한 차이입니다.

9.2 모집단 표준편차 σ을 모르고 표본의 크기가 $n<30$이며, 모집단이 정규분포를 따르는 경우

[예제 9−1]과 같이 현실적으로 모집단 표준편차를 모르는 경우가 많으며 이 경우 표본평균 $\overline{X}$는 정규분포가 아닌 t분포를 따릅니다. 따라서 정규분포가 아닌 t분포를 이용하여 가설검정을 하지만, 표본의 크기가 충분히 크다면 t분포는 정규분포에 접근하므로 정규분포를 이용할 수 있으며 모집단 표준편차(σ) 대신 표본 표준편차(S)를 이용합니다.

예제 9-3

롤 휴지 길이에 대한 가설검정(단측검정)

롤 휴지를 생산하는 A사는 자사에서 생산한 롤 휴지의 평균 길이는 경쟁사인 B사의 평균 50m보다 길다고 주장하고 있다. 소비자보호원은 최근 A사의 롤 휴지를 구입하여 사용했던 소비자들로부터 과장 광고라는 민원이 접수되어 A사의 롤 휴지 10개를 구입하여 조사한 길이(보조자료: 9장\롤휴지)는 [그림 9-7]과 같다. 유의수준 5% 하에서 A사의 주장이 타당한지 가설을 세우고 검정하시오.

[풀이]

가설검정에 앞서 대푯값과 산포도를 확인하기 위해 [데이터] 탭을 선택하고 [데이터 분석]의 [기술 통계법]을 이용하여 결과를 출력합니다. [기술 통계법]의 사용 방법은 [그림 9-8]과 같습니다. 요약 통계량과 평균에 대한 신뢰수준에 체크표시(☑)를 합니다.

	A	B	C
1	롤 휴지 길이(단위 meter)		
2	50.3		
3	49.5		
4	49.7		
5	51.1		
6	50.2		
7	51		
8	51		
9	48.7		
10	51		
11	51.2		

[그림 9-7] 롤 휴지 길이 데이터

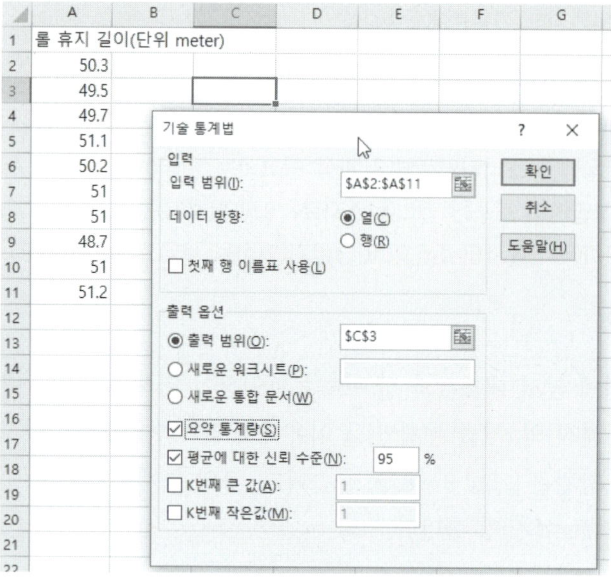

[그림 9-8] 기술 통계법에서 옵션 선택

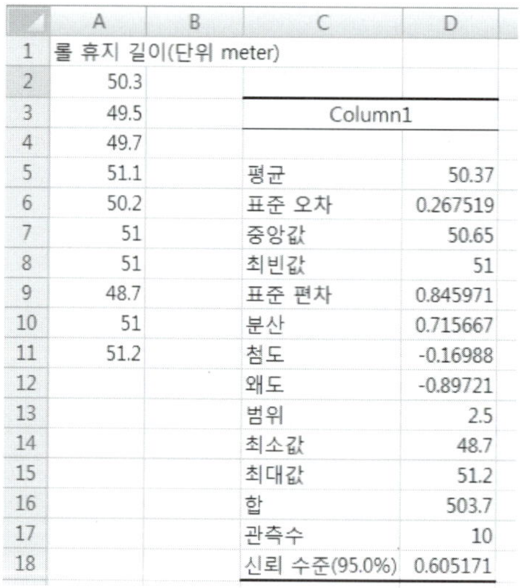

	A	B	C	D
1	롤 휴지 길이(단위 meter)			
2	50.3			
3	49.5		Column1	
4	49.7			
5	51.1		평균	50.37
6	50.2		표준 오차	0.267519
7	51		중앙값	50.65
8	51		최빈값	51
9	48.7		표준 편차	0.845971
10	51		분산	0.715667
11	51.2		첨도	-0.16988
12			왜도	-0.89721
13			범위	2.5
14			최소값	48.7
15			최대값	51.2
16			합	503.7
17			관측수	10
18			신뢰 수준(95.0%)	0.605171

[그림 9-9] 롤 휴지 길이에 대한 [기술 통계법] 결과

결과는 [그림 9-9]와 같이 표본평균 $\overline{X}=50.37$, 표준오차 $S/\sqrt{n}=0.2675$로 계산되었습니다. A사는 경쟁사의 평균 길이 50m보다 길다고 주장하므로 가설은 다음과 같이 단측검정으로 실시합니다.

H_0 : $\mu=50$ (모집단 평균은 50이다)	[가설]
H_1 : $\mu>50$ (모집단 평균은 50보다 크다)	단측검정

검정통계량 t는 다음과 같습니다.

$$t=\frac{\overline{X}-\mu}{S/\sqrt{n}}=\frac{50.37-50}{\text{표준오차}(0.267519)}=1.383077$$

t값에 대한 p값의 계산은 함수 TDIST(또는 T.DIST)를 사용하여 다음과 같이 계산하며 함수 TDIST의 자세한 내용은 8.3.2절의 마지막 부분을 참고하기 바랍니다.

=TDIST(F1,D17−1,1)

[그림 9−10]의 셀 F2에 계산한 함수 TDIST의 첫 번째 인자는 t값(셀 F1)이고 두 번째 인자는 자유도로 $n-1$(셀 D17−1)의 값이며, 단측검정이므로 tails에 대해 1을 사용합니다. 계산된 p값은 0.0999(=TDIST(1.383077, 9, 1))로 유의수준 $\alpha=0.05$보다 크므로 귀무가설(H_0: $\mu=50$)을 기각할 수 없습니다. 따라서 A사의 주장(H_1: $\mu>50$)은 유의수준 5% 하에서 타당하지 않다고 볼 수 있습니다.

F2 =TDIST(F1,D17-1,1)

	A	B	C	D	E	F
1	롤 휴지 길이(단위 meter)				t값	1.383077
2	50.3				p-값	0.099993
3	49.5		Column1			
4	49.7					
5	51.1		평균	50.37		
6	50.2		표준 오차	0.267519		
7	51		중앙값	50.65		
8	51		최빈값	51		
9	48.7		표준 편차	0.845971		
10	51		분산	0.715667		
11	51.2		첨도	-0.16988		
12			왜도	0.80721		
13			범위	2.5		
14			최소값	48.7		
15			최대값	51.2		
16			합	503.7		
17			관측수	10		
18			신뢰 수준(95.0%)	0.605171		

[그림 9−10] 함수 TDIST로 계산한 p값(셀 F2)

예제 9-4 롤 휴지 길이에 대한 가설검정(양측검정)

[예제 9－3]에 대해 양측검정을 실시하시오.

[풀이]

양측검정의 가설은 다음과 같습니다.

H_0 : $\mu=50$ (모집단 평균은 50이다)	[가설]
H_1 : $\mu\neq50$ (모집단 평균은 50보다 작거나 또는 크다)	양측검정

[예제 9－3]은 단측검정의 예이나 다음과 같이 양측검정으로 실시한다면 [그림 9－10]에서 계산된 p값(0.099)을 두 배로 한 0.199986을 사용해야 합니다.

함수 TDIST(또는 T.DIST)에서 양측검정의 p값 계산은 함수 TDIST의 인자 tails에 대해 2(양측검정)를 사용하며 [그림 9－10]의 경우 셀 F2에 다음과 같이 입력합니다.

=TDIST(F1, D17－1, 2)

계산결과는 앞서 설명한 단측검정 p값(0.099)의 두 배(2×0.099)로 계산합니다. 양측검정의 경우에도 p값이 유의수준 $\alpha=0.05$보다 크므로 귀무가설(H_0: $\mu=50$)을 기각할 수 없습니다. 따라서 A사의 주장(H_1: $\mu\neq50$)은 유의수준 5% 하에서 타당하지 않다고 볼 수 있습니다.

[예제 9－4]의 양측검정에서 p값이 아닌 신뢰구간을 이용하여 검정한다면 [그림 9－10]에서 신뢰수준(95%)의 결과값인 0.6051을 이용할 수 있습니다. 이 값(0.6051)은 t분포를 이용하여 $t_{(9,\ 0.025)}\frac{S}{\sqrt{n}}=0.6051$로 계산된 것입니다. 따라서 95% 신뢰구간은 다음과 같습니다.

[95% 신뢰구간] $\mu-t_{(n-1,\ 0.025)}\frac{S}{\sqrt{n}},\ \mu+t_{(n-1,\ 0.025)}\frac{S}{\sqrt{n}}$

신뢰구간으로 계산하면 귀무가설 H_0의 채택영역은 (50−0.6051, 50+0.6051)이므로 (49.4, 50.6)입니다. 표본평균 $\overline{X}$는 [그림 9−3]의 결과에서 50.37로 조사되었고 표본평균 50.37이 신뢰구간인 채택영역에 포함되므로 귀무가설을 기각할 수 없습니다.

[실습문제]

3. 박스 포장용 테이프를 생산하는 A사는 80m 제품을 주력 상품으로 생산하고 있다. 그러나 택배회사에 포장을 담당하는 직원들은 A사의 제품을 사용해 보니 실제보다 짧다는 불만이 있어 20개의 제품을 수거하여 조사(보조자료: 9장\실습3 테이프길이)하였다. 유의수준 5%하에서 직원들의 주장이 타당한지에 대해 가설을 세우고 검정하시오.

참고 2 모집단 표준편차를 모를 경우 단일 모집단 평균에 대한 SPSS의 분석결과

[예제 9−3]과 [예제 9−4]에 대한 SPSS의 분석결과는 다음과 같습니다.

	N	평균	표준편차	평균의 표준오차
롤 휴지	10	50.370	.8460	.2675

일표본 통계량

	검정값=50					
					차이의 95% 신뢰구간	
	t	자유도	유의확률 (양쪽)	평균차	하한	상한
롤 휴지	1.383	9	.200	.3700	−.235	.975

일표본 검정

SPSS의 경우 단일 모집단에 대한 가설검정은 일표본 검정을 이용합니다. 일표본 검정은 t분포를 이용합니다. SPSS의 일표본 검정은 바로 앞의 그림과 같이 유의확률(양쪽)만을 계산하는데 이는 양측검정 결과의 p값을 의미합니다. 만약 이 결과를 이용하여 [예제 9−3]과 같이 단측검정을 실시한다면 양측검정의 p값(유의확률(양쪽))이 0.2이므로 단측검정의 p값으로 환산하면 0.1(0.2/2)이 되고, p값이 유의수준(0.05)보다 크므로 귀무가설(H_0: $\mu=50$)을 기각할 수 없습니다. [예제 9−4]와 같이 양측검정을 하는 경우는 p값(유의확률(양쪽))이 0.2이고 역시 p값이 유의수준(0.05)보다 작으므로 귀무가설(H_0: $\mu=50$)을 기각할 수 없습니다. SPSS에서 계산한 t값은 1.383(자유도 9)으로 [그림 9−10]에서 t값과 같고, 양측검정의 p값(유의확률(양쪽))은 0.2이므로 [그림 9−10]에서 계산된 p값(0.099)을 두 배로 한 0.199986과 같습니다.

단원 정리

한 개의 모집단 평균에 대한 추론

실제 데이터가 존재하지 않고 요약된 결과인 평균과 표준편차만을 알고 있다면 8.2절과 8.3절에서 설명한 방법대로 모집단 평균에 대한 가설검정을 실시한다. 그러나 모집단에서 추출한 표본 데이터가 있는 경우에는 함수 ZTEST 또는 함수 TDIST를 이용하여 p값을 계산할 수 있으므로 쉽게 가설을 검정할 수 있다.

표본의 크기가 $n \geq 30$인 경우, 한 개의 모집단 평균에 대한 가설검정

1. 단측검정

H_0 : $\mu=1913$ (모집단 평균은 1913이다)	[가설]
H_1 : $\mu>1913$ (모집단 평균은 1913보다 크다)	단측검정

위와 같이 단측검정을 실시한다면 검정통계량 $z_a=\dfrac{\overline{X}-\mu}{S/\sqrt{n}}$를 계산하고, 이 값을 이용하여 p값은 $P(Z \geq z_a)$로 계산하는데 이때 함수 ZTEST(또는 Z.TEST)를 이용한다. 계산한 p값에 대해 다음과 같은 결론을 내린다.

검정	함수 ZTEST의 값(p값)$>$유의수준(α)	함수 ZTEST의 값(p값)$\leq$유의수준(α)
결론	귀무가설(H_0: $\mu=1913$)을 기각하지 않음	귀무가설(H_0: $\mu=1913$)을 기각함

2. 양측검정

H_0 : $\mu=1913$ (모집단 평균은 1913이다)	[가설]
H_1 : $\mu\neq1913$ (모집단 평균은 1913보다 작거나 또는 크다)	양측검정

위와 같이 양측검정을 실시한다면 앞의 단측검정에서 함수 ZTEST로 계산 p값을 이용하여 검정할 수 있다.

검정	$2\times$함수 ZTEST의 값(p값)$>$유의수준(α)	$2\times$함수 ZTEST의 값(p값)$\leq$유의수준(α)
결론	귀무가설(H_0: $\mu=1913$)을 기각하지 않음	귀무가설(H_0: $\mu=1913$)을 기각함

표본의 크기가 $n<30$인 경우, 한 개의 모집단 평균에 대한 가설검정(단, 모집단은 정규분포)

1. 단측검정

H_0 : $\mu=50$ (모집단 평균은 50이다)	[가설]
H_1 : $\mu>50$ (모집단 평균은 50보다 크다)	단측검정

위와 같이 단측검정을 실시한다면 검정통계량 $t_a=\frac{\overline{X}-\mu}{S/\sqrt{n}}$를 계산하고, 이 값을 이용하여 p값은 $P(t\geq t_a)$로 계산하는데 이때 함수 TDIST(또는 T.DIST)를 이용한다. 계산한 p값에 대해 다음과 같은 결론을 내린다. 함수 TDIST를 사용하는 경우, 인자 tails에 대해 1(양측검정의 경우는 2)을 사용한다.

검정	함수 TDIST의 값(p값) $>$ 유의수준(α)	함수 TDIST의 값(p값) $\leq$ 유의수준(α)
결론	귀무가설(H_0: $\mu=50$)을 기각하지 않음	귀무가설(H_0: $\mu=50$)을 기각함

2. 양측검정

H_0 : $\mu=50$ (모집단 평균은 50이다)	[가설]
H_1 : $\mu\neq50$ (모집단 평균은 50보다 작거나 또는 크다)	양측검정

위와 같이 양측검정을 실시한다면 검정통계량 $t_a=\frac{\overline{X}-\mu}{S/\sqrt{n}}$를 계산하고, 이 값을 이용하여 p값은 $P(t>t_a)$로 계산하는데 이때 함수 TDIST를 이용한다. 계산한 p값에 대해 다음과 같은 결론을 내린다. 함수 TDIST를 사용하는 경우, 인자 tails에 대해 2(단측검정의 경우는 1)를 사용한다.

검정	함수 TDIST의 값(p값) $>$ 유의수준(α)	함수 TDIST의 값(p값) $\leq$ 유의수준(α)
결론	귀무가설(H_0: $\mu=50$)을 기각하지 않음	귀무가설(H_0: $\mu=50$)을 기각함

연습 문제

01 올해 정부에서는 대학생의 월 교통비가 150,000원 정도라고 발표하였다. 그러나 대부분의 대학생들은 교통비가 그보다 많이 든다고 체감한다. A대학 50명의 학생을 대상으로 조사한 교통비 데이터(보조자료: 9장\연습문제1)를 이용하여 가설을 세우고, 유의수준 5%하에서 가설을 검정하시오.

02 이동통신사인 TK사에서는 성인의 월 휴대전화 사용료가 55,000원이라고 발표하였다. 그러나 대부분의 사람들은 휴대전화 사용요금이 그보다 많이 든다고 생각하고 있다. 수원 지역에 사는 성인 중에 50명을 대상으로 조사한 휴대전화 이용요금 데이터(보조자료: 9장\연습문제2)를 이용하여 가설을 세우고, 유의수준 5%하에서 가설을 검정하시오.

03 어느 중학교에서 전교생을 대상으로 방과 후 영어보충학습을 지도하였다고 한다. 보충수업을 좋아하는 학생도 있었고, 싫어하는 학생도 있었기에 보충학습 후에 영어성적이 좋아진 것인지 나빠진 것인지 알 수 없어서 임의로 50명을 대상으로 영어성적을 조사(보조자료: 9장\연습문제3)하였다. 학교 측에서는 작년도 영어성적은 75점이라 한다. 유의수준 5%하에서 가설을 세우고 검정하시오.

04 올해 초에는 경기불황으로 개인의 소득과 소비지출이 줄어들 것으로 예상했으나 9월 이후로 경기가 호전되어 소득과 소비지출이 늘어날 것으로 예상하고 있다. 정부에서는 1인당 평균소득이 1,000,000원이라고 발표하였으나 개인 소득은 경기변동으로 낮을 수도, 높을 수도 있다고 보고 있다. 임의로 추출한 50명에 대해 월 평균소득을 조사한 데이터(보조자료: 9장\연습문제4)를 이용하여 평균소득 1,000,000원과 차이가 있는지에 대해 가설을 세우고 유의수준 5%로 검정하시오.

05 2000년도 전국의 고등학생(남자)에 대한 신체검사 평균 키는 175cm로 조사되었다. 2010년에 고등학생 50명에 대해서 조사한 데이터(보조자료: 9장\연습문제5)를 이용하여 2010년 고등학생의 키는 과거와 차이가 있는지에 대해 유의수준 5%로 가설검정하시오.

chapter 10

두 개의 모집단에 대한 추론

앞 장에서는 한 개의 모집단에 대한 추론에 대해서 살펴보았습니다. 이 장에서는 두 개의 모집단에 대해서 추론하는 방법에 대해서 설명합니다. 예를 들어 스마트폰 이용시간이 성별에 따라 차이가 있는지를 알고 싶다고 가정합니다. 이때 모집단은 스마트폰을 이용하는 남자 전체와 여자 전체이므로 두 개가 됩니다. 두 개의 모집단을 비교하는 문제는 두 개의 모집단 평균(남자의 스마트폰 이용시간에 대한 평균 μ_1과 여자의 스마트폰 이용시간에 대한 평균 μ_2)에 대해 그 차이인 $\mu_1 - \mu_2$를 이용하여 두 모집단이 같은지에 대한 가설을 검정하는 것입니다.

chapter 10

두 개의 모집단에 대한 추론

앞 장에서는 한 개의 모집단에 대한 추론에 대해서 살펴보았습니다. 이 장에서는 두 개의 모집단에 대해서 추론하는 방법에 대해서 설명합니다. 예를 들어 스마트폰의 이용시간이 성별에 따라 차이가 있는지를 알고 싶다고 가정합니다. 이때 모집단은 스마트폰을 이용하는 남자전체와 스마트폰을 이용하는 여자전체이므로 두 개가 됩니다. 두 개의 모집단을 비교하는 문제는 두 개의 모집단 평균(남자의 스마트폰 이용시간에 대한 평균 μ_1과 여자의 스마트폰 이용시간에 대한 평균 μ_2)을 비교하는 것으로 두 모집단 평균의 차이인 $\mu_1-\mu_2$를 이용하여 두 모집단의 차이가 있는지에 대해 가설을 검정합니다.

두 모집단이 정규분포를 따른다면 두 표본에 대한 표본평균 차이 $(\overline{X}_1-\overline{X}_2)$는 정규분포를 따릅니다. 그러나 두 모집단이 각각 정규분포를 따르지 않는다고 하더라도 표본의 크기가 충분히 크다면 중심극한정리에 의해 $(\overline{X}_1-\overline{X}_2)$는 근사적으로 정규분포를 따릅니다. 두 모집단의 평균 차이에 대한 가설(양측검정)은 다음과 같습니다.

두 모집단 평균 차이에 대한 가설(양측검정의 경우)

$H_0 : \mu_1=\mu_2$ $H_1 : \mu_1\neq\mu_2$	또는	$H_0 : \mu_1-\mu_2=0$ $H_1 : \mu_1-\mu_2\neq 0$

따라서 한 개의 모집단에 대한 추론과 마찬가지 방법으로 평균차이인 $(\overline{X}_1-\overline{X}_2)$를 확률변수로 가설을 검정할 수 있습니다.

참고 1 두 모집단에 대한 표본평균 차이인 $(\bar{X}_1 - \bar{X}_2)$의 분포는?

두 모집단이 정규분포를 따르고, 두 모집단의 표준편차를 알고 있다면 $(\bar{X}_1 - \bar{X}_2)$은 다음의 정규분포를 따릅니다.

$$(\bar{X}_1 - \bar{X}_2) \sim N\left(\mu_1 - \mu_2,\ \frac{\sigma_1^2}{n_1} + \frac{\sigma_2^2}{n_2}\right)$$

이때 $(\bar{X}_1 - \bar{X}_2)$에 대해 표준화를 하면 다음과 같이 나타낼 수 있습니다.

$$Z = \frac{(\bar{X}_1 - \bar{X}_2) - (\mu_1 - \mu_2)}{\sqrt{\frac{\sigma_1^2}{n_1} + \frac{\sigma_2^2}{n_2}}}$$

그러나 두 모집단의 표준편차를 모르더라도 표본의 크기가 충분히 크다면 중심극한정리에 의해 $\bar{X}_1$과 $\bar{X}_2$는 근사적으로 다음의 정규분포를 따르며

$$(\bar{X}_1 - \bar{X}_2) \sim N\left(\mu_1 - \mu_2,\ \frac{S_1^2}{n_1} + \frac{S_2^2}{n_2}\right)$$

이때 $(\bar{X}_1 - \bar{X}_2)$에 대해 표준화를 하면 다음과 같이 나타낼 수 있습니다.

$$Z = \frac{(\bar{X}_1 - \bar{X}_2) - (\mu_1 - \mu_2)}{\sqrt{\frac{S_1^2}{n_1} + \frac{S_2^2}{n_2}}}$$

두 개의 모집단에 대해서 모집단 평균에 대한 추론은 데이터(표본)가 어떻게 수집되었느냐에 따라 〈표 10－1〉과 같이 두 가지로 구분하며 분석방법이 달라집니다.

구분	독립인 두 표본(two sample)	대응표본(matched pair sample)
표본추출	서로 독립적인 모집단으로부터 추출된 표본	독립적인 모집단이 아닌 짝을 이루는 표본
표본 예1	배기량이 동일한 두 자동차 회사의 모델 A와 모델 B에 대한 연비 차이 비교	동일한 차량 10대를 대상으로 엔진오일 첨가제가 연비향상에 도움이 되는지에 대한 사전 · 사후 비교
표본 예2	도시지역 학생과 농촌지역 학생의 시력 차이 비교	신입생 100명을 대상으로 좌측과 우측의 시력에 차이가 있는지를 비교

〈표 10－1〉 비교하려는 두 개의 모집단에 대한 표본 구분

독립인 두 표본은 위의 표와 같이 두 개의 표본(모델, 지역)이 서로 독립적인 경우이며, 앞에서 예로 들은 스마트폰의 이용시간이 성별에 따라 차이가 있는지에 대해 성별을 구분하여 표본을 추출합니다.

반면에 대응표본은 동일한 대상으로부터 데이터(표본)가 만들어진다는 것입니다. 따라서 대응표본의 경우는 두 집단의 표본의 크기는 같지만 독립인 두 표본의 경우에는 두 집단에 대해 표본의 크기가 다를 수도 있습니다. 먼저 독립인 두 표본에 대해서 설명하고, 대응표본은 10.2절에서 설명합니다.

10.1 독립인 두 표본에 대한 평균 차이의 분석

앞의 [참고 1]에서 모집단이 정규분포를 따르고, 모집단 표준편차를 알고 있다면 두 표본에 대한 평균차이 $(\overline{X}_1-\overline{X}_2)$는 검정통계량 $Z=\{(\overline{X}_1-\overline{X}_2)-(\mu_1-\mu_2)\}/\sqrt{\frac{\sigma_1^2}{n_1}+\frac{\sigma_2^2}{n_2}}$를 이용하여 가설을 검정합니다.

그러나 현실적으로 모집단 표준편차를 알고 있는 경우는 드물기 때문에 표본의 크기가 충분히 크다면 중심극한정리를 이용하여 두 표본에 대한 평균차이 $(\overline{X}_1-\overline{X}_2)$는 검정통계량 $Z=\{(\overline{X}_1-\overline{X}_2)-(\mu_1-\mu_2)\}/\sqrt{\frac{S_1^2}{n_1}+\frac{S_2^2}{n_2}}$를 이용하여 가설을 검정합니다.

그런데 표본의 크기가 작다면 어떻게 해야 할까요?

표본의 크기가 작은 경우에는 검정통계량 Z를 이용할 수 없고, t분포를 이용하는 검정통계량 t를 사용합니다. 그러나 이 경우에 모집단 표준편차(또는 분산)가 같다는 가정 하에 사용할 검점통계량 t와 다르다는 가정 하에 사용할 검점통계량 t가 〈표 10－2〉와 같이 달라짐에 유의해야 합니다.

표본의 크기가 작은 경우 두 모집단의 표준편차(분산)가 같다는 가정 하에 또는 다르다는 가정 하에 평균차이에 대한 가설을 검정할 수도 있지만 두 모집단의 분산이 같은지를 확인하는 방법은 F 검정을 이용합니다. F 검정은 엑셀에서 [F 검정 : 분산에 대한 두 집단]을 통해 확인할 수 있으며 이 결과에 따른 추론 절차는 [그림 10－1]과 같습니다.

[F 검정 : 분산에 대한 두 집단]의 검정 결과, 두 집단의 분산이 같다면(귀무가설 $H_0 : \sigma_1^2=\sigma_2^2$을 기각할 수 없다면) 엑셀의 [$t$ 검정 : 등분산 가정 두 집단]을 이용하여 분석하고, 두 집단의 분산이 다르다면(귀무가설 $H_0 : \sigma_1^2=\sigma_2^2$을 기각) [$t$ 검정 : 이분산 가정 두 집단]을 이용하여 분석합니다. 등분산은 분산이 같음을, 이분산은 분산이 서로 다름을 칭합니다.

두 모집단의 분산(또는 표준편차)이 같다는 가정$(\sigma_1^2=\sigma_2^2)$ 하에 평균차이를 추론할 경우 〈표 10－2〉의 검정통계량에 사용된 분산 S_p^2을 합동분산추정량(pooled variance estimator)이라 합니다. 이 값은 두 모집단의 분산이 같다는 가정 하에 σ_1^2과 σ_2^2이 동일한 값을 갖는 추정값으로 대체함을 의미하며 두 표본의 크기를 가중값으로 하여 얻은 두 분산의 가중평균입니다.

모집단 평균 차이에 대한 추론	검정통계량		예제
두 표본의 크기가 충분히 큰 경우 $(n_1 \& n_2 \geq 30)$	$Z=\dfrac{(\overline{X}_1-\overline{X}_2)-(\mu_1-\mu_2)}{\sqrt{\dfrac{S_1^2}{n_1}+\dfrac{S_2^2}{n_2}}}$		[예제 10-1]
두 표본의 크기가 작은 경우 $(n_1 \& n_2 < 30)$	두 모집단의 분산이 같다는 가정(등분산 가정)	$t=\dfrac{(\overline{X}_1-\overline{X}_2)-(\mu_1-\mu_2)}{\sqrt{S_p^2\left(\dfrac{1}{n_1}+\dfrac{1}{n_2}\right)}}$ $S_p^2=\dfrac{(n_1-1)S_1^2+(n_2-1)S_2^2}{n_1+n_2-2}$	[예제 10-2]
	두 모집단의 분산이 다르다는 가정(이분산 가정)	$t=\dfrac{(\overline{X}_1-\overline{X}_2)-(\mu_1-\mu_2)}{\sqrt{\left(\dfrac{S_1^2}{n_1}+\dfrac{S_2^2}{n_2}\right)}}$	[예제 10-3]

〈표 10-2〉 독립인 두 표본의 평균 차이에 대한 검정통계량

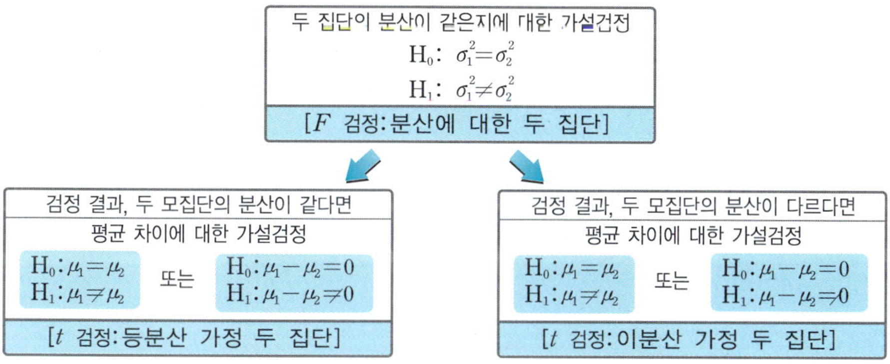

[그림 10-1] 두 모집단 평균 차이에 대한 추론 절차

귀무가설은 $H_0: \mu_1=\mu_2$이므로 [그림 10-1]의 검정통계량에서 $(\mu_1-\mu_2)$은 0으로 계산합니다.

10.1.1 두 표본의 크기가 큰 경우 평균 차이에 대한 검정

예제 10-1

두 공장에서 생산한 제품의 평균수명 차이에 대한 분석(독립인 두 표본)

정수기 필터를 생산하는 C기업은 한국과 중국 두 곳에서 공장을 운영하고 있다. 최근 중국 공장에서 임금에 대한 불만으로 노사분규가 잦아짐에 따라 공정관리가

제대로 이루어지지 않아 제품의 질이 떨어짐에 따라 한국에서 생산한 제품보다 수명이 짧아졌을 것이라는 의견이 있어 두 곳에서 생산한 제품에 대해 평균 차이를 비교해 보고자 한다. 중국 공장에서는 40개의 표본을, 한국 공장에서는 45개의 표본을 임의로 추출(보조자료: 10장\필터의 평균수명)하였다. 평균에 차이가 있는지에 대해 유의수준 5%하에 가설을 세우고 검정하시오.

[풀이]

두 나라에서 생산한 필터의 수명에 차이가 있는지에 대해서 검정하는 것이므로 가설은 다음과 같이 양측검정으로 설정합니다.

H_0 : $\mu_{중국}=\mu_{한국}$ (두 나라에서 생산한 필터의 수명은 같다)	[가설]
H_1 : $\mu_{중국}\neq\mu_{한국}$ (두 나라에서 생산한 필터의 수명은 차이가 있다)	양측검정

[그림 10－2]와 같이 데이터를 확인합니다.

	A	B	C	D
1	중국공장	한국공장		
2	179	183		
3	180	188		
4	172	183		
5	176	181		
6	186	185		
7	172	180		
8	182	186		
9	183	184		
10	176	188		
11	174	182		
12	179	182		
13	186	193		
14	188	188		
15	179	185		
16	189	185		

[그림 10-2] 필터의 평균수명.xlsx

사용할 검정통계량은 〈표 10－2〉에서 $Z=\dfrac{(\overline{X}_1-\overline{X}_2)-(\mu_1-\mu_2)}{\sqrt{\dfrac{S_1^2}{n_1}+\dfrac{S_2^2}{n_2}}}$이므로 평균과 분산을 계산해야 하는데, 이는 [데이터 분석]의 [기술 통계법]을 사용합니다. [기술 통계법]에서 입력할 내용은 [그림 10－3]과 같습니다.

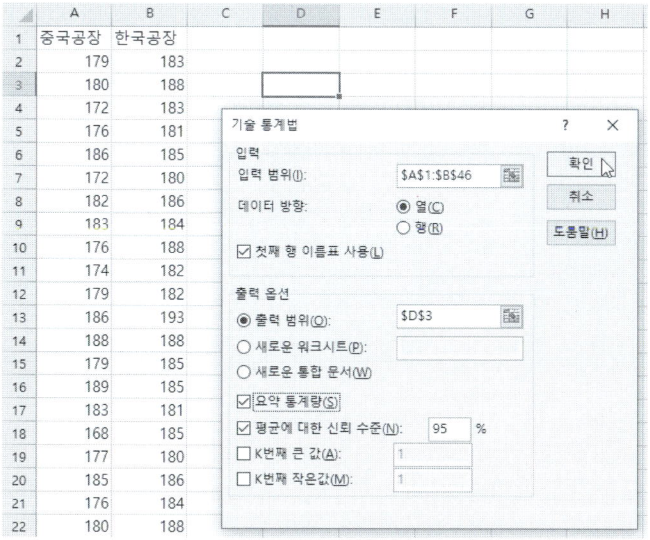

[그림 10-3] [기술 통계법]에서 입력할 내용

[그림 10－3]에서 입력범위를 입력할 경우 주의해야 할 것은 두 표본의 크기(40, 45)가 다르기 때문에 모든 데이터를 포함하는 영역으로 선택해야 한다는 것입니다. 따라서 첫 행의 제목을 포함하여 입력범위는 A1 : B46가 됩니다. 요약 통계량에 체크표시를 합니다.

[기술 통계법]의 결과는 [그림 10－4]와 같습니다.

중국공장		한국공장	
평균	179.225	평균	184.6889
표준 오차	0.8954926	표준 오차	0.515245
중앙값	179	중앙값	185
최빈값	179	최빈값	185
표준 편차	5.6635927	표준 편차	3.456366
분산	32.076282	분산	11.94646
첨도	-0.7403688	첨도	0.319413
왜도	-0.0109741	왜도	0.624373
범위	21	범위	13
최소값	168	최소값	180
최대값	189	최대값	193
합	7169	합	8311
관측수	40	관측수	45
신뢰 수준(95.0%)	1.8113048	신뢰 수준(95.0%)	1.038407

[그림 10-4] [기술 통계법]의 결과

[그림 10−4]의 결과를 이용하여 검정통계량을 계산하면 다음과 같습니다. 귀무가설은 $H_0 : \mu_1 = \mu_2$이므로 검정통계량에서 $(\mu_1 - \mu_2)$은 0으로 계산합니다. $\sqrt{\ }$의 계산은 함수 SQRT를 사용합니다.

$$Z = \frac{(\overline{X}_1 - \overline{X}_2) - (\mu_1 - \mu_2)}{\sqrt{\frac{S_1^2}{n_1} + \frac{S_2^2}{n_2}}} = \frac{179.23 - 184.69}{\sqrt{\frac{32.07}{40} + \frac{11.95}{45}}}$$

$$= \frac{-5.46}{\sqrt{0.8 + 0.27}} = -5.28$$

계산된 검정통계량을 표준정규분포 상에 나타내면 [그림 10−5]와 같습니다.

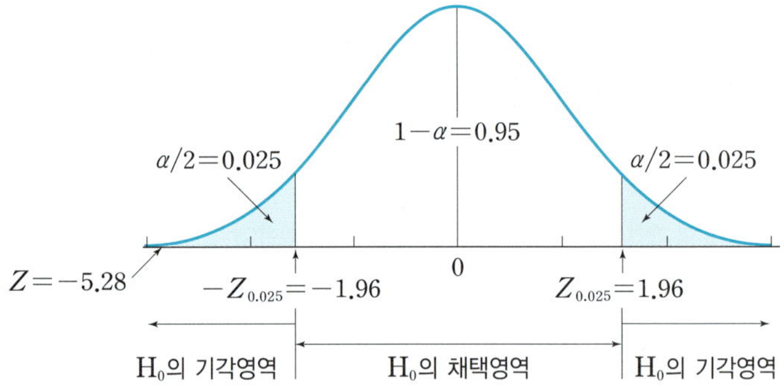

[그림 10−5] **검정통계량과 기각영역(양측검정, $\alpha = 0.05$)**

[그림 10−5]에서 p값은 $P(Z \leq -5.28)$이고, 이 값은 다음과 같이 함수 NORMSDIST(또는 NORM.S.DIST)로 계산할 수 있으며 거의 0에 해당합니다.

A2 =NORMSDIST(A1)

	A	B	C	D	E
1	-5.28				
2	6.45919E-08				

따라서 귀무가설 $H_0 : \mu_{중국} = \mu_{한국}$을 기각하고 두 나라에서 생산한 필터의 수명은 차이가 있다는 결론을 내립니다.

참고 2 [예제 10-1]에 대해서 두 모집단이 정규분포를 따르고 모집단의 분산을 알고 있는 경우의 가설검정

이 경우에는 엑셀의 [데이터 분석]에서 [Z-검정 : 평균에 대한 두 집단]을 이용하여 가설을 검정할 수 있습니다. 만약 [예제 10-1]에서 중국 공장의 모집단 분산이 25이고, 한국 공장의 모집단 분산이 16이라고 한다면 [Z-검정 : 평균에 대한 두 집단]의 대화상자에서 다음과 같이 입력하여 p값을 계산할 수 있습니다.

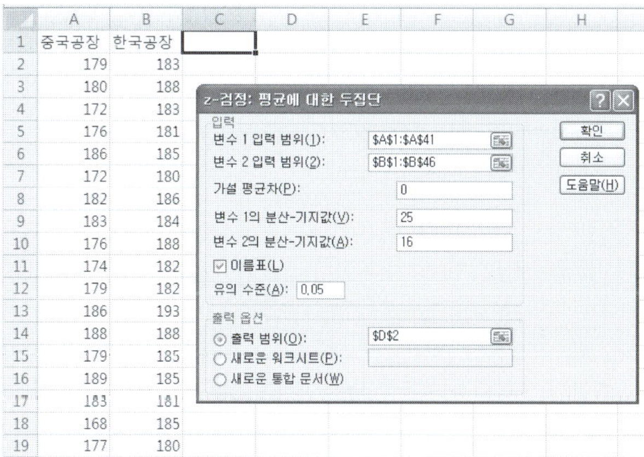

10.1.2 두 모집단의 분산이 같다는 가정하의 평균 차이에 대한 검정

예제 10-2 남녀 간의 근로시간 차이에 대한 분석

운동화를 생산하는 D기업의 노조는 생산라인에서 근무하는 여성 근로자의 임금이 남성 근로자보다 낮다고 주장하며 여성 근로자의 임금인상을 요구하고 있다. 이에 경영진은 성별 구분 없이 근로시간의 차이에 따라 임금을 차등 지급한다고 설명하였다. 노조는 이에 따라 전 생산라인의 근로자 30명 중 임의로 선택한 13명(남자 8명, 여자 5명)에 대해서 한 달 간 근무시간을 조사(보조자료: 10장\월 근로시간)하였다. 남녀 간 월 근로시간에 차이가 있는지에 대해 유의수준 5%하에서 가설을 검정하시오.

표본	남	여
1	185.3	183.1
2	180.6	182.0
3	184.8	164.3
4	207.7	180.3
5	188.0	190.4
6	193.6	
7	201.9	
8	195.4	

남녀별 월 근로시간

	A	B
1	남	여
2	185.3	183.1
3	180.6	182
4	184.8	164.3
5	200.7	180.3
6	188	190.4
7	193.6	
8	201.9	
9	195.4	

[그림 10-6] 데이터 입력

[풀이]

[예제 10－2]는 두 모집단 표준편차는 알려져 있지 않으며 표본의 크기가 작은 경우입니다. 남녀 간 월 근로시간에 차이가 있는지를 비교하기에 앞서 [그림 10－1]의 추론 절차에 따라 우선 분산(또는 표준편차)이 같은지를 확인하여 [t 검정 : 등분산 가정 두 집단]을 할 것인지 또는 [t 검정 : 이분산 가정 두 집단]을 할 것인지를 결정합니다.

두 집단의 분산이 같은지를 확인하기 위해서 F 검정을 실시합니다. F 검정의 가설(양측검정)은 다음과 같습니다.

H_0 : $\sigma^2_{남자}=\sigma^2_{여자}$ (근로시간에 대한 남녀의 분산은 같다)	[가설]
H_1 : $\sigma^2_{남자}\neq\sigma^2_{여자}$ (근로시간에 대한 남녀의 분산은 다르다)	양측검정

엑셀에서 두 집단에 대한 분산 차이 비교는 [F 검정 : 분산에 대한 두 집단]을 이용합니다. 리본 탭에서 [데이터] 탭을 선택하고 이어서 [데이터 분석]을 선택한 다음 [그림 10－7]과 같이 [통계 데이터 분석]에서 [F 검정 : 분산에 대한 두 집단]을 선택합니다.

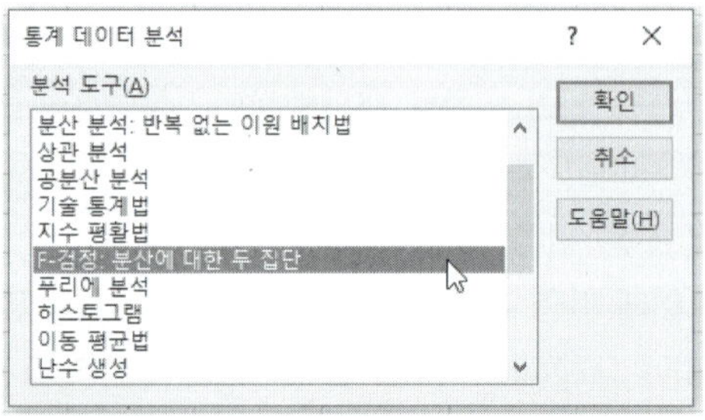

[그림 10-7] [F 검정 : 분산에 대한 두 집단] 선택

[그림 10−8]에서 [F 검정 : 분산에 대한 두 집단]의 대화상자에 입력할 값과 의미는 〈표 10−3〉과 같습니다. 두 집단의 표본 크기가 다름에 주의해야 합니다. [그림 10−8]에서 [변수 1] 입력 범위에 남자에 대한 8개 표본의 범위를, [변수 2] 입력 범위에 여자에 대한 5개 표본의 범위를 입력합니다. [그림 10−8]에서 [변수 1]과 [변수 2]의 입력 범위에 제목이 포함되어 있으므로 대화상자의 이름표 부분에 체크 표시(☑)를 해 줍니다.

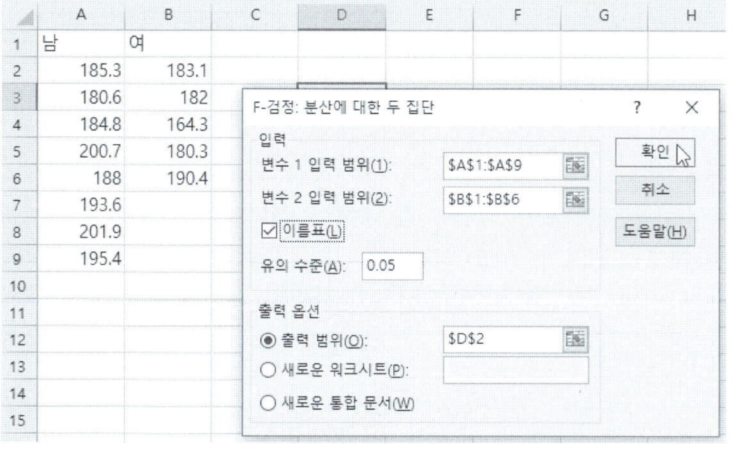

[그림 10−8] [F 검정 : 분산에 대한 두 집단]의 대화상자

대화상자	의미와 입력 값
변수 1 입력 범위	남자에 대한 8개의 표본 범위(왼쪽 데이터)
변수 2 입력 범위	여자에 대한 5개의 표본 범위(오른쪽 데이터)
이름표	변수의 입력 범위에 제목이 포함되어 있으면 체크 표시(☑) 변수의 입력 범위에 제목이 포함되어 있지 않으면 체크 해제
유의수준	기본적으로 0.05가 표시됨
출력 범위	결과를 출력할 범위(셀 D2)를 선택

〈표 10−3〉 [F 검정 : 분산에 대한 두 집단] 대화상자의 입력 값

	A	B	C	D	E	F
1	남	여				
2	185.3	183.1		F-검정: 분산에 대한 두 집단		
3	180.6	182				
4	184.8	164.3			남	여
5	200.7	180.3		평균	191.2875	180.02
6	188	190.4		분산	60.92125	92.087
7	193.6			관측수	8	5
8	201.9			자유도	7	4
9	195.4			F 비	0.661562	
10				P(F<=f) 단측 검정	0.296676	
11				F 기각치: 단측 검정	0.2427	
12						

[그림 10-9] [F 검정 : 분산에 대한 두 집단]의 결과

셀 A11부터 출력된 [F 검정 : 분산에 대한 두 집단]의 결과는 [그림 10-9]와 같습니다.

여자의 근로시간 평균은 180.02, 남자는 191.3으로 나타났고, 분산은 여자가 90.087, 남자는 60.9로 나타났습니다. F비는 두 집단의 분산 비율을 나타내는데 0.66(남자의 분산/여자의 분산)입니다. [F 검정 : 분산에 대한 두 집단]의 결과는 [그림 10-9]와 같이 단측검정에 대한 p값만을 출력합니다. 실제 가설은 양측검정(H_1: $\sigma^2_{남자} \neq \sigma^2_{여자}$)이므로 양측검정에서의 p값은 단측검정의 p값에 두 배를 해 주어야 합니다. 그러나 이미 단측검정의 p값 0.296676은 유의수준(0.05)보다 크므로 두 모집단의 분산이 같다는 귀무가설(H_0: $\sigma^2_{남자} = \sigma^2_{여자}$)을 기각할 수 없습니다. 따라서 근로시간에 대해 두 집단인 남자의 분산과 여자의 분산이 같으므로 [그림 10-1]의 절차에 따라 [t 검정 : 등분산 가정 두 집단]을 실시합니다.

노조는 월 근로시간에 대해 남녀 간의 차이가 있는지를 알아보고자 하므로 가설은 다음과 같이 양측검정으로 설정합니다.

H_0 : $\mu_{남자} = \mu_{여자}$ (근로시간에 대해 남녀의 차이가 없다)	[가설]
H_1 : $\mu_{남자} \neq \mu_{여자}$ (근로시간에 대해 남녀의 차이가 있다)	양측검정

[그림 10-6]에서 입력한 데이터를 그대로 사용합니다.

리본 탭에서 [데이터] 탭을 선택하고 이어서 [데이터 분석]을 선택한 다음 [그림 10-10]과 같이 [통계 데이터 분석]에서 [t 검정 : 등분산 가정 두 집단]을 선택합니다. 이어서 [그림 10-11]과 같이 [t 검정 : 등분산 가정 두 집단]의 대화상자에서 입력할 값과 의미는 〈표 10-4〉와 같습니다. 두 집단의 표본 크기가 다름에 주의해야 합니다.

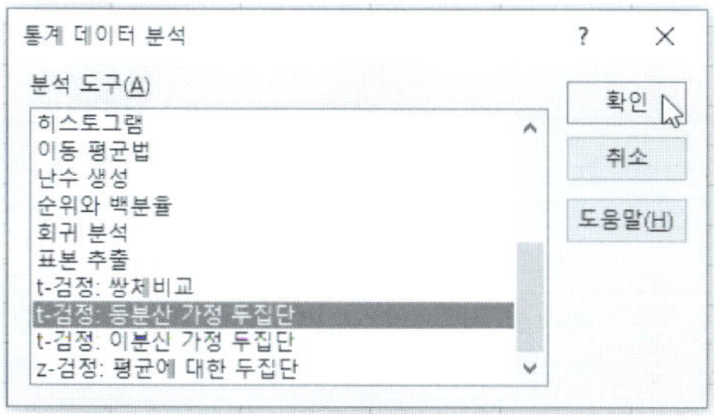

[그림 10-10] [t 검정 : 등분산 가정 두 집단] 선택

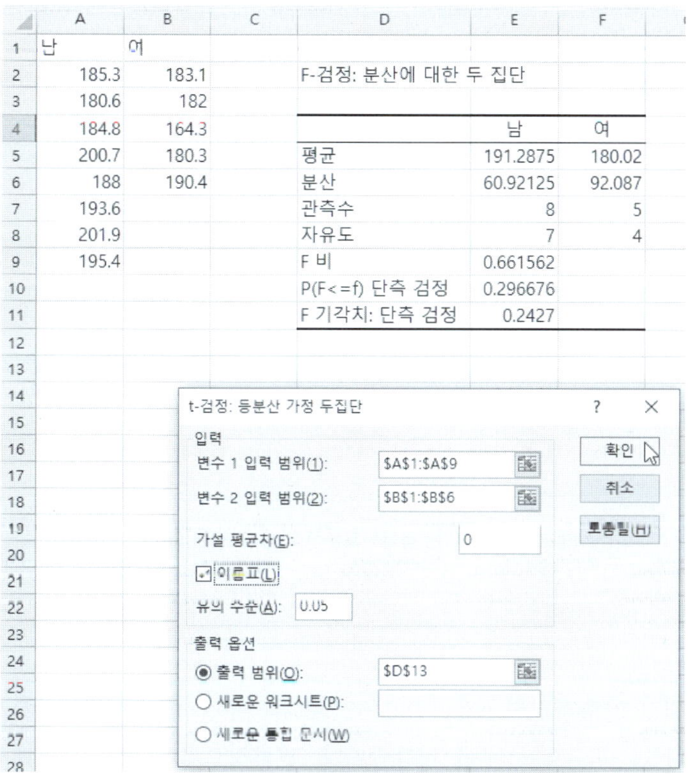

[그림 10-11] [t 검정 : 등분산 가정 두 집단]의 대화상자

대화상자	의미와 입력 값
변수 1 입력범위	변수 1(남자)에 대한 8개의 표본 범위
변수 2 입력범위	변수 2(여자)에 대한 5개의 표본 범위
가설의 평균 차	귀무가설은 $\mu_{남자}=\mu_{여자}$이므로 가설의 평균 차는 $\mu_{남자}-\mu_{여자}=0$
이름표	변수의 입력범위에 제목이 포함되어 있으면 체크표시(☑) 변수의 입력범위에 제목이 포함되어 있지 않으면 체크해제
유의수준	기본적으로 0.05가 표시됨
출력범위	결과를 출력할 범위(셀 D13)를 선택

〈표 10-4〉 [t 검정 : 등분산 가정 두 집단] 대화상자의 입력 값

셀 A22부터 출력된 [t 검정 : 등분산 가정 두 집단]의 결과는 [그림 10-12]와 같습니다.

	t-검정: 등분산 가정 두 집단		
23			
24		남	여
25	평균	191.2875	180.02
26	분산	60.92125	92.087
27	관측수	8	5
28	공동(Pooled) 분산	72.25425	
29	가설 평균차	0	
30	자유도	11	
31	t 통계량	2.325167	
32	P(T<=t) 단측 검정	0.020105	
33	t 기각치 단측 검정	1.795885	
34	P(T<=t) 양측 검정	0.04021	
35	t 기각치 양측 검정	2.200985	

[그림 10-12] [t 검정 : 등분산 가정 두 집단]의 결과

검정결과 양측검정의 p값이 0.04021로 유의수준(0.05)보다 작으므로 귀무가설(H_0: $\mu_{남자}=\mu_{여자}$)을 기각합니다. 결론적으로 근로시간에 대해 남녀 간의 유의한 차이가 있으며 남자의 근로시간이 여자의 근로시간보다 길다고 할 수 있습니다.

참고 3 독립인 두 표본(등분산 가정)에 대한 SPSS의 결과

[예제 10−2]에 대해서 SPSS로 분석한 결과는 다음과 같습니다.

집단통계량

	성별	N	평균	표준편차	평균의 표준오차
근로시간	남자	8	191.288	7.8052	2.7596
	여자	5	180.020	9.5962	4.2915

독립표본 검정

		Levene의 등분산 검정		평균의 동일성에 대한 t-검정						
									차이의 95% 신뢰구간	
		F	유의확률	t	자유도	유의확률 (양쪽)	평균차	차이의 표준오차	하한	상한
근로시간	등분산이 가정됨	.014	.907	2.325	11	.040	11.267	4.8459	.601	21.93
	등분산이 가정되지 않음			2.208	7.280	.061	11.267	5.1022	-.703	23.23

SPSS는 독립인 두 표본에 대한 검정에서 두 가지 가정(등분산 가정과 이분산 가정)에 대한 결과를 함께 출력합니다. 등분산 검정 결과 p값(유의확률)이 0.907이므로 두 집단에 대해 분산이 같다는 가정 하에 평균차이에 대한 검정결과를 확인합니다. t값은 2.325로 엑셀의 결과([그림 10−12])와 동일하고, 양측검정에 대한 p값(유의확률(양쪽))이 0.04로 설정한 유의수준(0.05)보다 작으므로 귀무가설(H_0: $\mu_{남자}=\mu_{여자}$)을 기각합니다.

10.1.3 두 모집단의 분산이 다르다는 가정하의 평균 차이 검정

남녀 간의 스마트폰 이용요금의 차이에 대한 분석(독립인 두 표본) **예제 10-3**

민수는 스마트폰 이용요금에 관심이 있고, 여학생들의 이용요금이 남학생보다 많을 것으로 생각하고 있다. 같은 반 학생 35명 중 임의로 선택한 15명(여학생 8명, 남학생 7명)을 상대로 지난 달 휴대전화 이용요금을 조사한 결과(보조자료: 10장\월 이용요금), 남학생의 경우 3명이 3G폰 또는 4G폰을 사용하고 있었다. 민수의 생각에 대해 가설을 세우고 유의수준 5%하에서 검정하시오.

표본	여	남
1	56000	28000
2	63000	65000
3	48000	62000
4	50000	19000
5	52000	75000
6	75000	22000
7	81000	87000
8	63000	

[월 이용요금(단위: 원)]

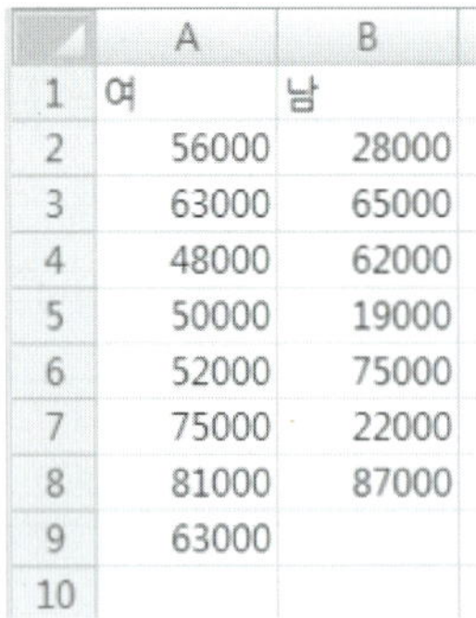

	A	B
1	여	남
2	56000	28000
3	63000	65000
4	48000	62000
5	50000	19000
6	52000	75000
7	75000	22000
8	81000	87000
9	63000	
10		

[그림 10-13] 데이터 입력

[풀이]

[예제 10−3]은 두 모집단 표준편차가 알려져 있지 않으며 표본의 크기가 작은 경우입니다. 남녀 간 스마트폰 이용요금에 차이가 있는지를 비교하기에 앞서 [그림 10−1]의 추론 절차에 따라 우선 분산(또는 표준편차)이 같은지를 확인하여 [t 검정 : 등분산 가정 두 집단]을 할 것인지 [t 검정 : 이분산 가정 두 집단]을 할 것인지를 결정합니다.

두 집단의 분산이 같은지를 확인하기 위해서 F 검정을 실시합니다. F 검정의 가설(양측검정)은 다음과 같습니다.

H_0 : $\sigma^2_{남학생}=\sigma^2_{여학생}$ (남녀 간 분산의 차이가 없다)	[가설]
H_1 : $\sigma^2_{남학생}\neq\sigma^2_{여학생}$ (남녀 간 분산의 차이가 있다)	양측검정

엑셀에서 두 집단에 대한 분산 차이 비교는 [F 검정 : 분산에 대한 두 집단]을 이용합니다.

리본 탭에서 [데이터] 탭을 선택하고 이어서 [데이터 분석]을 선택한 다음 [그림 10−14]와 같이 [통계 데이터 분석]에서 [F 검정 : 분산에 대한 두 집단]을 선택합니다.

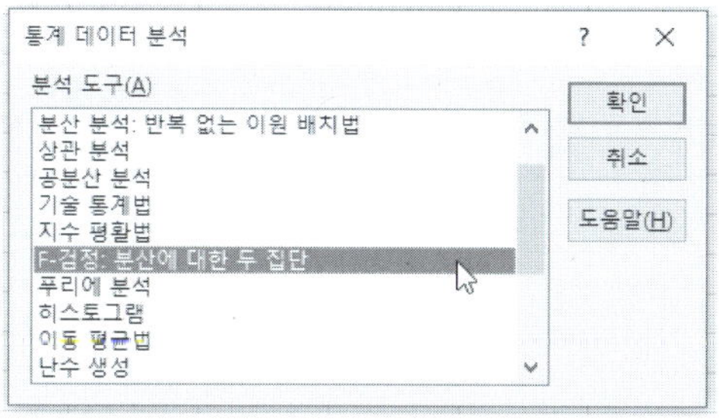

[그림 10-14] [F 검정 : 분산에 대한 두 집단]을 선택

[그림 10－15]에서 [F 검정 : 분산에 대한 두 집단]의 대화상자에 입력할 값과 의미는 〈표 10－5〉와 같습니다. 두 집단의 표본 크기가 다름에 주의해야 합니다. [그림 10－15]에서 [변수 1] 입력 범위에 여학생에 대한 8개 표본의 범위를, [변수 2] 입력 범위에는 남학생에 대한 7개 표본의 범위를 입력합니다. [그림 10－15]에서 [변수 1]과 [변수 2]의 입력 범위에 제목이 포함되어 있으므로 대화상자의 이름표 부분에 체크 표시(✓)를 해 줍니다.

셀 A11부터 출력된 [F 검정 : 분산에 대한 두 집단]의 결과는 [그림 10－16]과 같습니다.

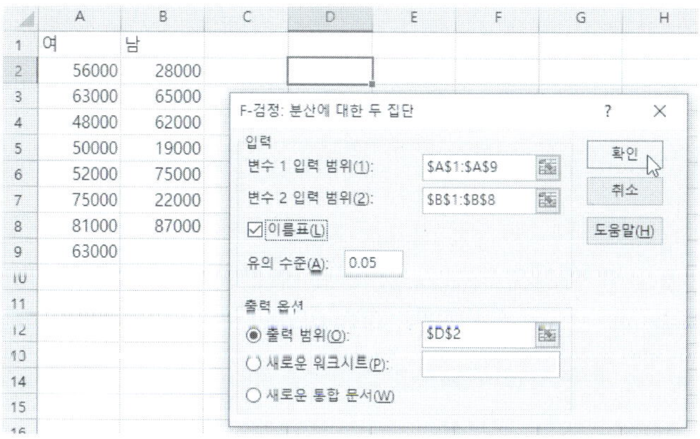

[그림 10-15] [F 검정 : 분산에 대한 두 집단] 대화상자의 값 입력

대화상자	의미와 입력 값
변수 1 입력 범위	여학생에 대한 8개의 표본 범위(왼쪽 데이터)
변수 2 입력 범위	남학생에 대한 7개의 표본 범위(오른쪽 데이터)
이름표	변수의 입력 범위에 제목이 포함되어 있으므로 체크 표시(☑) 변수의 입력 범위에 제목이 포함되어 있지 않으면 체크 해제
유의수준	기본적으로 0.05가 표시됨
출력 범위	결과를 출력할 범위(셀 D2)를 선택

〈표 10-5〉 [F 검정 : 분산에 대한 두 집단] 대화상자의 입력 값

	A	B	C	D	E	F
1	여	남				
2	56000	28000		F-검정: 분산에 대한 두 집단		
3	63000	65000				
4	48000	62000			여	남
5	50000	19000		평균	61000	51142.86
6	52000	75000		분산	1.43E+08	7.64E+08
7	75000	22000		관측수	8	7
8	81000	87000		자유도	7	6
9	63000			F 비	0.187032	
10				P(F<=f) 단측 검정	0.022327	
11				F 기각치: 단측 검정	0.258667	
12						

[그림 10-16] [F 검정 : 분산에 대한 두 집단]의 결과

[그림 10-16]의 결과 여학생의 이용요금 평균은 61000원이고, 남학생은 51142.86원으로 나타났고, 분산은 여학생은 1.43E+08(약 143000000), 남학생이 7.64E+08(약 764000000)로 나타났습니다. F비는 분산의 비율로 두 집단의 분산 비율을 나타내는데 0.18(여학생의 분산/남학생의 분산)입니다. [F 검정 : 분산에 대한 두 집단]은 위의 결과와 같이 단측검정에 대한 p값만을 출력합니다. 실제 가설은 양측검정이므로 양측검정에서의 p값은 단측검정의 p값에 두 배를 해 주어야 합니다. 계산된 단측검정의 p값은 0.022327로 두 배를 하면 0.045로 유의수준(0.05)보다 작으므로 두 모집단의 분산이 같다는 귀무가설(H_0: $\sigma^2_{남학생} = \sigma^2_{여학생}$)을 기각하고 두 모집단 분산이 다르다는 결론을 내립니다. 따라서 스마트폰의 이용요금에 대해 두 집단인 남학생의 분산과 여학생의 분산이 다르므로 [그림 10-1]의 절차에 따라 [t 검정 : 이분산 가정 두 집단]을 실시합니다.

민수는 여학생의 스마트폰의 이용요금이 남학생보다 많을 것이라고 생각하므로 가설은 다음과 같이 단측검정으로 설정합니다. 데이터는 [그림 10-13]에서 입력한 데이터를 그대로 사용합니다.

H_0 : $\mu_{남학생} = \mu_{여학생}$ (남녀 간에 이용요금의 차이가 없다)	[가설]
H_1 : $\mu_{남학생} < \mu_{여학생}$ (여학생의 이용요금이 남학생보다 많다)	단측검정

리본 탭에서 [데이터] 탭을 선택하고 이어서 [데이터 분석]을 선택한 다음 [통계 데이터 분석]에서 [그림 10－17]과 같이 [*t* 검정 : 이분산 가정 두 집단]을 선택합니다.

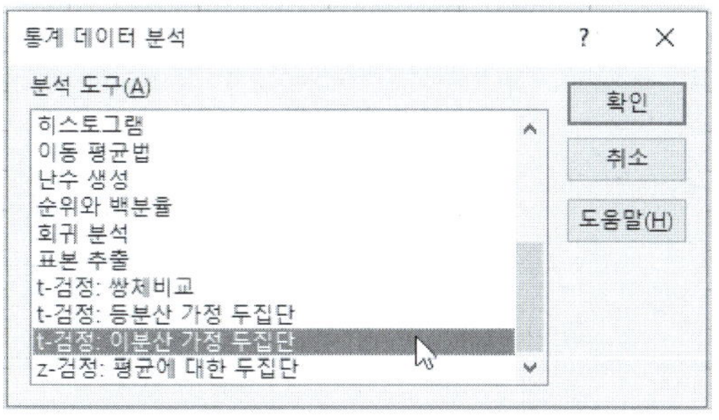

[그림 10-17] [*t* 검정 : 이분산 가정 두 집단]을 선택

[그림 10－18]에서 [*t* 검정 : 등분산 가정 두 집단]의 대화상자에 입력할 값과 의미는 〈표 10－6〉과 같습니다. 두 집단의 표본 크기가 다름에 주의해야 합니다.

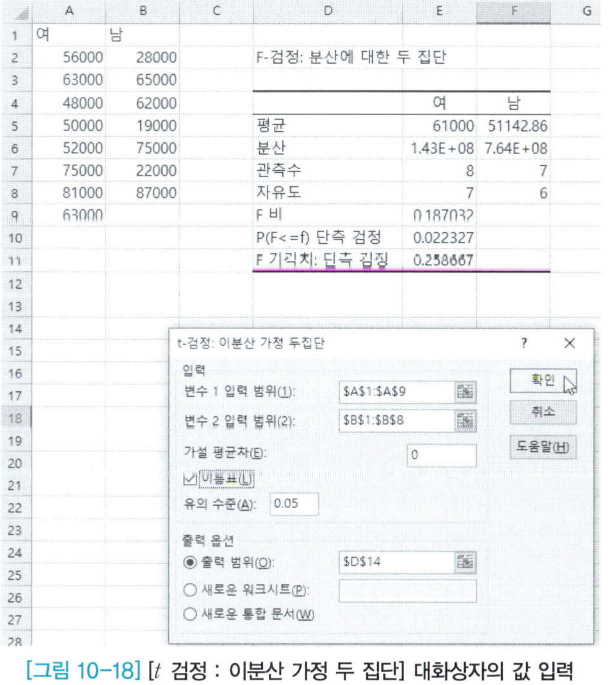

[그림 10-18] [*t* 검정 : 이분산 가정 두 집단] 대화상자의 값 입력

대화상자	의미와 입력 값
변수 1 입력범위	여학생에 대한 8개의 표본 범위
변수 2 입력범위	남학생에 대한 7개의 표본 범위
가설의 평균 차	귀무가설은 $\mu_{남학생}=\mu_{여학생}$이므로 가설의 평균 차는 $\mu_{남학생}-\mu_{여학생}=0$
이름표	데이터 범위에 제목이 포함되어 있으므로 체크표시(☑) 데이터 범위에 제목이 포함되어 있지 않으면 체크해제
유의수준	기본적으로 0.05가 표시됨
출력범위	결과를 출력할 범위(셀 D14)를 선택

〈표 10-6〉 [*t* 검정 : 이분산 가정 두 집단] 대화상자의 입력 값

셀 A22부터 출력된 [*t* 검정 : 이분산 가정 두 집단]의 결과는 [그림 10-19]와 같습니다.

22	t-검정: 이분산 가정 두 집단		
23			
24		여	남
25	평균	61000	51142.86
26	분산	1.43E+08	7.64E+08
27	관측수	8	7
28	가설 평균차	0	
29	자유도	8	
30	t 통계량	0.874774	
31	P(T<=t) 단측 검정	0.203596	
32	t 기각치 단측 검정	1.859548	
33	P(T<=t) 양측 검정	0.407191	
34	t 기각치 양측 검정	2.306004	

[그림 10-19] [*t* 검정 : 이분산 가정 두 집단]의 결과

검정결과 단측검정의 *p*값이 0.203596으로 유의수준(0.05)보다 크므로 귀무가설(H_0: $\mu_{남학생}=\mu_{여학생}$)을 기각할 수 없습니다. 결론적으로 스마트폰의 이용요금에 대해 남녀 간의 유의한 차이는 없습니다.

참고 4 독립인 두 표본(이분산 가정)에 대한 SPSS의 결과

[예제 10−3]에 대해서 SPSS로 분석한 결과는 다음과 같습니다.

집단통계량

	성별	N	평균	표준편차	평균의 표준오차
요금	여	8	61000.00	11952.286	4225.771
	남	7	51142.86	27637.104	10445.843

독립표본 검정

		Levene의 등분산 검정		평균의 동일성에 대한 t-검정						
									차이의 95% 신뢰구간	
		F	유의확률	t	자유도	유의확률(양쪽)	평균차	차이의 표준오차	하한	상한
요금	등분산이 가정됨	13.176	.003	.919	13	.375	9857.143	10725.269	-13313.392	33027.678
	등분산이 가정되지 않음			.875	7.942	.407	9857.143	11268.220	-16160.367	35874.652

등분산 검정 결과 p값(유의확률)이 0.003이므로 두 집단에 대해 분산이 같다는 가설을 기각하고 두 집단의 분산이 다르다는 가정(이분산 가정) 하에 평균차이에 대한 검정결과를 확인합니다. t값은 0.875로 엑셀의 결과([그림 10−19])와 동일하고, 양측검정에 대한 p값(유의확률(양쪽))이 0.407로 단측검정의 p값은 0.203이며 엑셀의 결과([그림 10−19])와 동일합니다. p값이 설정한 유의수준(0.05)보다 크므로 귀무가설(H_0: $\mu_{남자}=\mu_{여자}$)을 기각할 수 없고, 스마트폰의 이용요금에 대해 남녀 간의 유의한 차이는 없습니다.

10.2 서로 짝을 이루는 대응표본에 대한 평균 차이의 분석

대응표본(matched pair sample)은 서로 짝을 이루는 데이터로 구성된 표본을 의미하므로 앞 절에서와 같이 두 집단이 서로 독립적이지 않습니다. 신입생 50명을 대상으로 좌측과 우측의 시력에 차이가 있는지를 비교할 경우에 50명 각각에 대해 좌측과 우측 시력이 짝(pair)을 이루게 됩니다. 따라서 대응표본의 경우 두 집단의 데이터(표본) 개수는 같습니다.

만약 도시지역 학생과 농촌지역 학생의 시력을 비교한다면 이때는 10.1절에서 설명한 바와 같이 도시지역 학생과 농촌지역 학생의 시력은 서로 독립적이므로 독립인 두 표본의 경우로 차이를 비교해야 합니다.

대응표본은 약의 효과나 교육의 효과를 비교하는 경우, 투약 전후 그리고 교육 전후에 대해 쌍을 이룬 표본에 대해 평균차이를 검정합니다. 대응표본에 대해서 평균차이에 대한 가설은 관찰값의 차이인 $d_i = X_{1i} - X_{2i}$를 다루고 가설(양측검정)은 다음과 같습니다.

$H_0 : \mu_d = 0$ $H_1 : \mu_d \neq 0$	$\mu_d = \mu_1 - \mu_2$	[가설] 양측검정

이때 검정통계량 $t = \dfrac{\overline{d} - \mu_d}{S_d / \sqrt{n}}$은 t분포를 따르며 $\overline{d}$와 S_d는 다음과 같습니다.

$$\overline{d} = \frac{1}{n}\Sigma d_i = \frac{1}{n}\Sigma(X_{1i} - X_{2i}),\ \ S_d = \sqrt{\frac{\Sigma(d_i - \overline{d})^2}{(n-1)}}$$

쌍을 이루는 관찰값 차이의 평균인 $\overline{d}$는 두 집단에 대해 표본의 개수 n개에 대한 평균값이고 S_d는 n개의 d_i에 대한 표준편차입니다.

동일인에 대한 교육 전후 판매량의 차이 비교

예제 10-4

H자동차를 판매하는 분당 H대리점은 최근 경기 불황으로 매출액이 감소하자 매출실적이 저조한 영업사원 7명을 선발하여 효과적인 판매 전략에 대한 특별 교육을 실시하였다. 교육 전 사원별 한 달 판매량과 교육 후 사원별 한 달 판매량의 결과(보조자료: 10장\교육 전후 판매량)를 토대로, 교육 후 판매량이 교육 전보다 증가하였는지를 유의수준 5%하에서 가설을 검정하시오.

판매량	사원1	사원2	사원3	사원4	사원5	사원6	사원7
교육 전	2	1	0	3	4	2	3
교육 후	4	2	1	5	4	4	2

[교육 전후 판매량]

	A	B
1	교육전	교육후
2	2	4
3	1	2
4	0	1
5	3	5
6	4	4
7	2	4
8	3	2

[그림 10-20] 데이터 입력

[풀이]

[그림 10−20]의 데이터는 사원별로 교육 전후의 판매량에 차이가 있는지를 비교하는 것이므로 사원마다 두 개의 데이터가 쌍을 이루는데, 이러한 데이터를 대응표본이라 합니다. 대응표본에 대한 평균 차이 비교는 엑셀에서 [t 검정 : 쌍체비교]를 이용합니다.

교육 후 판매량이 교육 전보다 증가하였는지를 알아보기 위한 것이므로 가설은 다음과 같이 단측검정으로 이루어집니다.

$\mu_d = \mu_{교육\ 전} - \mu_{교육\ 후}$

H_0 : $\mu_d = 0$ (교육 전과 교육 후 판매량은 차이가 없다) [가설]

H_1 : $\mu_d < 0$ (교육 후의 판매량이 교육 전보다 늘어났다) 단측검정

[데이터] 탭에서 [데이터 분석]을 선택하고 [그림 10−21]과 같이 [t 검정 : 쌍체비교]를 선택합니다.

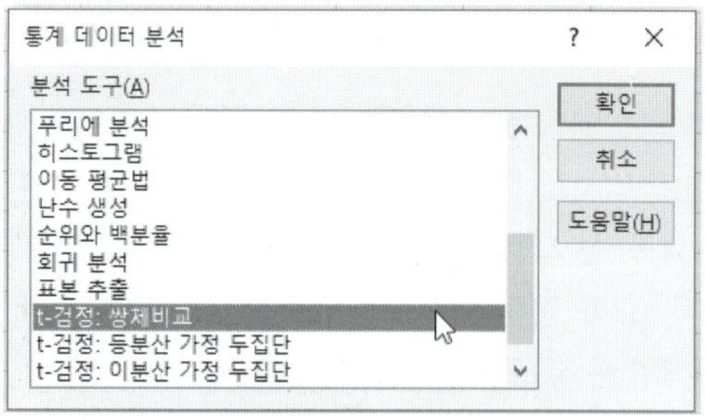

[그림 10-21] [t 검정 : 쌍체비교] 선택

[그림 10－22]의 [t 검정 : 쌍체비교]의 대화상자에 입력할 값과 의미는 〈표 10－7〉과 같습니다.

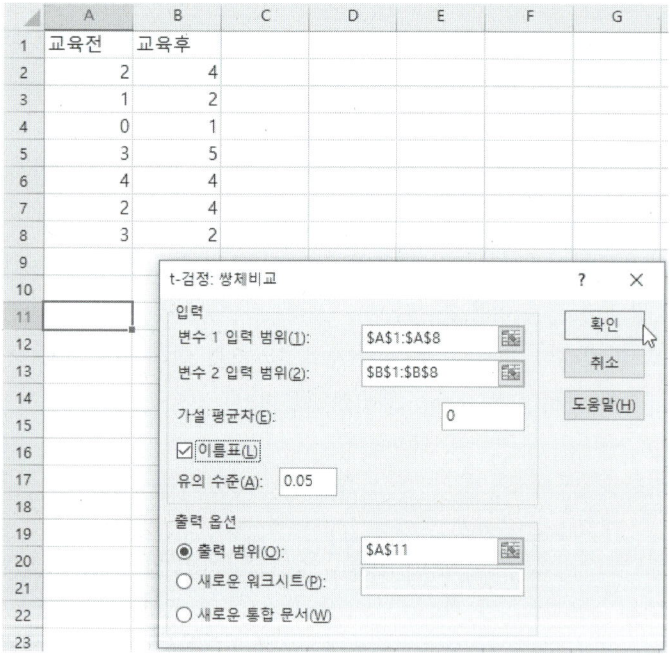

[그림 10-22] [t 검정 : 쌍체비교] 대화상자의 값 입력

대화상자	의미와 입력 값
변수 1 입력범위	변수 1(교육 전)에 대한 7개의 표본 범위
변수 2 입력범위	변수 2(교육 후)에 대한 7개의 표본 범위
가설의 평균 차	귀무가설은 $\mu_d = 0$이므로 가설의 평균 차는 0입니다.
이름표	변수의 입력범위에 제목이 포함되어 있으므로 체크표시(✓) 변수의 입력범위에 제목이 포함되어 있지 않으면 체크해제
유의수준	기본적으로 0.05가 표시됨
출력범위	결과를 출력할 범위(셀 A11)를 선택

〈표 10-7〉 [t 검정 : 쌍체비교] 대화상자의 입력 값

셀 A11부터 출력된 [t 검정 : 쌍체비교]의 결과는 [그림 10-23]과 같습니다.

11	t-검정: 쌍체 비교		
12			
13		교육전	교육후
14	평균	2.142857	3.142857
15	분산	1.809524	2.142857
16	관측수	7	7
17	피어슨 상관 계수	0.66502	
18	가설 평균차	0	
19	자유도	6	
20	t 통계량	-2.29129	
21	P(T<=t) 단측 검정	0.030917	
22	t 기각치 단측 검정	1.94318	
23	P(T<=t) 양측 검정	0.061835	
24	t 기각치 양측 검정	2.446912	

[그림 10-23] [t 검정 : 쌍체비교]의 결과

검정결과, 단측검정 p값은 0.030917로 유의수준(0.05)보다 작으므로 귀무가설(H_0: $\mu_d = 0$, 교육 전과 교육 후 판매량은 차이가 없다)을 기각합니다. 결론적으로 교육 후의 판매량이 교육 전보다 늘어났으므로 특별 교육의 효과가 있었다고 볼 수 있습니다. [그림 10-23]의 중간부분에 있는 피어슨 상관 계수에 대해서는 12.1절에서 설명합니다.

참고 5 대응표본에 대한 SPSS의 결과

[예제 10−4]에 대한 SPSS의 분석결과는 다음과 같습니다.

대응표본 통계량

		평균	N	표준편차	평균의 표준오차
대응 1	교육전	2.14	7	1.345	.508
	교육후	3.14	7	1.464	.553

대응표본 상관계수

		N	상관계수	유의확률
대응 1	교육전 & 교육후	7	.665	.103

대응표본 검정

		대응차					t	자유도	유의확률 (양쪽)
					차이의 95% 신뢰구간				
		평균	표준편차	평균의 표준오차	하한	상한			
대응 1	교육전 - 교육후	-1.000	1.155	.436	-2.068	.068	-2.29	6	.062

검정결과 양측검정의 p값(유의확률(양쪽))이 0.062이므로 단측검정 p값은 0.031로 엑셀의 결과([그림 10−23])과 같습니다. 단측검정 p값이 유의수준(0.05)보다 작으므로 귀무가설(H_0: $\mu_d=0$)을 기각합니다.

단원 정리

두 개의 모집단에 대한 추론

두 개의 모집단에 대해서 모집단 평균에 대한 추론은 데이터(표본)가 어떻게 수집되었느냐에 따라 다음과 같이 구분하며 분석방법이 달라진다.

구분	독립인 두 표본(two sample)	대응표본(matched pair sample)
표본추출	서로 독립적인 모집단으로부터 추출된 표본	독립적인 모집단이 아닌 짝을 이루는 표본

독립인 두 표본에 대해 두 모집단 평균 차이에 대한 추론 절차

두 집단의 분산이 같은지에 대한 가설검정

H_0: $\sigma_1^2=\sigma_2^2$

H_1: $\sigma_1^2\neq\sigma_2^2$

[F 검정:분산에 대한 두 집단]

검정 결과, 두 모집단의 분산이 같다면 평균 차이에 대한 가설검정

$H_0:\mu_1=\mu_2$, $H_1:\mu_1\neq\mu_2$ 또는 $H_0:\mu_1-\mu_2=0$, $H_1:\mu_1-\mu_2\neq0$

[t 검정:등분산 가정 두 집단]

검정 결과, 두 모집단의 분산이 다르다면 평균 차이에 대한 가설검정

$H_0:\mu_1=\mu_2$, $H_1:\mu_1\neq\mu_2$ 또는 $H_0:\mu_1-\mu_2=0$, $H_1:\mu_1-\mu_2\neq0$

[t 검정:이분산 가정 두 집단]

독립인 두 표본의 평균 차이에 대한 검정통계량

모집단 평균 차이에 대한 추론	검정통계량		예제
두 표본의 크기가 충분히 큰 경우 (n_1&$n_2\geq30$)	$Z=\frac{(\overline{X}_1-\overline{X}_2)-(\mu_1-\mu_2)}{\sqrt{\frac{S_1^2}{n_1}+\frac{S_2^2}{n_2}}}$		[예제 10−1]
두 표본의 크기가 작은 경우 (n_1&$n_2<30$)	두 모집단의 분산이 같다는 가정(등분산 가정)	$t=\frac{(\overline{X}_1-\overline{X}_2)-(\mu_1-\mu_2)}{\sqrt{S_p^2\left(\frac{1}{n1}+\frac{1}{n2}\right)}}$ $S_p^2=\frac{(n_1-1)S_1^2+(n_2-1)S_2^2}{n_1+n_2-2}$	[예제 10−2]
	두 모집단의 분산이 다르다는 가정(이분산 가정)	$t=\frac{(\overline{X}_1-\overline{X}_2)-(\mu_1-\mu_2)}{\sqrt{\left(\frac{S_1^2}{n_1}+\frac{S_2^2}{n_2}\right)}}$	[예제 10−3]

대응표본에 대해 두 집단의 평균 차이에 대한 추론

대응표본은 서로 짝을 이루는 데이터로 구성된 표본을 말한다.

$H_0 : \mu_d = 0$ $H_1 : \mu_d \neq 0$	$\mu_d = \mu_1 - \mu_2$	[가설] 양측검정

대응표본에 대해서는 데이터 분석에서 [t 검정 : 쌍체비교]를 이용한다.

이때 검정 통계량 $t = \dfrac{\overline{d} - \mu_d}{S_d/\sqrt{n}}$ 은 t분포를 따르며 $\overline{d}$와 S_d는 다음과 같다.

$$\overline{d} = \frac{1}{n}\Sigma d_i = \frac{1}{n}\Sigma(X_{1i} - X_{2i}), \quad S_d = \sqrt{\frac{\Sigma(d_i - \overline{d})^2}{(n-1)}}$$

chapter 10 연습 문제

01 규모와 종업원수가 비슷한 두 개의 생수공장을 운영하고 있는 A사는 두 공장에서 생산한 생수의 생산량이 같은지를 알기 위해 12개월 동안 조사한 결과(보조자료: 10장\연습문제1)를 토대로 가설을 세우고 유의수준 5% 하에서 가설을 검정하시오.

02 경영학과와 경제학과가 동시에 치른 모의토익 성적에 차이가 있는지를 알아보고자 임의로 각각 20명을 선발하여 얻은 결과(보조자료: 10장\연습문제2)를 이용하여 가설을 세우고 유의수준 1%하에서 가설을 검정하시오.

03 데이터 입력 및 처리를 주 업무로 하는 A회사는 사원의 데이터 입력의 효율성을 높이기 위해 인체공학적으로 디자인된 새로운 키보드로 교체하고자 한다. 임의로 선택된 12명의 사원에 대해 기존 키보드와 새로운 키보드의 분당 단어수를 비교한 결과(보조자료: 10장\연습문제3)를 토대로 가설을 세우고 유의수준 1%하에서 가설을 검정하시오.

04 고등학교 1학년 학생을 대상으로 조사한 시력 데이터(출처 : 2019년도 학생 건강검사 표본통계(교육부), 보조자료: 10장\연습문제4)에 대해 좌측과 우측 시력에 차이가 있는지에 대해 각각 가설을 세우고 유의수준 5%하에서 가설을 검정하시오.

05 야구부가 있는 B고등학교는 선수들의 타격 능력을 향상시키기 위해 비디오 교정기를 도입하였다. 교정기를 도입하기 전과 후의 타율 데이터(보조자료: 10장\연습문제5)를 참고로 하여 가설을 세우고 유의수준 5%하에서 가설을 검정하시오.

06 학생 20명을 대상으로 다음 내용을 조사하여 차이가 있는지에 대해 가설을 세우고, 유의수준 5%하에서 가설을 검정하시오.

① 부모와의 대화시간(시간/주)에 대해 조사하고 남녀 간에 차이가 있는가?
② 스마트폰 교체주기(년 단위)를 조사하고 남녀 간에 차이가 있는가?
③ 일일 평균 스마트폰 이용시간을 조사하고 남녀 간에 차이가 있는가?
④ 스마트폰 사용요금(월 단위)을 조사하고 남녀 간에 차이가 있는가?
⑤ 평균 수면시간을 조사하고 남녀 간에 차이가 있는가?
⑥ 학교시설(강의실, 도서관, 휴게실, 식당(매점))에 대한 만족도(5점 척도)를 조사하고 남녀 간에 차이가 있는가?
⑦ 주당 운동시간을 조사하고 남녀 간에 차이가 있는가?

chapter 11

세 개 이상의 모집단 평균에 대한 추론(분산분석)

9장에서는 한 개의 모집단 평균에 대한 분석을, 10장에서는 두 개의 모집단 평균에 대한 분석방법을 살펴보았습니다. 이 장에서는 세 개 이상의 모집단 평균에 대한 분석을 살펴보기로 합니다. 예를 들어 고등학교에서 학년별로 스마트폰의 이용시간에 대해 비교하는 경우가 이에 해당합니다.

chapter 11

세 개 이상의 모집단 평균에 대한 추론(분산분석)

두 개의 모집단 평균을 비교하는 경우를 응용하여, 고등학교에서 학년별(1, 2, 3)로 스마트폰의 이용시간에 차이가 있는지를 알기 위해 세 개의 모집단 평균을 비교하는 문제를 생각해 보기로 합니다. 가설은 다음과 같이 생각할 수 있습니다.

두 개의 모집단 평균 $\mu_{남자}$, $\mu_{여자}$	세 개의 모집단 평균 $\mu_{1학년}$, $\mu_{2학년}$, $\mu_{3학년}$ (두 개의 모집단 평균을 비교하는 가설을 이용)		
H_0: $\mu_{남자}=\mu_{여자}$ H_1: $\mu_{남자}\neq\mu_{여자}$	H_0: $\mu_{1학년}=\mu_{2학년}$ H_1: $\mu_{1학년}\neq\mu_{2학년}$	H_0: $\mu_{1학년}=\mu_{3학년}$ H_1: $\mu_{1학년}\neq\mu_{3학년}$	H_0: $\mu_{2학년}=\mu_{3학년}$ H_1: $\mu_{2학년}\neq\mu_{3학년}$

〈표 11-1〉 모집단 평균 차이에 대한 비교와 가설

10장을 응용한다면 〈표 11－1〉의 오른쪽 부분과 같이 세 개의 모집단 평균의 차이에 대한 가설검정은 총 3번($_3C_2$)을 해야 할 것입니다. 더욱이 다섯 개의 모집단 평균을 비교 · 분석할 경우 총 10번($_5C_2$)의 분석이 이루어져야 하는데, 이렇게 두 개의 평균비교로 분리한 상태에서 가설검정을 실시했을 때 종합적인 판단을 내리기 어렵고, 여러 개의 평균을 동시에 비교하는 검정이 아니므로 동일한 유의수준을 유지할 수 없습니다.

동일한 유의수준 하에서 세 개 이상의 모집단에 대한 평균을 동시에 비교할 때 사용하는 통계적 분석방법을 분산분석(ANOVA: Analysis Of Variance)이라 합니다. 만약 세 개의 모집단에 대한 평균을 동시에 비교할 때 분산분석의 가설은 다음과 같습니다.

H_0 : $\mu_1 = \mu_2 = \mu_3$
H_1 : 적어도 한 개의 평균은 나머지와 다르다.
또는 적어도 두 개의 평균 간에 차이가 있다.

분산분석은 농작물과 관련된 실험(수확량의 증가, 비료의 효과 등)에서 시작된 실험계획법(experimental design)에 주로 사용되어 왔으며 실험계획법은 품질관리나 시장조사에 활용되고 있습니다. 분산분석은 말 그대로 분산을 이용하는데 이에 대한 기본적인 개념은 다음 절에서 설명합니다.

11.1 분산분석의 기본 개념

예를 들어 어떤 비료를 사용하는 것이 사과의 수확량 증가에 효과가 있는지를 알아보는 실험을 한다고 가정합니다. 실험에 사용될 사과나무는 동일한 품종의 5년생 15그루이고 비료는 A, B, C의 세 가지에 대해 5그루씩 무작위로 할당하여 나무당 수확량(X)을 측정한 결과는 〈표 11-2〉와 같다고 합니다. 이때 수확량에 영향을 줄 비료를 요인(factor)이라 하고 요인을 몇 개의 단위로 구분한 것을 처리(treatment) 또는 수준(level)이라 합니다. 이 예에서 요인은 1개(비료)이고, 수준은 3(A, B, C)입니다. 이와 같이 요인이 한 개인 분산분석을 일원분산분석(oneway ANOVA)이라 합니다.

표본 \ 비료	요인		
	비료 A	비료 B	비료 C
나무 1	$X_{11}=25$	$X_{21}=34$	$X_{31}=29$
나무 2	$X_{12}=29$	$X_{22}=36$	$X_{32}=31$
나무 3	$X_{13}=27$	$X_{23}=38$	$X_{33}=27$
나무 4	$X_{14}=23$	$X_{24}=32$	$X_{34}=26$
나무 5	$X_{15}=22$	$X_{25}=35$	$X_{35}=25$
평균	$\overline{X}_1=25$	$\overline{X}_2=35$	$\overline{X}_3=27$
전체평균	$\overline{X}=29$		

〈표 11-2〉 비료에 따른 사과 생산량

분산분석은 분산을 분석하는 것으로 분석에 사용될 분산은 다음과 같습니다.

[표본평균 간의 분산]
오른쪽에 표시한 집단 간 표본평균과 전체 평균 $\overline{X}$ 과의 분산

비료 / 표본	요인		
	비료 A	비료 B	비료 C
나무 1	X_{11}	X_{21}	X_{31}
나무 2	X_{12}	X_{22}	X_{32}
나무 3	X_{13}	X_{23}	X_{33}
나무 4	X_{14}	X_{24}	X_{34}
나무 5	X_{15}	X_{25}	X_{35}
평균	$\overline{X}_1$	$\overline{X}_2$	$\overline{X}_3$

[표본 내에서의 분산]
오른쪽에 표시한 표본들과 각 집단 내에서 표본평균 ($\overline{X}_1$, $\overline{X}_2$, $\overline{X}_3$)과의 분산

비료 / 표본	처리 또는 요인		
	비료 A	비료 B	비료 C
나무 1	X_{11}	X_{21}	X_{31}
나무 2	X_{12}	X_{22}	X_{32}
나무 3	X_{13}	X_{23}	X_{33}
나무 4	X_{14}	X_{24}	X_{34}
나무 5	X_{15}	X_{25}	X_{35}
평균	$\overline{X}_1$	$\overline{X}_2$	$\overline{X}_3$

위의 분산에 대한 관계를 수식으로 표현하면 다음과 같습니다. 다음의 식에서 첨자 i는 처리(수준, 1～3)를, 첨자 j는 수준별 관찰(표본, 1～5)값을 나타냅니다.

분산 ＝표본평균 간의 분산 ＋표본 내(처리 내)에서의 분산

편차($X_{ij}-\overline{X}$) ＝집단 간 편차($\overline{X}_i-\overline{X}$)＋집단 내 편차($X_{ij}-\overline{X}_i$)

$$\sum_j^5 \sum_i^3 (X_{ij}-\overline{X})^2 = \sum_j^5 \sum_i^3 (\overline{X}_i-\overline{X})^2 + \sum_j^5 \sum_i^3 (X_{ij}-\overline{X}_i)^2$$

전체 변동 ＝설명이 가능한 변동 ＋설명이 불가능한 변동(오차변동)

[그림 11-1] 변동의 분해

위 식에서 두 번째 줄에 표시한 편차는 사과나무 각각에 대한 수확량 X_{ij}과 전체 평균 $\overline{X}$와의 차이를 나타냅니다.

$$(X_{ij}-\overline{X}) = (\overline{X}_i-\overline{X}) + (X_{ij}-\overline{X}_i)$$

편차 ＝집단 간 편차 ＋집단 내 편차

[그림 11－1]에서 표본 내에서의 분산은 집단 내 편차인 $(X_{ij}-\overline{X}_i)$의 제곱합인 $\sum_j^5 \sum_i^3 (X_{ij}-\overline{X}_i)^2$으로 나타내는데 이를 오차변동이라 합니다. 오차변동은 설명할 수 없는 변동을 나타냅니다.

참고 1 오차변동이란?

동일한 품종의 사과나무 6그루를 심었다고 합시다. [사례 1]은 어느 특정한 두 개의 나무에만 계속 비료를 준 경우이고, [사례 2]는 6그루 모두에 비료를 주지 않고 동일한 조건에서 키운 경우입니다.

시간이 지난 후에 각 나무에 열린 사과의 개수는 각각 다를 것인데, [사례 1]과 같이 비료를 준 특정한 나무의 사과개수가 비료를 주지 않은 나무의 개수에 비해 현격하게 늘어났다면 이러한 차이는 비료의 효과에서 오는 차이로 설명할 수 있으며, 이러한 변동의 크기는 설명이 가능한 변동입니다.

그러나 [사례 2]와 같이 동일한 조건에서 키우더라도 각 나무에 열린 사과의 개수는 다를 것인데, 이러한 차이는 원인을 알 수 없기에 설명할 수가 없으며, 이러한 변동의 크기를 오차변동, 즉 설명할 수 없는(설명이 불가능한, 우연에 의한) 변동이라 합니다.

[사례 1] 두 개의 나무에만 계속 비료를 준 경우	[사례 2] 모두 비료를 주지 않고 동일한 조건 하에 키운 경우

사과개수의 차이는 설명할 수 있는 변동 (우연에 의한 변동으로 볼 수 없음)	사과개수의 차이는 설명할 수 없는 변동 (우연에 의한 변동)

표본평균 간 분산은 집단 간 편차인 $(\bar{X}_i - \bar{X})$의 제곱합인 $\sum_j^5 \sum_i^3 (\bar{X}_i - \bar{X})^2$으로 나타냅니다. 만약 비료$(i)$에 따라 수확량에 차이가 있다면 $\sum_j^5 \sum_i^3 (\bar{X}_i - \bar{X})^2$은 커질 것이고, 비료$(i)$에 따라 수확량에 차이가 없다면 $\sum_j^5 \sum_i^3 (\bar{X}_i - \bar{X})^2$은 작아질 것입니다.

위의 제곱합은 자유도로 나누어주어야 분산이 되겠지만 쉽게 설명하자면 분산분석은 전체 변동의 크기를 두 개로 분리하여 두 분산(변동)의 비율인 $F = \frac{\text{표본평균 간 분산}}{\text{표본평균 내 분산}} = \frac{\text{집단 간 변동}}{\text{집단 내 변동}}$의 크기로 가설을 검정합니다. 이 비율은

$\dfrac{\text{설명 가능한 변동}}{\text{설명할 수 없는 변동}}$을 의미하기도 합니다. 이 비율 F가 큰 값을 가진다는 것은 〈표 11-3〉의 왼쪽과 같이 (설명 가능한 변동>설명할 수 없는 변동)이고, 이는 비료에 따라 수확량에 차이가 있음을 의미합니다. 반대로 이 비율 F가 작다는 것은 (설명 가능한 변동<설명할 수 없는 변동)이고, 이는 비료에 따른 수확량에 차이가 없음을 즉 비료의 효과가 없음을 의미합니다.

전체 변동	전체 변동
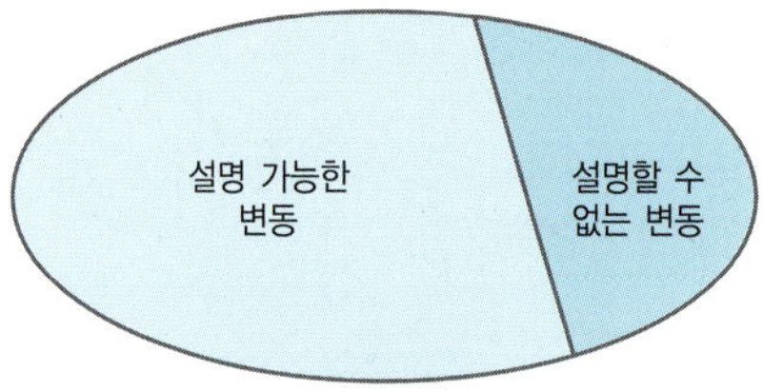	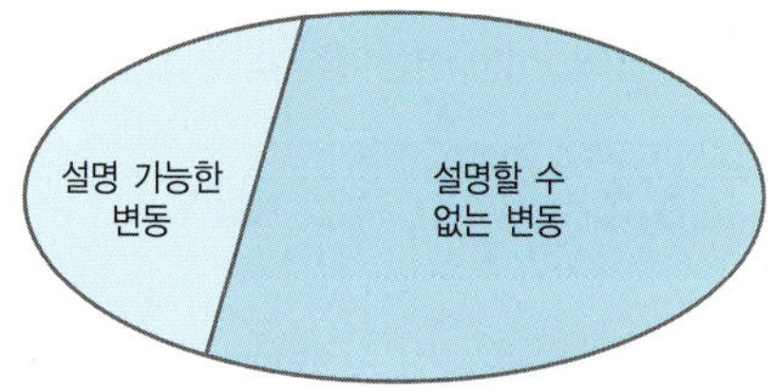
$\dfrac{\text{설명 가능한 변동}}{\text{설명할 수 없는 변동}}>1$	$\dfrac{\text{설명 가능한 변동}}{\text{설명할 수 없는 변동}}<1$
요인(비료)에 따라 수확량에 차이가 있다고 볼 수 있음 ➡ 요인(비료)이 주는 효과가 있음	요인(비료)에 따라 수확량에 차이가 있다고 볼 수 없음 ➡ 요인(비료)이 주는 효과가 없음

〈표 11-3〉 **설명할 수 있는 변동과 설명할 수 없는 변동의 비율**

참고 2 분산분석의 가정

분산분석을 하기 위해서는 다음과 같은 가정이 충족되어야 합니다.

각 처리에서의 표본은 독립적으로 추출되었다.

각 처리는 평균 $\mu_i(i=1, 2, 3, \cdots, t)$와 동일한 분산 σ^2을 갖는 정규분포를 따른다.

참고 3 분산분석에서의 F 검정과 분산분석표

앞에서 설명하였듯이 분산분석은 분산의 비율(F값)로 검정을 하며 이를 F 검정(10.1절 참고)이라 합니다. 따라서 F값을 계산하기 위해 각 변동(분산)을 〈표 11-4〉와 같이 정리해야 하는데 이를 분산분석표(ANOVA table)라 합니다.

분산	제곱합(Sum of Squares)	자유도(df)	평균제곱(Mean squares)	F값
집단 간 변동 (처리 또는 수준)	$SST=c\sum_i(\bar{X}_i-\bar{X})^2$	$r-1$ (r : 수준)	$MST=\frac{SST}{r-1}$	$\frac{MST}{MSE}$
집단 내 변동 (오차변동)	$SSE=\sum_j\sum_i(X_{ij}-\bar{X}_i)^2$	$n-r$	$MSE=\frac{SSE}{n-r}$	
전체 변동	$TSS=\sum_j\sum_i(X_{ij}-\bar{X})^2$	$n-1$ (n : 표본수)		

〈표 11-4〉 분석분석표

〈표 11-4〉에서 F값은 두 개의 변동(집단 간, 집단 내)에 대해 각각의 자유도로 나눈 값의 비율을 나타냅니다. 〈표 11-4〉에서 집단(처리) 간 변동은 SST(Sum of Squares Between Treatment)라 하며 식에서 c는 수준별 관찰(또는 표본)수를 나타냅니다. 이 변동은 집단 간(수준별) 평균이 전체 평균으로부터 떨어져 있는 정도를 나타내며 전체 변동 중에서 설명이 가능한 변동의 크기입니다.

집단 내 변동은 SSE(Sum of Squares for Error)라 하며 집단 내에서 관찰값이 집단 평균으로부터 떨어진 정도를 나타내며 전체 변동 중에서 설명이 불가능한 변동의 크기입니다. 전체 변동은 TSS(Total Sum of Squares)로 표현합니다.

엑셀에서 분산분석을 실시하면 〈표 11-4〉와 같이 분산분석표와 p값을 계산하여 출력하므로 유의수준 하에 가설을 검정할 수 있습니다.

11.2 분산분석의 종류

분산분석은 실험계획법에서 주로 사용하는 분석이며 사용한 요인의 수와 반복에 따라 다음과 같이 구분합니다.

요인의 수	분산분석	실험계획법	예제
1	일원 분산분석	완전임의설계법 (completely randomized design)	[예제 11-1]
2	반복이 없는 이원 분산분석	임의화블록설계법 (randomized block design)	[예제 11-2] [예제 11-3]
	반복이 있는 이원 분산분석	인자가 2개인 요인설계법 (factor design)	[예제 11-4]

11.2.1 일원 분산분석

일원 분산분석은 비료에 따른 사과 생산량을 비교하는 앞의 〈표 11－2〉와 같이 한 개의 요인에 대해 3개 이상의 평균을 비교할 때 사용합니다.

예제 11-1 **세 사람의 작업능력 비교**

가죽 야구공을 생산하는 공장에서 근무하는 세 사람의 작업능력을 비교하려고 한다. 가죽 야구공은 공에 입힐 가죽을 일일이 바늘로 꿰매는 수작업으로 이루어진다. 이들의 작업능력을 비교하기 위해 한 달 중 임의로 5일을 선택하여 하루 동안 꿰맨 야구공의 개수를 조사한 데이터(보조자료: 11장\야구공 생산량)를 이용하여 세 사람의 작업능력에 차이가 있는지에 대해 가설을 세우고 유의수준 5%하에서 검정하시오.

작업자 / 조사	작업자 A	작업자 B	작업자 C
1회(3일)	24	26	28
2회(9일)	26	24	30
3회(13일)	22	28	28
4회(18일)	28	33	31
5회(23일)	20	29	28
평균($\bar{X}_i$)	$\bar{X}_1=24$	$\bar{X}_2=28$	$\bar{X}_3=29$
전체평균	$\bar{X}=27$		

[하루 동안 꿰맨 야구공의 개수]

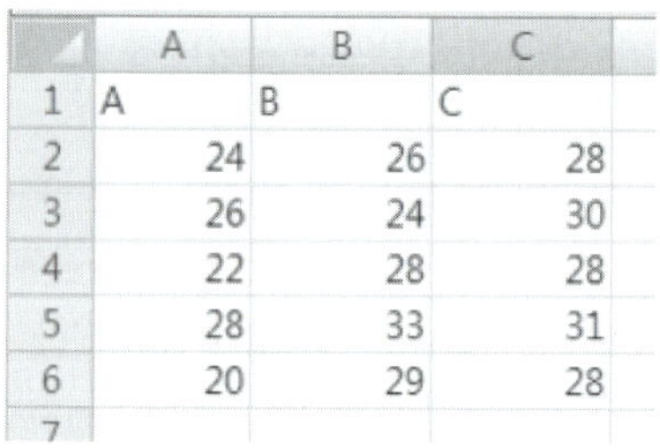

	A	B	C
1	A	B	C
2	24	26	28
3	26	24	30
4	22	28	28
5	28	33	31
6	20	29	28
7			

[그림 11-2] 데이터 입력

[풀이]

이 예제에서 요인은 한 개(작업자)이고, 수준은 3(A, B, C)으로 일원 분산분석을 실시합니다. 가설은 다음과 같습니다.

H_0 : $\mu_{작업자\ A}=\mu_{작업자\ B}=\mu_{작업자\ C}$ (세 작업자의 평균은 같다)
H_1 : 적어도 한 개의 평균은 나머지와 다르다. [가설]
또는 적어도 두 개의 평균 간에 차이가 있다.

데이터를 [그림 11－2]와 같이 입력하되 첫 번째 행에는 수준에 따른 제목(A, B, C)을 입력합니다.

[데이터] 탭에서 [데이터 분석]을 선택하고 [그림 11－3]과 같이 [분산 분석: 일원 배치법]을 선택합니다.

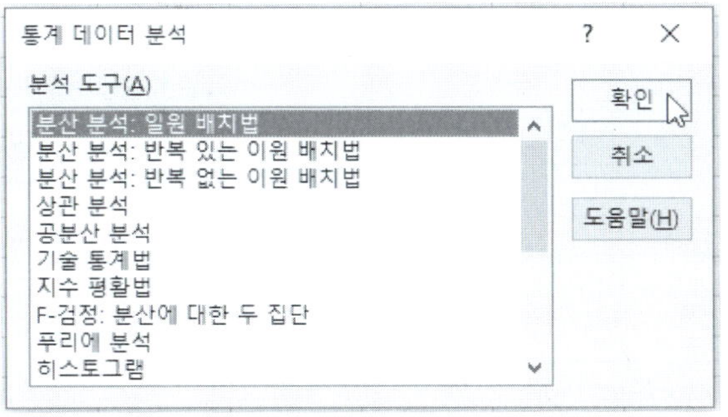

[그림 11－3] 통계 데이터 분석에서 [분산 분석: 일원 배치법] 선택

[그림 11－4]의 [분산 분석: 일원 배치법] 대화상자에서 입력 범위, 유의수준 그리고 출력 범위를 입력합니다. 첫째 행에는 제목이 입력되어 있으므로 '첫째 행 이름표 사용' 에 체크 표시(☑)를 합니다. 결과는 셀 A9부터 출력합니다.

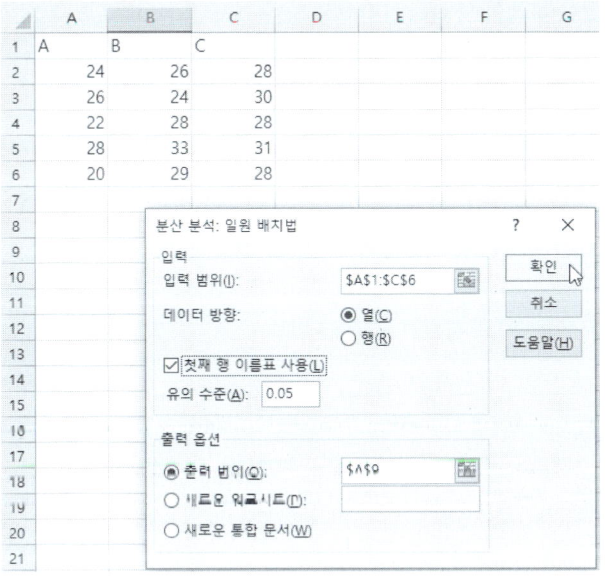

[그림 11－4] [분산 분석: 일원 배치법]의 대화상자

[그림 11－4]에서 [확인] 버튼을 눌러 출력된 결과는 [그림 11－5]와 같습니다.

분산 분석: 일원 배치법

요약표

인자의 수준	관측수	합	평균	분산
A	5	120	24	10
B	5	140	28	11.5
C	5	145	29	2

분산 분석

변동의 요인	제곱합	자유도	제곱 평균	F 비	P-값	F 기각치
처리	70	2	35	4.468085	0.035457	3.885294
잔차	94	12	7.833333			
계	164	14				

[그림 11-5] [예제 11-1]의 분산분석 결과

[그림 11-5]의 결과는 두 부분(요약표, 분산분석표)으로 구분되어 있습니다. 분산분석표에서 '처리'는 '집단 간'을, '잔차'는 '집단 내(오차)'를 의미합니다. 분산분석표에서 p값이 0.035로 유의수준(0.05)보다 작으므로 귀무가설(세 작업자의 1일 평균 생산량은 같다)을 기각합니다. 따라서 결론은 '적어도 두 작업자의 평균 간에 차이가 있다'는 것입니다.

여기서 "적어도 두 작업자의 평균 간에 차이가 있다"는 것은 "세 작업자 모두의 평균 간에 차이가 있다"는 것을 포함하므로 다음과 같이 나타낼 수 있습니다.

두 작업자의 평균 간에 차이가 있다			세 작업자 모두의 평균 간에 차이가 있다
[사례 1] $\mu_{작업자\ A} \neq \mu_{작업자\ B}$	[사례 2] $\mu_{작업자\ B} \neq \mu_{작업자\ C}$	[사례 3] $\mu_{작업자\ A} \neq \mu_{작업자\ C}$	[사례 4] $\mu_{작업자\ A} \neq \mu_{작업자\ B} \neq \mu_{작업자\ C}$

[적어도 두 작업자의 평균 간에 차이가 있다는 의미]

그런데 분산분석의 결과만으로는 [사례 1]부터 [사례 4]까지 중에서 어느 경우에 해당하는 것인지는 알 수 없습니다. 분산분석 결과에 의해 귀무가설을 기각할 수 없다면 '세 작업자 간에는 평균 생산량에 차이가 없다'는 결론을 내리지만, [그림 11-5]와 같이 귀무가설을 기각한 경우에는 위의 어느 사례에 해당하는 것인지를 밝혀내기 위해 동시신뢰구간을 이용한 다중비교(multiple comparison)를 해야 합니다.

참고 4 일원 분산분석에 대한 SPSS의 결과와 다중비교

일원 분산분석에서 귀무가설을 기각한 경우는 "적어도 한 개의 평균은 나머지와 다르다" 또는 "적어도 두 개의 평균 간에 차이가 있다"는 결론을 내리므로 분산분석의 결과로는 구체적으로 어떤 평균 간에 차이가 있는지는 알 수 없습니다.

따라서 분산분석에서 귀무가설을 기각했다면 모집단 평균들 간에 구체적인 차이를 밝히는 추가적인 분석이 필요한데 이를 다중비교(multiple comparison)라 합니다. 대부분의 통계처리 프로그램(SAS나 SPSS)에서는 일원 분산분석 후에 다중비교를 제공하지만 엑셀에서는 별도의 도구로 지원하지 않습니다. 다음의 결과는 [예제 11－1]에 대해서 SPSS를 이용하여 얻은 분산분석의 결과입니다.

분산분석

작업개수

	제곱합	df	평균 제곱	거짓	유의확률
집단-간	70.000	2	35.000	4.468	.035
집단-내	94.000	12	7.833		
합계	164.000	14			

[예제 11－1]에 대한 SPSS의 분산분석 결과

다중 비교

작업개수
LSD

(I) 작업자	(J) 작업자	평균차(I-J)	표준오차	유의확률	95% 신뢰구간 하한값	95% 신뢰구간 상한값
1	2	-4.000*	1.770	.043	-7.86	-.14
	3	-5.000*	1.770	.015	-8.86	-1.14
2	1	4.000*	1.770	.043	.14	7.86
	3	-1.000	1.770	.583	-4.86	2.86
3	1	5.000*	1.770	.015	1.14	8.86
	2	1.000	1.770	.583	-2.86	4.86

* 평균차는 0.05 수준에서 유의합니다.

[예제 11－1]에 대한 SPSS의 다중비교(LSD) 결과

다중비교 방법으로 여러 가지가 있는데 앞의 결과는 Fisher의 LSD(Least Significant difference)라는 최소유의차검정을 이용한 것입니다. 다중비교의 결과를 요약하면 다음과 같습니다. 단, 작업자 B와 C 간에는 유의한 차이가 없습니다.

유의수준 5% 하에서 유의한 차이가 있는 평균	결론
$\mu_{작업자\ A} \neq \mu_{작업자\ B}$	$\mu_{작업자\ A} < \mu_{작업자\ B}$
$\mu_{작업자\ A} \neq \mu_{작업자\ C}$	$\mu_{작업자\ A} < \mu_{작업자\ C}$

11.2.2 반복이 없는 이원 분산분석

일원 분산분석은 한 개의 요인에 대해 3개 이상의 평균을 비교할 때 사용하고, 이원 분산분석은 두 개의 요인이 있는 경우입니다. 사과의 수확량을 나타낸 〈표 11－2〉에 대해서 수확량은 비료 외에도 품종, 온도, 일조량, 습도(수분) 등의 여러 요인에 의해 영향을 받을 수 있습니다. 이때 수확량이 비료(요인 1)와 품종(요인 2) 두 개의 요인에 의해 차이가 날 것이라고 보고 분석을 하는 경우를 이원 분산분석이라 합니다.

예제 11-2 세 개의 자동차에 대한 연비 비교(반복이 없는 이원 분산분석)

동일한 배기량을 갖는 자동차의 연비(1리터당 주행거리 km)를 비교하기 위해 세 개의 자동차 회사에서 출시한 차종 A, B, C에 대해서 조사한 결과는 〈표 11－5〉와 같다. 차종마다 연비에 차이가 있는지 가설을 세우고 유의수준 5%하에서 검정을 실시하시오.

조사 \ 차종	차종 A	차종 B	차종 C
1회	13.5	10.1	7.1
2회	11.5	8.5	9.5
3회	10.1	11.4	5.1

〈표 11–5〉 자동차의 연비 (단위: km)

도로 상태 \ 차종	차종 A	차종 B	차종 C
고속도로	13.5	11.4	9.5
시내	11.5	10.1	7.1
비포장도로	10.1	8.5	5.1

〈표 11–6〉 자동차의 연비 (단위: km)

[풀이]

〈표 11－5〉의 조사결과에 대해 분산분석을 실시한다면 이는 요인이 한 개(차종)인 일원 분산분석으로 처리합니다. 그러나 자동차의 연비는 주행한 도로의 상태나 운전자에 따라서 영향을 받을 수 있습니다. 그러므로 〈표 11－5〉와 같이 조사하기보다는 〈표 11－6〉과 같이 도로의 상태를 구분하여 조사하였다면 이는 요인이 두 개(차종, 도로 상태)인 이원 분산분석으로 처리하며 반복이 없는 경우입니다. 이를 임의화 블록 설계법(randomized block design)이라고도 합니다. 이 방법은 처리 이전에 실험단위들을 유사한 것들로 블록화(block)하여 블록과 관련된 변동을 오차 변동에서 분리하는 것인데, 이렇게 함으로써 오차 변동은 작아지고 결국 분산분석 결과(모집단 평균 간의 차이)에 대한 정도를 높일 수 있습니다. 이원 분산분석에서 변동은 다음과 같이 구분됩니다.

구분	전체변동(TSS)
일원 분산분석	집단 간 변동(SST)+오차 변동(SSE)
반복이 없는 이원 분산분석	집단 간 변동(SST)+블록 간 변동(SSB)+오차 변동(SSE)

〈표 11-7〉 이원 분산분석에서 오차 변동의 차이

따라서 반복이 없는 이원 분산분석의 경우 가설은 〈표 11−8〉과 같이 블록에 따른 가설([가설 2])이 추가됩니다.

구분	[가설 1]	[가설 2]
요인	차종(처리)에 따른 연비 차이	도로 상태(블록 간)에 따른 연비 차이
내용	H_0: $\mu_{차종\ 1}=\mu_{차종\ 2}=\mu_{차종\ 3}$ H_1: 적어도 한 개의 평균은 나머지와 다르다.	H_0: $\mu_{고속도로}=\mu_{시내}=\mu_{비포장}$ H_1: 적어도 한 개의 평균은 나머지와 다르다.

〈표 11-8〉 반복이 없는 이원 분산분석의 가설

블록에 대한 가설이 추가되므로 분산분석표에도 블록에 대한 F값을 〈표 11−9〉와 같이 계산해야 합니다. [예제 11−1]의 일원 분산분석 엑셀 결과와 같이 블록 F값에 대해 p값을 계산하여 출력합니다.

분산	제곱합	자유도(df)	평균제곱(Mean squares)	F값
집단 간 (요인1 : 차종)	SST	$r-1$ (r : 수준)	$MST=\dfrac{SST}{r-1}$	$\dfrac{MST}{MSE}$
블록 간 (요인2 : 블록)	SSB	$b-1$ (b : 블록)	$MSB=\dfrac{SSB}{b-1}$	$\dfrac{MSB}{MSE}$
오차	SSE	$(r-1)\times(b-1)$	$MSE=\dfrac{SSE}{(r-1)(b-1)}$	
전체	TSS	$r\times b-1$		

〈표 11-9〉 반복이 없는 이원 분산분석표

[예제 11−2]에 대해서 엑셀에서 처리하는 방법은 다음과 같습니다. 먼저 〈표 11−6〉의 내용대로 다음과 같이 입력(보조자료: 11장\자동차연비)합니다.

	A	B	C	D
1		A	B	C
2	고속도로	13.5	11.4	9.5
3	시내	11.5	10.1	7.1
4	비포장	10.1	8.5	5.1

[그림 11-6] 〈표 11−6〉에 대한 데이터 입력

[데이터] 탭에서 [데이터 분석]을 선택하고 [그림 11－7]과 같이 [분산 분석: 반복이 없는 이원 배치법]을 선택합니다.

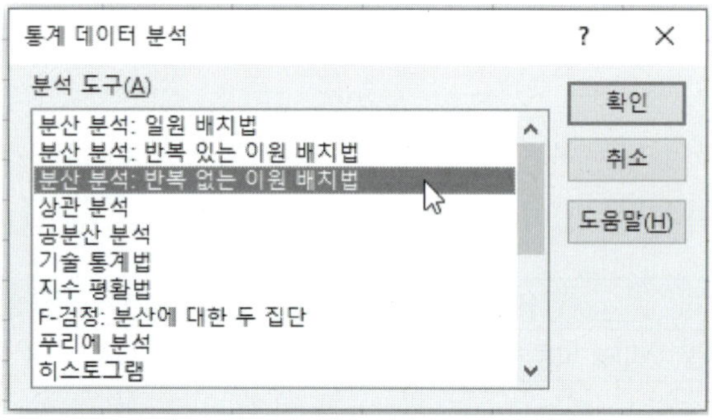

[그림 11-7] **통계 데이터 분석에서 [분산 분석: 반복이 없는 이원 배치법] 선택**

[그림 11－8]의 [분산 분석: 반복이 없는 이원 배치법] 대화상자에서 입력 범위, 유의 수준 그리고 출력 범위를 입력합니다. 첫째 행과 첫째 열에는 제목이 입력되어 있으므로 '이름표'에 체크 표시(☑)를 합니다. 결과는 셀 A7부터 출력합니다.

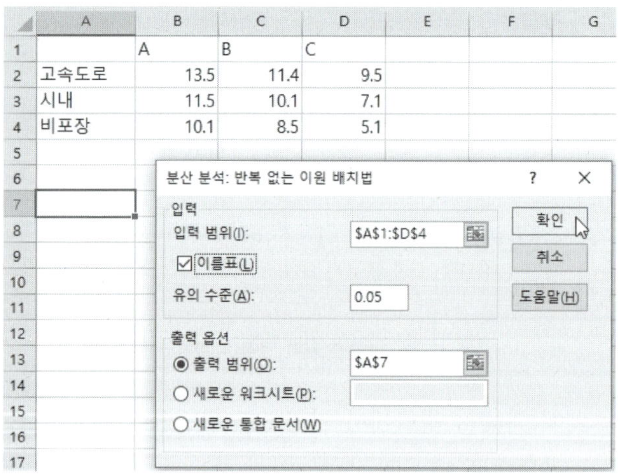

[그림 11-8] **[분산 분석: 반복이 없는 이원 배치법]의 대화상자**

분산 분석: 반복 없는 이원 배치법

요약표	관측수	합	평균	분산
고속도로	3	34.4	11.46667	4.003333
시내	3	28.7	9.566667	5.053333
비포장	3	23.7	7.9	6.52
A	3	35.1	11.7	2.92
B	3	30	10	2.11
C	3	21.7	7.233333	4.853333

분산 분석

변동의 요인	제곱합	자유도	제곱 평균	F 비	P-값	F 기각치
인자 A(행)	19.10889	2	9.554444	58.10135	0.001107	6.944272
인자 B(열)	30.49556	2	15.24778	92.72297	0.000446	6.944272
잔차	0.657778	4	0.164444			
계	50.26222	8				

[그림 11-9] [예제 11－2]에 대한 이원 분산분석 결과

[그림 11－9]의 결과는 일원 분산분석과 같이 두 부분(요약표, 분산분석표)으로 구분되어 있습니다. 분산분석표에서 '인자 A(행)'는 [그림 11－6]에 대한 행 인자를 의미하는데 [예제 11－2]에서는 이 부분이 블록(도로상태)을 나타냅니다. 블록에 대한 p값은 0.001107로 유의수준(0.05)보다 작으므로 〈표 11－8〉의 [가설 2]에 대해 귀무가설(H_0: $\mu_{고속도로}=\mu_{시내}=\mu_{비포장}$)을 기각합니다.

'인자 B(열)'는 [그림 11－6]에 대한 열 인자를 의미하는데 이 예에서는 처리(차종)를 나타냅니다. 처리에 대한 p값은 0.000446으로 유의수준(0.05)보다 작으므로 〈표 11－8〉의 [가설 1]에 대해 귀무가설(H_0: $\mu_{차종1}=\mu_{차종2}=\mu_{차종3}$)을 기각합니다.

결론적으로 자동차의 연비는 차종(요인 1)과 도로상태(요인 2)에 따라 유의한 차이가 있다고 할 수 있지만 일원 분산분석의 결과와 마찬가지로 각 요인에 대해 구체적으로 어떤 수준 간에 차이가 있는지에 대해서는 알 수 없으므로, 이원 분산분석에서도 귀무가설을 기각한 요인에 대해 구체적인 차이를 비교하기 위해서 [참고 4]와 같이 요인에 대해 다중비교를 해야 합니다.

11.2.3 반복이 있는 이원 분산분석

아래 왼쪽의 조사결과는 각 셀별(요인과 요인별)로 1번씩만 연비를 측정한 것이고, 오른쪽 조사는 각 셀별(요인과 요인별)로 3번의 반복을 통해 조사한 결과로 이러한 데이터를 대상으로 반복이 있는 이원 분산분석을 처리합니다.

도로 상태 \ 차종	차종 A	차종 B	차종 C
고속도로	13.5	11.4	9.5
시내	11.5	10.1	7.1
비포장도로	10.1	8.5	5.1

[자동차의 연비(반복이 없는 조사)]

도로 상태 \ 차종	차종 A	차종 B	차종 C
고속도로	13.5	11.4	9.5
	13.1	11.8	9.9
	13.6	12.1	9.8
시내	11.5	10.1	7.1
	11.0	10.5	7.5
	10.8	10.7	7.3
비포장도로	10.1	8.5	5.1
	9.5	8.4	5.8
	9.4	8.2	5.7

[자동차의 연비(반복이 있는 조사)]

반복이 있는 이원 분산분석에서는 반복이 없는 이원분석의 가설인 〈표 11－8〉에 대해 가설이 추가되고, 이는 교호작용에 대한 것입니다.

예제 11-3 영업사원의 판매능력 비교(반복이 있는 이원 분산분석)

화장품을 생산하는 A기업의 영업담당자는 근무연수와 판매지역에 따라 영업직원의 화장품 판매량에 차이가 있을 것으로 생각하고 있다. 근무연수는 세 개의 집단(5년 이하, 6년 이상 10년 이하, 11년 이상)으로 구분하고 판매지역은 네 개의 집단(할인점, 전문점, 재래시장, 아파트단지)으로 구분하고 각 수준별로 3명의 사원을 배치하여 총 36명의 영업사원에 대해 판매량을 조사한 결과(보조자료: 11장\근무연수와 판매지역)는 [그림 11－10]과 같다. 이 결과에 대해서 근무연수와 판매지역에 따라 판매량에 차이가 있는지에 대해 가설을 세우고 유의수준 5%하에서 가설검정을 실시하시오.

[풀이]

반복이 없는 이원 분산분석에서는 각 요인에 대해 단 한 개만의 측정 데이터를 사용합니다. 그러나 요인별 수준에 따라 2회 이상의 실험을 하는 것이 바람직하며 이 경우에 반복이 없는 경우보다 많은 이점이 있는데 그중에서도 교호작용(또는 상호작용, interaction)을 확인할 수 있다는 것입니다. 이 예는 각 수준별로 3회의 반복이 있는 이원분산을 통해 가설을 검정합니다.

판매지역 \ 근무연수	5년 이하	6년~10년	11년 이상
할인점	25	19	13
	28	17	12
	27	16	15
전문점	19	23	18
	23	25	19
	22	26	16
재래시장	15	16	22
	18	17	26
	12	15	28
아파트단지	10	15	18
	12	13	19
	11	16	20

[근무연수와 판매 지역 간 판매량 조사]

	A	B	C	D
1		5년이하	6년10년	11년이상
2	할인점	25	19	13
3		28	17	12
4		27	16	15
5	전문점	19	23	18
6		23	25	19
7		22	26	16
8	재래시장	15	16	22
9		18	17	26
10		12	15	28
11	아파트단지	10	15	18
12		12	13	19
13		11	16	20

[그림 11-10] 데이터 입력

반복이 있는 이원 분산분석의 경우 가설은 반복이 없는 이원 분산분석의 가설(〈표 11−8〉)에 대해 〈표 11−10〉과 같이 교호작용(또는 상호작용)에 따른 가설([가설 3])이 추가됩니다.

구분	요인의 효과	내용
[가설 1]	근무연수에 따른 판매량의 차이	H_0: $\mu_{5년\ 이하}=\mu_{10년\ 이하}=\mu_{11년\ 이상}$ H_1: 적어도 한 개의 평균은 나머지와 다르다.
[가설 2]	판매지역에 따른 판매량의 차이	H_0: $\mu_{할인점}=\mu_{전문점}=\mu_{재래시장}=\mu_{아파트단지}$ H_1: 적어도 한 개의 평균은 나머지와 다르다.
[가설 3]	근무연수와 판매지역의 교호작용(상호작용)에 따른 차이	H_0: 모든 $(\alpha\beta)_{ij}$는 같다. H_1: $(\alpha\beta)_{ij}$ 중 적어도 한 개는 나머지와 다르다.

〈표 11-10〉 반복이 있는 이원 분산분석의 가설

참고 5 교호작용이란?

교호작용은 두 개의 요인이 서로 동시에 작용하면서 나타나는 처리 효과의 변화를 의미하며 상승효과 또는 상쇄효과를 나타냅니다. 상승효과란 예를 들어 어떤 교육에 있어서 판서만을 위주로 하는 것보다 판서와 시청각 보조 자료를 동시에 활용할 때 교육의 효과가 증가되는 것과 같은 것을 말하고, 상쇄효과는 음식의 궁합으로 설명할 수 있습니다. 예를 들어 아이들에게 토마토를 먹이기 위해 일부러 설탕을 뿌리는 경우가 있는데 토마토를 그냥 먹게 되면 좋은 영양분이 체내에 흡수되지만 설탕과 같이 먹게 되면 체내에서 설탕을 소화시키기 위해서 토마토가 갖고 있는 다량의 무기질과 비타민 B_1을 소모해 버리므로 이런 경우에 교호작용은 상쇄효과를 나타낸다고 할 수 있습니다.

〈표 11－10〉에 대해 [가설 3]의 귀무가설 H_0에서 교호작용은 $\alpha\beta_{ij}$로 표시하는데 α는 첫 번째 인자의 효과를, β는 두 번째 인자의 효과를 나타냅니다. 모든 $(\alpha\beta)_{ij}$가 같다는 것은 모든 수준별 조합에 대해 교호작용이 없다는 의미입니다.

[데이터] 탭에서 [데이터 분석]을 선택하고 [그림 11－11]과 같이 [분산 분석: 반복이 있는 이원 배치법]을 선택합니다.

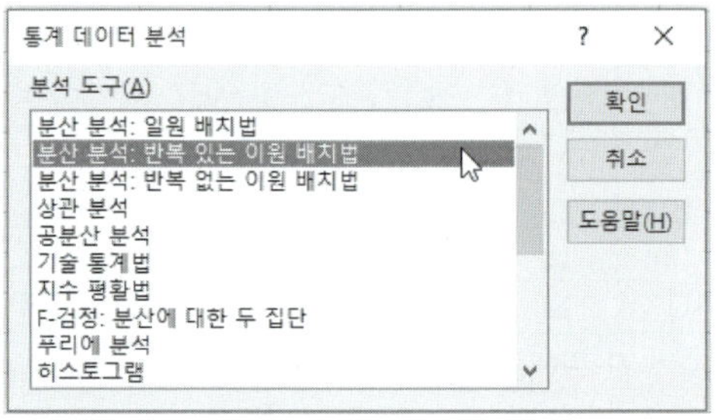

[그림 11-11] 통계 데이터 분석에서 [분산 분석: 반복이 있는 이원 배치법] 선택

[그림 11－12]의 [분산 분석: 반복이 있는 이원 배치법] 대화상자에서 입력 범위, 표본당 행수, 유의 수준 그리고 출력 범위를 입력합니다. 표본당 행수는 반복 횟수를 의미하므로 3을 입력합니다. 결과는 셀 A15부터 출력합니다.

반복이 있는 이원 분산분석의 결과는 두 개의 부분([그림 11－13]의 요약표, [그림 11－14]의 분산분석표)으로 구분되어 있습니다.

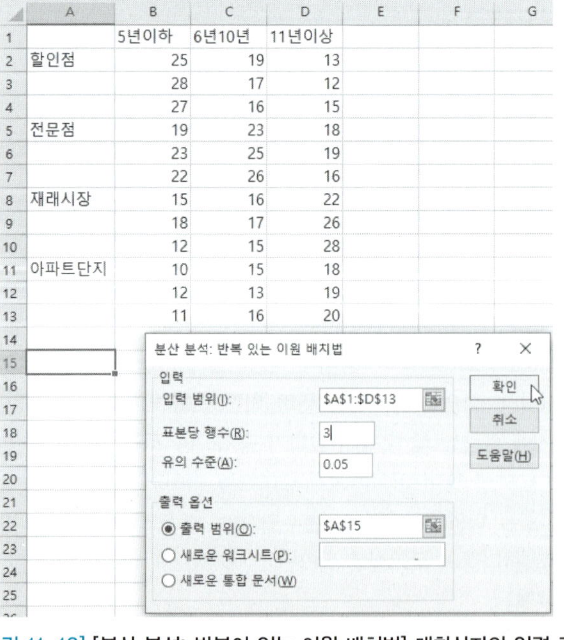

[그림 11-12] [분산 분석: 반복이 있는 이원 배치법] 대화상자의 입력 값

	A	B	C	D	E	F
15	분산 분석: 반복 있는 이원 배치법					
16						
17	요약표	5년이하	6년10년	11년이상	계	
18	할인점					
19	관측수	3	3	3	9	
20	합	80	52	40	172	
21	평균	26.66667	17.33333	13.33333	19.11111	
22	분산	2.333333	2.333333	2.333333	36.86111	
23						
24	전문점					
25	관측수	3	3	3	9	
26	합	64	74	53	191	
27	평균	21.33333	24.66667	17.66667	21.22222	
28	분산	4.333333	2.333333	2.333333	11.44444	
29						
30	재래시장					
31	관측수	3	3	3	9	
32	합	45	48	76	169	
33	평균	15	16	25.33333	18.77778	
34	분산	9	1	9.333333	29.19444	
35						
36	아파트단지					
37	관측수	3	3	3	9	
38	합	33	44	57	134	
39	평균	11	14.66667	19	14.88889	
40	분산	1	2.333333	1	13.11111	
41						
42	계					
43	관측수	12	12	12		
44	합	222	218	226		
45	평균	18.5	18.16667	18.83333		
46	분산	42.09091	17.78788	22.87879		

[그림 11-13] 반복이 있는 이원 분산분석 결과의 요약표

49	분산 분석						
50	변동의 요인	제곱합	자유도	제곱 평균	F 비	P-값	F 기각치
51	인지 A(행)	188.1111	3	62.7037	18.96919	1.59E-06	3.008787
52	인자 B(열)	2.666667	2	1.333333	0.403361	0.672515	3.402826
53	교호작용	642.8889	6	107.1481	32.41457	2.27E-10	2.508189
54	잔차	79.33333	24	3.305556			
55							
56	계	913	35				

[그림 11-14] 반복이 있는 이원 분산분석 결과의 분산분석표

[그림 11－14]의 분산분석표에서 '인자 A(행)' 은 [그림 11－10]의 데이터에 대해 행 인자를 의미하며 이는 판매지역을 나타냅니다. 판매지역에 p값은 1.59E－06(＝$1.59/10^6$)로 유의수준(0.05)보다 작으므로 〈표 11－10〉의 [가설 2]에 대해 귀무가설(H_0: $\mu_{할인점}=\mu_{전문점}=\mu_{재래시장}=\mu_{아파트단지}$)을 기각합니다.

'인자 B(열)' 은 [그림 11－10]의 데이터에 대한 열 인자를 의미하며 이는 근무연수를 나타냅니다. 요인 근무연수에 대한 p값은 0.672515로 유의수준(0.05)보다 크므로 〈표 11－10〉의 [가설 1]에 대해 귀무가설(H_0: $\mu_{5년이하}=\mu_{10년이하}=\mu_{11년이상}$)을 기각할 수 없습니다.

근무연수와 판매지역의 교호작용에 대한 p값은 2.27E－10(＝$2.27/10^{10}$)로 거의 0에 가까운 값입니다. p값이 유의수준(0.05)보다 작으므로 〈표 11－10〉의 [가설 3]에 대해 귀무가설을 기각하고 유의수준 5% 하에서 교호작용의 효과가 있는 것으로 판단합니다.

결론적으로 영업사원의 판매능력은 근무연수보다는 판매지역에 따라 유의한 차이가 있으며 판매능력은 근무연수와 판매지역의 교호작용의 효과를 받고 있습니다. 할인점이나 전문점은 주로 젊은이들이 이용할 것이지만, 재래시장이나 아파트 단지의 주고객은 상대적으로 나이가 든 여성이나 주부들이 주고객이므로 신입 영업사원보다는 경험이 있는(근무연수가 있는) 사원의 판매가 더 효과적일 수 있다고 해석할 수 있습니다.

반복이 있는 이원 분산분석에서도 요인이 주는 효과가 있다(귀무가설을 기각)는 결론을 내리게 되면 이 경우에도 구체적인 차이를 비교하기 위해서 [참고 4]와 같이 해당 요인에 대해 다중비교를 해야 합니다.

참고 6 반복이 있는 이원 분산분석에 대한 SPSS의 결과

[예제 11－3]에 대한 SPSS의 결과는 다음과 같습니다.

개체-간 효과 검정

종속 변수:판매량

소스	제 III 유형 제곱합	자유도	평균 제곱	F	유의확률
모형	13154.667[a]	12	1096.222	331.630	.000
판매지역	188.111	3	62.704	18.969	.000
근무연수	2.667	2	1.333	.403	.673
판매지역 * 근무연수	642.889	6	107.148	32.415	.000
오차	79.333	24	3.306		
합계	13234.000	36			

a. R 제곱 = .994 (수정된 R 제곱 = .991)

요인 판매지역의 p값(유의확률)은 0으로 유의수준(0.05)보다 작으므로 〈표 11－10〉의 [가설 2]에 대해 귀무가설을 기각합니다. 요인 근무연수에 대한 p값은 0.673으로 유의수준(0.05)보다 크므로 〈표 11－10〉의 [가설 1]에 대해 귀무가설을 기각할 수 없습니다.

근무연수와 판매지역의 교호작용에 대한 p값은 0이고, p값이 유의수준(0.05)보다 작으므로 〈표 11－10〉의 [가설 3]에 대해 귀무가설을 기각하고 유의수준 5% 하에서 교호작용의 효과가 있는 것으로 판단합니다.

다음의 다중비교는 Fisher의 LSD(Least Significant difference)라는 최소유의차검정을 이용한 것입니다. 다중비교의 결과를 요약하여 나타내면 다음과 같습니다.

요인	유의수준 5% 하에서 유의한 차이가 있는 평균	결론
판매지역	$\mu_{할인점} \neq \mu_{전문점}$	$\mu_{할인점} < \mu_{전문점}$
	$\mu_{할인점} \neq \mu_{아파트단지}$	$\mu_{할인점} > \mu_{아파트단지}$
	$\mu_{전문점} \neq \mu_{재래시장}$	$\mu_{전문점} > \mu_{재래시장}$
	$\mu_{전문점} \neq \mu_{아파트단지}$	$\mu_{전문점} > \mu_{아파트단지}$
	$\mu_{재래시장} \neq \mu_{아파트단지}$	$\mu_{재래시장} > \mu_{아파트단지}$

근무연수에 대해서는 요인의 효과가 없으므로 다중비교의 결과도 평균 간에 차이가 없습니다.

다중 비교

판매량
LSD

(I) 판매지역	(J) 판매지역	평균차(I-J)	표준오차	유의확률	95% 신뢰구간 하한값	95% 신뢰구간 상한값
할인점	전문점	-2.1111*	.85707	.021	-3.8800	-.3422
	재래시장	.3333	.85707	.701	-1.4356	2.1022
	아파트단지	4.2222*	.85707	.000	2.4533	5.9911
전문점	할인점	2.1111*	.85707	.021	.3422	3.8800
	재래시장	2.4444*	.85707	.009	.6755	4.2133
	아파트단지	6.3333*	.85707	.000	4.5644	8.1022
재래시장	할인점	-.3333	.85707	.701	-2.1022	1.4356
	전문점	-2.4444*	.85707	.009	-4.2133	-.6755
	아파트단지	3.8889*	.85707	.000	2.1200	5.6578
아파트단지	할인점	-4.2222*	.85707	.000	-5.9911	-2.4533
	전문점	-6.3333*	.85707	.000	-8.1022	-4.5644
	재래시장	-3.8889*	.85707	.000	-5.6578	-2.1200

관측평균을 기준으로 합니다.
오류 조건은 평균 제곱(오류) = 3.306입니다.

*. 평균차는 .05 수준에서 유의합니다.

다중 비교

판매량
LSD

(I) 근무연수	(J) 근무연수	평균차(I-J)	표준오차	유의확률	95% 신뢰구간 하한값	95% 신뢰구간 상한값
5년이하	6년10년	.3333	.74224	.657	-1.1986	1.8652
	11년이상	-.3333	.74224	.657	-1.8652	1.1986
6년10년	5년이하	-.3333	.74224	.657	-1.8652	1.1986
	11년이상	-.6667	.74224	.378	-2.1986	.8652
11년이상	5년이하	.3333	.74224	.657	-1.1986	1.8652
	6년10년	.6667	.74224	.378	-.8652	2.1986

관측평균을 기준으로 합니다.
오류 조건은 평균 제곱(오류) = 3.306입니다.

단원 정리

분산분석이란

동일한 유의수준 하에서 세 개 이상의 모집단에 대한 평균을 동시에 비교할 때 사용하는 통계적 분석방법을 말한다.

모집단 평균에 대한 분산분석의 가설검정

세 개의 모집단에 대한 평균 비교를 할 때의 가설

$H_0 : \mu_1 = \mu_2 = \mu_3$
H_1 : 적어도 한 개의 평균은 나머지와 다르다.
또는 적어도 두 개의 평균 간에 차이가 있다.

분산분석은 다음과 같이 전체 변동을 설명 가능한 변동과 설명이 불가능한 변동으로 분해한 뒤에 두 변동 비율인 $F = \frac{\text{표본평균 간 분산}}{\text{표본평균 내 분산}} = \frac{\text{집단 간 변동}}{\text{집단 내 변동}}$의 크기로 가설을 검정한다.

분산	=표본평균 간의 분산	+표본 내(처리 내)에서의 분산
편차$(X_{ij}-\overline{X})$	=집단 간 편차$(\overline{X}_j-\overline{X})$	+집단 내 편차$(X_{ij}-\overline{X}_j)$
$\sum_j \sum_i (X_{ij}-\overline{X})^2$	$= \sum_j \sum_i (\overline{X}_j-\overline{X})^2$	$+ \sum_j \sum_i (X_{ij}-\overline{X}_j)^2$
전체 변동	=설명이 가능한 변동	+설명이 불가능한 변동(오차변동)

[변동의 분해]

요인과 처리(수준)

실험(또는 분석)을 통제하는 독립변수를 요인이라 하고, 처리(또는 수준)는 요인을 몇 개의 단위(집단)로 구분한 것을 말한다.

분산분석표(ANOVA table)

분산분석은 표본평균의 분산을 분석하는 방법으로 전체 변동의 크기를 집단 간 변동과 집단 내 변동으로 구분하여 어떠한 요인에 의해 변동이 발생되었는가를 분산비율을 근거로 검정하는 통계적 방법이다. 각 변동의 크기와 분산비율을 계산하기 위해 분산분석표를 작성하고, 계산된 F값을 근거로 F 분포를 이용하여 가설을 검정한다. 일원분산분석의 분산분석표는 다음과 같다.

분산	제곱합 (Sum of Squares)	자유도 (df)	평균제곱 (Mean squares)	F값
집단 간 (처리 또는 수준)	$SST=\sum_j \sum_i (\overline{X}_j - \overline{X})^2$	$r-1$ (r : 수준)	$MST=\dfrac{SST}{r-1}$	$\dfrac{MST}{MSE}$
집단 내 (오차)	$SSE=\sum_j \sum_i (X_{ij} - \overline{X}_j)^2$	$n-r$	$MSE=\dfrac{SSE}{n-r}$	
전체	$TSS=\sum_j \sum_i (X_{ij} - \overline{X})^2$	$n-1$ (n : 표본수)		

9	분산 분석: 일원 배치법						
10							
11	요약표						
12	인자의 수준	관측수	합	평균	분산		
13	A	5	120	24	10		
14	B	5	140	28	11.5		
15	C	5	145	29	2		
16							
17							
18	분산 분석						
19	변동의 요인	제곱합	자유도	제곱 평균	F 비	P-값	F 기각치
20	처리	70	2	35	4.468085	0.035457	3.885294
21	잔차	94	12	7.833333			
22							
23	계	164	14				

엑셀의 일원 분산분석 결과는 두 부분(요약표, 분산분석표)으로 구분되어 있다. 분산분석표에서 '처리'는 '집단 간'을, '잔차'는 '집단 내(오차)'를 의미한다. 분산분석표에서 p값이 0.035로 유의수준(0.05)보다 작으므로 다음의 귀무가설을 기각한다. 따라서 결론은 '적어도 한 개의 평균은 나머지와 다르다'는 것이다.

H_0 : 처리(집단)간 평균은 같다.
H_1 : 적어도 한 개의 평균은 나머지와 다르다. [가설]
또는 적어도 두 개의 평균 간에 차이가 있다.

위의 가설에 대한 분산분석 결과, 요인에 대한 귀무가설을 기각할 경우에 구체적으로 어느 수준 간에 차이가 있는지에 대해서는 알 수 없으므로 동시신뢰구간을 이용한 다중비교를 해야 한다.

이 장에서 다룬 분산분석

요인의 수	분산분석	실험계획법
1	일원 분산분석	완전임의설계법 (completely randomized design)
2	반복이 없는 이원 분산분석	임의화블록설계법 (randomized block design)
	반복이 있는 이원 분산분석	인자가 2개인 요인설계법 (factor design)

요인의 수가 3개 이상인 경우는 다원 분산분석(multifator ANOVA)이라 한다.

반복이 없는 이원 분산분석의 가설

구분	[가설 1]	[가설 2]
요인	처리 간 차이(열)	블록 간 차이(행)
내용	H_0: $\mu_{처리\ 1}=\mu_{처리\ 2}=\mu_{처리\ 3}$ H_1: 적어도 한 개의 평균은 나머지와 다르다.	H_0: $\mu_{블록\ 1}=\mu_{블록\ 2}=\mu_{블록\ 3}$ H_1: 적어도 한 개의 평균은 나머지와 다르다.

반복이 있는 이원 분산분석의 가설

구분	요인의 효과	내용
[가설 1]	인자 A(행)에 대한 차이	H_0: $\mu_{행\ 1}=\mu_{행\ 2}=\mu_{행\ 3}$ H_1: 적어도 한 개의 평균은 나머지와 다르다.
[가설 2]	인자 B(열)에 대한 차이	H_0: $\mu_{열\ 1}=\mu_{열\ 2}=\mu_{열\ 3}$ H_1: 적어도 한 개의 평균은 나머지와 다르다.
[가설 3]	교호작용(인자 A와 B가 동시에 주는 효과)의 차이	H_0: 모든 $(\alpha\beta)_{ij}$는 같다. H_1: 적어도 한 개는 나머지와 다르다.

01 다음 주제에 대한 결론을 내리기 위해 데이터를 어떻게 수집해야 하고, 어떤 분석 방법을 사용할 것인가에 대해 설명하시오.

① 1.5V(AAA) 건전지를 생산하는 업체가 3개 있다. 어떤 업체의 건전지를 구입하는 것이 좋은가?

② 스마트폰 케이스를 생산하는 A기업은 같은 비율로 생산하고 있는 3개의 디자인 상품에 대해 매출액을 평가하여 생산비율을 달리하고자 한다.

③ 4개 학과의 신입생을 대상으로 수학능력점수에 차이가 있는지에 대해 알고 싶다.

④ 냉동식품을 배송하는 A택배업체는 4종류의 냉동차량을 운영하고 있으나, 경비절감 효과가 큰 차량으로 통일하고자 한다.

⑤ A사의 마케팅부서는 현재 고려하고 있는 3가지의 판매전략 중에서 어떤 전략을 선택해야 하는지에 대해 고민하고 있다.

⑥ A백화점은 신용카드 회사별로 결제액에 차이가 있는지를 조사하여 고객의 결제 시 신용카드 회사별로 포인트를 차등 지급하고 싶다.

02 탁구공을 생산하는 A기업이 최근에 수입한 세 기계에 따라 생산량에 차이가 있다고 생각하여 5일 동안 각 기계별로 일일 생산량을 조사한 결과(보조자료: 11장\연습문제2)는 다음과 같다. 기계별로 생산량에 차이가 있는지에 대해 가설을 세우고 5%의 유의수준하에서 검정하시오.

기계 1	기계 2	기계 3
547	555	544
553	554	540
549	558	541
550	561	541
546	570	549

03 자동차의 헤드라이트를 생산하는 A기업 연구팀은 3가지 종류의 디자인을 고려하고 있다. 야간운전에서 라이트의 효과를 비교하는 실험에서 5명의 운전자가 시속 60km의 속도에서 장애물을 인지하는 거리(m)를 측정한 다음 결과(보조자료: 11장\연습문제3)를 토대로 라이트 종류에 따라 인지 거리에 차이가 있는지에 대해 가설을 세우고 유의수준 1%로 가설을 검정하시오.

(단위: m)

type A	type B	type C
15	18	22
11	17	23
12	16	19
13	17	18
12	16	19

04 5개의 팀으로 구성된 어느 회사의 영업부 실적(보조자료: 11장\연습문제4)은 다음과 같다. 부서별로 그리고 분기별로 실적에 차이가 있는지에 대해 가설을 세우고 유의수준 5%하에서 검정하시오.

(단위: 만 원)

영업부	1사분기	2사분기	3사분기	4사분기
A	2,190	2,330	2,500	2,650
B	2,320	3,410	2,940	2,360
C	1,870	2,070	1,520	1,470
D	2,840	2,440	2,800	2,940
E	2,380	3,480	2,810	2,220

05 소비자 보호원이 세 가지 상표(A, B, C)의 타이어에 대한 적정 주행거리를 비교하기 위해 각 상표의 타이어를 4가지 도로 상태에 따라 테스트한 결과(보조자료: 11장\연습문제5)는 다음과 같다. 상표와 차종에 따라 적정 주행거리에 차이가 있는지에 대해 가설을 세우고 유의수준 5%하에서 가설을 검정하시오.

(단위: km)

도로 \ 상표	상표 A	상표 B	상표 C
시내	61000	60000	60000
고속도로	58000	60000	59000
시멘트	55000	56000	57000
비포장	51000	53000	56000

06 3가지 보리품종에 대해 비료를 달리하여 얻은 수확량(보조자료: 11장\연습문제6)은 다음과 같다. 품종과 비료에 따라 수확량에 차이가 있는지에 대해 가설을 세우고 유의수준 1%로 검정하시오.

(단위: ton)

구분	품종 1	품종 2	품종 3
비료 A	45	40	30
비료 B	38	42	25
비료 C	40	42	37

07 비만 판정을 받은 3명을 대상으로 2명의 트레이너가 3가지의 프로그램을 2주씩 적용하여 줄어든 체중을 조사한 결과(보조자료: 11장\연습문제7)는 다음과 같다. 프로그램에 따른 트레이너별로 감소한 체중에 차이가 있는지에 대해 가설을 세우고, 유의수준 5%로 가설을 검정하시오.

(단위: kg)

구분	프로그램 A	프로그램 B	프로그램 C
트레이너 1	2.5	2.9	2.7
	1.8	2.1	2.5
	1.9	2.2	1.8
트레이너 2	1.7	2.5	2.6
	1.5	2.3	2.5
	1.3	2.1	2.0

08 4대의 주유기를 운영하고 있는 A주유소가 운전자들로부터 주유기에 따라 주유량이 다르다는 운전자의 불만이 접수되어 주유기별로 4번의 실험을 통해 주유량을 시험한 결과(보조자료: 11장\연습문제8)는 다음과 같다. 이 주유소는 휘발유 1l당 2100원에 판매하고 있으며, 주유기별로 10,000원의 주유량(l)을 조사하였다. 주유기별로 주유량에 차이가 있는지에 대해 가설을 세우고 유의수준 5%하에서 가설을 검정하시오.

(단위: l)

주유기 A	주유기 B	주유기 C	주유기 D
4.81	4.72	4.75	4.80
4.83	4.77	4.77	4.79
4.80	4.78	4.76	4.79
4.81	4.75	4.76	4.81

09 A전통시장 대부분의 업소는 지시저울을 사용하고 있으나 시장을 이용하는 많은 소비자들은 지시저울의 무게가 실제보다 부풀려져 있다고 생각하고 있다. 이에 소비자보호원이 A전통시장에서 지시저울을 사용하는 업소 중에서 4곳의 지시저울에 대해 1kg에 대한 실제 중량을 4회에 걸쳐 조사한 결과(보조자료: 11장\연습문제9)는 다음과 같다. 업소마다 중량에 차이가 있는지에 대해 가설을 세우고 유의수준 5%하에서 가설을 검정하시오.

(단위: kg)

저울 A	저울 B	저울 C	저울 D
1.05	0.99	1.10	0.98
1.04	1.01	1.08	1.01
1.05	1.02	1.09	1.02
1.04	1.01	1.10	0.99

10 3개 정유사에 대한 무연휘발유와 3가지 종류의 엔진에 대해 주행거리(km)를 측정한 결과(보조자료: 11장\연습문제10)는 다음과 같다. 주행거리에 있어서 무연휘발유 효과와 엔진 효과에 대해 유의수준 5%하에서 검정하시오.

(단위: km/1l)

구분	정유사 A	정유사 B	정유사 C
엔진 1	11.4	11.7	11.6
엔진 2	13.1	12.9	13.2
엔진 3	13.6	13.5	13.5

11 경기불황으로 매출이 줄어들자 티셔츠를 판매하는 A의류는 매상을 늘릴 목적으로 주마다 상품 진열(display)을 다르게 하여 총 9주 동안 매출액을 비교(보조자료: 11장\연습문제11)하였다. 진열 효과에 대해 유의수준 5%로 검정하시오.

(단위: 만 원)

진열 A	진열 B	진열 C
116	132	132
120	139	126
122	140	137

12 농촌진흥청 과수연구소에서는 과일의 당도(brix)를 높이기 위해 3가지의 비료를 사용하였다. 동일한 품종의 세 가지 과일에 대해 비료만을 달리하여 수확한 후에 과일별로 임의로 3개를 취하여 당도를 조사한 결과(보조자료: 11장\연습문제12)는 다음과 같다. 비료에 따라 과일의 당도에 차이가 있는지에 대해 가설을 세우고 유의수준 5%하에서 가설을 검정하시오.

구분	비료 A	비료 B	비료 C
복숭아	8.0	9.1	11.3
	8.5	8.8	10.9
	8.3	9.1	11.7
포도	12.8	11.9	14.6
	13.1	12.4	15.2
	12.9	12.5	15.2
수박	11.0	12.1	12.9
	12.0	12.2	13.1
	11.5	11.9	13.0

13 서울과 제주를 운행하는 3개의 항공사에 대해 주중(오전 10시~오후 4시)과 주말(오전 10시~오후 4시)을 구분하여 항공사 스케줄 중에서 임의로 3개를 택하여 출발 지연시간을 조사한 내용(보조자료: 11장\연습문제13)은 다음과 같다.

(단위: 분)

구분	항공사 A	항공사 B	항공사 C
주중	5	2	10
	8	3	5
주말	2	2	8
	6	5	5
	10	9	8
	7	7	9

chapter 12

상관분석과 회귀분석

매출액과 광고비 지출의 관계, 부모 키와 자식 키의 관계, 입학성적과 졸업성적 간의 관계, 온도와 수확량 간의 관계 등을 연구하기 위해 변수들 간의 상호 관련성을 파악하는 경우가 많이 있습니다. 이러한 관련성을 분석하는 통계적 방법으로 상관분석(correlation analysis)과 회귀분석(regression analysis)이 있습니다.

상관분석은 변수들 간의 단순한 관련성의 정도를 파악하는 것이고, 회귀분석은 변수 간의 인과관계를 분석하는 방법으로 변수들 중 하나를 종속변수(영향을 받는 변수)로, 나머지를 독립변수(영향을 주는 변수)로 하여 이들의 함수관계를 통해 관련성의 본질을 나타내는 방법입니다.

chapter 12

상관분석과 회귀분석

12.1 상관분석

상관분석은 변수들 간의 단순한 상호 관계성의 정도를 분석하는 통계적 기법입니다. 상관분석은 두 변수의 순서쌍으로 구성된 개의 표본요소에 대해서 두 변수간의 상관관계를 다음의 표본 상관계수(correlation coefficient)를 통해 나타냅니다.

모집단 상관계수 ρ	표본 상관계수 r(피어슨 상관계수)
$\rho=\frac{Cov(\mathrm{X},\ \mathrm{Y})}{\sqrt{V(X)V(Y)}}$	$r=\frac{\sum(X_i-\overline{X})(Y_i-\overline{Y})}{\sqrt{\sum(X_i-\overline{X})^2\sum(Y_i-\overline{Y})^2}}$

위 식에서 ρ를 모집단 상관계수라 하고 $V(X)$와 $V(Y)$는 각각 X와 Y의 분산이고, $Cov(X,\ Y)$은 X와 Y에 대한 공분산(covariance)을 의미합니다. 공분산은 변수 X와 Y에 대한 편차의 곱으로 계산합니다. 위의 상관계수를 피어슨(Pearson)의 상관계수라 하며 다음과 같은 특징을 갖고 있습니다.

상관계수의 특징

1. r은 측정 단위가 없다.
2. $-1 \leq r \leq 1$
3. 변수 X와 Y가 서로 독립이라면 $r=0$

상관계수는 $-1 \leq r \leq 1$ 사이의 값을 갖고, $-1 \leq r < 0$이면 음의 상관관계, $0 < r \leq 1$이면 양의 상관관계라 합니다. 상관계수는 [그림 12−1]과 같이 두 변수 X와 Y에 대한 산점도(scatter diagram)를 그려봄으로써 어느 정도 파악이 가능합니다.

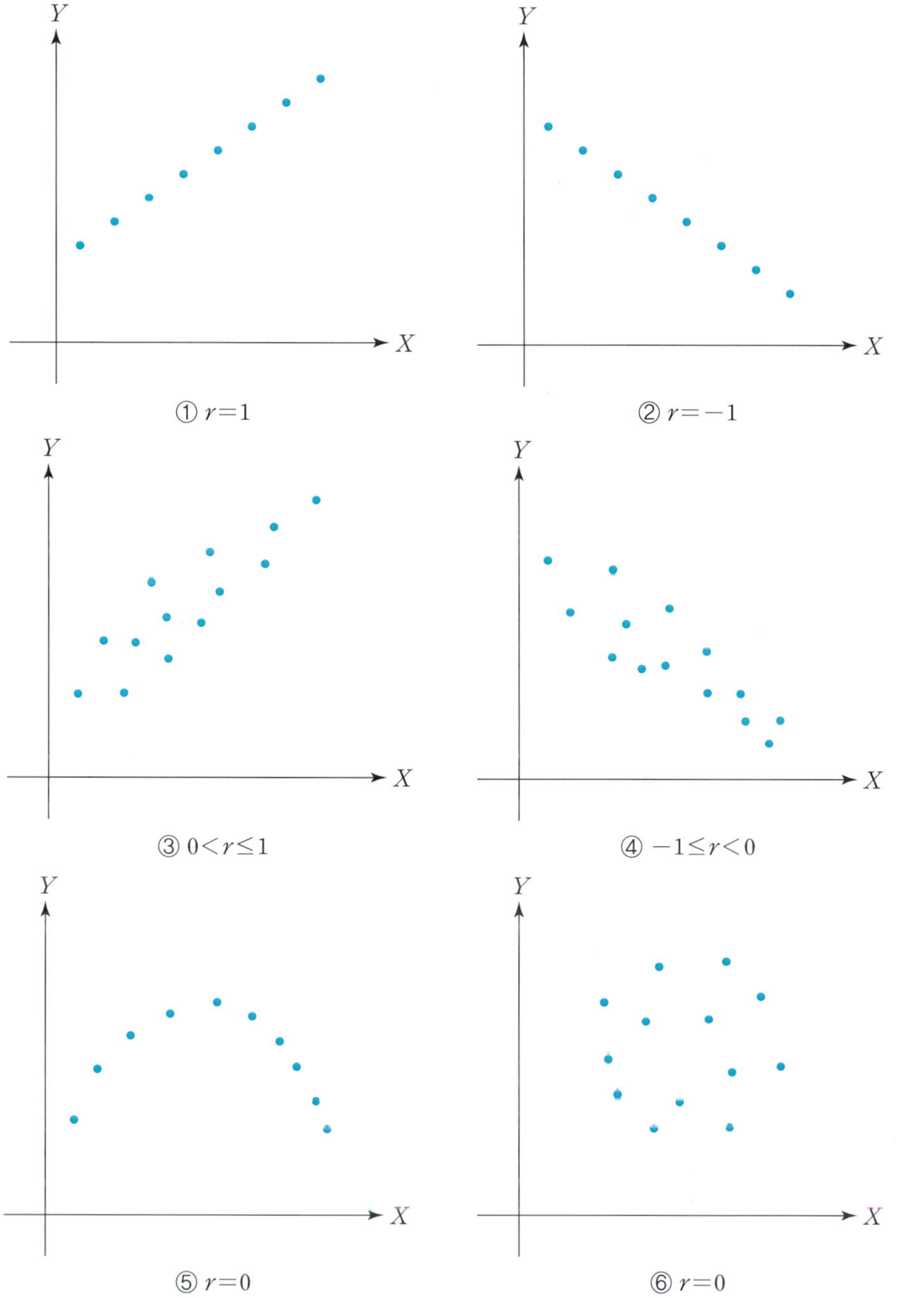

[그림 12-1] **산점도와 상관계수**

[그림 12-1]에서 ①, ②와 같이 X와 Y 간의 산점도가 직선으로 표시된 경우는 두 변수 간에 뚜렷한 함수관계가 존재하는 경우로 각각의 상관계수는 1과 −1로 계산됩니다. ③과 ④는 ①, ②와는 달리 직선 주변에 몰려있는 경우를 나타냅니다. ⑤와 ⑥은 상관계수가 0이 되는 경우이며, 상관계수의 특징에서 변수 X와 Y

가 서로 독립이라면 상관계수는 0이 되지만, 상관계수가 0일 경우 X와 Y가 서로 독립이 아닐 수 있습니다.

예제 12-1 **산점도와 상관계수**

인스턴트 라면을 판매하는 A 회사의 주력 상품의 지역별 매출액과 광고비의 조사 결과(보조자료: 12장\라면 매출액과 광고비)는 다음과 같다. 매출액과 광고비의 산점도를 그리고 상관분석을 실시하시오.

매출액	광고비
2500	220
2100	210
1500	170
1200	180
650	70
540	45
480	52
220	10
150	8
125	9

[라면 매출액과 광고비(단위: 억 원)]

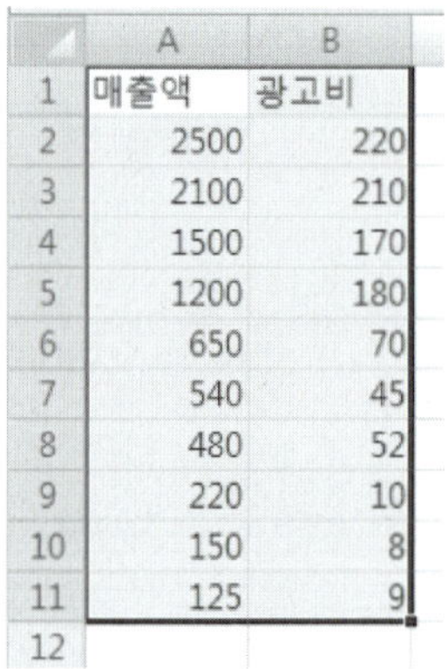

	A	B
1	매출액	광고비
2	2500	220
3	2100	210
4	1500	170
5	1200	180
6	650	70
7	540	45
8	480	52
9	220	10
10	150	8
11	125	9
12		

[그림 12-2] 데이터 입력과 선택

[풀이]

매출액과 광고비에 대한 산점도를 출력하려면 먼저 [그림 12-2]와 같이 데이터를 선택해 주어야 합니다. [그림 12-3]과 같이 리본 탭에서 [삽입] 탭을 선택하고, [차트]에서 [분산형] 중 첫 번째 [표식만 있는 분산형]을 선택합니다. 출력된 산점도는 [그림 12-4]와 같습니다. [그림 12-2]와 같이 선택된 데이터에 대해 첫 번째 열에 있는 매출액을 X축에, 두 번째 열에 있는 광고비를 Y축에 표시합니다. [그림 12-4]의 산점도는 앞의 [그림 12-1]에서 ①과 ③에 해당하므로 양의 상관관계에 있고, ③보다는 ①에 가까운 형태이므로 상관계수는 1에 가까운 값을 가질 것입니다.

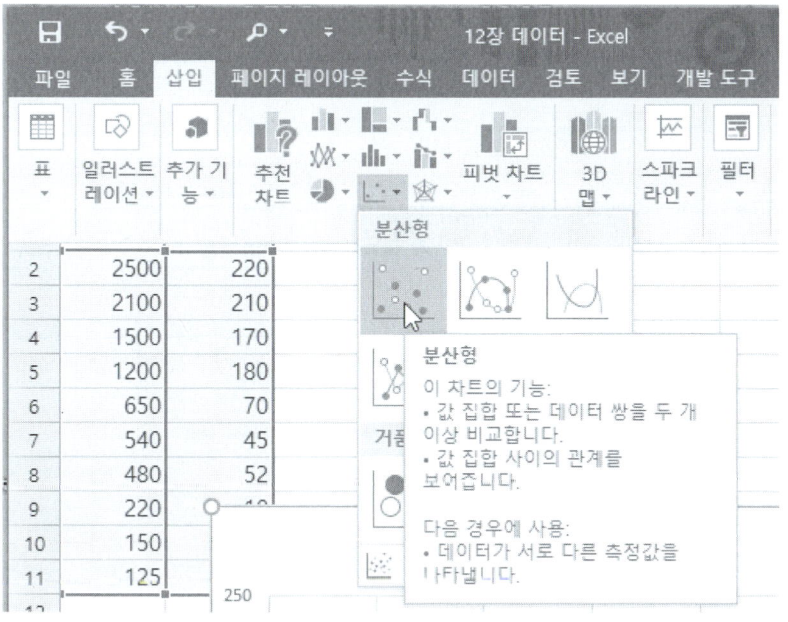

[그림 12-3] 차트에서 분산형 선택

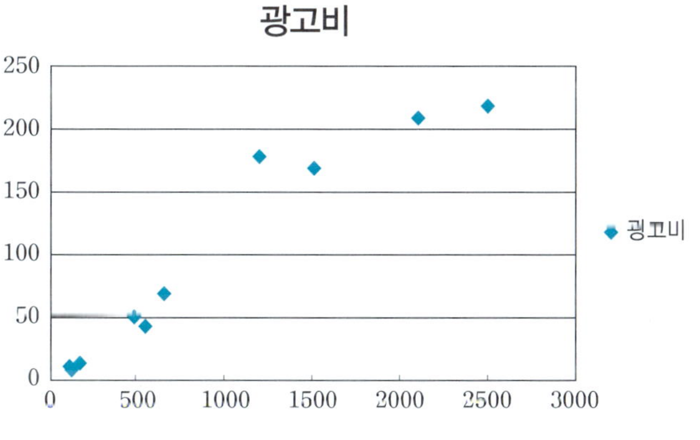

[그림 12-4] 산전도 출력

상관계수를 출력하는 방법은 [데이터] 탭에서 [데이터 분석] 탭을 선택하고 [그림 12－5]와 같이 [상관분석]을 선택합니다.

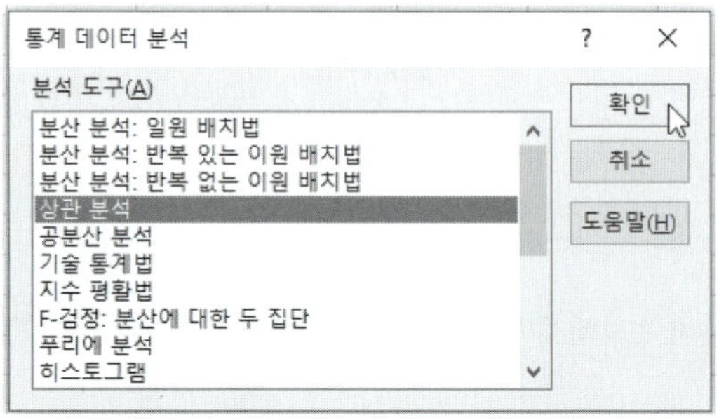

[그림 12-5] 통계 데이터 분석에서 상관분석 선택

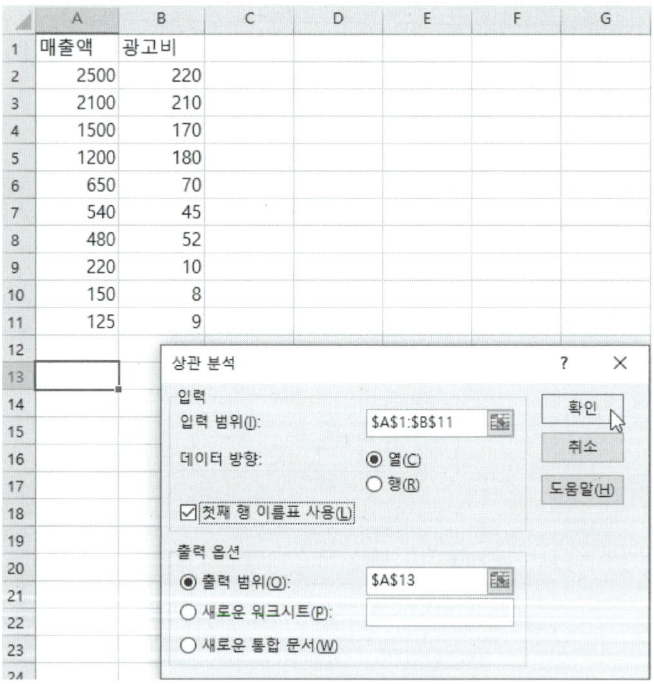

[그림 12-6] [상관분석]의 대화상자

[그림 12－6]의 [상관분석] 대화상자에서 입력할 값과 의미는 〈표 12－1〉과 같습니다.

대화상자	의미와 입력 값
입력범위	두 변수(매출액, 광고비)에 대한 표본 범위
데이터 방향	열 방향으로 입력되어 있으므로 열(C)을 선택
첫째 행 이름표 사용	데이터 범위에 제목이 포함되어 있으므로 체크표시(☑) 그렇지 않으면 체크해제
출력범위	결과를 출력할 범위(셀 A13)를 선택

〈표 12-1〉 [상관분석] 대화상자의 입력 값

		매출액	광고비
13		매출액	광고비
14	매출액	1	
15	광고비	0.961846	1

[그림 12-7] [상관분석]의 결과

셀 A13에 출력된 상관분석의 결과는 [그림 12−7]과 같습니다. 엑셀에서는 상관계수만 출력하고 이 경우에 상관계수는 0.9618로 거의 1에 가까우므로 매출액과 광고비는 강한 양의 상관을 갖는다고 할 수 있습니다.

참고 1 상관분석에 대한 SPSS의 결과

상관분석의 가설은 다음과 같습니다.

H_0 : $\rho=0$ (변수 간에 상관관계가 없음) [가설]
H_1 : $\rho\neq0$ 양측검정

[예제 12−1]에 대한 SPSS의 상관분석 결과는 다음과 같습니다.

상관계수

		매출액	광고비
매출액	Pearson 상관계수	1	.962**
	유의확률 (양쪽)		.000
	N	10	10
광고비	Pearson 상관계수	.962**	1
	유의확률 (양쪽)	.000	
	N	10	10

**. 상관계수는 0.01 수준(양쪽)에서 유의합니다.

상관분석에서 검정통계량은 t분포를 따르는데, 엑셀의 경우는 검정통계량에 대한 p값을 계산해주지 않지만 SPSS의 경우는 결과와 같이 상관계수와 더불어 p값인 유의확률(양쪽)을 출력합니다. SPSS에서는 p값의 계산에 있어서 단측검정(H_1: $\rho>0$) 또는 양측검정(H_2: $\rho\neq0$)을 선택적으로 계산할 수 있습니다. 계산 결과 상관계수는 0.962이며 p값이 0이므로 귀무가설(H_0: $\rho=0$)을 기각하고, 유의수준 1%에서 상관이 있다고 할 수 있습니다.

참고 2 상관분석에서 검정통계량 t값의 계산

[예제 12－1]에서 검정통계량 t값은 다음과 같이 계산합니다.

$$t=\frac{r_{xy}}{\sqrt{\frac{1-r_{xy}^2}{n-2}}}=\frac{0.962}{\sqrt{\frac{1-0.962^2}{8}}}=9.96$$

유의수준 5%하에 양측검정을 실시한다면 $9.96>t_{8,\ 0.025}$이므로 귀무가설을 기각합니다.

예제 12-2 세 개 이상의 변수 간의 상관관계

A 은행 직원들의 연봉과 나이 그리고 근무경력 사이에 어떤 연관성이 있는지 직원 10명에 대해 조사하여 얻은 결과(보조자료: 12장\은행 직원 데이터)는 다음과 같다. 이 결과를 토대로 변수 간 상관계수를 계산하시오.

직원	연봉 (백만 원)	나이 (년)	근무연수 (년)
1	61	47	19
2	28	23	3
3	82	54	33
4	73	55	26
5	22	21	2
6	51	38	15
7	29	32	7
8	64	43	18
9	68	41	21
10	70	49	25

[은행 직원 데이터]

	A	B	C
1	연봉	나이	근무연수
2	61	47	19
3	28	23	3
4	82	54	33
5	73	55	26
6	22	21	2
7	51	38	15
8	29	32	7
9	64	43	18
10	68	41	21
11	70	49	25

[그림 12-8] 데이터 입력

[풀이]

상관계수를 출력하는 방법은 [데이터] 탭에서 [데이터 분석] 탭을 선택하고 [그림 12－9]와 같이 [상관분석]을 선택합니다. [그림 12－10]의 [상관분석] 대화상자에서 입력할 값과 의미는 〈표 12－2〉와 같습니다.

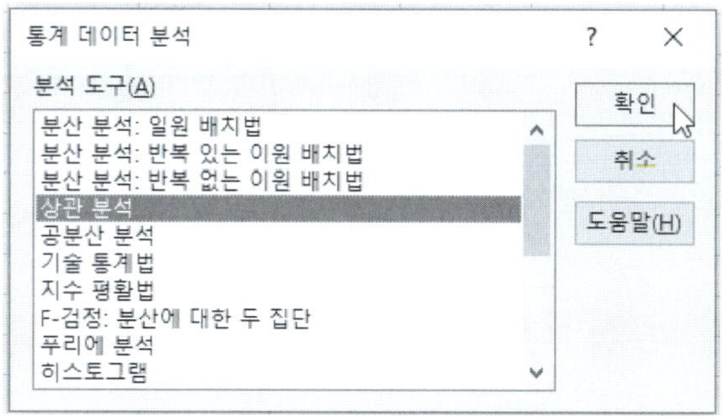

[그림 12-9] 통계 데이터 분석에서 [상관분석] 선택

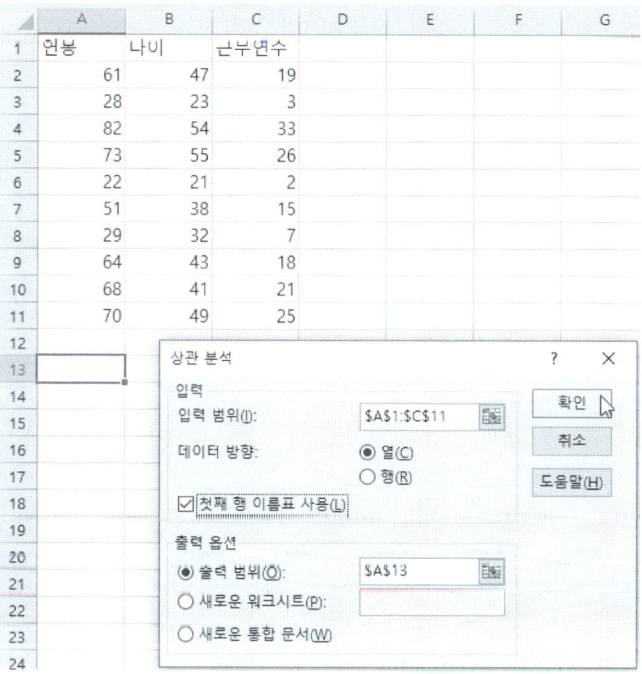

[그림 12-10] [상관분석]의 대화상자에서 값 입력

대화상자	의미와 입력 값
입력범위	세 변수(연봉, 나이, 근무연수)에 대한 표본 범위
데이터 방향	열 방향으로 입력되어 있으므로 열(C)을 선택
첫째 행 이름표 사용	데이터 범위에 제목이 포함되어 있으므로 체크표시(☑)
출력범위	결과를 출력할 범위(셀 A13)를 선택

〈표 12-2〉 [상관분석] 대화상자의 입력 값

셀 A13부터 출력된 [상관분석]의 결과는 다음과 같습니다.

13		연봉	나이	근무연수
14	연봉	1		
15	나이	0.949965	1	
16	근무연수	0.981569	0.962907	1

[그림 12-11] [상관분석]의 결과

위의 결과를 요약하면 다음과 같습니다.

변수	상관계수	해석
연봉과 나이	0.949965	모든 변수 간에 양의 강한 상관을 나타내고 있습니다. 제일 상관이 강한 것은 연봉과 근무연수로 근무연수가 길수록 연봉이 높다고 할 수 있습니다.
연봉과 근무연수	0.981569	
나이와 근무연수	0.962907	

12.2 회귀분석

상관분석은 변수들 간의 단순한 관련성의 정도를 파악하는 것이고, 회귀분석은 변수 간의 인과관계를 분석하는 방법으로 변수들 중 하나를 종속변수(영향을 받는 변수, dependent variable)로 나머지를 독립변수(영향을 주는 변수, independent variable)로 하여 이들의 함수관계를 통해 독립 변수로부터 종속 변수를 예측하는 데 사용합니다.

앞 절의 상관분석에서는 매출액과 광고비 사이의 단순한 관련성의 정도를 상관계수를 통해 나타냈습니다. 그런데 광고비가 매출액에 영향을 준다고 할 때 회귀분석은 두 변수 간에 다음과 같은 함수관계를 밝히고, 이러한 함수관계를 통해 광고비의 액수에 대해 매출액을 예측할 수 있습니다.

광고비와 매출액간의 함수관계의 예

매출액=15.5×광고비+23.5

앞에서의 가정을 사용한다면 매출액에 영향을 주는 광고비를 독립변수라 하고, 독립변수에 의해 영향을 받는 매출액을 종속변수라 합니다. 경우에 따라서는 매출액의 결과에 따라 광고비를 책정할 수도 있는데, 이런 경우라면 매출액을 독립변수로, 광고비를 종속변수로 간주합니다.

독립변수의 수가 한 개인 경우를 단순회귀분석(simple regression analysis), 독립변수가 두 개 이상인 경우를 중회귀분석(multiple regression analysis)이라 합니다. 이 절에서는 단순회귀분석의 경우만 설명하겠습니다.

12.2.1 단순회귀모형

독립변수를 X라 하고 종속변수를 Y라 할 때 회귀분석의 기초가 되는 모집단 모형(model)을 단순회귀모형(simple regression model)이라 하고 다음과 같이 나타낼 수 있습니다.

모집단 회귀모형	표본 회귀식
$Y_i=\alpha+\beta X_i+\varepsilon_i \ (i=1,\ 2,\ \cdots,\ n)$	$\hat{Y}=a+bX$

회귀모형은 모수인 α와 β에 대해 선형(linear)이면 단순선형회귀모형(simple linear regression mode)이라 합니다. 선형회귀모형에는 오차항이라 불리는 ε_i가 포함되어 있는데 이는 실제 X와 Y간의 선형관계로 설명할 수

없는 변동의 크기입니다. 예를 들어 매출액과 광고비에 대해 가장 잘 맞는 선형관계가 도출된다고 하더라도 임의의 광고비 X_i에 대해 관계식으로 계산된 매출액 Y_i는 실제의 매출액과는 차이가 있으며 이를 설명할 수 없는 변동인 오차항으로 표시하는 것입니다. 이러한 관계를 그림을 통해 설명하면 다음과 같습니다.

실제 X와 Y에 대한 [그림 12−12]의 산점도상에서 이 점들에 대해 가장 적합한 직선식을 $\hat{Y}=a+bX$라고 합시다. 이때 a(절편)와 b(기울기)는 모수 α와 β에 대한 추정값으로 가정합니다.

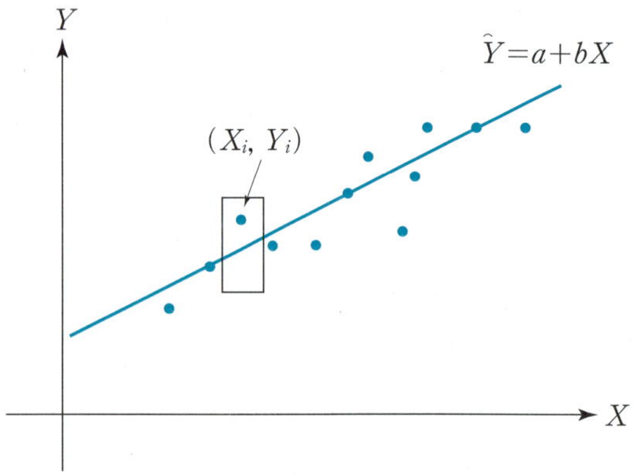

[그림 12−12] 산점도와 직선 $\hat{Y}=a+bX$

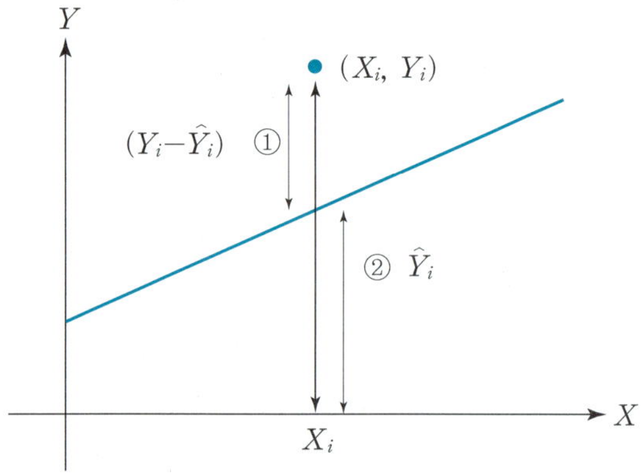

[그림 12−13] [그림 12−12]의 확대

[그림 12−13]은 [그림 12−12]의 사각형 부분을 확대한 것입니다. [그림 12−13]의 (X_i, Y_i)에 대해서 Y_i는 직선식 $\hat{Y}=a+bX$에 의해 계산된 $\hat{Y}_i$와 $(Y_i-\hat{Y}_i)$로 표현할 수 있습니다.

$$Y_i=①+②=(Y_i-\hat{Y}_i)+\hat{Y}_i$$

①은 실제 값인 Y_i와 추정된 값인 $\hat{Y}_i$의 차이를 말하며 이를 잔차(residual)라 하고, ②는 추정된 값을 의미합니다. 위 식을 잔차에 대해 다시 풀어쓰면 다음과 같습니다.

$$\varepsilon_i=Y_i-\hat{Y}_i=Y_i-(a+bX_i)$$

회귀분석을 통해 궁극적으로 얻고자 하는 것은 회귀모형에서 모수 α와 β에 대한 추정을 통해 위의 표본 회귀식과 같이 a와 b를 계산해 내는 것입니다.

회귀분석은 위에서 계산한 모든 ε_i에 대한 제곱합(SSE: Sum of Squares for Error)을 최소로 만드는 회귀계수 a와 b를 찾는 것으로 이를 최소제곱법(method of least square)이라 합니다.

$$SSE=\sum_{i=1}^{n}\varepsilon_i^2=\sum_{i=1}^{n}\{Y_i-(a+bX_i)\}^2$$

참고 3 **단순회귀분석의 가정**

1. X와 Y의 관계는 일차선형함수이다.
2. 오차항 ε_i는 서로 독립이고 정규분포 $N(0, \sigma^2)$을 따른다.

참고 4 **최소제곱법에 의한 회귀계수 a와 b에 대한 추정**

모든 ε_i에 대한 제곱합인 SSE를 최소로 만드는 회귀계수 a와 b를 찾기 위해서 다음과 같이 SSE를 각각 a와 b로 편미분한 값이 0이 되도록 합니다.

$$\frac{\partial SSE}{\partial a}=-2\sum_{i=1}^{n}(Y_i-a-bX_i)=0$$

$$\frac{\partial SSE}{\partial b}=-2\sum_{i=1}^{n}X_i(Y_i-a-bX_i)=0$$

위의 식을 정리하면 다음과 같습니다.

$$\sum_{i=1}^{n}Y_i=na+b\sum_{i=1}^{n}X_i$$

$$\sum_{i=1}^{n}X_iY_i=a\sum_{i=1}^{n}X_i+b\sum_{i=1}^{n}X_i^2$$

위의 식을 정규방정식(normal equation)이라 합니다. 정규방정식에 의해 회귀직선에 대한 계수 a와 b의 값을 계산하면 다음과 같습니다.

$$b=\frac{\sum_{i=1}^{n}(X_i-\overline{X})(Y_i-\overline{Y})}{\sum_{i=1}^{n}(X_i-\overline{X})^2}=\frac{\sum_{i=1}^{n}X_iY_i-(\sum_{i=1}^{n}X_i)(\sum_{i=1}^{n}Y_i)/n}{\sum_{i=1}^{n}X_i^2-(\sum_{i=1}^{n}X_i)^2/n}$$

$$=\frac{\sum_{i=1}^{n}X_iY_i-n\overline{XY}}{\sum_{i=1}^{n}X_i^2-n\overline{X}^2}$$

$$a=\overline{Y}-b\overline{X}$$

이와 같은 방법으로 계산한 회귀직선 $\hat{Y}=a+bX$를 추정된 회귀직선(estimated regression line)이라 합니다.

12.2.2 추정된 회귀직선의 정도

최소제곱법에 의해 추정된 회귀직선이 독립변수 X와 종속변수 Y 사이의 관계를 얼마나 잘 설명해 주고 있는가를 확인해야 합니다. 이를 확인하는 방법으로 결정계수(coefficient of determination)를 이용하거나 추정된 표준오차를 이용하는 방법이 있습니다. 결정계수는 추정된 회귀직선이 종속변수 Y의 변동을 얼마나 잘 설명하는가를 하나의 수치로 나타내는 방법이고, 추정된 표준오차는 실제 관찰값이 추정된 회귀직선 주위에 흩어진 정도를 측정합니다.

결정계수

추정된 회귀직선이 두 변수 사이의 관계를 어느 정도 잘 설명하여 주는가? 즉, X가 Y를 얼마나 잘 설명하고 있는가를 측정하기 위한 결정계수 r^2에 대하여 살펴보기로 합니다. 결정계수는 전체의 변동(총제곱합 TSS, Total Sum of Squares) 중에서 추정된 회귀직선에 의해 설명이 가능한 변동(SSR, Sum of Squares for Regression)의 크기가 얼마나 되는가를 계산하는 것입니다.

$$\text{결정계수}(r^2) = \frac{\text{회귀직선에 의해 설명이 가능한 변동}}{\text{전체변동}} = \frac{\sum_{i=1}^{n}(\hat{Y}_i-\overline{Y})^2}{\sum_{i=1}^{n}(Y_i-\overline{Y})^2} = \frac{SSR}{TSS}$$

만약 독립변수 X가 종속변수 Y의 변동을 설명하는 데 전혀 정보를 제공하지 못한다면 $SSR=0$이 될 것이고, 반대로 충분한 정보를 제공하면 SSR은 커지며 독립변수는 설명력 있는 중요한 변수가 될 것입니다. 따라서 SSR이 클수록 결정계수 r^2이 커지며 이는 추정된 회귀직선의 설명력이 높다는 것을 의미합니다.

참고 5 결정계수 r^2은 항상 0과 1 사이의 값을 갖는다.

결정계수 r^2은 항상 0과 1 사이의 값을 갖는데 그 이유는 다음과 같습니다. 각 Y_i에 대한 변동의 크기는 다음과 같이 표현할 수 있습니다.

$$(Y_i-\overline{Y})=(Y_i-\hat{Y}_i)+(\hat{Y}_i-\overline{Y})$$

위 식에서 모든 i 대하여 제곱합을 계산하면 다음과 같습니다.

$\sum_{i=1}^{n}(Y_i-\overline{Y})^2=\sum_{i=1}^{n}(Y_i-\hat{Y}_i)^2+\sum_{i=1}^{n}(\hat{Y}_i-\overline{Y})^2+2\sum_{i=1}^{n}(Y_i-\hat{Y}_i)(\hat{Y}_i-\overline{Y})$가 되는데

$\sum_{i=1}^{n}(Y_i-\hat{Y}_i)(\hat{Y}_i-\overline{Y})=0$이 되므로

$$\sum_{i=1}^{n}(Y_i-\overline{Y})^2=\sum_{i=1}^{n}(Y_i-\hat{Y}_i)^2+\sum_{i=1}^{n}(\hat{Y}_i-\overline{Y})^2$$

$$TSS=SSR+SSE$$

위의 마지막 식에 대해 양변을 TSS로 나누면 다음과 같습니다.

$$\frac{TSS}{TSS}=\frac{SSR}{TSS}+\frac{SSE}{TSS}=r^2+\frac{SSE}{TSS}$$

따라서 결정계수 r^2로 정리하면

$$r^2=\frac{SSR}{TSS}=1-\frac{SSE}{TSS}$$

위 식에서 $\frac{SSE}{TSS}$의 최댓값은 1이고, 최솟값은 0이므로 r^2 역시 최소 0에서 최대 1의 값을 갖게 됩니다.

참고 6 조정된 결정계수

어떠한 종류의 독립변수라도 회귀모형에 독립변수가 추가되면 결정계수의 값은 커지는 경향이 있습니다. 따라서 이러한 단점을 보완하기 위해 독립변수의 개수에 따라 결정계수를 수정하게 되는데 이를 수정된 결정계수(adjusted coefficient of determination)라 하고 엑셀에서는 조정된 결정계수로 표현합니다.

$$\text{조정된 결정계수}=1-\frac{SSE/(n-k-1)}{TSS/(n-1)}=\frac{(n-1)r^2-k}{n-k-1}$$

추정된 표준오차

추정된 회귀직선의 정도(또는 정확도)는 [그림 12－12]의 산점도에서 실제 데이터 (X_i, Y_i)들이 추정된 회귀직선을 중심으로 얼마나 퍼져 있는가를 측정하는 것입니다. 이 크기는 Y_i와 회귀직선에 의해 추정된 $\hat{Y}_i$와의 차이인 잔차 $(\varepsilon_i = Y_i - \hat{Y}_i)$에 대한 것입니다. 만약 Y_i가 회귀직선 주변에 모여 있다면 잔차의 크기는 줄어들 것이고, 반대로 Y_i가 회귀직선으로부터 많이 떨어져 있다면 잔차의 크기는 커질 것입니다. 이를 나타내는 측정값으로 다음과 같이 잔차의 표준오차인 S_e를 사용합니다.

$$S_e = \sqrt{\frac{\sum_{i=1}^{n} \varepsilon_i^2}{n-2}} = \sqrt{\frac{\sum_{i=1}^{n} (Y_i - \hat{Y}_i)^2}{n-2}} = \sqrt{\frac{\sum_{i=1}^{n} (Y_i - (a+bX_i))^2}{n-2}}$$

위 식에서 잔차의 표준오차인 S_e를 추정치의 표준오차라 합니다. 분모의 $n-2$는 표준오차의 자유도로 n개의 데이터로부터 $\hat{Y}_i$를 계산하기 위해 모수인 α와 β의 추정치 a와 b를 구했기 때문에 사용된 추정치의 개수만큼 줄어든 것입니다.

추정치의 표준오차가 작을수록 추정된 회귀직선이 독립변수인 X와 종속변수인 Y와의 관계를 잘 설명해 준다고 할 수 있습니다.

12.2.3 회귀계수에 대한 추론

회귀분석의 가설검정은 회귀모형 $Y_i = \alpha + \beta X_i + e_i (i=1, 2, \cdots, n)$에 대해 다음과 같이 회귀직선의 기울기인 β에 대한 것입니다.

$H_0 : \beta = 0$	[가설]
$H_1 : \beta \neq 0$	양측검정

회귀직선의 기울기인 β가 0이라는 것은 독립변수 X와 종속변수 Y 사이에 선형관계가 존재하지 않는다는 것이며, 독립변수 X는 종속변수 Y에 대해 아무런 영향을 주지 않는다는 것입니다. 이에 대한 검정방법은 다음과 같이 t 검정과 F 검정이 있습니다.

회귀계수 β에 대한 t 검정

모집단 회귀모형을 추정하기 위해 모집단으로부터 n개의 표본을 추출하여 다음과 같은 표본 회귀식을 추정합니다.

모집단 회귀모형	표본 회귀식
$Y_i = \alpha + \beta X_i + \varepsilon_i \ (i=1,\ 2,\ \cdots,\ n)$	$\hat{Y} = a + bX$

$\hat{Y}$, a, b는 각각 Y, α, β에 대한 추정량입니다. 이 추정량들은 각각의 평균과 분산을 가지고 있기 때문에 모수에 대한 구간추정과 가설검정을 할 수 있습니다. 추정된 회귀계수 b의 표본분포는 다음과 같은 정규분포를 따릅니다. 〈표 12-3〉을 이용하여 표준화하면 $\dfrac{b-\beta}{S(b)}$가 되는데 이 값은 자유도가 $n-2$인 t분포를 따릅니다.

평균	$E(b) = \beta$
표준편차	$S(b) = S_e\sqrt{\dfrac{1}{\sum_{i=1}^{n}(X_i-\bar{X})^2}}$ S_e : 추정치의 표준오차

〈표 12-3〉 회귀계수 b에 대한 표본분포

회귀계수 β에 대한 F 검정

회귀계수 β에 대한 F 검정은 분산분석을 이용하는 것입니다. 분산분석은 종속변수 Y에 대한 총변동을 독립변수 X가 설명하는 변동(SSR)과 설명할 수 없는 변동(SSE)으로 구분하여 회귀직선의 정도를 나타내는 방법으로 다음의 결정계수와 유사한 방법으로 이루어집니다. 회귀분석의 분산분석표는 〈표 12-4〉와 같습니다.

$$결정계수(r^2) = \frac{회귀직선에\ 의해\ 설명이\ 가능한\ 변동}{전체변동}$$

$$= \frac{\sum_{i=1}^{n}(\hat{Y}_i - \bar{Y})^2}{\sum_{i=1}^{n}(Y_i - \bar{Y})^2} = \frac{SSR}{TSS}$$

분산	제곱합	자유도	평균제곱	F값
회귀	$SSR = \sum_{i=1}^{n}(\hat{Y}_i - \bar{Y})^2$	1	$MSR = \dfrac{SSR}{1}$	$\dfrac{MSR}{MSE}$
잔차	$SSE = \sum_{i=1}^{n}(Y_i - \hat{Y}_i)^2$	$n-2$	$MSE = \dfrac{SSE}{n-2}$	
합계	$TSS = \sum_{i=1}^{n}(Y_i - \bar{Y})^2$	$n-1$		

〈표 12-4〉 회귀분석의 분산분석표

〈표 12－4〉에서 두 평균제곱의 비율인 MSR/MSE는 F 분포를 따릅니다.

단순회귀분석에 대한 예제는 다음과 같이 두 가지 방법으로 진행합니다.

방법과 내용	예제
산점도상에 회귀직선(회귀계수 포함)과 결정계수를 출력	[예제 12－3]
단순선형회귀모형에 대해 기울기 β에 대한 가설검정과 분산분석표를 출력	[예제 12－4]

예제 12-3 회귀직선과 결정계수

앞서 [예제 12－1]의 라면 매출액과 광고비에 대한 데이터(보조자료: 12장\라면 매출액과 광고비)를 이용하여 광고비를 독립변수로, 매출액을 종속변수로 하여 회귀식과 결정계수를 계산하고 산점도상에 회귀직선을 표시하시오.

[풀이]

산점도상에 회귀계수와 회귀식 그리고 결정계수를 출력하는 방법은 [예제 12－1]에 대해 [차트 레이아웃]을 이용합니다. 주의해야 할 것은 산점도를 출력할 때 데이터의 첫 번째 열이 X축이 되고, 두 번째 열이 Y축으로 표시된다는 것입니다. [예제 12－1]은 광고비를 독립변수 X로, 매출액을 종속변수 Y로 설정하여 산점도를 출력해야 하므로 [그림 12－15]와 같이 두 열의 위치를 바꿔주어야 합니다.

	A	B
1	매출액	광고비
2	2500	220
3	2100	210
4	1500	170
5	1200	180
6	650	70
7	540	45
8	480	52
9	220	10
10	150	8
11	125	9

[그림 12-14] [예제 12-1]의 데이터

	A	B
1	광고비	매출액
2	220	2500
3	210	2100
4	170	1500
5	180	1200
6	70	650
7	45	540
8	52	480
9	10	220
10	8	150
11	9	125

[그림 12-15] [예제 12-3]의 데이터

[그림 12−15]의 형태로 바꾼 다음 [예제 12−1]에서 산점도를 출력하는 방법을 이용하여 [그림 12−16]과 같이 출력합니다. [그림 12−16]의 산점도가 출력된 상태에서 차트 자체를 마우스로 선택하면, 리본 탭의 오른쪽에 [차트 도구] 탭에서 [디자인] 탭이 표시됩니다. [디자인] 탭에 나타난 [차트 스타일] 왼쪽 부분에 [차트 레이아웃](또는 [빠른 레이아웃])이 표시되어 있습니다.

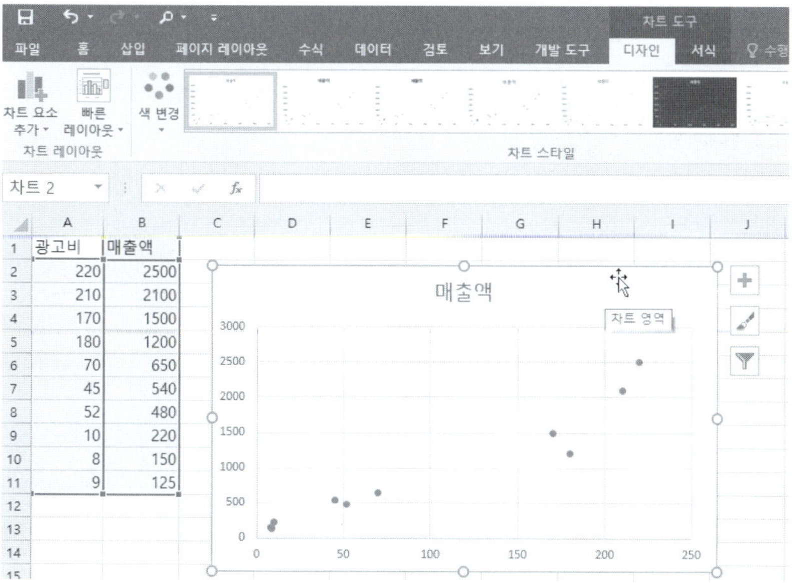

[그림 12-16] 출력된 차트를 마우스로 선택

[그림 12-17]의 [차트 레이아웃]에서 [펼침 버튼] 을 누르거나, [그림 12-16]에서 [빠른 레이아웃]을 선택하면 [그림 12-18]과 같이 여러 가지 형태의 레이아웃이 나타납니다. 이 중에서 차트에 f_x가 표시된 [레이아웃 9]를 선택하면 [그림 12-19]와 같이 회귀직선과 결정계수를 출력합니다.

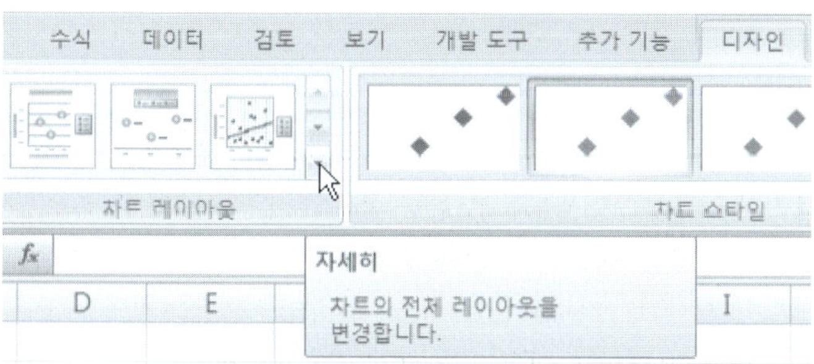

[그림 12-17] [차트 레이아웃]의 오른쪽 부분에 [펼침 버튼]

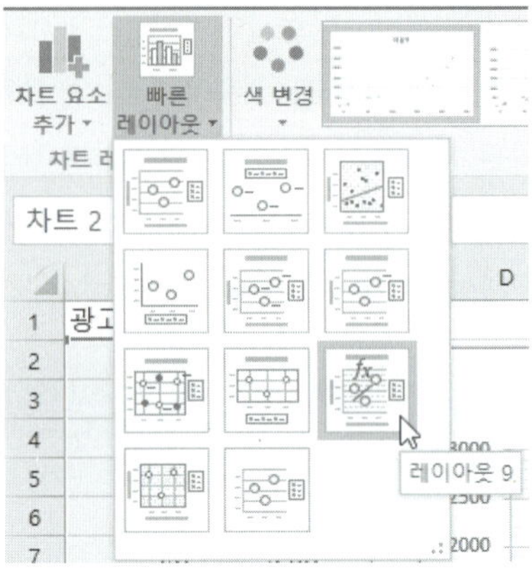

[그림 12-18] 여러 가지 형태의 레이아웃

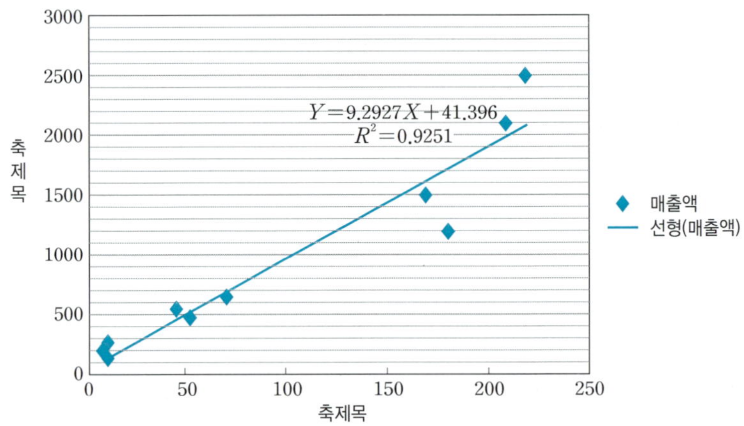

[그림 12-19] [차트 레이아웃]이 변경된 차트

[그림 12－19]에서 추정된 표본 회귀식은 $\hat{Y}=9.2927X+41.396$이고 따라서 광고비와 매출액간의 함수관계는 다음과 같습니다.

매출액=9.2917×광고비+41.396

위의 함수관계는 광고비가 한 단위(억원) 증가하면 매출액은 9배인 9억 정도가 증가될 것으로 추정한다는 것입니다. 만약 광고비를 150억원 지출한다면 예상되는 매출액은 다음과 같습니다.

예상 매출액$(\hat{Y})=9.2927\times150+41.396=1435.3$(억원)

결정계수(r^2)는 0.9251로 매출액의 총변동은 광고비를 포함한 회귀직선에 의해 설명되어지는 비율이 93%로 추정된 회귀직선의 정도는 매우 높다고 할 수 있습니다.

회귀분석에 대한 가설검정

예제 12-4

[예제 12－3]의 데이터를 이용하여 광고비를 독립변수로, 매출액을 종속변수로 하여 회귀분석을 실시하고 가설을 검정하시오.

[풀이]

엑셀에서 회귀계수에 대한 가설검정을 포함하여 분산분석표를 출력하는 방법은 [통계데이터 분석]에서 [회귀분석]을 선택하여 진행합니다. [그림 12－15]의 데이터를 이용합니다.

리본 탭에서 [데이터] 탭을 선택하고, 이어서 [데이터 분석]을 선택합니다. [그림 12－20]과 같이 [통계 데이터 분석] 대화상자에서 [회귀분석]을 선택합니다.

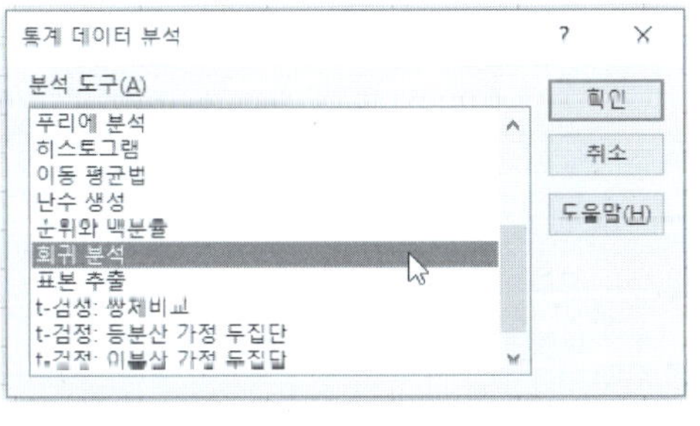

[그림 12-20] 통계 데이터 분석에서 [회귀분석] 선택

[그림 12−21]의 [회귀분석]의 대화상자에서 값을 입력하는데 입력할 값의 의미는 〈표 12−5〉와 같습니다.

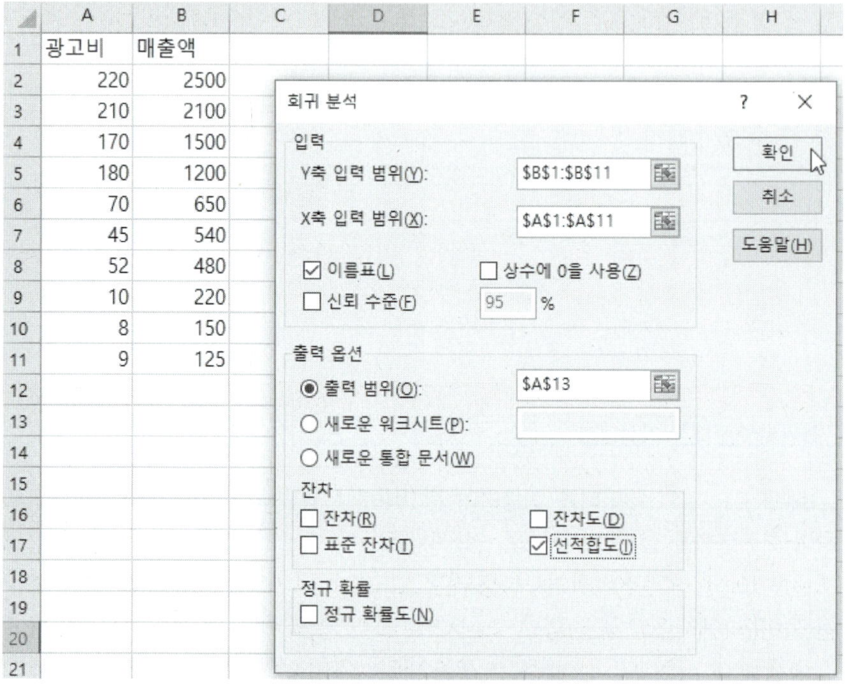

[그림 12−21] 회귀분석의 대화상자

대화상자	의미와 입력 값
Y축 입력범위	종속변수(매출액)에 대한 표본 범위
X축 입력범위	독립변수(광고비)에 대한 표본 범위
이름표	데이터 범위에 제목이 포함되어 있으므로 체크표시(☑)
상수에 0을 사용	회귀모형에 절편 α가 없는 경우에만 선택
신뢰수준	선택하지 않아도 회귀계수에 대한 95% 신뢰구간을 계산
출력옵션	출력 범위를 선택하고 결과를 출력할 범위(셀 A13)를 마우스로 선택하여 입력
잔차	잔차($\epsilon_i = Y_i - \hat{Y}_i$)를 출력
잔차도	독립변수와 잔차의 산점도를 출력
표준 잔차	잔차에 추가하여 표준화된 잔차를 출력
선적합도	독립변수에 대해 관측값 Y_i와 예측값 $\hat{Y}_i$에 대한 산점도 출력
정규확률도	표준 확률차트를 출력

〈표 12−5〉 [회귀분석] 대화상자의 입력 값

종속변수의 범위와 독립변수의 범위를 마우스로 선택할 경우 뒤바뀌지 않도록 주의합니다. 독립변수에 대해 관측값 Y_i와 예측값 $\hat{Y}_i$에 대한 산점도를 출력하기 위해 선적합도를 선택합니다. 결과는 [그림 12−22]와 같습니다.

	A	B	C	D	E	F	G	H	I
13	요약 출력								
14									
15	회귀분석 통계량								
16	다중 상관계수	0.961845636							
17	결정계수	0.925147027							
18	조정된 결정계수	0.915790405							
19	표준 오차	245.1366767							
20	관측수	10							
21									
22	분산 분석								
23		자유도	제곱합	제곱 평균	F 비	유의한 F			
24	회귀	1	5941667	5941667	98.87618	8.85E-06			
25	잔차	8	480735.9	60091.99					
26	계	9	6422403						
27									
28		계수	표준 오차	t 통계량	P-값	하위 95%	상위 95%	하위 95.0%	상위 95.0%
29	Y 절편	41.39559692	119.5594	0.346235	0.738096	-234.309	317.1001	-234.309	317.1001
30	광고비	9.292653009	0.934531	9.94365	8.85E-06	7.13762	11.44769	7.13762	11.44769

[그림 12−22] 회귀분석 결과

[그림 12−22]의 회귀분석 결과를 요약하면 다음과 같습니다.

회귀분석 통계량

구분	내용
다중 상관계수	종속변수와 독립변수 간의 다중 상관을 계산합니다. 이 예에서는 독립변수가 한 개인 경우이므로 [예제 12−1]의 상관계수인 0.9618과 같습니다.
결정계수	[예제 12−3]의 산점도에서 출력한 결정계수 0.9251과 같고 매출액의 총변동은 광고비를 포함한 회귀직선에 의해 설명되는 비율이 93%로 추정된 회귀직선의 정도는 매우 높다고 할 수 있습니다. 결정계수는 [그림 12−21]의 분산분석 결과로 계산합니다. $\text{결정계수} = \dfrac{\text{회귀 제곱합}}{\text{전체 제곱합}} = \dfrac{5941667}{6422403} = 0.925147$
조정된 결정계수	[참고 7]
표준 오차	잔차의 표준오차 $S_e = \sqrt{\sum_{i=1}^{n} \varepsilon_i^2/(n-2)} = \sqrt{\sum_{i=1}^{n} (Y_i - \hat{Y}_i)^2/(n-2)}$
관측수	데이터의 개수(10)

회귀분석의 분산분석표는 회귀모형에 대한 적합성을 검정합니다. F 검정에서 p값(유의한 F)이 8.85E−06으로 거의 0에 가까운 값이므로 귀무가설(H_0 : $\beta=0$)을 기각합니다.

[그림 12－22]의 제일 아래 부분에 출력된 내용은 회귀계수에 대한 추정값과 t 검정 결과를 나타냅니다. 독립변수인 광고비에 대해 추정된 값(기울기)은 9.2926이고 절편은 41.3955로 추정된 표본 회귀식은 $\hat{Y}=9.2927X+41.396$이고 따라서 광고비와 매출액간의 함수관계는 다음과 같습니다.

매출액＝9.2917×광고비＋41.396

회귀계수에 대한 t 검정 결과 p값은 8.85E－06으로 분산분석표의 p값(유의한 F)과 같으므로 회귀모형에 대한 F 검정과 동일한 검정임을 알 수 있고, 거의 0에 가까운 값이므로 귀무가설(H_0 ： $\beta=0$)을 기각합니다.

마지막으로 출력된 내용은 [그림 12－23]과 같이 독립변수에 대해 실제 매출액(Y)과 회귀식 $\hat{Y}=9.2927X+41.396$에 의해 계산된 예측값($\hat{Y}$)을 출력합니다. 따라서 [그림 12－23]은 잔차인 ($\varepsilon_i=Y_i-\hat{Y}_i$)의 크기를 그림 상에서 비교해 볼 수 있습니다.

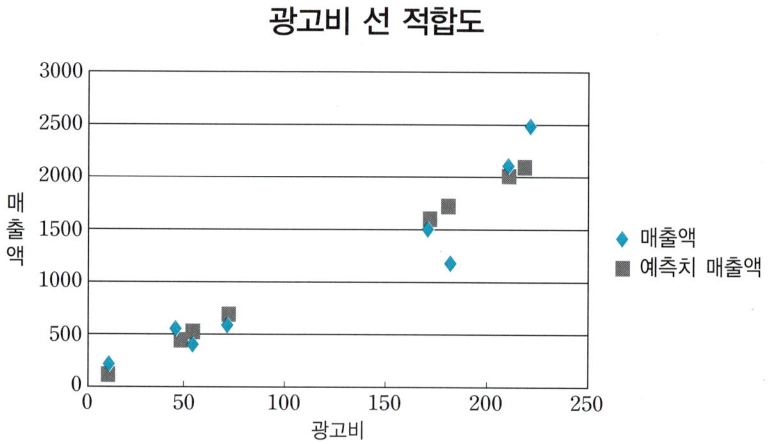

[그림 12-23] 광고비 선 적합도

참고 7 회귀분석에 대한 SPSS의 결과

[예제 12−4]에 대한 SPSS의 회귀분석 결과는 다음과 같습니다.

모형 요약

모형	R	R 제곱	수정된 R 제곱	추정값의 표준오차
1	.962[a]	.925	.916	245.137

a. 예측값: (상수), 광고비

분산분석[b]

모형		제곱합	자유도	평균 제곱	F	유의확률
1	회귀 모형	5941666.578	1	5941666.578	98.876	.000[a]
	잔차	480735.922	8	60091.990		
	합계	6422402.500	9			

a. 예측값: (상수), 광고비

b. 종속변수: 매출액

계수[a]

모형		비표준화 계수		표준화 계수	t	유의확률
		B	표준오차	베타		
1	(상수)	41.396	119.559		.346	.738
	광고비	9.293	.935	.962	9.944	.000

a. 종속변수: 매출액

위에서 상관계수(R)는 0.962, 결정계수(R 제곱)는 0.925, 수정된 R 제곱은 엑셀결과 중에서 조정된 결정계수와 같습니다. 분산분석의 F 검정에서 p값(유의확률)은 0이므로 귀무가설(H_0 : $\beta=0$)을 기각합니다. 독립변수인 광고비에 대해 추정된 값(기울기)은 9.293이고 절편은 41.396으로 추정된 표본 회귀식은 $\hat{Y}=9.293X+41.396$입니다.

회귀계수(광고비)에 대한 t 검정 결과 p값(유의확률)은 0으로 분산분석표의 p값(유의확률)과 같으므로 회귀모형에 대한 F 검정과 동일한 검정임을 알 수 있고, 귀무가설(H_0 : $\beta=0$)을 기각합니다.

단원 정리

상관분석

상관분석은 변수들 간의 단순한 상호 관계성의 정도를 분석하는 통계적 기법이다. 상관분석은 두 변수의 순서쌍으로 구성된 n개의 표본요소 (X, Y)에 대해서 두 변수 간의 상관관계를 표본 상관계수 r을 통해 나타낸다.

상관계수의 특징

1. r은 측정 단위가 없다.
2. $-1 \le r \le 1$
3. 변수 X와 Y가 서로 독립이라면 $r=0$

회귀분석

상관분석은 변수들 간의 단순한 관련성의 정도를 파악하는 것이고, 회귀분석은 변수 간의 인과관계를 분석하는 방법으로 변수들 중 하나를 종속변수(영향을 받는 변수)로 나머지를 독립변수(영향을 주는 변수)로 하여 이들의 함수관계를 통해 한 변수의 값으로부터 다른 변수의 값을 예측하는 데 사용하는 분석방법이다.

회귀모형

독립변수를 X라 하고 종속변수를 Y라 할 때 회귀분석의 기초가 되는 모집단 모형(model)을 단순회귀모형이라 한다.

모집단 회귀모형	표본 회귀식
$Y_i=\alpha+\beta X_i+\varepsilon_i \ (i=1, 2, \cdots, n)$	$\hat{Y}=a+bX$

회귀분석을 통해 궁극적으로 얻고자 하는 것은 회귀모형에서 모수인 α와 β에 대한 추정을 통해 위의 표본 회귀식과 같이 a와 b를 계산해 내는 것이다. 이는 오차항 ε_i에 대한 제곱합을 최소로 만드는 회귀계수 a와 b를 찾는 것이고 최소제곱법에 의해 계산한다.

$$SSE=\sum_{i=1}^{n}\varepsilon_i^2=\sum_{i=1}^{n}\{Y_i-(a+bX_i)\}^2$$

추정된 회귀직선의 정도

최소제곱법에 의해 추정된 회귀직선이 독립변수 X와 종속변수 Y 사이의 관계를 얼마나 잘 설명해 주고 있는가를 확인하는 방법으로 결정계수를 이용하거나 추정된 표준오차를 이용하는 방법이 있다. 결정계수는 추정된 회귀직선이 종속변수 Y의 변동을 얼마나 잘 설명하는가를 하나의 수치로 나타내는 방법이고, 추정된 표준오차는 실제 관찰값이 추정된 회귀직선 주위에 흩어진 정도를 측정한다.

회귀계수에 대한 추론

회귀분석의 가설검정은 회귀모형 $Y_i=\alpha+\beta X_i+\varepsilon_i(i=1,\ 2,\ \cdots,\ n)$에 대해 회귀계수인 회귀직선의 기울기인 β에 대한 것이다.

$H_0 : \beta=0$	[가설]
$H_1 : \beta\neq 0$	양측검정

회귀직선의 기울기인 β가 0이라는 것은 독립변수 X와 종속변수 Y사이에 선형관계가 존재하지 않는다는 것이며, 독립변수 X는 종속변수 Y에 대해 아무런 영향을 주지 않는다는 것이다. 이에 대한 검정방법으로 t 검정과 F 검정이 있다.

엑셀에서 회귀분석의 결과

13	요약 출력								
14									
15	회귀분석 통계량								
16	다중 상관계수	0.961845636							
17	결정계수	0.925147027							
18	조정된 결정계수	0.915790405							
19	표준 오차	245.1366767							
20	관측수	10							
21									
22	분산 분석								
23		자유도	제곱합	제곱 평균	F 비	유의한 F			
24	회귀	1	5941667	5941667	98.87618	8.85E-06			
25	잔차	8	480735.9	60091.99					
26	계	9	6422403						
27									
28		계수	표준 오차	t 통계량	P-값	하위 95%	상위 95%	하위 95.0%	상위 95.0%
29	Y 절편	41.39559692	119.5594	0.346235	0.738096	-234.309	317.1001	-234.309	317.1001
30	광고비	9.292653009	0.934531	9.94365	8.85E-06	7.13762	11.44769	7.13762	11.44769

회귀분석의 분산분석표는 회귀모형에 대한 적합성을 검정한다. F 검정에서 p값(유의한 F)이 8.85E−06으로 거의 0에 가까운 값이므로 귀무가설(H_0 : $\beta=0$)을 기각한다. 제일 아래 부분에 출력된 내용은 회귀계수에 대한 추정값과 t 검정 결과를 나타낸다. 독립변수인 광고비에 대해 추정된 값(기울기)은 9.2926이고 절편은 41.3955로 추정된 표본 회귀식은 $\hat{Y}=9.2927X+41.396$이다.

회귀계수에 대한 t 검정 결과 p값은 8.85E−06으로 분산분석표의 p값(유의한 F)과 같으므로 회귀모형에 대한 F 검정과 동일한 검정임을 알 수 있고, 거의 0에 가까운 값이므로 귀무가설(H_0 : $\beta=0$)을 기각한다.

01 상관계수에 관한 설명 중 바르지 못한 것은?

① 변수 사이의 상관관계를 측정한다.
② 공분산과 두 변수 표준편차의 곱의 비로 표현한다.
③ 상관계수는 0과 1 사이의 값을 갖는다.
④ 상관계수의 값이 1이면 완전상관이다.

02 다음 변수들 간의 상관관계 중에서 양의 상관관계인 것은?

① 산의 높이와 기압
② 체중과 신장
③ 월수입과 엥겔계수
④ 생산량과 가격

03 두 변수 간에 강한 2차 함수관계가 존재할 경우 상관계수에 대한 설명으로 타당한 것은?

① 1
② -1
③ 0
④ 계산할 수 없음

04 상관계수 r에 대한 설명 중 잘못된 것은?

① 단위를 바꾸더라도 값은 바뀌지 않는다.
② $-1 \leq r \leq 1$
③ 두 변수 X와 Y를 서로 바꾸어 계산해도 상관계수는 같다.
④ 두 변수간의 인과관계를 나타낸다.

05 두 변수 X와 Y의 상관계수가 r일 때 $2X+3$과 $3Y-5$의 상관계수는?

① $2r$
② $3r$
③ r
④ $\frac{r}{2}$
⑤ $r-1$

06 변수와 변수 사이의 관계를 수학적 함수관계로 분석하는 방법을 무엇이라 하는가?

① 분산분석
② 회귀분석
③ 상관분석
④ 시계열분석

07 회귀계수 b(직선의 기울기)와 상관계수 r과의 관계로 맞지 <u>않는</u> 것은?

① $b>0$이면 $r>0$
② $b<0$이면 $r<0$
③ $b=0$이면 $r=0$
④ $b=0$이면 $r=1$

08 상관계수 r과 회귀직선 $y=a+bx$의 관계식이 맞는 것은?

① $b=\frac{S_y}{S_x}r$
② $r=\frac{S_y}{S_x}b$
③ $b=r$
④ $r=\frac{a}{b}$

09 회귀분석에 대한 설명 중 <u>틀린</u> 것은?

① 최소제곱법으로 계산한 회귀직선은 (관찰값－추정값)의 제곱합을 최소로 한다.
② 회귀식의 계수는 종속변수와 독립변수를 서로 바꾸어 계산한 회귀식의 계수와 동일하다.
③ 두 변수 X와 Y에 대해 계산된 회귀식의 회귀직선은 두 변수의 평균인 $\overline{X}$, $\overline{Y}$를 지나간다.
④ 회귀분석에서 결정계수는 상관계수를 제곱한 값이다.

10 두 변수 X와 Y가 다음과 같을 경우 상관계수 r을 계산하시오.

X	2	3	4	5	6
Y	4	7	6	8	10

11 두 변수 X와 Y가 다음과 같을 경우 회귀직선을 계산하시오.

X	1	2	3	4
Y	1	4	3	6

12 한국야구위원회(www.koreabaseball.com)의 자료실에서 작년도 타자 데이터를 참고로 타율, 안타, 홈런, 삼진, 출루율, 장타율 간의 상관계수를 계산하여 비교하시오.

13 프로농구연맹(www.kbl.or.kr) 자료실에서 작년도 선수 데이터를 참고로 신장, 몸무게, 필드골 성공률, 3점슛 성공률, 자유투 성공률 간의 상관계수를 계산하여 비교하시오.

14 학생 10명을 대상으로 본인의 키, 아버지와 어머니의 키를 조사한 후에 본인과 아버지 그리고 본인과 어머니의 키에 대해 상관계수를 계산하여 비교하시오.

15 한국은행 경제통계 시스템(또는 나라지표)에 접속하여 2000년부터 현재까지 다음 항목들 간의 연평균값을 조사하여 상관관계를 계산하시오.

계산 항목: 종합주가지수, 소비자물가지수, 실업률, 환율, 통화량, 금리, 수출(수입)증감률, 경제성장률

16 연도별 평균기온과 강수량 데이터(보조자료: 12장\연습문제16)를 가지고 회귀분석을 실시하고, 결과를 해석하시오.

17 어느 과수원의 수확량이 그 해의 평균온도와 어떤 관계가 있는지를 알아보기 위하여 과거 10년간 조사된 데이터(보조자료: 12장\연습문제17)를 이용하여 회귀분석을 실시하고, 결과를 해석하시오.

chapter 13

카이제곱분석

지금까지의 통계적 추론과 분석은 금액, 시간, 판매량과 같이 구간 척도나 비율 척도의 양적 데이터만 다루었고 표본의 평균과 표준편차에 관심을 두었습니다. 그러나 이 장에서는 통계조사를 통해 나타난 관측값을 서열 척도나 명목 척도로 분류하여 얻어진 도수(frequency)에 대한 통계적 추론을 다루려 합니다.

chapter 13

카이제곱분석

성별에 따라 특정 제품의 선호도에 차이가 있는지, 학력에 따라 월 임금수준에 차이가 있는지를 분석하고자 할 때 다음의 표와 같이 범주별로 데이터를 분류하여 얻은 도수들을 정리한 표를 이용하는데 이를 분할표(contingency table)라고 합니다. 카이제곱(χ^2)분석은 〈표 13－1〉, 〈표 13－2〉와 같은 분할표를 통해 변수들 간의 관련성의 존재 여부를 검정하는 데 있어서 관측 도수(observed frequency)와 기대 도수(expected frequency)와의 차이에 근거를 둔 검정 통계량 χ^2을 이용합니다.

(단위: 명)

성별 / 만족도	남	여
만족	23	15
보통	41	24
불만족	14	37

〈표 13-1〉 휴게실 이용 만족도

(단위: 명)

학력 / 급여수준	고졸	전문대졸	대졸 이상
100～199만 원	10	14	14
200～299만 원	6	17	22
300만 원 이상	4	8	11

〈표 13-2〉 A 보험사 신입사원의 학력별 월 급여수준

검정통계량 χ^2은 관측 도수와 기대 도수와의 차이에 근거를 두고 있으며, 다음과 같이 분할표의 각 조합에 대해 관측 도수(O_i)와 기대 도수(E_i) 간의 차이의 제곱을 기대 도수(E_i)로 나눈 값들의 합으로 계산합니다. 기대 빈도의 계산은 예제를 통해서 설명합니다.

$$\chi^2 = \sum_{i=1}^{k} \frac{(O_i - E_i)^2}{E_i} \qquad [식\ 13-1]$$

[식 13－1]의 값 χ^2은 자유도 $(k-1)$의 카이제곱(χ^2) 분포를 따릅니다. 위의 검정통계량에 대해 관측 도수와 기대 도수와의 차이가 없으면 χ^2은 0에 가까울 것이고, 반대로 관측 도수와 기대 도수와의 차이가 클수록 χ^2은 커질 것입니다. 검정통계량 χ^2값이 커지면 p값이 작아지므로 귀무가설을 기각할 확률이 커진다는 것을 의미합니다.

카이제곱분석은 적합도 검정, 독립성 검정 그리고 동질성 검정으로 구분합니다. 적합도 검정(goodness of fit test)은 관측값이 특정한 확률분포를 따르

는지를 검정하는 방법이고, 독립성 검정(independence test)은 분할표 상에서 변수들 간의 연관성을 검정합니다. 동질성 검정(homogeneity test)은 분할표 상의 두 변수에 대해서 모집단 비율이 같은지를 검정하는 방법입니다. 동질성 검정과 독립성 검정은 단지 가설에서 차이가 나며 검정방법은 동일합니다. 엑셀에서 카이제곱분석은 [데이터 분석]을 이용할 수 없고, 함수를 사용해야 하는데 다음과 같이 두 가지 방법이 있습니다.

방법	계산에 필요한 값	계산	예제	검정 방법
함수 CHIDIST를 이용	관측 도수와 기대 도수를 이용한 검정통계량 χ^2	p값	[예제 13－1]	적합도 검정
함수 CHITEST를 이용	관측 도수와 기대 도수	p값	[예제 13－2]	독립성 검정
			[예제 13－3]	동질성 검정

함수 CHIDIST(또는 CHISQ.DIST)를 이용하려면 [식 13－1]의 관측 도수에 대해 기대 도수를 계산한 다음 검정통계량 χ^2을 계산해야만 p값을 계산할 수 있습니다. 반면에 함수 CHITEST(또는 CHISQ.TEST)는 관측 도수에 대해 기대 도수만 계산하면 p값을 계산할 수 있습니다.

13.1 적합도 검정

적합도 검정은 관측값(또는 표본)이 특정한 확률분포를 따르는지를 검정할 때 사용하는 분석방법으로, 주사위의 각 눈금에 대한 도수를 이용하여 이 주사위가 균등하게 만들어진 것인지, 소득의 분포가 균등한지 또는 월 생활비를 조사하기 위해 추출한 표본은 정규분포를 따르는지를 알아보고자 할 때 사용합니다.

주사위에 대한 적합도 검정

예제 13-1

주사위를 120번 던져서 나온 눈금의 도수는 다음과 같다. 표의 도수를 이용하여 이 주사위가 균등하게 만들어진 것인지에 대해 가설을 세우고 유의수준 5% 하에서 검정하시오.

눈금	1	2	3	4	5	6	합계
도수	22	19	26	25	17	11	120

〈표 13-3〉 120번 던져서 나온 주사위 눈금의 도수

[풀이]

만약 이 주사위가 균등하게 이상적으로 만들어진 것이라면 각 눈금이 나

올 확률은 1/6입니다. 따라서 적합도 검정은 주사위를 120번 던졌을 경우 1의 눈이 나온 도수가 이론적인 기대 도수 20회에 적합한지를 검정하는 방법입니다. 이 예제에서 주사위 눈금에 대한 분포는 모든 눈금에 대한 발생 확률이 1/6로 균등하므로 균등분포(uniform distribution)를 따르고 가설은 다음과 같습니다.

> H_0 : 각 눈금의 확률은 동일하다(균등분포를 따른다).
> H_1 : 각 눈금의 확률은 동일하지 않다(균등분포를 따르지 않는다). [가설]

이 예제에서 모든 눈금에 대한 기대 도수는 20으로 동일합니다. 〈표 13－3〉의 내용에 대해 관측 도수 O_i, 기대 도수 E_i를 [그림 13－1]과 같이 입력(보조자료: 13장\주사위) $(O_i - E_i)$와 $(O_i - E_i)^2/E_i$을 계산합니다. 이어서 8행에 각 열에 대한 합계를 계산합니다.

	A	B	C	D	E
1	i	Oi	Ei	(Oi-Ei)	(Oi-Ei)²/Ei
2	1	22	20	2	0.2
3	2	19	20	-1	0.05
4	3	26	20	6	1.8
5	4	25	20	5	1.25
6	5	17	20	-3	0.45
7	6	11	20	-9	4.05
8	합	120	120	0	7.8
9					
10					

[그림 13-1] 관측 도수, 기대 도수, 검정통계량의 계산

[그림 13－1]의 셀 E8에 계산된 7.8은 검정통계량인 $\chi^2 = \sum_{i=1}^{6} \frac{(O_i - E_i)^2}{E_i}$의 값입니다.

검정통계량이 계산되면 함수 CHIDIST(또는 CHISQ.DIST)를 이용하여 p값을 계산할 수 있습니다. 함수 CHIDIST의 사용 방법은 다음과 같습니다.

<table>
<tr><td rowspan="4">CHIDIST</td><td>사용 방법</td><td colspan="2">=CHIDIST(x, degrees_freedom)</td></tr>
<tr><td rowspan="2">인자</td><td>x</td><td>검정통계량 χ^2</td></tr>
<tr><td>degrees_freedom</td><td>자유도(이 예에서 자유도는 6－1=5)</td></tr>
<tr><td>반환</td><td colspan="2">검정통계량 χ^2에 대한 p값을 반환</td></tr>
</table>

[그림 13－1]에서 셀 B10에 대해 [그림 13－2]와 같이 CHIDIST 함수식을 입력하여 p값을 계산합니다. 검정통계량 χ^2의 값은 셀 E8(7.8)에 계산되어 있고, 자유도는 5(＝6－1)를 입력합니다.

셀 B10에 계산된 p값은 0.167로 유의수준(0.05)보다 크므로 귀무가설(H_0: 각 눈금의 확률은 동일하다)을 기각할 수 없습니다. 결론적으로 이 주사위는 각 눈금이 나올 확률이 동일하므로 균등하게 만들어졌다고 할 수 있습니다.

B10 =CHIDIST(E8,5)

	A	B	C	D	E
1	i	Oi	Ei	(Oi-Ei)	(Oi-Ei)²/Ei
2	1	22	20	2	0.2
3	2	19	20	-1	0.05
4	3	26	20	6	1.8
5	4	25	20	5	1.25
6	5	17	20	-3	0.45
7	6	11	20	-9	4.05
8	합	120	120	0	7.8
9					
10	p-값	0.167608			

[그림 13-2] 함수 CHIDIST의 사용방법과 계산된 p값

참고 1 적합도 검정에 대한 SPSS 결과

[예제 13－1]에 대한 SPSS의 적합도 검정 결과는 다음과 같습니다. 검정통계량은 7.8이고, p값은 0.167로 유의수준(0.05)보다 크므로 귀무가설(H_0: 각 눈금의 확률은 동일하다)을 기각할 수 없습니다.

도수

	관측수	기대빈도	잔차
1	22	20.0	2.0
2	19	20.0	-1.0
3	26	20.0	6.0
4	25	20.0	5.0
5	17	20.0	-3.0
6	11	20.0	-9.0
합계	120		

검정 통계량

	도수
카이제곱	7.800a
자유도	5
근사 유의확률	.168

a. 0 셀 (.0%)은(는) 5보다 작은 기대빈도를 가집니다. 최소 셀 기대빈도는 20.0입니다.

13.2 독립성 검정

흡연과 폐암, 교육수준과 임금수준, 성별과 정당선호도와 같이 두 변수 간의 관계가 서로 독립인지 아닌지를 분석하는 방법을 독립성 검정이라 합니다. 독립성 검정 결과는 두 변수가 서로 독립인지 아닌지를 판단하며, 만약 독립이 아니라면 두 변수 간에 관련성이 있다고 해석합니다.

예제 13-2 **남녀 간 차이에 대한 독립성 검정**

다음은 재학생 100명을 대상으로 교내에 설치된 자판기 이용에 대한 만족도를 조사한 결과(보조자료: 13장\만족도)이다. 이 분할표를 근거로 자판기 이용의 만족도는 성별과 관계가 있는지에 대해 가설을 세우고 유의수준 5%하에서 검정하시오.

만족도 \ 성별	남	여
만족	26	10
보통	20	15
불만족	11	18

[자판기 이용 만족도(단위: 명)]

	A	B	C	D
1		남	여	
2	만족	26	10	
3	보통	20	15	
4	불만족	11	18	
5				

[그림 13-3] 데이터 입력

[풀이]

[예제 13－2]는 자판기 이용의 만족도가 성별과 관계가 있는지를 알아보려는 것으로 가설은 다음과 같습니다.

H_0 : 성별과 만족도는 독립적이다(관계가 없다).
H_1 : 성별과 만족도는 독립적이 아니다(관계가 있다). [가설]

두 변수 간의 독립성 검정에서 검정통계량 χ^2은 행과 열에 대해서 다음과 같이 계산합니다.

$$\chi^2 = \sum_{i=1}^{r} \sum_{j=1}^{k} \frac{(O_{ij}-E_{ij})^2}{E_{ij}}$$ (r : 행의 수, k : 열의 수) [식 13－2]

[식 13−2]에 대해서 기대 도수 E_{ij}는 [식 13−3]과 같이 계산한 도수와 확률의 곱으로 계산합니다.

$$E_{ij}=n_i p_j=\text{행}_i\text{의 합계}\times\left(\frac{\text{열}_j\text{의 합계}}{\text{전체 합계}}\right)=\frac{\text{행}_i\text{의 합계}\times\text{열}_j\text{의 합계}}{\text{전체 합계}} \qquad [\text{식 } 13-3]$$

두 변수들이 서로 독립적이라면 결합 확률 $P(A\cap B)$은 주변 확률의 곱인 $P(A)\times P(B)$와 같습니다. 따라서 기대 도수 E_{ij}는 (i행의 합)×(전체 합계 중에서 j열의 합계가 차지하는 비율)로 만약 두 변수가 서로 독립이라면 뒷부분인 (전체 합계 중에서 j열의 합계가 차지하는 비율)은 모든 행에 대해서 같은 값을 갖게 됩니다. 따라서 관측 도수 $20(i=2,\ j=1)$에 대한 기대 도수는 다음과 같이 계산합니다.

$$E_{21}=\frac{\text{행}_{i=2}\text{의 합계}\times\text{열}_{j=1}\text{의 합계}}{\text{전체 합계}}=\frac{35\times 57}{100}=19.95$$

만족도 \ 성별	남($j=1$)	여($j=2$)	행 i의 합
만족($i=1$)	26	10	36
보통($i=2$)	20	15	35
불만족($i=3$)	11	18	29
열 j의 합	57	43	100

따라서 기대 도수를 계산하려면 행과 열에 대한 합과 전체 도수의 합을 미리 계산해야 합니다. 엑셀에서 기대 도수를 계산하려면 데이터를 입력한 [그림 13−3]에 대해 [그림 13−4]와 같이 주변 합을 계산합니다.

	A	B	C	D
1		남	여	합
2	만족	26	10	36
3	보통	20	15	35
4	불만족	11	18	29
5	합	57	43	100

[그림 13-4] 주변 합 계산

주변 합이 계산되면 관측 빈도에 대한 각각의 기대 도수는 다음과 같이 계산합니다.

	B	C
2	=D2*B5/D5	=D2*C5/D5
3	=D3*B5/D5	=D3*C5/D5
4	=D4*B5/D5	=D4*C5/D5

기대 도수는 관측 빈도의 행과 열에 대해 공통점이 있으므로 엑셀에서 혼합 참조 주소를 이용하면 채우기 핸들을 사용하여 쉽게 계산할 수 있습니다. [그림 13-4]의 셀 B2(26)에 대한 기대 빈도는 =$D2*B$5/$D$5와 같이 계산할 수 있습니다. D앞에 $가 붙어서 D열은 고정되고 5행 앞에 $가 붙어 있으므로 5행이 고정된다는 의미입니다. 따라서 셀 B2(26)에 대한 기대 도수는 [그림 13-5]와 같이 셀 B7에 =$D2*B$5/$D$5로 계산합니다.

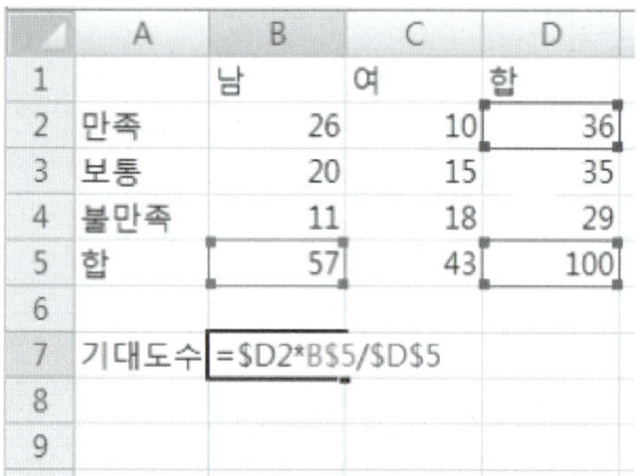

	A	B	C	D
1		남	여	합
2	만족	26	10	36
3	보통	20	15	35
4	불만족	11	18	29
5	합	57	43	100
6				
7	기대도수	=$D2*B$5/$D$5		
8				
9				

[그림 13-5] 셀 B2에 대한 기대 빈도의 계산

셀 B7은 셀 B2(26)에 대한 기대 도수이므로 나머지 기대 도수를 채우기 핸들을 이용하여 계산합니다. [그림 13-6]은 셀 C7을 셀 B7을 이용하여 채우기 핸들로 계산하고 이어서 나머지 셀 B8:C9까지는 셀 B7:C7을 이용하여 채우기 핸들로 계산합니다. 결과는 [그림 13-7]과 같습니다.

	A	B	C	D
1		남	여	합
2	만족	26	10	36
3	보통	20	15	35
4	불만족	11	18	29
5	합	57	43	100
6				
7	기대도수	20.52	15.48	
8				
9				

[그림 13-6] 채우기 핸들을 이용한 기대 빈도의 계산

	A	B	C	D
1		남	여	합
2	만족	26	10	36
3	보통	20	15	35
4	불만족	11	18	29
5	합	57	43	100
6				
7	기대도수	20.52	15.48	
8		19.95	15.05	
9		16.53	12.47	
10				
11	p-값			

[그림 13-7] 계산된 기대 도수

기대 도수를 계산했으므로 함수 CHITEST(또는 CHISQ.TEST)를 이용하여 가설에 대한 p값을 계산할 수 있습니다. 함수 CHITEST의 사용 방법은 다음과 같습니다.

CHITEST			
	사용 방법	=CHITEST(actual_range, expected_range)	
	인자	actual_range	관측 도수의 범위
		expected_range	기대 도수의 범위
	반환	검정통계량 χ^2에 대한 p값을 반환	

[그림 13-8]과 같이 p값이 계산될 위치를 선택(셀 B11)한 다음, 함수 CHITEST를 이용하여 =CHITEST(B2:C4,B7:C9)을 입력합니다. 함수 CHITEST의 첫 번째 인자는 관측 도수의 범위(B2:C4)이고, 두 번째 인자는 기대 도수의 범위(B7:C9)입니다.

계산된 p값은 [그림 13－9]와 같이 0.02122로 유의수준(0.05)보다 작으므로 귀무가설(H_0: 성별과 만족도는 독립적이다)을 기각합니다. 결론적으로 성별과 자판기 만족도는 독립이 아니며 남녀별로 만족도에 차이가 있다고 할 수 있습니다.

CHOOSE　=chitest(B2:C4,B7:C9)

	A	B	C	D	E
1		남	여	합	
2	만족	26	10	36	
3	보통	20	15	35	
4	불만족	11	18	29	
5	합	57	43	100	
6					
7	기대도수	20.52	15.48		
8		19.95	15.05		
9		16.53	12.47		
10					
11	p-값	=chitest(B2:C4,B7:C9)			

[그림 13-8] 함수 CHITEST의 인자 입력

	A	B	C	D
1		남	여	합
2	만족	26	10	36
3	보통	20	15	35
4	불만족	11	18	29
5	합	57	43	100
6				
7	기대도수	20.52	15.48	
8		19.95	15.05	
9		16.53	12.47	
10				
11	p-값	0.021215		

[그림 13-9] 함수 CHITEST의 결과 값

참고 2 독립성 검정에 대한 SPSS의 결과

[예제 13−2]의 독립성 검정에 대한 SPSS의 결과는 다음과 같습니다. 기대빈도는 분할표 상에 계산되어 있으며 검정통계량의 값은 7.706이며 p값은 0.021로 유의수준(0.05)보다 작으므로 귀무가설(H_0: 성별과 만족도는 독립적이다)을 기각합니다. 결론적으로 성별과 자판기 만족도는 독립이 아니며 남녀별로 만족도에 차이가 있다고 할 수 있습니다.

만족도 * 성별 교차표

			성별		전체
			남자	여자	
만족도	만족	빈도	26	10	36
		기대빈도	20.5	15.5	36.0
	보통	빈도	20	15	35
		기대빈도	20.0	15.1	35.0
	불만족	빈도	11	18	29
		기대빈도	16.5	12.5	29.0
전체		빈도	57	43	100
		기대빈도	57.0	43.0	100.0

카이제곱 검정

	값	자유도	점근 유의확률 (양측검정)
Pearson 카이제곱	7.706[a]	2	.021
우도비	7.823	2	.020
선형 대 선형결합	7.590	1	.006
유효 케이스 수	100		

a. 0 셀 (.0%)은(는) 5보다 작은 기대 빈도를 가지는 셀입니다. 최소 기대빈도는 12.47입니다.

13.3 동질성 검정

동질성 검정은 분할표상의 두 변수에 대해서 모집단 비율이 같은지를 검정하는 방법입니다. 동질성 검정과 독립성 검정은 단지 가설에서 차이가 나며 검정방법은 같습니다. 동질성 검정은 표본 집단이 동일한 모집단 비율을 갖는 모집단으로부터 추출된 것인지를 확인하기 위해서 독립성 검정과는 달리 표본의 크기를 같게 해야 합니다.

예제 13-3 찬반 의견에 대한 동질성 검정

직장인 남녀 각각 100명에 대해 근무 시 개인적인 인터넷 사용 규제에 대해 찬반의견을 종합한 결과(보조자료: 13장\찬반의견)는 다음과 같다. 이 표를 근거로 남녀 간의 찬반 의견에 차이가 있는지에 대해 가설을 세우고 유의수준 5%하에서 가설을 검정하시오.

찬성 \ 성별	남	여
찬성	25	45
반대	75	55
계	100	100

[규제에 대한 찬반 의견(단위: 명)]

	A	B	C
1		남	여
2	찬성	25	45
3	반대	75	55
4			

[그림 13-10] 데이터 입력

[풀이]

이 예제에 대한 가설은 다음과 같습니다.

H_0 : 남녀 간에 찬반 의견의 비율은 같다.
H_1 : 남녀 간에 찬반 의견의 비율은 다르다.　　[가설]

엑셀에서 기대 도수를 계산하기 위해 [그림 13-10]의 데이터에 대해 [그림 13-11]과 같이 주변 합을 계산합니다.

	A	B	C	D
1		남	여	합계
2	찬성	25	45	70
3	반대	75	55	130
4	합계	100	100	200

[그림 13-11] 주변 합 계산

기대 도수는 [예제 13-2]와 같이 혼합 참조 주소를 이용하여 계산합니다. 사용방법은 [예제 13-2]의 [풀이]를 참고하기 바랍니다. 셀 B2(남자 중에서 찬성자)에 대한 기대 도수는 [그림 13-12]와 같이 셀 B6에 =$D2*B$4/$D$4로 계산합니다.

	A	B	C	D
1		남	여	합계
2	찬성	25	45	70
3	반대	75	55	130
4	합계	100	100	200
5				
6	기대도수	=$D2*B$4/$D$4		
7				
8				

[그림 13-12] 남자 중에서 찬성자에 대한 기대 도수 계산

셀 B6가 계산되면 채우기 핸들을 이용하여 C6을 먼저 계산하고, 셀 B6:C6을 선택하여 채우기 핸들을 이용하여 나머지 셀 B7:C7을 계산합니다. 결과는 [그림 13−13]과 같습니다.

	A	B	C	D
1		남	여	합계
2	찬성	25	45	70
3	반대	75	55	130
4	합계	100	100	200
5				
6	기대도수	35	35	
7		65	65	
8				
9	p-값			

[그림 13-13] 계산한 기대 도수

이제 기대 도수를 계산했으므로 함수 CHITEST(또는 CHISQ.TEST)를 이용하여 가설에 대한 p값을 계산할 수 있습니다. 함수 CHITEST의 사용 방법은 다음과 같습니다.

CHITEST	사용 방법	=CHITEST(actual_range, expected_range)	
	인자	actual_range	관측 도수의 범위
		expected_range	기대 도수의 범위
	반환	검정통계량 χ^2에 대한 p값을 반환	

[그림 13－14]와 같이 p값이 계산될 위치를 선택(셀 B9)한 다음, 함수 CHITEST를 이용하여 =CHITEST(B2:C3,B6:C7)을 입력합니다. 함수 CHITEST의 첫 번째 인자는 관측 도수의 범위(B2:C3)이고, 두 번째 인자는 기대 도수의 범위(B6:C7)입니다.

[그림 13－15]에서 계산된 p값은 0.003으로 유의수준(0.05)보다 작으므로 귀무가설(H_0: 남녀 간에 찬반의견의 비율은 같다)을 기각합니다. 결론적으로 성별에 따라 인터넷 규제에 대한 찬반의견의 비율은 다르다(차이가 있다)고 할 수 있습니다.

	A	B	C	D
1		남	여	합계
2	찬성	25	45	70
3	반대	75	55	130
4	합계	100	100	200
5				
6	기대도수	35	35	
7		65	65	
8				
9	p-값	=chitest(B2:C3,B6:C7)		

[그림 13-14] 함수 CHITEST의 인자 입력

	A	B	C	D
1		남	여	합계
2	찬성	25	45	70
3	반대	75	55	130
4	합계	100	100	200
5				
6	기대도수	35	35	
7		65	65	
8				
9	p-값	0.003027		

[그림 13-15] 계산된 p값

참고 3 동질검 검정에 대한 SPSS의 결과

[예제 13－3]에 대한 SPSS의 동질검 검정 결과는 다음과 같습니다. 검정통계량은 8.791이고, p값은 0.003으로 유의수준(0.05)보다 작으므로 귀무가설(H_0: 남녀 간에 찬반의견의 비율은 같다)을 기각합니다. 결론적으로 성별에 따라 인터넷 규제에 대한 찬반의견의 비율은 다르다(차이가 있다)고 할 수 있습니다.

찬반 * 성별 교차표

			성별		전체
			남자	여자	
찬반	찬성	빈도	25	45	70
		기대빈도	35.0	35.0	70.0
	반대	빈도	75	55	130
		기대빈도	65.0	65.0	130.0
전체		빈도	100	100	200
		기대빈도	100.0	100.0	200.0

카이제곱 검정

	값	자유도	점근 유의확률 (양측검정)	정확한 유의확률 (양측검정)	정확한 유의확률 (단측검정)
Pearson 카이제곱	8.791[a]	1	.003		
연속수정[b]	7.934	1	.005		
우도비	8.884	1	.003		
Fisher의 정확한 검정				.005	.002
선형 대 선형결합	8.747	1	.003		
유효 케이스 수	200				

a. 0 셀 (.0%)은(는) 5보다 작은 기대 빈도를 가지는 셀입니다. 최소 기대빈도는 35.00 입니다.

b. 2x2 표에 대해서만 계산됨

단원 정리

카이제곱분석

성별에 따라 특정 제품의 선호도에 차이가 있는지, 학력에 따라 월 임금수준에 차이가 있는지를 분석하고자 할 때 다음의 표와 같이 범주별로 데이터를 분류하여 얻은 도수들을 정리한 표를 이용하는데 이를 분할표라 한다. 카이제곱(χ^2)분석은 분할표를 통해 변수들 간의 관련성의 존재 여부를 검정하기 위해 관측 도수와 기대 도수와의 차이에 근거를 둔 검정통계량 χ^2을 이용한다. 카이제곱분석의 검정통계량 χ^2은 관측 도수와 기대 도수와의 차이에 근거를 두고 있다.

$$\chi^2 = \sum_{i=1}^{k} \frac{(O_i - E_i)^2}{E_i}$$

위의 검정통계량 χ^2은 자유도 $(k-1)$의 카이제곱(χ^2) 분포를 따른다.

카이제곱분석의 종류

적합도 검정(goodness of fit test)은 관측 값(또는 표본)이 특정한 확률분포를 따르는지 검정하는 방법이고, 독립성 검정(independence test)은 분할표상에서 변수들 간의 연관성을 검정한다. 동질성 검정(homogeneity test)은 분할표상의 두 변수에 대해서 모집단 비율이 같은지를 검정하는 방법이다. 동질성 검정과 독립성 검정은 단지 가설에서 차이가 나며 검정 방법은 동일하다.

<table>
<tr><th>구분</th><th>데이터</th><th>가설</th></tr>
<tr><td>적합도 검정</td><td>120번 던져서 나온 주사위 눈금의 도수
<table>
<tr><td>눈금</td><td>1</td><td>2</td><td>3</td><td>4</td><td>5</td><td>6</td><td>합계</td></tr>
<tr><td>도수</td><td>22</td><td>19</td><td>26</td><td>25</td><td>17</td><td>11</td><td>120</td></tr>
</table></td><td>H_0: 각 눈금의 확률은 동일하다(균등분포를 따른다).
H_1: 각 눈금의 확률은 동일하지 않다(균등분포를 따르지 않는다).</td></tr>
<tr><td>독립성 검정</td><td>자판기 이용 만족도(단위: 명)
<table>
<tr><th>만족도 \ 성별</th><th>남</th><th>여</th></tr>
<tr><td>만족</td><td>26</td><td>10</td></tr>
<tr><td>보통</td><td>20</td><td>15</td></tr>
<tr><td>불만족</td><td>11</td><td>18</td></tr>
</table></td><td>H_0: 성별과 만족도는 독립적이다(관계가 없다).
H_1: 성별과 만족도는 독립적이 아니다(관계가 있다).</td></tr>
<tr><td>동질성 검정</td><td>인터넷 규제에 대한 찬반 의견(단위: 명)
<table>
<tr><th>찬반 \ 성별</th><th>남</th><th>여</th></tr>
<tr><td>찬성</td><td>25</td><td>45</td></tr>
<tr><td>반대</td><td>75</td><td>55</td></tr>
<tr><td>계</td><td>100</td><td>100</td></tr>
</table></td><td>H_0: 남녀 간에 찬반 의견의 비율은 같다.
H_1: 남녀 간에 찬반 의견의 비율은 다르다.</td></tr>
</table>

엑셀에서 카이제곱분석

엑셀에서 카이제곱분석은 [데이터 분석]을 이용할 수 없고, 함수를 사용해야 하는데 다음과 같이 두 가지 방법이 있다.

방법	계산에 필요한 값	계산	검정 방법
함수 CHIDIST를 이용	관측 도수와 기대 도수를 이용한 검정통계량 χ^2	p값	적합도 검정
함수 CHITEST를 이용	관측 도수와 기대 도수	p값	독립성 검정
			동질성 검정

함수 CHIDIST(또는 CHISQ.DIST)를 이용하려면 관측 도수에 대해 기대 도수를 계산한 다음, 검정통계량 χ^2을 계산해야만 p값을 계산할 수 있다. 반면에 함수 CHITEST(또는 CHISQ.TEST)는 관측 도수에 대해 기대 도수만 계산하면 p값을 계산할 수 있다.

01 시장조사업체인 KB 리서치는 최근 4개 업체(N, O, S, P)에 대한 라면시장 점유율(보조자료: 13장\연습문제1)을 다음과 같이 발표하였다. 이에 대해 N사를 제외한 나머지 라면업체들은 작년부터 마케팅 전략을 강화하여 점유율이 발표한 것보다 높아졌을 것이라며 이번 한 달 동안 대형마트에서 라면을 구입한 고객 중 임의로 추출한 450명을 대상으로 조사하였다. N사를 제외한 나머지 업체들의 주장이 타당한지에 대해 가설을 세우고, 유의수준 5%로 가설을 검정하시오.

구분	N사	O사	S사	P사	합계
점유율	68%	13%	11%	8%	100%
구입 라면(명)	285	66	55	44	450

02 다음의 표는 주사위를 600번 던져서 나온 눈금의 횟수이다. 이 결과(보조자료: 13장\연습문제2)에 대해 이 주사위가 정상적인 주사위인지에 대해 가설을 세우고, 유의수준 5%하에서 검정하시오.

눈금	1	2	3	4	5	6
횟수	109	95	92	105	101	98

03 1회부터 최근까지 로또당첨번호 통계를 이용하여 로또번호가 임의로 출현하였는지에 대해 가설을 세우고, 유의수준 5%하에서 카이제곱 검정을 실시하시오(참고사이트: 로또 http://www.lotto.co.kr/).

04 어느 해 12월 경찰청에서 집계한 교통사고 건수(보조자료: 13장\연습문제4)는 다음과 같다. 이 데이터를 근거로 도로 종류별 교통사고 건수가 요일과 무관한 것인지에 대해 가설을 세우고 유의수준 5%로 검정하시오.

구분	일	월	화	수	목	금	토
일반국도	297	362	335	412	412	425	352
지방도	160	242	177	256	276	263	221
고속국도	58	45	39	48	60	53	51

05 남녀별로 선호하는 스마트폰 사용 기능에 차이가 있는지를 알기 위해 조사한 결과(보조자료: 13장\연습문제5)는 다음과 같다. 이 결과를 토대로 남녀별로 스마트폰 사용 기능에 차이가 있는지에 대해 가설을 세우고 유의수준 5%로 검정하시오.

구분	인터넷	애플리케이션	통화나 문자
남	68	43	25
여	45	36	15

06 어느 회사에서 근무 중 개인적인 인터넷 사용에 대한 찬반 의견을 종합한 데이터(보조자료: 13장\연습문제6)는 다음과 같다. 이 데이터를 토대로 어떤 통계적 분석이 가능한지에 대해 설명하고 유의수준 5%로 가설을 검정하시오.

구분	인터넷 사용 찬성	인터넷 사용 반대
남자	25	36
여자	35	4

07 책상을 생산하는 A기업은 생산된 책상에 대해 네 부분의 결함 여부(상판, 다리, 서랍, 도색)를 체크하여 불량품을 선별하고 있다. 이번 달에 생산한 책상에 대해 생산라인별로 임의로 100개씩을 추출하여 결함을 분류한 다음의 결과(보조자료: 13장\연습문제7)를 이용하여 생산라인별로 결함 부분에 차이가 있는지에 대해 가설을 세우고 유의수준 5%로 가설을 검정하시오.

구분	line 1	line 2	line 3
결함 A(상판)	11	25	27
결함 B(다리)	28	31	15
결함 C(서랍)	44	34	42
결함 D(도색)	17	10	16
계	100	100	100

08 비타민C가 감기예방에 효과가 있는지를 알아보기 위해 200명을 대상으로 각각 100명씩 두 개의 그룹으로 나누어 한 그룹에는 매일 비타민C 200mg의 알약을, 나머지 그룹에는 가짜약(placebo)을 투약하여 환절기 3개월 동안 감기에 걸린 사람을 조사한 내용(보조자료: 13장\연습문제8)은 다음과 같다. 이 결과가 비타민C가 감기예방에 효과가 있는지에 대해 가설을 세우고 유의수준 5%로 가설을 검정하시오.

구분	감기에 걸리지 않음	감기에 걸림
가짜약	55	45
비타민C	75	25

09 어느 회사에서 사내 복지정책의 만족도에 대해 남녀별로 차이가 있는지를 알아보기 위해 남녀 각각 50명을 임의로 추출하여 조사한 결과(보조자료: 13장\연습문제9)는 다음과 같다. 이 결과를 토대로 사내 복지정책의 만족도에 대해 남녀별로 차이가 있는지에 대해 가설을 세우고 유의수준 5%로 가설을 검정하시오.

구분	만족	보통	불만족
남	41	6	3
여	30	15	5

10 자신이 속해있는 학과(또는 반) 학생들을 대상으로 다음의 주제로 조사하여 분할표를 작성한 다음, 적절한 가설을 세우고 유의수준 5% 하에서 카이제곱 검정을 실시하시오.

① 선호하는 프로스포츠 종목(야구, 농구, 축구, 배구)에 대해 성별에 따라 차이가 있는가

② 선호하는 TV프로(예능, 드라마, 스포츠, 뉴스, 퀴즈 등)에 대해 성별에 따라 차이가 있는가

③ 학교시설물(도서관, 구내식당, 체육시설, 강의실 등)에 대한 만족도에 대해 성별에 따라 차이가 있는가

심화 문제

11 1부터 100 사이의 균등분포(일양분포)를 따르는 난수 100개를 생성하여 도수분포표를 작성하고, 생성된 난수가 균등분포(일양분포)를 따르는지에 대해 가설을 세우고 유의수준 5%하에서 검정하시오(참고: 15.5절).

12 키가 정규분포를 따르는지 조사하기 위해 A대학 학생 100명을 조사한 다음의 결과(보조자료: 13장\연습문제12)를 토대로 가설을 세우고, 유의수준 5% 하에서 검정하시오.

(단위: cm)

구간	도수
150~154	1
155~159	2
160~164	7
165~169	22
170~174	38
175~179	19
180~184	8
185~189	3

chapter 14

통계분석 프로젝트

이 장에서는 설문조사를 예로 들어서 실제 통계분석이 어떤 방법으로 이루어지는지에 대해서 설명합니다.

chapter

14 통계분석 프로젝트

14.1 설문조사와 통계분석의 예

선정한 주제에 대해 데이터를 조사하거나 설문지를 작성하여 통계적 분석을 실시하는 것은 그리 간단한 문제가 아니며 여러 절차를 거치게 됩니다. 그러나 이론으로 배운 통계적 분석방법들이 실제로 어떻게 응용되고 활용될 수 있는지를 조금이라도 이해할 수 있는 좋은 방법은 간단한 주제라도 그 주제에 대해 데이터를 직접 수집해 보고 분석방법을 적용하여 결론을 내려 보는 경험을 해 보는 것입니다. 그리고 주제를 선정하였다면 인터넷을 통해 관련된 논문을 참고하는 것도 중요합니다. 여기에서는 '스마트폰 의존도 조사'라는 주제를 선정하여 설문을 어떻게 작성하고 설문결과에 대해 어떤 분석방법을 적용할 것인가에 대해 설명하고자 합니다.

설문조사를 통한 통계분석 절차는 다음과 같습니다.

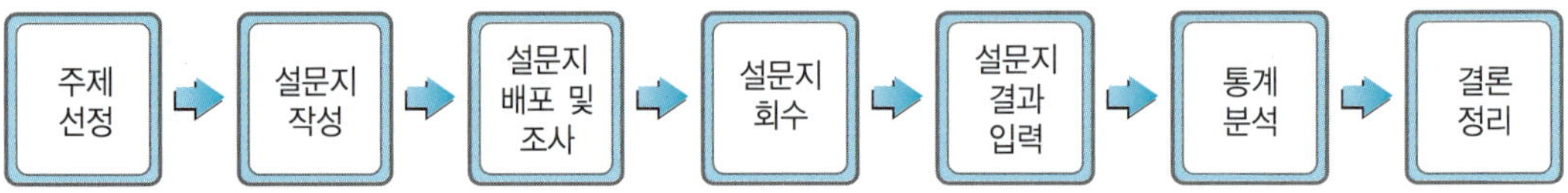

조사에 앞서 설문의 주제를 선정해야 합니다. 주제를 선정한 이후에는 가설을 설정하고, 조사할 대상과 조사방법을 선택합니다. 조사방법에는 인터넷, 전화, 우편(e-mail), 면접 등이 있고, 표본추출방법과 표본의 크기, 조사 시기 및 기간 등을 결정합니다.

설문지 작성에 있어서 고려해야 할 것은 주제(또는 가설)에 부합하고 질문의 의도가 명확하게 전달될 수 있고 명확한 답을 얻을 수 있는 문항과 항목으로 구성하되 이러한 문항을 통하여 어떤 통계적 분석방법을 적용할 것인가에 대해서도 고려하여 작성해야 합니다. 2장에서도 언급하였듯이 데이터의 속성과 척도에 따라 분석방법이 달라지기 때문입니다. 따라서 설문이 작성되면 조사나 배포하기 전에 사전 테스트를 거쳐 생각했던 분석방법을 적용할 수 있는지에 대해 충분히 검토해 보아야 합니다. 설문 조사지의 앞부분에는 설문조사의 주제, 목적과 의도에 대해서 간략히 기술하고 설문 문항이 시작하기 전 또는 설문 문항의 마지막 부분에 인구학적 특성(성별, 나이, 학년, 학과 등) 항목을 삽입합니다.

설문지가 완성되면 선정한 조사 대상에게 배포와 조사를 실시하고 설문지를 회수합니다. 회수한 설문지의 결과를 토대로 데이터를 엑셀에 입력한 후에는 통계분석 이전에 집계된 데이터에 대해 도수분포표나 그래프(막대그래프, 파이차트 등)를 이용하여 데이터를 정리하고 요약(대표값과 산포도)합니다. 마지막으로 통계분석을 실시하여 가설을 검정하고 결론을 작성합니다.

14.1.1 설문조사와 통계분석 보고서 작성

주제 : 스마트폰 의존도 조사
가설 : 성별(또는 나이)에 따라 사용시간, 서비스, 의존도에 차이가 있을 것이다.
내용 : 사용기종, 사용기간, 요금제, 주로 이용하는 서비스, 의존도 조사
대상 : 경영학과(80명), 피부미용과(80명)
기간 : 2014년 4월 8일~15일
분석 : 독립성 검정, 두 집단 간 평균차이 분석(t 검정), 분산분석, 상관분석
조사 및 분석자 : 3조(김성준(조장), 이철진, 박미라, 원호균)

조사의도 및 목적 : 인터넷과 더불어 스마트폰의 중독이 사회적인 문제로 이슈가 되고 있어 실제로 우리 학교의 재학생을 대상으로 스마트폰의 의존도를 조사해 보고 나름대로 가설을 설정하여 검정해 보고자 한다.

14.1.2 설문지의 예

조사에 사용된 설문지의 내용(보조자료 : 14장.hwp)은 다음과 같습니다.

당신의 성별은?

① 여 ② 남

당신의 학년은?

① 1학년 ② 2학년 ③ 3학년 ④ 4학년

당신의 나이는?( )세

1. 사용하고 있는 스마트폰 제조회사는?

① 삼성 ② 애플 ③ LG ④ 스카이
⑤ KT ⑥ SK ⑦ 기타( )

2. 현재의 스마트폰 사용기간은?

① 구입 후 6개월 미만 ② 6개월~1년 ③ 1년~1년 6개월
④ 1년 6개월~2년 ⑤ 2년 이상

3. 일일 평균 사용시간은?

① 1시간 미만 ② 1~2시간 ③ 2~3시간
④ 3~4시간 ⑤ 4시간 이상

4. 주로 이용하는 시간대는?

① 등교시간 ② 점심시간 ③ 하교~저녁
④ 밤 시간 ⑤ 새벽시간

5. 이용하는 요금제는?

① 일반 요금제 ② 무제한 데이터 요금제

6. 주로 이용하는 서비스는?

① 정보(뉴스)검색 ② 채팅, 메신저 ③ 음악 ④ 게임
⑤ 영화(동영상) ⑥ 블로그(미니홈피) ⑦ 쇼핑 ⑧ 기타( )

7. 스마트폰이 없으면 불안합니까?

① 전혀 그렇지 않다 ② 그렇지 않다 ③ 보통이다
④ 그런 편이다 ⑤ 매우 그렇다

8. 스마트폰 요금을 지불하기 위해서 생활비를 줄이고 있습니까?

① 전혀 그렇지 않다 ② 그렇지 않다 ③ 보통이다
④ 그런 편이다 ⑤ 매우 그렇다

9. 인터넷 이용에 있어서 컴퓨터보다 스마트폰을 선호하십니까?

① 전혀 그렇지 않다 ② 그렇지 않다 ③ 보통이다
④ 그런 편이다 ⑤ 매우 그렇다

14.1.3 데이터의 입력

데이터의 입력은 설문 결과에 대해 [그림 14－1]과 같이 행 단위로 입력합니다. [그림 14－1]은 10명의 설문결과를 입력한 예입니다. 특정 문항에 답을 하지 않은 경우는 공백으로 표시하여 추후에 분석 대상에서 제외합니다.

	A	B	C	D	E	F	G	H	I	J	K	L
1	성별	학년	나이	제조사	기간	시간	시간대	요금제	서비스	불안감	생활비	선호도
2	1	2	22	1	3	2	1	2	3	4	3	4
3	2	1	20	1	1	3	4	2	1	3	2	2
4	2	1	21	3	3	4	4	2	2	3	3	4
5	1	2	22	3	4	3	5	2	5	4	1	3
6	1	3	24	1	2	3	4	1	7	5	4	5
7	1	4	25	2	2	4	2	1	3	5	4	5
8	2	2	24	4	3	4	1	2	4	4	4	5
9	2	3	23	5	3	2	3	1	4	4	3	3
10	1	2	21	2	4	3	4	2	2	3	3	3
11	2	1	20	1	2	4	4	2	1	3	3	2

[그림 14－1] 설문 결과 입력 예(10명의 설문결과)

14.1.4 데이터의 정리와 요약

인구학적 특성(성별, 학년, 나이)에 대해 〈표 14－1〉의 도수분포표와 [그림 14－2]의 그래프(참고: 2.2.2 원그래프의 작성)를 이용하여 나타냅니다.

구분	도수	상대도수
남	55	0.55
여	45	0.45
합계	100	1.00

〈표 14－1〉 성별의 도수분포표

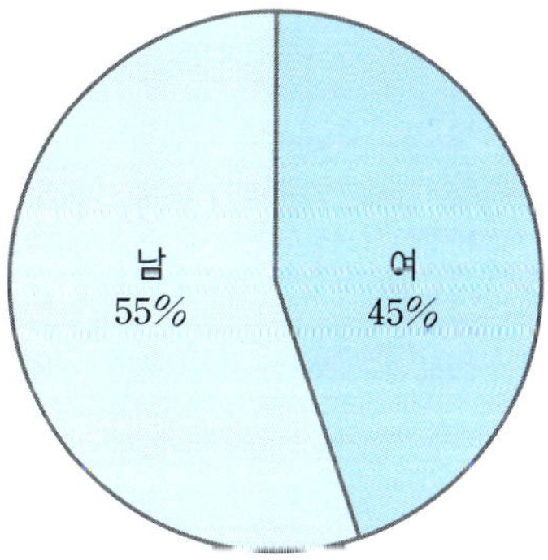

[그림 14－2] 성별의 구성비

인구학적 특성으로 구분하지 않은 문항 1부터 문항 9까지의 결과에 대해서도 도수분포표나 그래프를 이용하여 나타냅니다. 막대그래프로 표시할 경우에는 도수의 크기에 따라 정렬하여 표시하고 문항의 결과를 가장 잘 표현할 수 있는 그래프(참고: 2.2.1 막대그래프의 작성)를 선택합니다. 선택합니다. 〈표 14－2〉와 [그림 14－3]은 설문지 문항 1의 결과를 나타냅니다.

제조회사	도수	상대도수
삼성	33	0.33
LG	22	0.22
애플	15	0.15
KT	10	0.10
SK	8	0.08
스카이	7	0.07
기타	5	0.05
합계	100	1.00

〈표 14-2〉 제조사의 도수분포표

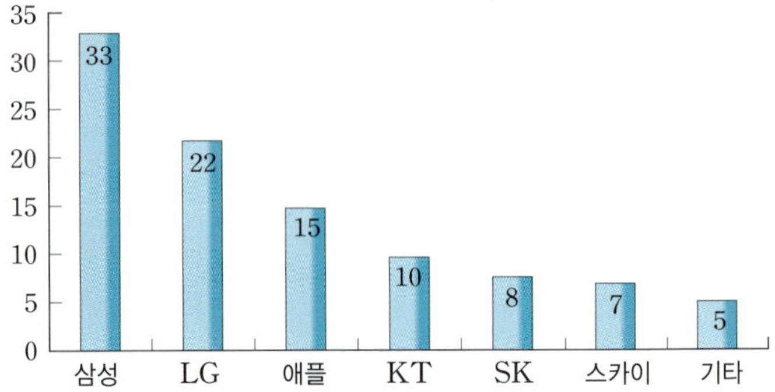

[그림 14-3] 제조사 구성

14.1.5 빈도분석

각 문항에 대한 도수분포표와 그래프를 표시한 후에는 통계 분석에 앞서 문항별로 인구학적 특성으로 구분한 결과를 도수분포표나 그래프를 이용하여 나타내고 설명합니다. 문항 1부터 문항 9까지의 결과를 인구학적 특성(성별, 학년, 나이)으로 구분하여 나타내려면 [그림 14-1]의 원본 데이터를 편집해야 합니다. 자세한 편집방법은 15.7절(분할표 작성)을 참고하기 바랍니다.

예를 들어 성별에 따라 제조회사를 구분한 결과는 다음과 같습니다. 이 예에서 남학생은 삼성 제품을 선호하지만 여학생의 경우에는 LG나 애플을 선호하는 것으로 나타났습니다.

제조회사	남 도수	상대도수
삼성	27	0.49
LG	10	0.18
KT	6	0.11
스카이	4	0.07
애플	3	0.05
SK	3	0.05
기타	2	0.04
합계	55	1.00

제조회사	여 도수	상대도수
LG	12	0.27
애플	12	0.27
삼성	6	0.13
SK	5	0.11
KT	4	0.09
스카이	3	0.07
기타	3	0.07
합계	45	1.00

〈표 14-3〉 성별에 따른 제조회사의 도수분포표

14.1.6 문항별 척도

통계분석을 하기 이전에 먼저 무응답(공백)이 있는지를 확인하고 무응답 사례는 제외한다고 가정합니다. 각 문항별 척도는 다음과 같습니다.

[문항별 척도]

문항		척도
인구	당신의 성별은? ① 여 ② 남	명목
인구	당신의 학년은? ① 1학년 ② 2학년 ③ 3학년 ④ 4학년	서열
인구	당신의 나이는?( )세	비율
1	1. 사용하고 있는 스마트폰 제조회사는? ① 삼성 ② 애플 ③ LG ④ 스카이 ⑤ KT ⑥ SK ⑦ 기타	명목
2	2. 현재의 스마트폰 사용기간은? ① 구입 후 6개월 미만 ② 6개월~1년 ③ 1년~1년 6개월 ④ 1년 6개월~2년 ⑤ 2년 이상	서열 비율
3	3. 일일 평균 사용시간은? ① 1시간 미만 ② 1~2시간 ③ 2~3시간 ④ 3~4시간 ⑤ 4시간 이상	서열 비율
4	4. 주로 이용하는 시간대는? ① 등교시간 ② 점심시간 ③ 하교~저녁 ④ 밤 시간 ⑤ 새벽시간	명목
5	5. 이용하는 요금제는? ① 일반 요금제 ② 무제한 데이터 요금제	명목
6	6. 주로 이용하는 서비스는? ① 정보(뉴스)검색 ② 채팅, 메신저 ③ 음악 ④ 게임 ⑤ 영화(동영상) ⑥ 블로그(미니홈피) ⑦ 쇼핑 ⑧ 기타	명목
7	7. 스마트폰이 없으면 불안합니까? ① 전혀 그렇지 않다 ② 그렇지 않다 ③ 보통이다 ④ 그런 편이다 ⑤ 매우 그렇다	서열 구간
8	8. 스마트폰 요금을 지불하기 위해서 생활비를 줄이고 있습니까? ① 전혀 그렇지 않다 ② 그렇지 않다 ③ 보통이다 ④ 그런 편이다 ⑤ 매우 그렇다	서열 구간
9	9. 인터넷 이용에 있어서 컴퓨터보다 스마트폰을 선호하십니까? ① 전혀 그렇지 않다 ② 그렇지 않다 ③ 보통이다 ④ 그런 편이다 ⑤ 매우 그렇다	서열 구간

문항 2와 문항 3은 서열척도 또는 비율척도(시간)로 볼 수 있으며, 문항 7~문항 9는 서열척도나 구간척도(점수)로도 사용할 수 있습니다.

14.1.7 통계분석

카이제곱(χ^2)분석

인구학적 특성의 요소와 각 문항의 항목 간에 빈도를 확인하여 카이제곱분석

(참고: 13장 카이제곱분석)을 할 수 있습니다. 그러나 이 예에서 남녀 간, 학년 간 표본의 크기가 같지 않으므로 동질성 검정 대신 독립성 검정으로 처리합니다. 다음은 성별과 해당 문항 간의 독립성 검정의 예를 나타낸 것입니다.

1) 성별에 따라 사용 기간에 차이가 있는가?

<table>
<tr><th>가설</th><th colspan="3">분할표(성별과 문항 2)</th></tr>
<tr><td rowspan="7">H_0 : 성별과 사용기간은 독립적이다.
(관계가 없다)
H_1 : 성별과 사용기간은 독립적이 아니다.
(관계가 있다)</td><th>구분</th><th>남</th><th>여</th></tr>
<tr><td>6개월 미만</td><td></td><td></td></tr>
<tr><td>6개월~1년</td><td></td><td></td></tr>
<tr><td>1년~1년 6개월</td><td></td><td></td></tr>
<tr><td>1년 6개월~2년</td><td></td><td></td></tr>
<tr><td>2년 이상</td><td></td><td></td></tr>
<tr><td>합계</td><td>55</td><td>45</td></tr>
</table>

2) 성별에 따라 일일 평균 사용 시간에 차이가 있는가?

<table>
<tr><th>가설</th><th colspan="3">분할표(성별과 문항 3)</th></tr>
<tr><td rowspan="7">H_0 : 성별과 사용시간은 독립적이다.
(관계가 없다)
H_1 : 성별과 사용시간은 독립적이 아니다.
(관계가 있다)</td><th>구분</th><th>남</th><th>여</th></tr>
<tr><td>1시간 미만</td><td></td><td></td></tr>
<tr><td>1~2시간</td><td></td><td></td></tr>
<tr><td>2~3시간</td><td></td><td></td></tr>
<tr><td>3~4시간</td><td></td><td></td></tr>
<tr><td>4시간 이상</td><td></td><td></td></tr>
<tr><td>합계</td><td>55</td><td>45</td></tr>
</table>

3) 성별에 따라 요금제에 차이가 있는가?

<table>
<tr><th>가설</th><th colspan="3">분할표(성별과 문항 5)</th></tr>
<tr><td rowspan="4">H_0 : 성별과 요금제는 독립적이다.
(관계가 없다)
H_1 : 성별과 요금제는 독립적이 아니다.
(관계가 있다)</td><th>구분</th><th>남</th><th>여</th></tr>
<tr><td>일반</td><td></td><td></td></tr>
<tr><td>무제한</td><td></td><td></td></tr>
<tr><td>합계</td><td>55</td><td>45</td></tr>
</table>

4) 스마트폰이 없을 경우 성별에 따라 느끼는 불안감의 정도에 차이가 있는가?

<table>
<tr><th>가설</th><th colspan="3">분할표(성별과 문항 7)</th></tr>
<tr><td rowspan="7">H_0 : 성별과 불안감의 정도는 독립적이다.
(관계가 없다)
H_1 : 성별과 불안감의 정도는 독립적이 아니다.
(관계가 있다)</td><th>구분</th><th>남</th><th>여</th></tr>
<tr><td>전혀 그렇지 않다</td><td></td><td></td></tr>
<tr><td>그렇지 않다</td><td></td><td></td></tr>
<tr><td>보통이다</td><td></td><td></td></tr>
<tr><td>그런 편이다</td><td></td><td></td></tr>
<tr><td>매우 그렇다</td><td></td><td></td></tr>
<tr><td>합계</td><td>55</td><td>45</td></tr>
</table>

5) 인터넷을 사용하는 경우 성별에 따라 스마트폰의 선호도에 차이가 있는가?

<table>
<tr><th>가설</th><th colspan="3">분할표(성별과 문항 9)</th></tr>
<tr><td rowspan="7">H_0 : 성별과 스마트폰 선호도는 독립적이다.
(관계가 없다)
H_1 : 성별과 스마트폰 선호도는 독립적이 아니다.
(관계가 있다)</td><th>구분</th><th>남</th><th>여</th></tr>
<tr><td>전혀 그렇지 않다</td><td></td><td></td></tr>
<tr><td>그렇지 않다</td><td></td><td></td></tr>
<tr><td>보통이다</td><td></td><td></td></tr>
<tr><td>그런 편이다</td><td></td><td></td></tr>
<tr><td>매우 그렇다</td><td></td><td></td></tr>
<tr><td>합계</td><td>55</td><td>45</td></tr>
</table>

독립인 두 표본에 대한 평균 차이 검정

문항 2와 문항 3은 서열척도 또는 비율척도(시간)로 볼 수 있으며, 문항 7~문항 9는 서열척도이나 구간척도(점수)로도 사용할 수 있으므로 다음과 같이 독립인 두 표본에 대한 평균 차이를 t 검정을 통해 분석할 수 있습니다. t 검정을 하려면 [그림 14－1]의 원본 데이터를 이용할 수 없고 남녀별로 구분하여 편집해야 하며 이에 대한 방법은 15.8.4절을 참고하고 분석 방법은 10.1절(독립인 두 표본에 대한 평균차이의 분석)을 참고합니다.

1) 성별에 따라 스마트폰의 사용기간에 차이가 있는가?

H_0 : 성별에 따라 스마트폰 사용기간에 차이가 없다($\mu_{남}=\mu_{여}$). [가설]
H_1 : 성별에 따라 스마트폰 사용기간에 차이가 있다($\mu_{남}\neq\mu_{여}$). 양측 검정

문항 2의 원본 데이터를 다음과 같이 변환 후의 데이터로 편집하여 남녀 간의 차이를 t 검정을 통해 분석합니다.

변환 전(문항 2)		변환 후	
성별	스마트폰 사용기간	남	여
1	3	1	3
2	1	3	4
2	3	3	4
1	4	3	…
…	…	…	2
2	5	3	

2) 성별에 따라 일일 평균 사용시간에 차이가 있는가?

H_0 : 성별에 따라 스마트폰 사용시간에 차이가 없다($\mu_{남}=\mu_{여}$).	[가설]
H_1 : 성별에 따라 스마트폰 사용시간에 차이가 있다($\mu_{남}\neq\mu_{여}$).	양측 검정

문항 3의 원본 데이터를 다음과 같이 변환 후의 데이터로 편집하여 남녀 간의 차이를 t 검정을 통해 분석합니다.

변환 전(문항 3)		변환 후	
성별	스마트폰 사용시간	남	여
1	2	3	2
2	3	4	3
2	4	…	…
1	3	…	…
…	…	…	
2	5		

3) 스마트폰이 없을 경우 성별에 따라 느끼는 불안감의 정도에 차이가 있는가?

H_0 : 성별에 따라 불안감의 정도에 차이가 없다($\mu_{남}=\mu_{여}$).	[가설]
H_1 : 성별에 따라 불안감의 정도에 차이가 있다($\mu_{남}\neq\mu_{여}$).	양측 검정

문항 7의 원본 데이터를 다음과 같이 변환 후의 데이터로 편집하여 남녀 간의 차이를 t 검정을 통해 분석합니다.

변환 전(문항 7)		변환 후	
성별	불안감 정도	남	여
1	4	3	4
2	3	3	4
2	3	…	…
1	4	…	…
…	…	…	
2	1		

4) 이용하는 요금제에 따라 느끼는 불안감의 정도에 차이가 있는가?

H_0 : 요금제에 따라 불안감의 정도에 차이가 없다($\mu_{무제한}=\mu_{일반}$).	[가설]
H_1 : 요금제에 따라 불안감의 정도에 차이가 있다($\mu_{무제한}\neq\mu_{일반}$).	양측 검정

문항 7의 원본 데이터를 다음과 같이 변환 후의 데이터로 편집하여 남녀 간의 차이를 t 검정을 통해 분석합니다.

변환 전(문항 7)		변환 후	
요금제	불안감 정도	일반	무제한
1	4	3	4
2	3	3	4
2	3	…	…
1	4	…	…
…	…	…	
2	1		

상관관계

인구학적 특성 중 나이는 비율척도에 해당합니다. 따라서 나이와 문항 2(사용기간), 나이와 문항 3(사용시간), 나이와 문항 7(불안감의 정도), 나이와 문항 8(생활비), 나이와 문항 9(선호도)에 대해 상관관계(참고: 12.1 상관분석)를 조사할 수 있습니다. 그리고 문항 2(사용기간)와 문항 3(사용시간)에 대해서도 상관관계를 조사할 수 있습니다.

5점 척도를 사용한 문항 7~문항 9의 내용은 스마트폰의 의존도를 조사하는 것이므로 유사한 문항 간의 상관관계를 조사할 수 있습니다.

분산분석

분산분석은 3개 이상의 평균 간의 차이를 분석하는 방법입니다. 문항 7에 관심을 둔다면 다음과 같은 일원배치 분산분석이 가능합니다. 일원배치 분산분석은 11.2.1절을 참고합니다.

1) 스마트폰이 없을 경우 보유하고 있는 스마트폰의 제조회사(문항 1)에 따라 느끼는 불안감의 정도(문항 7)에 차이가 있는가?

이 경우 제조회사는 기타를 포함하여 7가지로 구분되어 있으나 빈도가 가장 많은 3개 또는 4개 회사의 경우만 선별하여 분석하는 것이 좋습니다. 만약 빈도가 많은 3개의 제조사가 삼성, 애플, LG라면 가설은 다음과 같습니다.

H_0 : 제조회사에 따라 불안감의 정도에 차이가 없다($\mu_{삼성}=\mu_{애플}=\mu_{LG}$).
H_1 : 적어도 한 개의 평균은 나머지와 다르다.
또는 적어도 두 개의 평균 간에 차이가 있다.

[가설]
분산분석

문항 7의 원본 데이터를 다음과 같이 변환 후의 데이터로 편집하여 분산분석을 실시합니다.

변환 전(문항 7)		변환 후		
제조사	불안감 정도	제조사 1	제조사 2	제조사 3
1	4	4	3	4
2	3	…	3	…
2	3	…	…	…
3	4	…	…	
…	…	…		
2	1			

2) 스마트폰이 없을 경우 일일 평균 사용 시간(문항 3)에 따라 느끼는 불안감의 정도(문항 7)에 차이가 있는가?

H_0 : 일일 평균 사용 시간에 따라 불안감의 정도에 차이가 없다.
($\mu_{1시간 미만}=\mu_{1시간\sim2시간}=\mu_{2시간\sim3시간}=\mu_{3시간\sim4시간}=\mu_{4시간 이상}$)
H_1 : 적어도 한 개의 평균은 나머지와 다르다.
또는 적어도 두 개의 평균 간에 차이가 있다.

[가설]
분산분석

문항 7의 원본 데이터를 다음과 같이 변환 후의 데이터로 편집하여 분산분석을 실시합니다.

변환 전(문항 7)		변환 후				
사용 시간	불안감 정도	1시간 미만	1~2시간	2~3시간	3~4시간	4시간 이상
2	4	…	4	3	3	…
3	3	…	…	4	…	…
4	3	…	…	…	…	
3	4					
…	…					
2	1					

14.1.8 결론 작성

각 가설에 대한 통계분석의 검정 결과를 보기 좋게 정리하여 기술하고 전반적인 결론을 유도하여 작성합니다. 만약 참고한 논문 또는 책이 있다면 마지막 부분에 참고문헌을 작성합니다.

14.2 스마트폰 이용실태 조사

조사의 필요성 및 목적

급격히 성장한 스마트폰의 보급으로 이용자의 생활 패턴은 과거와 비교해 볼 때 많은 변화를 주었으나 스마트폰의 과다사용으로 인해서 발생하는 문제점과 피해사례가 발생하고 있다. 이에 본 연구는 스마트폰에 대한 이용실태의 현주소를 조사하여 어떤 문제점이 있는지 파악하고, 유용하게 활용할 수 있는 방안을 찾아 보고자 한다.

조사내용

스마트폰 이용현황, 스마트폰을 통한 인터넷 이용현황, 모바일앱 이용현황, 정액요금제 이용현황, 보안인식 등을 조사하여 인구통계학적 요인별 분류하여 요인별 특성을 파악하고자 한다.

조사개요

조사대상 : 본교 재학생

유효표본수 :

조사방법 : 설문조사
조사기간 : 부터　까지
조사자 :

설문지(보조자료: 14장.hwp)

귀하의 성별은? (남, 여)

귀하의 나이는? (　　　)세

귀하의 학년은? (　　　)학년

남학생인 경우에만 체크하세요. 군복무여부는? (① 예, ② 아니오)

귀하의 학과는 어느 계열에 속해 있습니까?

① 인문, 사회　② 공학　③ 자연과학
④ 의학　⑤ 예체능

귀하의 거주형태는?

① 자택통학　② 하숙 및 기숙사　③ 자취

현재 사용 중인 스마트폰을 구입한 지는 얼마나 되었습니까?

① 1개월 미만　② 1～3개월　③ 3～6개월
④ 6～9개월　⑤ 9개월～1년　⑥ 1년 이상

현재 사용 중인 스마트폰을 구입 시 이동통신사를 변경하였습니까?

① 예　② 아니오

현재 사용 중인 스마트폰 구입 전, 이용한 단말기의 종류는 무엇입니까?

① 이동전화를 이용하지 않았음　② 일반 이동전화
③ 풀터치 방식의 일반 이동전화　④ 스마트폰

스마트폰의 이용계기는 무엇입니까?

① 선물로 받게 되어
② 이동통신사나 단말기 제조사의 홍보 · 마케팅 및 언론 보도 때문에
③ 학업에 필요해서
④ 주변 사람들이 이용하고 있어서

⑤ 고기능 · 고성능의 단말기를 이용하고 싶어서
⑥ 새로운 서비스나 기술에 대한 호기심 때문에
⑦ 수시로 인터넷을 이용하고 싶어서
⑧ 다양한 응용소프트웨어(모바일앱)를 설치 · 이용하고 싶어서

스마트폰을 구입할 때 무엇을 가장 중요하게 생각하십니까?
① 디자인 및 크기　② 화면크기 및 화질　③ 운영체제(OS)
④ 단말기 가격　⑤ 단말기 제조사　⑥ 조작방식 및 편리성
⑦ 이동통신사　⑧ 이용가능 앱스토어(또는 모바일앱)

스마트폰 이용시 가장 많이 이용하는 기능은? (순서대로 기입 :　　　)
① 인터넷 검색　② 모바일앱(애플) 이용　③ 문자메시지
④ 음성 · 영상 통화　⑤ 음악 · 영화감상　⑥ 내비세이션
⑦ 게임　⑧ 시계

스마트폰을 이용하는 시기는?
① 학교에서 휴식 또는 점심시간에　② 무언가를 기다릴 때
③ 차량 이동 중에　④ 잠자리에서
⑤ 업무 · 회의 또는 수업 중에　⑥ 화장실 또는 욕실에 있을 때
⑦ 친구 · 가족과 함께 있을 때　⑧ TV 시청시
⑨ 쇼핑할 때

모바일앱(애플) 다운로드 및 개수는?
① 하루에 1번 정도　② 하루에 여러 번　③ 1주 3~4회
④ 1주 1~2회　⑤ 월 1~3회

다운로드하는 모바일앱(애플)의 유형은? (순서대로 기입 :)
① 게임 · 오락　② 음악　③ 커뮤니케이션
④ 유틸리티　⑤ 교육 학습(전자책)　⑥ 동영상
⑦ TV, 라디오　⑧ 날씨　⑨ 생활정보
⑩ 지도 · 내비게이션　⑪ 뉴스　⑫ 쇼핑

현재 스마트폰 이용 시 정액요금제를 이용하고 있습니까?

① 예 ② 아니오

추가 요금 지출을 포함하여 월 평균 스마트폰의 이용 요금은?

① 3만 원 미만 ② 3~4만 원 ③ 5~6만 원
④ 7~8만 원 ⑤ 8만 원 이상

스마트폰을 이용한 SNS 이용 빈도는?

① 하루에 여러 번 ② 하루에 1번 ③ 1주 1~2회
④ 1주 3~4회 ⑤ 월 1회 ⑥ 월 2~3회

하루에 SNS를 이용하는 평균 시간은?

① 5분 이내 ② 5~10분 ③ 10~30분
④ 30분~1시간 ⑤ 1시간~2시간 ⑥ 2시간 이상

스마트폰을 이용한 SNS의 이용목적은?

① 친교, 교제 ② 개인적 관심사 공유
③ 취미, 여가 ④ 일상생활 기록
⑤ 전문정보, 지식공유 ⑥ 시사, 현안 문제에 대한 의견 표현, 공유
⑦ 사건, 사고 전달 ⑧ 자기표현

스마트폰을 이용한 모바일 인스턴트 메신저(예로 카톡)이용 빈도는?

① 하루에 여러 번 ② 하루에 1번 ③ 1주 1~2회
④ 1주 3~4회 ⑤ 월 1회 ⑥ 월 2~3회

[참고문헌]

2011년 상반기 스마트폰이용실태 조사, 2011년 7월, 방송통신위원회, 한국인터넷진흥원

14.3 음주실태와 음주행동에 관한 조사

조사의 필요성 및 목적

과음이나 만성적인 알코올의 섭취는 건강을 해칠 뿐만 아니라 사회, 경제적으

로도 많은 문제를 일으키고 있다. 특히 대학생 집단은 동일 연령의 다른 집단에 비해 과음 또는 폭음 위험도가 높으며 잘못된 음주문화는 이러한 문제점을 더욱 고착화시키고 있다. 따라서 학생들의 음주실태와 음주문화에 대한 인식을 조사하여 바람직한 방향으로 유도하기 위한 분위기를 조성하고자 한다.

조사내용

음주실태 및 음주관련 특성, 음주 시 행동특성, 음주문화에 대한 인식

조사개요

조사대상 : 본교 재학생
유효표본수 :
조사방법 : 설문조사
조사기간 : 부터 까지
조사자 :

설문지(보조자료: 14장.hwp)

귀하의 성별은? (남, 여)
귀하의 나이는? ( )세
귀하의 학년은? ( )학년

남학생인 경우에만 체크하세요. 군복무 여부는?
① 예 ② 아니오

귀하의 학과는 어느 계열에 속해 있습니까?
① 인문, 사회 ② 공학 ③ 자연과학
④ 의학 ⑤ 예체능

귀하의 거주형태는?
① 자택통학 ② 하숙 및 기숙사 ③ 자취

음주를 하고 계신가요?
① 예 ② 아니오

음주를 시작한 시기는?

① 고등학교 입학 전　　② 고등학교 재학 중
③ 고등학교 졸업 후 대학 입학 전　　④ 대학 입학 후

음주를 시작하게 된 계기(동기)는?

① 어른들의 권유로　　② 친구나 선배의 권유로
③ 호기심　　④ 스트레스 해소
⑤ 기타(　　　　　　)

가장 선호하는 술 종류는(순서대로 기입:　　　　　　　　　　)?

① 소주　　② 맥주　　③ 막걸리
④ 포도주/과실주　　⑤ 양주　　⑥ 기타(　　　　)

음주 시 선호하는 안주는?

① 국, 탕, 찌개　　② 마른안주, 과자/스낵류
③ 찜, 조림, 무침　　④ 볶음, 튀김, 전
⑤ 구이　　⑥ 과일, 채소류

음주 시 흡연연부는?

① 평소에 흡연을 하고, 음주 시에도 흡연한다.
② 평소에 흡연을 하지 않지만, 음주 시에는 흡연한다.
③ 흡연하지 않는다.

귀하의 음주 빈도는?

① 주 1~2회　　② 주 3~4회　　③ 주 5회 이상

귀하의 음주량은(맥주 1병은 소주 0.3병)?

① 소주 반 병(맥주 1.5병)　　② 소주 반 병~1병(맥주 1.5병~3병)
③ 소주 1병~1병 반(맥주 3병~5병)　　④ 소주 1병 반~2병(맥주 5병~6병)
⑤ 소주 2병 이상(맥주 7병 이상)

음주 시 다른 종류의 술과 섞어 마십니까(예로 소주와 맥주)?

① 예(두 가지 섞음)　　② 예(세 가지 섞음)　　③ 아니오

음주 후에 주로 나타나는 본인의 행동은 어떤가요?
① 말이 많아진다. ② 목소리가 커진다.
③ 술을 더 마시게 된다. ④ 시비가 자주 일어난다.
⑤ 노래를 부른다. ⑥ 우울해지거나 운다.
⑦ 잠을 잔다.

음주를 하는 주된 동기는?
① 스트레스를 받아서 ② 모임 뒤풀이
③ 의례적으로 마시고 싶어서 ④ 선배나 친구의 요구
⑤ 축하할 일이 있는 경우만

음주 시 잔을 돌리는 경우가 있습니까?
① 예 ② 아니오

음주 시 벌주를 마시는 경우가 있습니까?
① 예 ② 아니오

선배나 친구의 강요로 억지로 마시는 경우가 있습니까?
① 예 ② 아니오

혼자서 음주를 하는 경우가 있나요?
① 예 ② 아니오(항상 여럿이 같이 마신다).

음주 시 술값은 어떻게 계산하니요?
① 특정한 한 사람이 다 낸다. ② 나누어 계산한다.

1차를 끝내고, 2차를 가나요?
① 예 ② 아니오

음주한 다음 날 어제의 기억이 나는가?
① 전혀 기억나지 않는다.
② 가끔 기억나지 않을 때가 있다.
③ 기억이 나지 않는 경우는 없다.

음주한 다음 날 생활은 어떤가?
① 생활에 전혀 지장이 없다.
② 생활하는 데 조금 지장이 있다.
③ 생활하는 데 지장이 많다.

본인은 알콜 중독이라고 생각하십니까?
① 아니오 ② 예

14.4 생활체육활동 실태조사

조사의 필요성 및 목적

스마트폰을 비롯한 각종 스마트 기기의 과다사용으로 인한 신체활동 감소와 불규칙적인 생활패턴으로 인해 각종 생활습관병이 증가하고 있으며 편리성만을 추구하는 경향으로 패스트푸드나 인스턴트 식품의 과다섭취로 인해 생활건강이 위협받고 있어 생활체육활동의 필요성과 중요성이 부각되고 있다.

조사내용

건강과 체력 및 체육활동에 대한 인식, 여가 및 체육활동에 대한 여건, 체육활동 참여 행태, 체육활동 효과 등을 조사하여 인구통계학적 요인별 분류하여 요인별 특성을 파악하고자 한다.

조사개요

조사대상 : 본교 재학생
유효표본수 :
조사방법 : 설문조사
조사기간 : 부터 까지
조사자 :

설문지(보조자료: 14장.hwp)

귀하의 성별은? (남, 여)
귀하의 나이는? ( )세
귀하의 학년은? ( )학년

남자인 경우에만 체크하세요. 군복무여부는? (① 예, ② 아니오)

귀하의 학과는 어느 계열에 속해 있습니까?
① 인문, 사회 ② 공학 ③ 자연과학
④ 의학 ⑤ 예체능

귀하의 거주형태는?
① 자택통학 ② 하숙 및 기숙사 ③ 자취

귀하는 현재 어느 정도 건강하다고 생각하십니까?
① 전혀 건강하지 않은 편이다 ② 별로 건강하지 않은 편이다
③ 그저 그렇다 ④ 건강한 편이다
⑤ 매우 건강한 편이다

귀하께서는 건강을 유지하는 데 무엇이 가장 중요하다고 생각하십니까?
① 규칙적인 체육활동 ② 충분한 휴식 및 수면
③ 규칙적인 식사 및 영양보충 ④ 금주 및 금연
⑤ 기타( )

귀하께서는 체육활동(운동, 스포츠 활동)이 건강과 체력을 유지하는 데 어느 정도 중요하다고 생각하십니까?
① 전혀 중요하지 않다 ② 중요하지 않다 ③ 보통이다
④ 중요하다 ⑤ 매우 중요하다

귀하께서는 체육활동을 하는 것이 자신의 일상생활(학업, 가정생활 등)에 어느 정도 중요하다고 생각하십니까?
① 전혀 중요하지 않다 ② 중요하지 않다 ③ 보통이다
④ 중요하다 ⑤ 매우 중요하다

귀하께서는 체육활동을 통해 얻을 수 있는 가장 큰 효과가 무엇이라고 생각하십니까?
① 건강 증진 ② 체력 증진 ③ 스트레스 해소
④ 스릴과 희열감 만끽 ⑤ 체중조절 및 체형관리 ⑥ 대인관계 및 사교
⑦ 체육활동 자체의 즐거움 ⑧ 자기만족

귀하의 하루 여가시간(하루 중 먹고, 자고, 일하고, 주변 잡일을 정리하는 등의 시간을 제외한 시간, 즉 아무 일 없이 쉬거나, 놀이를 하거나 사교하는 시간 등)은 평균 얼마나 됩니까?

가. 평일 : (　　　) 시간 (　　　)분

나. 휴일 : (　　　) 시간 (　　　)분

귀하의 집 주변에 있는 체육시설은 어떤 것들이 있습니까?

☞ 모두 기록하세요 (　　　　　　　　)

① 공공 체육시설(공설운동장, 실내체육관, 종합스포츠센터, 간이 야외 운동시설 등)

② 학교 체육시설(운동장, 체육관, 수영장 등)

③ 민간/상업 스포츠시설(헬스클럽, 사설 체육관, 사설스포츠센터, 골프장, 테니스장, 태권도장 등)

④ 민간 비영리시설(YMCA, YWCA, 교회 등)

⑤ 집 주변(공원, 공터, 약수터, 등산로, 골목 등)

⑥ 집안

⑦ 각종 복지시설

⑧ 기타(직접 기입하시오)

귀하께서는 체육 동호인 조직에 가입하여 운동을 하고 계십니까?

① 예(종목 :　　　　　　　　)　　　　② 아니오

귀하께서 지난 1년 동안 다음과 같은 제품을 구입하신 적이 있으십니까(운동용품은 체육활동시 사용되는 모든 장비를 의미함)?

구분	구입 여부		사용 만족도(구입 경험이 있는 분만 기재)				
	있다	없다	매우 불만족	불만족	보통	만족	매우 만족
운동용품(용구)	①	②	①	②	③	④	⑤
자전거	①	②	①	②	③	④	⑤
낚시	①	②	①	②	③	④	⑤
운동화	①	②	①	②	③	④	⑤
운동복	①	②	①	②	③	④	⑤

귀하께서는 어떤 스포츠용품을 더 선호하십니까?

① 국산　　② 외국산

귀하께서 국산 혹은 외국산을 더 선호하는 이유는 무엇입니까?

① 품질이 좋아서　　② 특정 브랜드를 좋아해서
③ 차별화된 제품을 갖고 싶어서　　④ 디자인이 좋아서
⑤ 유사기능의 국산 혹은 외국산이 없으므로
⑥ 애프터서비스가 좋아서　　⑦ 가격이 저렴해서
⑧ 다른 사람의 권유로
⑨ 기타(직접 기입하시오:　　　　　　　　)

귀하께서 요즘 규칙적 체육활동을 얼마나 자주 하고 계십니까?

☞ 1회 운동시 30분 이상 한 경우에 해당(일상생활의 걷기는 제외)

학생의 경우 학교 체육수업은 제외, 운동 횟수는 1일 1회 기준임

① 전혀 하지 않는다　　② 한 달에 2～3번 이하　　③ 일주일에 1번
④ 일주일에 2번　　⑤ 일주일에 3번　　⑥ 일주일에 4번
⑦ 일주일에 5번　　⑧ 일주일에 6번　　⑨ 매일

귀하께서 주로 하는 체육활동은 무엇입니까?(종목 :　　　　　　　)

귀하께서는 주로 어느 시간대에 운동을 하십니까?

가. 평일 (　　　)　　나. 휴일 (　　　)

① 아침(새벽시간 포함)　　② 오전　　③ 점심
④ 오후　　⑤ 저녁　　⑥ 일정하지 않음

귀하께서는 주로 무슨 요일에 운동을 하십니까?

① 평일　　② 토요일　　③ 일요일/휴일
④ 평일/토요일　　⑤ 평일/일요일/휴일　　⑥ 토요일/일요일/휴일
⑦ 매일

귀하께서 체육활동을 하게 된 가장 직접적인 이유는 무엇입니까?

① 여가선용　　② 건강유지 및 증진　　③ 체중조절 및 체형관리

④ 스트레스 해소 ⑤ 자아실현 및 자기만족 ⑥ 대인관계 및 사교
⑦ 개인의 즐거움을 위해 ⑧ 시간을 때우기 위해

귀하께서 체육활동을 하는 데 드는 경비는 한 달 평균 어느 정도 입니까?
(　　　　　　　　)원

귀하께서 장래에 가장 해보고 싶은 운동 종목은 무엇입니까?
(종목 :　　　　　　　　)

귀하께서는 최근 1년 동안 경기장에서 직접 운동경기를 관람한 경험이 있습니까?
① 예(종목 :　　　　　) ② 아니오

귀하께서 경기장에서 직접 운동경기를 관람하는 가장 큰 이유는 무엇입니까?
① 여가선용 ② 선수 및 팀의 응원 ③ 시간을 보내기 위해서
④ 스트레스 해소 ⑤ 분위기를 즐기기 위해서
⑥ 기타(　　　　　　　　)

귀하께서는 체육활동에 직접 참여하는 것이 자신의 삶에 어느 정도 영향을 미친다고 생각하십니까?
① 매우 부정적 ② 부정적 ③ 그저 그렇다
④ 긍정적 ⑤ 매우 긍정적

귀하께서는 체육활동이 건강과 체력을 유지하는 데 어느 정도 효과가 있다고 생각하십니까?
① 전혀 효과가 없다 ② 효과가 없다 ③ 그저 그렇다
④ 효과가 있다 ⑤ 매우 효과가 있다

귀하께서 인터넷을 이용하여 주로 검색하는 체육관련 정보의 종류는 어떤 것입니까?
① 체육관련 학습 정보 ② 스포츠 경기 및 선수 정보
③ 운동기술 관련 정보 ④ 스포츠 관련 동호회 정보
⑤ 운동과 건강 관련 정보(다이어트, 운동효과 등)

⑥ 체육관련 쇼핑 정보(제품 구입 관련)
⑦ 여가활동 및 레저 정보(체육시설 및 이용 방법 포함)
⑧ 기타(　　　　　　　　)

[참고문헌]

2008 국민생활체육활동 참여 실태조사, 문화체육관광부

14.5 여가활동 조사

조사 배경 및 목적

여가에 대한 관심이 증대되고 좀 더 새롭고 다양한 여가에 대한 욕구가 증가함에 따라 현재 학생들이 인식하고 있는 여가활동에 대한 실태를 살펴볼 필요성이 있다.

다양하고 변화하는 여가수요 및 활동실태를 분석하기 위한 조사연구로, 여가를 어떻게 인식하고 어떤 방식으로 여가생활을 하고 있는지를 조사하여 생활양식의 변화 및 삶의 질 수준을 파악하고자 한다.

조사내용

1. 여가에 대한 주관적인 인식 조사

여가의 의미, 여가의 가치인식, 동기와 목적, 한국의 여가문화 평가

2. 구체적인 여가활동 참여 실태에 대한 조사

여가활동 참여경험에 따른 여가활동 시 동반자, 여가활동 횟수, 활동장소, 활동 선택에 있어 자발성 여부, 활동의 주목적 등을 세분화하여 조사

여가활동 참여뿐 아니라 여가활동 자원에 대한 부분에서 하루 여가시간과 시간대, 여가비용, 여가공간, 여가시간과 비용, 시설만족도, 희망하는 여가시간과 여가비용, 여가시설 그리고 여가생활만족도와 개인의 생활양식을 평가

여가생활 측면에 있어 참여비율의 변화를 조사하고 여가와 삶의 질 관계, 여가와 생활양식의 변화 측면에 초점을 두어 조사

3. 여가환경에 대한 평가

여가활동의 촉진요인과 방해요인 등의 영향요인을 평가

조사개요

조사대상 : 본교 재학생

유효표본수 :

조사방법 : 설문조사

조사기간 : 부터 까지

조사자 :

설문지(보조자료: 14장.hwp)

귀하의 성별은? (남, 여)

귀하의 나이는? ( )세

귀하의 학년은? ( )학년

남자인 경우에만 체크하세요. 군복무여부는? (① 예, ② 아니오)

귀하는 지난 6개월 동안 1시간 이상 수입을 목적으로 일한 적이 있습니까?

① 예 ② 아니오

귀하의 하루 평균 여가시간은?

평일 : ( )시간, 휴일 : ( )시간

귀하는 여가시간에 대해 어떻게 생각하십니까?

① 매우 충분했다 ② 충분했다 ③ 적절했다

④ 부족했다 ⑤ 매우 부족했다

귀하께서 희망하는 여가시간(하루 평균)은 어느 정도입니까?

평일 : ( )시간, 휴일 : ( )시간

지난 한 달 동안 귀하는 여가생활을 위해 한 달 평균 얼마나 지출하셨습니까?

월 평균 ( )원

귀하께서 적절하다고 생각하는 여가비용(월 평균)은 어느 정도입니까?

월 평균 ( )원

귀하께서 가장 많이 참여한 여가활동은 무엇입니까?

① 문화예술관람활동　② 문화예술참여활동　③ 스포츠관람활동
④ 스포츠참여활동　⑤ 관광활동　⑥ 취미오락활동
⑦ 휴식　⑧ 사회및 기타활동

귀하는 여가활동을 주로 누구와 함께 하였습니까?

① 혼자서
② 가족(친척 포함)과 함께
③ 친구(연인 포함)와 함께
④ 동호회(종교단체 등 포함) 활동을 통해서
⑤ 기타(　　　　　　　　)

얼마나 자주 하였습니까?

① 매일　② 일주일에 몇 번, 매일은 아님
③ 한 달에 2～3번　④ 한 달에 1번
⑤ 몇 달에 1번　⑥ 기타(　　　　　　　　)

여가활동에 소요된 시간은 어느 정도입니까(1회 기준)? 평균 (　　)시간 (　　)분

여가활동을 위해 지출한 비용은 얼마입니까(1회 기준)? 평균 (　　　　　　　)원

어떤 경로를 통해 여가활동에 참여하였습니까?

① 지인, 가족, 친척의 추천　② 관련 기관의 정보
③ 인터넷 광고 및 정보　④ 방송매체의 광고 및 정보
⑤ 해당 없음　⑥ 기타(　　　　　　　　　　)

여가활동의 주된 목적은 무엇입니까?

① 건강을 위해　② 개인의 즐거움을 위해
③ 마음의 안정과 휴식을 위해　④ 대인 관계・교제를 위해
⑤ 스트레스 해소를 위해　⑥ 자기 개발을 위해
⑦ 자기만족을 위해　⑧ 시간을 보내기 위해
⑨ 기타(　　　　　　　　　)

앞으로 시간적, 경제적 여유가 생긴다면, 여가활동 유형별로 가장 하고 싶은 여가활동은 무엇입니까? 다음에서 해당 번호를 선택하여 기입하고, 선택한 여가활동의 우선순위를 작성해 주십시오(　　　).

① 문화예술관람활동　② 문화예술참여활동　③ 스포츠관람활동
④ 스포츠참여활동　⑤ 관광활동　⑥ 취미오락활동
⑦ 휴식　⑧ 사회 및 기타활동

귀하는 현재 여가활동을 위해 동호회 활동에 참여하고 있습니까?

① 예(활동내용 :　　　　　　　　)　② 아니오

귀하께서 지난 1년 동안 집 이외에 가장 많이 이용한 여가공간은 어디입니까?

다음에서 가장 많이 이용한 순서대로 해당하는 번호를 선택하여 주시기 바랍니다.(　　　)

① 실내공간　② 실외공간　③ 사이버공간

귀하께서는 자신의 전반적인 여가생활에 만족하십니까?

① 매우 만족　② 약간 만족　③ 보 통
④ 약간 불만족　⑤ 매우 불만족

만족하지 못한다면 그 주된 이유는 무엇입니까?

① 시간이 부족하여
② 경제적 부담 때문에
③ 여가 정보 및 프로그램이 부족하여
④ 여가 시설이 부족하여
⑤ 여가를 함께 즐길 사람이 없어서
⑥ 자기 설계가 부족하여
⑦ 기타(　　　　　　　　　　)

[참고문헌]

2010년 국민여가활동조사, 문화관광체육부

부록

[부록 1] 표준정규분포표

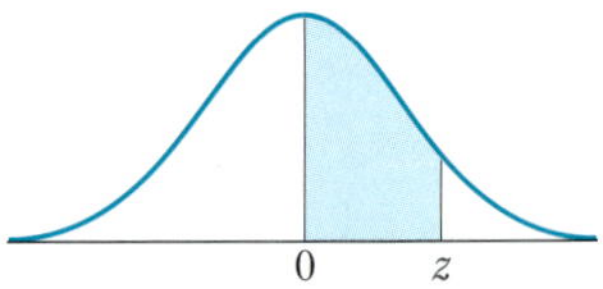

Z	0.00	0.01	0.02	0.03	0.04	0.05	0.06	0.07	0.08	0.09
0.0	0.0000	0.0040	0.0080	0.0120	0.0160	0.0199	0.0239	0.0279	0.0319	0.0359
0.1	0.0398	0.0438	0.0478	0.0517	0.0557	0.0596	0.0636	0.0675	0.0714	0.0753
0.2	0.0793	0.0832	0.0871	0.0910	0.0948	0.0987	0.1026	0.1064	0.1103	0.1141
0.3	0.1179	0.1217	0.1255	0.1293	0.1331	0.1368	0.1406	0.1443	0.1480	0.1517
0.4	0.1554	0.1591	0.1628	0.1664	0.1700	0.1736	0.1772	0.1808	0.1844	0.1879
0.5	0.1915	0.1950	0.1985	0.2019	0.2054	0.2088	0.2123	0.2157	0.2190	0.2224
0.6	0.2257	0.2291	0.2324	0.2357	0.2389	0.2422	0.2454	0.2486	0.2517	0.2549
0.7	0.2580	0.2611	0.2642	0.2673	0.2704	0.2734	0.2764	0.2794	0.2823	0.2852
0.8	0.2881	0.2910	0.2939	0.2967	0.2995	0.3023	0.3051	0.3078	0.3106	0.3133
0.9	0.3159	0.3186	0.3212	0.3238	0.3264	0.3289	0.3315	0.3340	0.3365	0.3389
1.0	0.3413	0.3438	0.3461	0.3485	0.3508	0.3531	0.3554	0.3577	0.3599	0.3621
1.1	0.3643	0.3665	0.3686	0.3708	0.3729	0.3749	0.3770	0.3790	0.3810	0.3830
1.2	0.3849	0.3869	0.3888	0.3907	0.3925	0.3944	0.3962	0.3980	0.3997	0.4015
1.3	0.4032	0.4049	0.4066	0.4082	0.4099	0.4115	0.4131	0.4147	0.4162	0.4177
1.4	0.4192	0.4207	0.4222	0.4236	0.4251	0.4265	0.4279	0.4292	0.4306	0.4319
1.5	0.4332	0.4345	0.4357	0.4370	0.4382	0.4394	0.4406	0.4418	0.4429	0.4441
1.6	0.4452	0.4463	0.4474	0.4484	0.4495	0.4505	0.4515	0.4525	0.4535	0.4545
1.7	0.4554	0.4564	0.4573	0.4582	0.4591	0.4599	0.4608	0.4616	0.4625	0.4633
1.8	0.4641	0.4649	0.4656	0.4664	0.4671	0.4678	0.4686	0.4693	0.4699	0.4706
1.9	0.4713	0.4719	0.4726	0.4732	0.4738	0.4744	0.4750	0.4756	0.4761	0.4767
2.0	0.4772	0.4778	0.4783	0.4788	0.4793	0.4798	0.4803	0.4808	0.4812	0.4817
2.1	0.4821	0.4826	0.4830	0.4834	0.4838	0.4842	0.4846	0.4850	0.4854	0.4857
2.2	0.4861	0.4864	0.4868	0.4871	0.4875	0.4878	0.4881	0.4884	0.4887	0.4890
2.3	0.4893	0.4896	0.4898	0.4901	0.4904	0.4906	0.4909	0.4911	0.4913	0.4916
2.4	0.4918	0.4920	0.4922	0.4925	0.4927	0.4929	0.4931	0.4932	0.4934	0.4936
2.5	0.4938	0.4940	0.4941	0.4943	0.4945	0.4946	0.4948	0.4949	0.4951	0.4952
2.6	0.4953	0.4955	0.4956	0.4957	0.4959	0.4960	0.4961	0.4962	0.4963	0.4964
2.7	0.4965	0.4966	0.4967	0.4968	0.4969	0.4970	0.4971	0.4972	0.4973	0.4974
2.8	0.4974	0.4975	0.4976	0.4977	0.4977	0.4978	0.4979	0.4979	0.4980	0.4981
2.9	0.4981	0.4982	0.4982	0.4983	0.4984	0.4984	0.4985	0.4985	0.4986	0.4986
3.0	0.4987	0.4987	0.4987	0.4988	0.4988	0.4989	0.4989	0.4989	0.4990	0.4990
3.1	0.4990	0.4991	0.4991	0.4991	0.4992	0.4992	0.4992	0.4992	0.4993	0.4993
3.2	0.4993	0.4993	0.4994	0.4994	0.4994	0.4994	0.4994	0.4995	0.4995	0.4995
3.3	0.4995	0.4995	0.4995	0.4996	0.4996	0.4996	0.4996	0.4996	0.4996	0.4997
3.4	0.4997	0.4997	0.4997	0.4997	0.4997	0.4997	0.4997	0.4997	0.4997	0.4998
3.5	0.4998	0.4998	0.4998	0.4998	0.4998	0.4998	0.4998	0.4998	0.4998	0.4998

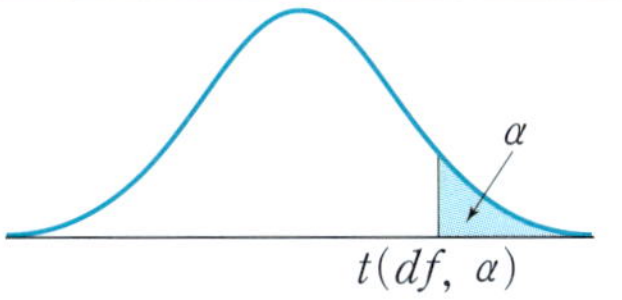

[부록 2] t분포표

예로 $t_{0.025}$는 그보다 클 확률이 0.025가 되는 t값을 의미한다.

df	$t(0.1)$	$t(0.05)$	$t(0.025)$	$t(0.01)$	$t(0.005)$	$t(0.001)$	$t(0.0005)$
1	3.078	6.314	12.706	31.821	63.657	318.309	636.619
2	1.886	2.920	4.303	6.965	9.925	22.327	31.599
3	1.638	2.353	3.182	4.541	5.841	10.215	12.924
4	1.533	2.132	2.776	3.747	4.604	7.173	8.610
5	1.476	2.015	2.571	3.365	4.032	5.893	6.869
6	1.440	1.943	2.447	3.143	3.707	5.208	5.959
7	1.415	1.895	2.365	2.998	3.499	4.785	5.408
8	1.397	1.860	2.306	2.896	3.355	4.501	5.041
9	1.383	1.833	2.262	2.821	3.250	4.297	4.781
10	1.372	1.812	2.228	2.764	3.169	4.144	4.587
11	1.363	1.796	2.201	2.718	3.106	4.025	4.437
12	1.356	1.782	2.179	2.681	3.055	3.930	4.318
13	1.350	1.771	2.160	2.650	3.012	3.852	4.221
14	1.345	1.761	2.145	2.624	2.977	3.787	4.140
15	1.341	1.753	2.131	2.602	2.947	3.733	4.073
16	1.337	1.746	2.120	2.583	2.921	3.686	4.015
17	1.333	1.740	2.110	2.567	2.898	3.646	3.965
18	1.330	1.734	2.101	2.552	2.878	3.610	3.922
19	1.328	1.729	2.093	2.539	2.861	3.579	3.883
20	1.325	1.725	2.086	2.528	2.845	3.552	3.850
21	1.323	1.721	2.080	2.518	2.831	3.527	3.819
22	1.321	1.717	2.074	2.508	2.819	3.505	3.792
23	1.319	1.714	2.069	2.500	2.807	3.485	3.768
24	1.318	1.711	2.064	2.492	2.797	3.467	3.745
25	1.316	1.708	2.060	2.485	2.787	3.450	3.725
26	1.315	1.706	2.056	2.479	2.779	3.435	3.707
27	1.314	1.703	2.052	2.473	2.771	3.421	3.690
28	1.313	1.701	2.048	2.467	2.763	3.408	3.674
29	1.311	1.699	2.045	2.462	2.756	3.396	3.659
30	1.310	1.697	2.042	2.457	2.750	3.385	3.646
120	1.289	1.658	1.980	2.358	2.617	3.160	3.373
∞	1.282	1.646	1.961	2.328	2.578	3.094	3.295

[부록 3] 엑셀함수 요약

연속형 확률분포함수	계산과 반환 값	참고
CHIINV	카이 제곱 분포 단측 검정 확률의 역함수 값을 반환	
FDIST	F 분포값을 반환	
FINV	F 분포의 역함수 값을 반환	
NORMDIST	정규 누적 분포값을 반환	5.5절
NORMINV	정규 누적 분포의 역함수 값을 반환	
NORMSDIST	표준 정규 누적 분포값을 반환	5.5절
NORMSINV	표준 정규 누적 분포의 역함수 값을 반환	
TDIST	t분포값을 반환	8.3절
TINV	t분포값의 역함수 값을 반환	7.2.2절

이산형 확률분포함수	계산과 반환 값	참고
BINOMDIST	이항 분포 확률을 반환	4.2.5절
POISSON	포아송 분포값을 반환	

가설검정에서 p값 계산함수	계산과 반환 값	참고
CHIDIST	카이 제곱 분포의 단측 검정 확률을 반환	13.1절
CHITEST	카이제곱 분석의 검정 결과를 반환	13.2절
FTEST	F－검정의 결과를 반환	
TTEST	t－검정에 근거한 확률을 반환	
ZTEST	z－검정의 단측 검정 확률값을 반환	9.1절

기술통계와 관련된 함수	계산과 반환 값	참고
AVEDEV	절대 편차의 평균 $\frac{1}{n}\sum_{i=1}^{n}\lvert X_i-\overline{X}\rvert$을 반환	
AVERAGE	평균 $\frac{1}{n}\sum_{i=1}^{n}(X_i-\overline{X})$을 반환	3.1절
DEVSQ	편차 제곱의 합 $\sum_{i=1}^{n}(X_i-\overline{X})^2$을 반환	
FREQUENCY	빈도 분포값을 세로 배열로 반환	
GEOMEAN	기하 평균 $\sqrt[n]{X_1X_2X_3\cdots X_n}$을 반환	
HARMEAN	조화 평균 $\frac{1}{\frac{1}{n}\sum_{i=1}^{n}\frac{1}{X_i}}$을 반환	
KURT	첨도를 반환	3.2절
LARGE	데이터 집합에서 k번째로 큰 값을 반환	
SUM	데이터의 합을 반환	4.2.5절
SQRT	양의 제곱근을 반환	4.2.5절
MAX	최댓값을 반환	2.1.1절
MEDIAN	중앙값을 반환	3.1절
MIN	최솟값을 반환	2.1.1절
MODE	최빈값을 반환	
PERCENTRANK	백분율 순위를 반환	
QUARTILE	사분위수를 반환	3.2절
RANK	순위를 반환	
SKEW	왜도를 반환	3.2절
SMALL	k번째로 작은 값을 반환	3.2절
STANDARDIZE	정규화된 값을 반환	
STDEV	표준 편차(standard deviation)를 계산	3.2절
TRIMMEAN	양 끝값을 제외한 평균을 계산	3.1절
VAR	분산을 계산	3.2절

[부록 4] 통계 정보 제공 사이트

- 국가통계포털 https://kosis.kr
  국가기관 통합 데이터베이스, 인구, 물가, 산업 등 통계, 자화상 서비스 제공
- E-나라지표 https://www.index.go.kr
  국정 전 분야에 대한 국정통계, 정책결과의 변동, 국가 공식 승인 통계
- 한국은행 경제통계시스템 https://ecos.bok.or.kr
  기업경영분석, 금리, 증감률 계산, 생산자, 수출입물가지수 및 검색결과 다운로드 제공
- 금융통계정보시스템 https://fisis.fss.or.kr
  금융감독원이 제공하는 금융회사 경영정보 및 금융통계월보
- 한국금융연구원 https://www.kif.re.kr
  거시경제, 금융시장 및 금융산업 관련 국내외 주요통계 제공
- 재정정보원 https://www.kpfis.or.kr/ko
  기획재정부와 한국조세연구원이 제공하는 국가 재정 정보 및 통계
- 관세청 https://www.customs.go.kr
  수출입통계, 남북교역통계, 수출입화물통계, 지역별무역통계 등 무역관련통계 제공
- 국가무역통계 포털 https://stat.kita.net
  무역협회가 제공하는 국내 국제 무역통계
- FTA포털 https://www.customs.go.kr/ftaportalkor/main.do
  외환 · 무역, FTA무역통계, FTA품목별무역통계 제공
- 고용노동통계 https://laborstat.moel.go.kr/
  고용노동행정통계, 통계표 조회, 노동동향
- 한국고용정보원 https://www.keis.or.kr
  노동시장, 노사관계전망, 국내노동동향, 해외노동동향 등 제공
- 한국교육개발원 취업통계시스템 https://swiss.kedi.re.kr
  대학 및 대학원 졸업자의 취업통계 제공
- 한국조세연구원 https://www.kipf.re.kr
  국내외 조세 및 재정 통계
- 국가교통DB센터 https://www.ktdb.go.kr
  교통조사분석 및 교통통계제공
- 교육통계서비스 https://kess.kedi.re.kr/index
  교육관련통계정보제공

- 문화통계포털(문화셈터) https://stat.mcst.go.kr/mcst/WebPortal/public/main/main.html
  문화체육관광 통계, 국내 및 해외 통계자료 검색, 전자책 서비스 제공
- 국가도서관 통계시스템 https://www.libsta.go.kr/
  문화체육관광부가 제공하는 전국도서관 통계
- 에너지관리공단 https://www.energy.or.kr/web/kem×home×new/new×main.asp
  국가별 에너지 통계
- 대한석유협회 https://www.petroleum.or.kr/
  석유 생산 · 가격 · 수출입 등 국내외 석유 관련 통계 제공
- 금연길라잡이 https://www.nosmokeguide.or.kr/
  한국보건사회연구원에서 제공하는 흡연실태조사 및 통계
- 한국인터넷정보센터(KRNIC) https://한국인터넷정보센터.한국
  한국인터넷진흥원에서 제공하는 인터넷관련 통계정보
- 국민건강보험공단 https://www.nhis.or.kr/
  건강보험통계연보, 건강보험주요통계, 지역별 의료이용통계, 건강검진통계연보 제공
- 한국지능정보사회진흥원 https://www.nia.or.kr/
  동향자료, 정보화통계, 정보화정책
- ITSTAT(IT STATISTICS OF Korea) http://www.itstat.go.kr
  지식경제부와 정보통신산업진흥원이 제공하는 거시경제, IT산업, 통신/방송 통계
- 임금직무정보시스템 https://www.wage.go.kr/
  고용노동부제공 임금정보, 직무정보, 임금체계정보
- 음주관련 통계시스템(절주온) https://www.khealth.or.kr/
  한국건강증진원이 약 180개 항목의 음주관련 통계지표를 제공
- Major League Baseball Statistics and History
  https://www.baseball-reference.com/